2019年度国家社科基金一般项目“中国金融市场刑法保护研究”（项目批准号：19BFX097）阶段性成果

THE ROAD TO REGULATION

Criminal Law's Logic of Capital Market

通往规制之路

资本市场的刑法逻辑

谢杰　马宏伟　著

法律出版社
LAW PRESS·CHINA

目录
Contents

第一章

资本市场刑法导论

第一节 资本市场刑法概述

资本市场的高效与稳定运行、资源公正分配以及可持续发展，对于全球金融市场的繁荣与实体经济的增长具有重要影响。资本市场刑法的规范建构与适用，具有保障资本市场的运作机制与正常监管，维护金融市场与经济基础稳定的制度价值。资本市场具有高速技术创新、发展变革迅猛、覆盖范围广泛的特点，客观上决定了资本市场法律规范具有调适性且趋于多元化。对于具有最后手段性与规范谦抑性的资本市场刑法保障措施而言，为了有效且适度地规制资本市场犯罪，资本市场刑法在规范建构与司法适用上，具有区别于普通刑法以及经济刑法中其他规范的重要特征。例如，犯罪行为类型复杂、多层授权立法、多重兜底条款等。

德国、日本等大陆法系刑法理论对资本市场刑法原理进行了最早且精致的论证分析，相关刑法实践对资本市场刑法规范的制定与应用进行了相对全面的探索。尽管中国资本市场的发展以及相关法律规范保障，相对于德国、日本等大陆法系资本市场操作与法律实践，在规模、阶段、速度、水平等方面存在较大差异，但是，以批判性的理论视角，深入分析大陆法系资本市场刑法的保护法益、犯罪类型、构成特征、核心罪名刑法适用等问题，对于中国资本市场刑法具有重大的理论与实践价值。同时，英美法系资本市场法律制度安排与市场运作本身具有非常高效的特征，其资本市场犯罪的刑法规制措施在全球领域取得了较大的影响。所以，在比较、批判、互动的过程中，理性吸收、借鉴域外资本刑法优质的逻辑思辨与实用的实践内核，有助于深度思考中国资本市场刑法的规范建构与优化、刑事司法适用、刑法理论升华以及刑法学科细分等问题。

一、资本市场

资本市场是金融市场的组成部分，是指证券融资或中长期（1 年期以上）资金借贷市场。[1]资本市场区别于短期债券、外汇、商品期货等其他类型金融市场的关键特征在于,公司或者主权实体基于融资需要而在资本市场发行并供投资者交易的股票、债券等证券产品是一种中长期资金需求与供给关系。[2]资本市场向公司或者主权实体提供融资平台,使其在承担融资成本的前提下,通过证券发行实现资金获取;资本市场向市场参与者提供投资平台,使其在承担市场价格变动风险的前提下,通过证券交易实现盈利或者规避风险。因此,资本市场实际上是作为金融商品类型之一的证券商品与市场资金之间的资源优化配置机制。

二、资本市场法

资本市场法(Kapitalmarktrecht)是德国法律理论上与实践中的一个重要范畴。资本市场法并非一部特定的法律文本,而是对规范资本市场运行相关法律法规的总称。美国以及欧盟其他国家在法律理论层面也会使用资本市场法的概念,但主要还是在公司法、证券法、金融法等范畴下建构规范文本、适用法律规则以及研究资本市场法律制度。从德国资本市场立法实践来看,德国《证券交易法》(Wertpapierhandelsgesetz – WpHG)是资本市场法律规范体系中最基础且最重要的法律,对资本市场上证券产品发行、交易以及与此相关的金融服务、投资者权益问题进行了全面的规定。

三、资本市场刑法

资本市场刑法(Kapitalmarktstrafrecht)是以刑罚措施规制与震慑资本市场犯罪行为的刑法规范总称。在德国公司、证券、基金、银行、保险、信托等经济与金融法律规范中,存在大量危害资本市场融资与投资机制的刑事罚则,故德国资本市场刑法规范相当部分表现为相关资本市场法(主要是《证券交易法》)的刑事罚则,还有部分则集中于《德国刑法典》(Strafgesetzbuch – StGB)证券犯罪以及其他侵犯资本市场投资秩序犯罪的刑法法条之中。根据德国资本市场刑法理论的界定,资本市场刑法覆盖所有直接或间接与资本市场以及资本市场行

---

[1] Steven M. Sheffrin, *Economics: Principles in Action*, *Pearson Prentice Hall*, 2003, p. 283.

[2] Creifeld, *Rechtswöterbuch*, 20. Auflage, Verlag C. H. Beck, 1992, S. 636.

为相关的刑事实体规范。[1]可见，资本市场刑法同样并非一部法典或者一项特定的法律文本，而是刑法规范保障体系；资本市场刑法原理并非一种单一化的概念界限，而是从刑法的角度对资本市场进行的法律理论观察。

资本市场刑法是德国刑法理论与实践中的一个非常年轻却发展迅猛的概念。随着2008年全球金融危机、欧债危机、欧元动荡、英国脱欧等一系列金融市场系统性风险爆发与稳定性基础动摇，严重危害金融市场可持续发展的资本市场违法犯罪行为受到德国刑法理论的高度关注。在金融风险频繁触发的时代背景下，资本市场犯罪成为经济犯罪法律实践中热点与难点集中的犯罪类型，资本市场刑法相应地成为经济刑法体系下的一个重点领域，甚至在学科建设上构造经济刑法的子学科——资本市场刑法学。

资本市场刑法的概念整合可谓德国刑法理论的创新，但其意义显然不局限于单纯的理论研究。资本市场刑法概念整合的实践价值在于将所有保护资本市场的刑法规范进行系统性分析，其目的是更加清晰地阐释与说明刑法规定的这一类犯罪所预期保护的社会利益的内容，从而针对资本市场的运行机制与监管特点配置具有效率的刑法规范或者进行符合资本市场经济规律的刑法适用。

第二节　资本市场刑法的理论逻辑

一、资本市场刑法的保护法益：资源优化配置的市场机制

资本市场刑法最重要的目的在于保护投资者权益与资本市场的健全性，而健全的资本市场显然服务于投资者权益保障。[2]对于资本市场投资者权益保护的具体内涵，在德国资本市场刑法理论上，主要有“投资者财产权论”“投资者市场信赖论”“投资者信息平等论”3种观点。

“投资者财产权论”认为，资本市场刑法在宏观上或抽象上保护的是一种超个体法益，但是，将这种抽象解释具体化到资本市场犯罪的每个刑法规范本身，

---

〔1〕 Park, *Kapitalmarktstrafrecht*, 2. Auflage, Nomos Verlagsges,Mbh Co., 2008, S. 2.

〔2〕 Schmitz, “Derstrafrechtliche Schutz des Kaplitalmarkts”, *ZStW* 115, 2003, S. 508.

实际上都聚焦于投资者财产权益的个体法益。[1]上市公司的高级管理人员以及其他与上市公司具有关联的主体,以牺牲外部投资者利益的代价进行大规模的市场操纵与内线交易,这种犯罪行为对投资者购买相关证券所形成的财产权益形成极大的损害风险。尤其是在全球资本市场吸引各种类型的保险资金与养老基金参与投资的背景下,资本市场犯罪行为对民生产生严重威胁。资本市场刑法对此进行震慑和规制,是对投资者财产权益真实且具体的制度保障。

"投资者市场信赖论"认为,资本市场刑法并非直接且简单地保护投资者财产权益,而是实质性地保护投资者对资本市场机制的信赖。[2]资本市场刑法通过刑罚强制措施惩治与震慑内线交易、市场操纵等滥用资本市场机制的犯罪行为,从而促使投资者始终信任资本市场能够在分配公正与公平的基础上实现优化资源配置的市场机制。这种观点实际上是信赖保护理论在资本市场刑法中的具体化展开。资本市场赖以存在与发展的基础在于证券产品发行后的资金融通与证券产品投资与交易过程中的资金增值。资金持有者或者投资者基于对不受法律控制的证券犯罪的担忧而对资本市场丧失信任,资金供给方便会将资本资源转移至其他市场,不仅撼动资本市场的基础,而且会因为可能出现的资本盲目配置而造成资源使用低效与浪费。故资本市场刑法旨在维护投资者对市场效率与公平的信赖。

"投资者信息平等论"认为,资本市场刑法保护的重点在于保障投资者得以在公开、平等、正确、完整的信息披露与传播机制下对证券产品的购买与交易作出决策,防止上市公司内部人以及资本市场上具有信息优势的人员基于信息失衡损害投资者利益。[3]资本市场信息是对证券商品供求关系以及市场参与者态度等各种事实的表达或认知,是理性投资者参与资本市场交易的基础。虚假陈述、内线交易、市场操纵等资本市场犯罪行为基本上都是基于行为主体的信息优势而实施与完成的,故资本市场刑法保障外部投资者的信息平等权,能够在很大程度上概括投资者权益保护的实然内涵。

---

〔1〕 Park, "Kapitalmarktstrafrecht und Anlegerschutz", *NStZ*, 2007, S. 370.

〔2〕 Park, "Kapitalmarktstrafrecht und Anlegerschutz", *NStZ*, 2007, S. 370.

〔3〕 Park, "Kapitalmarktstrafrecht und Anlegerschutz", *NStZ*, 2007, S. 370.

二、资本市场刑法的规范功能:资本市场风险的有效管理

深度分析与精准确定资本市场刑法的法益,不仅是对其立法价值的理论追问,更有利于立法与司法实务部门从宏观上把握资本市场犯罪的实质。以批判性的视角分析德国经济刑法理论有关资本市场法益的论辩,其有益之处在于较为全面地阐述了资本市场中需要刑法规范予以强化保护的有效竞争机制与各种合法权益,其不足之处在于未能明确把握资本市场刑法保护的根本价值,也没有合理确定与这种价值紧密关联的各种法律权益与规范秩序在法益保护序列中的位阶。

笔者认为,资本市场刑法保护的法益是社会资金与证券商品之间资源优化配置的市场机制,投资者财产权、市场信赖、信息公平等实际上都是资本市场刑法中规定的某种特定犯罪所侧重保护的社会利益,这些资本市场犯罪个罪层面的具体法益构成了完整的资本市场刑法的整体法益。

市场的建构与发展都指向资源优化配置的价值追求。资本市场作为市场类型之一,显然不能脱离市场的本质特征。公平、公正、公开的资本与证券商品之间的交易,能够为实体经济发展筹措大规模资金,根据市场资本自由流动的实际效果反应金融资产的供求关系,实现价格发现功能,指导投资者理性配置资产。理论上,一个没有资本市场犯罪、秩序井然的资本市场能够最大限度地降低交易成本且最大程度地发挥资本市场体系融资、配置资源、服务实体经济等功能。但是,金融实践中始终存在内线交易与市场操纵等资本市场犯罪。从经济学的视角分析,内线交易等资本市场犯罪增加了证券发行者筹集资本与各类市场主体参与融资与投资竞争的成本,扰乱了金融交易机制,从而阻碍了实体经济的增长。[1]资本市场刑法就是要恢复这种受到证券犯罪破坏的资本与证券商品之间资源优化配置的市场机制,保障资本市场本身的健康与完整。资本市场资源优化配置是充分竞争的结果,资本市场刑法应当通过刑法的最终手段性保障有效监管框架下市场竞争的资源分配,公正对待处于不同竞争水平的融资者与投资者。

---

〔1〕 Utpal Bhattacharya and Hazem Daouk, "The World Price of Insider Trading", *The Journal of Finance* 57, 2002.

以中国《刑法修正案（七）》新增的证券犯罪类型——利用未公开信息交易罪为例，证券公司、基金公司等金融机构在资本市场中扮演者金融服务者、交易参与者等多重角色，由于这些金融机构具有信息优势，刑法禁止金融机构从业人员利用职务获取对金融交易价格具有重大影响的未公开信息，有针对性提前于外部市场投资者买卖相关证券。利用未公开信息交易的刑事违法性形式上表现为这种行为使投资者蒙受了财产损失、动摇了资本市场的诚信基础、体现出信息失衡下的市场资源滥用等，但从实质上分析，利用未公开信息交易犯罪的危害本质在于，各类社会资本不是通过充分且公平的价格竞争方式获取或出售证券商品，而是破坏资本市场竞争，即具有资源优势的市场参与者事先建仓，通过滥用外部投资者的资金扭曲证券商品价格，先于市场资本平仓获利。

再以中国《刑法》第 182 条操纵证券、期货市场罪（也是本书所研究的证券犯罪类型）为例，刑法虽然禁止单独或者合谋集中资金优势、持股优势或者利用信息优势联合或者连续买卖，操纵证券交易价格或者证券交易量的行为，但并不干涉资本市场中的资金、持股、信息优势以及利用资源优势从事连续交易的行为。只要资本市场参与者没有人为制造相关证券的价量水平，无论竞争过程中投资者产生多少损失或者竞争双方实力如何悬殊，资金、持股、信息等优势只是资本市场中资金与证券商品等资源持有者之间充分竞争的起始状态或者终了结果，并非刑法规制的对象。因此，资本市场刑法保护的市场机制归根到底是竞争的效率性与公平性。

包括投资者权益保护、金融行业秩序、从业人员诚信等价值，实际上都是资本市场效率发挥与有序竞争机制保障下所表现出现的不同层次的效果，而非资本市场刑法作为一个整体发挥其保障功能的作用对象，更不能将上述价值之一内化为资本市场刑法规范的一元化追求，否则，就会偏离资本市场的基础，从而在法律制度层面不合理地增加融资合规成本与阻碍投资竞争效率。资本市场存在与发展的正当性基础在于通过合理控制风险使市场参与者获取利润，其前提显然在于认可投资风险。这意味着资本市场刑法应当对风险具有较强的容忍度，不应当以积极介入的理念管控资本市场风险或者个别性风险。资本市场刑法只有设定其许可的投资风险边界，才能实现对资本市场系统性与制度性风险的防范与惩治，规制通过不正当手段规避资本市场风险获取巨额利润的行为，维护市场价格形成与发现机制的有效性。当然，应当强调的是，资本市场刑法整体保护资本市场运行机制的立法价值并不排斥其中的部分犯罪类型重点规制损害投资者权益的证券犯罪行为。这实际上是由资本市场刑法保护法益的层次性所决定的——资本市场刑法规范中的个罪或类罪完全可以侧重或全部以投资者权益为保护法益。例如,德国资本市场刑法中的虚假陈述罪以及中国《刑法》中的欺诈发行股票罪、违规披露、不披露重要信息罪等,都是以禁止证券欺诈犯罪行为为基础建构刑法规范,其保护法益明确地体现为投资者权益。

第三节 资本市场刑法的规范构造

一、资本市场犯罪的行为类型

德国刑法理论与实践通常将资本市场犯罪划分为两大部分:一是资本市场法刑事罚则规定的犯罪类型;二是《德国刑法典》规定的与资本市场相关的犯罪类型。[1]前者主要包括德国《证券交易法》规定的金融工具发行与交易过程中的虚假陈述、内线交易以及市场操纵等犯罪。[2]后者主要包括《德国刑法典》第263条普通欺诈罪、[3]第264a条资本投资欺诈罪、[4]第265b条信用欺诈罪、[5]第266条背信罪、[6]第283条破产罪[7]等与证券或者证券发行人(上市公司)直接或间接关联的犯罪。尽管资本投资欺诈罪与信用欺诈罪的罪名在各国刑法上极少出现,但这两项罪名所规制的犯罪行为却是各国刑法所普遍关注的。根据《德国刑法典》的相关规定,在证券发行、承销以及公司增资扩股过程中,在招股说明书等文件中进行失实的利好陈述或隐瞒利空事实,或者虚构与证券价值关联的资产,影响证券投资决策的,构成资本投资欺诈罪,处3

---

〔1〕 Park, *Kapitalmarktstrafrecht*, 2. Auflage, Nomos Verlagsges, Mbh Co. ,2008.

〔2〕 WpHG § 38 Strafvorschriften.

〔3〕 StGB § 263 Betrug.

〔4〕 StGB § 264 a Kapitalanlagebetrug.

〔5〕 StGB § 265 b Kreditbetrug.

〔6〕 StGB § 266 Untreue.

〔7〕 StGB § 283 Bankrott.

年以下监禁或罚金。在信贷、票据等任何形式的融资信用授予、展期、条款修改等过程中实施下列行为的,构成信用欺诈罪,处3年以下监禁或罚金:(1)提交失实或不完整的资产负债表、资产评估报告等文件;(2)在信用申请中就特定的商业项目进行失实或不完整的书面陈述;明知财务状况恶化而不在信用申请文件或者书面陈述予以说明。可见,德国刑法中的资本投资欺诈罪相当于有关欺诈发行证券的犯罪;信用欺诈罪相当于有关贷款、票据欺诈的犯罪。

中国《刑法》规定了相当数量的证券期货犯罪,刑法理论上主要也是使用证券期货犯罪的概念,〔1〕当然也有个别学者提出资本市场犯罪的概念。〔2〕从刑法理论上看,中国学者关于证券期货犯罪或者资本市场犯罪的类型化解释主要有以下4种观点:一是"广义论"认为,证券期货犯罪是严重破坏证券期货管理秩序的犯罪,包括危害证券期货发行、交易、管理秩序的犯罪以及与证券期货有关的(金融)诈骗犯罪、非法经营犯罪、职务犯罪等。"广义论"的实质内容与德国资本市场刑法理论的主流观点是一致的。二是"修正的广义论"认为,资本市场犯罪是违反资本市场法律且严重破坏资本市场秩序的犯罪,包括资本市场发行环节犯罪、交易环节犯罪、管理环节犯罪、公司犯罪、贪污贿赂犯罪以及财产犯罪。〔3〕"修正的广义论"用资本市场犯罪的理论性概念替换证券期货犯罪的规范性表述,在资本市场犯罪类型界定层面与"广义论"不存在实质性差异,故"修正的广义论"与德国资本市场刑法理论的主流观点具有完全一致性。三是"狭义论"认为,证券期货犯罪是与证券期货投资紧密关联的犯罪,包括欺诈发行股票、债券罪、违规披露、不披露重要信息罪、背信损害上市公司利益罪、背信运用受托财产罪等与证券期货投资直接关联的犯罪以及内幕交易罪、操纵证券、期货市场罪等完全属于证券期货投资领域的犯罪。〔4〕四是"严格的狭义论"认为,证券期货犯罪只能是完全发生在证券期货市场上的犯罪类型,故只有内幕交易、泄露内幕交易罪,利用未公开信息交易罪,编造并传播证券、期货虚假信息罪,诱骗投资者买卖证券、期货合约罪,操纵证券、期货市场罪等5种犯罪,

〔1〕 刘宪权:《证券期货犯罪理论与实务》,商务印书馆2005年版,第1页。

〔2〕 王晨:《证券期货犯罪的认定与处罚》,知识产权出版社2008年版,第22~23页。

〔3〕 刘建:《资本市场安全与刑法规制》,中国人民公安大学出版社2009年版,第126~127页。

〔4〕 最高人民检察院法律政策研究室、中国证券监督管理委员会法律部编著:《证券期货犯罪司法认定指南》,中国人民公安大学出版社2009年版,第1页。

才属于证券期货犯罪。[1]“严格的狭义论”以“整体性”标准界定证券期货犯罪类型，将违规信息披露、欺诈发行证券、伪造、变造证券、滥用证券管理职权等部分涉及公司管理或其他金融监管的犯罪严格排除在证券期货犯罪类型之外。

由于德国《证券交易法》将金融工具界定为证券（股票、债券）、期货、期权、互换等金融资产或者金融衍生品，[2]德国资本市场刑法所规定的犯罪类型与中国刑法中的证券期货犯罪以及与证券期货具有一定关联的犯罪大部分是相同的，[3]只是具体理论阐释上，德国刑法理论对于将与资本市场直接或间接关联的犯罪集中在资本市场刑法项下进行分析，形成了相对一致的看法，而中国刑法理论尚未形成相对统一的认识。

笔者认为，德国资本市场刑法理论与中国证券期货犯罪理论对于犯罪类型的把握均存在结构性缺陷，导致刑法解释理论模糊了资本市场刑法保护的重点以及现有资本市场犯罪法律规范的关系，从而严重阻碍了资本市场刑法立法完善与刑事司法精准化的理论驱动。

德国资本市场刑法原理与中国证券期货犯罪理论中的“广义论”“修正的广义论”“狭义论”基本的缺陷在于将普通欺诈犯罪、金融诈骗犯罪、背信犯罪、破产犯罪等并非（主要）侵犯资本市场机制的犯罪纳入资本市场刑法范畴进行解释。正如上文所述，资本市场就是资金与证券商品之间进行资源优化配置的机制，而证券发行与交易（资金配置与流动）又是资本市场功能实现的具体执行。欺诈、背信等犯罪行为是传统经济刑法领域中主要侵犯他人合法产权的犯罪类型，并不涉及或主要涉及对证券发行与交易机制的危害。在上述刑法理论中，即便是犯罪类型范围最小的“狭义论”，也同样陷入了将犯罪行为对象或者犯罪涉及的因素为证券这一表象性特征作为资本市场犯罪类型化解释标准的误区——本质根源在于忽略了资本市场的现实作用。因为，从资本市场主要作用的角度进行分析，资本市场就是发行市场与交易市场的基本组合，发行市场承担证券产品发行者按照法律规定和发行程序向投资者首次出售或者增发出售全新证券的功能；交易市场承担投资者向其他投资者转让证券或证券等金融产

[1] 刘宪权：《金融犯罪刑法学专论》，北京大学出版社2010年版，第337页。

[2] WpHG § 2 Begriffsbestimmungen.

[3] 由于我国金融市场衍生品交易的发展与创新相对落后，相关金融法律法规尚未对金融衍生品进行系统性法律监管，导致刑法远未达到设置金融衍生品犯罪的立法条件。

品在投资者之间不断买卖的功能。[1]资本市场刑法是对发行与交易机制的保障,故资本市场犯罪类型只能限定在侵犯证券发行与交易机制的范围之内,脱离资本市场基本价值的犯罪类型解释理论将会造成法益保护失焦,从而影响资本市场刑事立法完善的科学性以及资本市场犯罪在司法实践中实质解释的准确性。当然,中国证券期货犯罪理论中"严格的狭义论"则存在资本市场犯罪过度收窄的问题。尽管违规披露、不披露重要信息罪、欺诈发行股票、债券罪以及擅自发行股票、债券罪部分涉及非上市公司管理制度等问题,但这些罪名都是规制证券发行与交易环节中的信息披露、逃避监管等行为的犯罪类型,并且在美国、欧盟等全球重要资本市场法律规范框架下均属于虚假陈述犯罪,理应纳入资本市场刑法所规定的犯罪类型之中。

同时,德国资本市场刑法与中国证券期货犯罪在刑事立法实践中共同存在的根本缺陷在于,两者都将严重侵害证券、期货以及衍生品市场机制的犯罪行为集中在完全相同的犯罪构成内进行刑法评价——德国《证券交易法》将证券、期货、期权以及相关衍生品整合为金融工具,并在刑事罚则中将针对这些金融工具的犯罪行为统一规定为资本市场刑法项下的虚假陈述、内线交易、市场操纵等犯罪;中国刑法尽管在部分犯罪的罪名上区分证券犯罪与期货犯罪(例如操纵证券、期货市场罪),但两者除了行为对象不同之外,其他构成要件完全相同。

笔者认为,不区分证券犯罪、期货犯罪以及衍生品犯罪的独立性特征而将其整体纳入资本市场刑法规范体系,或者在完全相同的犯罪构成要件中仅根据行为对象差异而简单区分证券犯罪与期货犯罪的罪名,深刻地体现出资本市场刑事立法科学性阙如,其实践结果便是司法适用的简单化、机械化,最终导致资本市场刑法规制能力的不足。

德国资本市场刑法与中国证券期货犯罪立法实践未能针对证券、期货以及其他衍生品的特点区分配置各种资本市场犯罪类型的构成要件,其根本原因在于未能精确把握金融市场的基本结构和证券、期货、衍生品等各类细分市场及其各自的金融产品功能。正如前文所述,根据融资与投资是否具有中长期性为标准,金融市场可以分为资本市场(中长期资金市场)与货币市场(短期资金市

[1] B. J. Foley, *Capital Markets*, London, Macmillan, 1991, p. 6.

场）。资本市场刑法就是保护中长期资金优化与各种证券类商品之间资源优化配置市场机制的具有最高强制力的法律规范。证券市场、期货市场、衍生品市场则是根据可供交易的金融商品类型为标准对金融市场进行的市场细分。因此，在逻辑上，显然不能将针对证券、期货以及衍生品市场的犯罪全部纳入资本市场刑法规范体系，在技术上，更不能对同种犯罪类型但行为对象存在证券、期货、衍生品之别的犯罪规定实质相同的犯罪构成。

资本市场刑法规范将证券、期货、衍生品等犯罪混同于资本市场犯罪进行规制，客观上将部分完全不具有侵害资本市场机制因素的犯罪进行错误归类与定位，影响了资本市场刑法规范结构的科学性与金融犯罪刑法规制的针对性。例如，商品期货（期权）、外汇期货（期权）以及与此相关的所有金融衍生品市场完全不具有资本市场的属性，与证券发行与交易完全无关，根本不具有中长期融资与投资的市场作用，而是承担对冲商品、外汇等现货价格风险与价格发现功能。侵犯商品、外汇期货及其衍生品市场机制的犯罪行为，其社会危害性集中体现为扰乱正常的风险对冲与价格发现机制。因此，商品、外汇期货及相关衍生品市场犯罪不属于资本市场刑法的规制领域。在期货以及衍生品市场整体架构中，只有以证券为基础资产的期货（如股票期货、股指期货、国债期货等）、期权（如股票权证等）及衍生品（如股票互换、债券互换等）的发行与交易，才属于资本市场的范畴，相关期货、期权及衍生品犯罪才属于资本市场犯罪。

资本市场刑法规范将证券、期货、衍生品等犯罪的构成要件进行实质上的等同化处理，实际上过度低估了针对不同金融商品实施金融犯罪的差异性，客观上造成了刑法规制的严重偏向，并且会导致对跨越不同类型金融市场实施犯罪行为的法律监管空白。

严重侵害证券、期货或衍生品市场机制的犯罪行为存在显著的区别，单一性的虚假陈述、内线交易或市场操纵的犯罪构成难以对其进行有效规制。中国1997年《刑法》只规定了证券犯罪，1999年《刑法修正案》仅仅是直接在内幕交易、市场操纵等犯罪构成中加入了期货犯罪的形式，完全没有针对期货犯罪在行为实质上的特殊性制定充分且完整的立法对策，并且，中国《刑法》时至今日没有对金融衍生品市场中的内线交易、市场操纵犯罪进行立法思考。德国资本市场刑法将证券、期货以及衍生品统一规定为金融工具，与其说是资本市场犯罪行为对象的规范整合,不如说是忽略金融市场结构性差异的简单叠加。可见,无论是处于发展过程中的中国金融市场法律规范,还是处于相对成熟阶段的德国金融市场法律规则,都没有能够在刑法层面深刻分析证券、期货、衍生品犯罪的本质差异。

事实上,正是金融市场类型与金融产品属性的不同,决定了证券、期货、衍生品犯罪的行为模式在具有共性的同时更存在实质性区别。以市场操纵犯罪为例——洗售、相对委托、连续买卖、"抢帽子"交易、虚假申报、开市(尾市)交易操纵等都是证券、期货市场以及部分场内集中交易的衍生品市场共有的操纵犯罪行为模式,但刑法不应当局限于这些共有的操纵行为类型而对证券市场操纵与期货市场操纵的犯罪构成进行等同化处理。商品期货市场中就存在囤积(corner)、轧空(squeeze)等完全区别于证券市场操纵的典型行为方式,这些期货市场操纵违法犯罪行为的核心在于利用商品期货市场中特有的现货与期货市场的价格关系以及交割、保证金交易等制度谋取现货市场控制下期货仓位的巨额利润。同时,基于商品期货交易所对于投机仓位的持仓数量限制以及套期保值交易的审批性监管,证券市场中常见的洗售、相对委托、连续买卖等并非商品期货市场中的基础或典型的操纵犯罪类型。所以,将完全基于证券市场违法犯罪行为分析而形成的犯罪构成不加修正地适用于侵犯商品期货等市场机制犯罪的刑法评价,基本脱离了刑法所保护的市场本身的逻辑与现实。笼统地建构资本市场刑法规范而未能形成独立的商品期货、外汇期货等非资本市场犯罪刑法规范体系,其法律规制偏向性的实践结果实际上是显而易见的。根据中国市场公开材料,至今未审判过一起期货市场中的内线交易,在市场操纵犯罪判例中,只有两例操纵期货市场案件。

同时还应当看到,证券、期货、衍生品市场及其各类金融商品之间存在高度的关联性,行为人完全可以利用不同金融市场及其金融产品之间的价格影响关系进行跨市场犯罪。中国刑法在形式上区分证券犯罪与期货犯罪的罪名,在实质上又以证券犯罪为基础对所有资本市场犯罪构成进行等同化处理从而忽略期货市场的特殊性,不仅与德国资本市场刑法存在相同的偏向性规制问题(期货犯罪惩防法律依据不足),而且会出现对跨市场犯罪(尤其是市场操纵)法律监管的紊乱与失效。例如,JSYH 系同时在中国 A 股与 H 股上市的股票,同时属于香港市场新华富时中国 25 指数期货合约的成分股。行为人在 A 股市场针对JSYH股票进行连续交易造成价格波动，基于A股与H股市场的关联度，JSYH的H股价格波动继而引起新华富时中国25指数期货合约。行为人通过事先建构的中国25指数期货合约仓位在股指期货价格波动中谋取巨额利润。可见，行为人连续交易影响股价的行为发生在A股市场，H股市场相关股票价格波动作为中继，最终在相关股指期货市场谋取利润，整个行为过程涉及2个证券市场与1个股指期货市场。由于中国刑法在形式上将市场操纵犯罪分为操纵证券市场罪与操纵期货市场罪两个罪名，而上例中的影响股价行为发生在证券市场，股指期货波动结果出现在期货市场，证券市场影响行为与期货市场谋利结果分离，导致中国刑法既不能将之评价为操纵证券市场犯罪，也不能评价为操纵期货市场。加之中国刑法没有明确规定影响证券市场行为与控制期货市场结果之间可以合并构成所谓的操纵证券、期货市场罪，故中国刑法实际上根本无法规制跨市场操纵犯罪。

产生上述问题的症结仍然在于刑事立法理论与实践对于资本市场概念以及金融产品互动关系的认识存在模糊。证券是资本市场的基础商品，但这并不排斥一系列基于证券而建构的证券期货、证券期权、证券互换等产品成为资本市场衍生商品的现实性。发达资本市场早已成熟操作且中国曾经试行、正在运作或者逐步探索的国债期货、股票权证、股指期货、股权互换等建构与证券这一基础金融资产之上的证券衍生商品，充分体现了资本市场与期货市场、衍生品市场的关联。资本市场法律规范一方面应当深刻认识资本市场与其他金融市场之间的差异，另一方面必须把握基础金融资产与衍生资产之间依托与被依托的关系，灵活地建构以证券为核心的基础性资本市场与衍生性资本市场法律监管体系。对于资本市场刑事立法而言，在建构资本市场犯罪构成的过程中，既不能概括地将犯罪行为对象统一设定为所谓的金融工具，也不能机械地将其简单区分为证券、期货等，而是应当细致地将资本市场犯罪行为对象规定为证券、以证券为基础的期货（期权）以及其他以证券为基础的衍生工具（远期、互换等）。

分析至此，我们可知，并非所有发生于资本市场，或者以资本市场中的金融商品或投资者为行为对象的犯罪都可以归属于资本市场犯罪类型，只有严重侵犯资本市场发行与交易机制的犯罪类型才属于资本市场刑法的规制对象。同时，资本市场系中长期资金融通与投资平台的基础定位及其与期货、衍生品市场的联动关系决定了,刑法界定资本市场犯罪的行为对象应当注重限定性与关联性。限定性意味着资本市场犯罪必须针对资本市场中的证券产品而实施;关联性意味着资本市场中的证券产品并不局限于狭义的证券,而应当包括以证券为基础的期货(期权)以及其他以证券为基础的衍生工具(远期、互换等)。所以,资本市场犯罪应当分为3大类型:虚假陈述、内线交易以及市场操纵。

二、资本市场犯罪的实质特征

所有类型的资本市场犯罪的核心都在于对资本市场机制的滥用,因此,资本市场犯罪的本质就是市场滥用。或者说,资本市场犯罪就是市场滥用犯罪。结合我国现行刑法的规定来看,虚假陈述犯罪类型具体包括:欺诈发行股票、债券罪(《刑法》第160条)、违规披露、不披露重要信息罪(《刑法》第161条)、擅自发行股票、公司、企业债券罪(《刑法》第179条)、编造并传播证券、期货交易虚假信息罪、诱骗投资者买卖证券、期货合约罪(《刑法》第181条);内线交易犯罪类型具体包括:内幕交易、泄露内幕信息罪、利用未公开信息交易罪(《刑法》第180条);市场操纵犯罪类型具体包括:操纵证券、期货市场罪(《刑法》第182条)。此外,我国刑法规定的上述虚假陈述、内线交易、市场操纵犯罪实际上是证券犯罪与期货犯罪的简单叠加,即不区分商品、证券、外汇、利率等不同基础资产的本质性差异而将所有针对期货合约的犯罪均纳入期货犯罪体系并直接规定在相关证券犯罪之后,并且,我国刑法长期没有对衍生品犯罪进行任何规制。因此,在刑事立法上逐渐将针对以证券为基础资产的期货实施的犯罪从期货犯罪中分离,并且制定以证券为基础资产的衍生品犯罪,应当成为今后资本市场刑法规范对资本市场犯罪类型进行完善的重要方向。

明确了资本市场刑法规定的犯罪类型范围,可以进一步通过考察这些资本市场犯罪在构成上的特征,明确刑事立法与司法适用上需要选择与阐释的重要问题。

第四节　资本市场刑法的研究范式

一、问题导向

随着全球资本市场的不断发展、创新与完善，资本市场犯罪不断出现一些新情况、新问题，资本市场犯罪案件经常会出现刑法适用上的障碍、困惑及难题。如何准确认定资本市场犯罪案件，如何完善资本市场犯罪立法与司法解释，刑法理论界与实务界存在较大的争议。

因此，从刑法原理出发，结合资本市场特点与金融理论，不仅对与资本犯罪定罪量刑有关的基本问题进行全面且深入的探讨和分析，而且就刑法规定的虚假陈述犯罪、内幕交易犯罪、操纵证券、期货市场犯罪等在刑法理论与司法实务中出现的全新问题、热点问题、难点问题、重点问题提出对策，对于深度解析、公正惩治、有效预防资本市场犯罪的理论探索与法律实践具有极其重要的价值。

在以德国、日本为代表的大陆刑法理论研究体系中，对于资本市场犯罪的研究主要集中于纯理论层面的探讨、较为形式化的法条解释或者常规实务问题，例如，对于资本市场犯罪（或者内幕交易、市场操纵等个罪）保护法益的探讨、针对德国《证券交易法》、日本《金融商品交易法》等法律中有关证券犯罪刑事罚则的规范解释、传统证券犯罪行为类型的实务分析问题等。真正涉及资本市场犯罪刑法理论难题的研究（如市场操纵犯罪的实质内涵、行为机理等）比较少见；而真正涉及资本市场犯罪最突出、全新的法律适用难题（如市场操纵行为与金融商品交易价格之间的因果关系、金融市场技术创新带来的高频交易操纵等全新犯罪类型把握等）的实务性研究更为罕见。同时，在资本市场犯罪个罪研究层面，大陆刑法关于内幕交易犯罪研究数量较多，市场操纵犯罪研究至今没有取得非常重要的理论突破。

在以美国、英国为代表的英美刑法理论研究体系中，尽管研究者对于虚假陈述、内幕交易、市场操纵等资本市场犯罪行为进行相当深入的研究，并且大部分具有跨学科研究的特点（如证券犯罪的刑法经济学分析，运用金融经济学模型研究证券犯罪中的疑难问题等),但也存在不少理论缺憾。例如,美国并没有形成固定的资本市场刑法规范与理论逻辑,相关证券期货犯罪刑法理论大多集中于个别典型判例的分析,加之各个联邦巡回上诉法院采取的各种司法实务判断标准迥异且美国联邦最高法院对绝大多数争议尚未提出法院意见,造成证券期货犯罪实务标准混乱且理论分析零散,缺乏能够整体覆盖且具有解决实践问题加之的基础性理论分析。

中国近十年来对于证券犯罪的刑法学研究日益深入,一系列刑法学专著、论文对证券期货犯罪问题进行了全面地研究,但也存在一定缺陷:

其一,缺乏资本市场概念与金融专业知识支撑。资本市场犯罪是根植于资本市场的犯罪行为,资本市场犯罪刑法研究首先必须以资本市场为基础、围绕资本市场的特征展开与犯罪有关的问题研究,但由于目前的刑法学研究普遍忽视对于资本市场概念的关注,造成相关法律适用规则建议、立法建言等脱离市场实际。同时,由于刑法学理论研究与实务人员普遍缺乏金融专业知识支撑,造成刑法原理与金融原理的脱节。

其二,资本市场犯罪个罪研究的结构性缺陷。内幕交易犯罪是证券期货犯罪刑法理论严重的重点领域,相关刑法学专著、博士论文都进行了集中研究,虚假陈述犯罪、操纵证券、期货市场犯罪、利用未公开信息交易犯罪的系统研究仍然比较少见。这主要是因为虚假陈述、利用未公开信息交易、操纵资本市场犯罪的行为机理相对内幕交易而言,比较为研究者、实务者所感到陌生,需要依托的金融专业知识也具有一定的区别,需要更多的金融市场反操纵实践经验或者实务素材,而这些正是目前资本市场犯罪刑法理论研究所阙如的问题。

二、创新路径

基于上述分析可见,本书专门以资本市场犯罪、资本市场刑法的概念予以展开,期待对于推动资本市场犯罪刑法理论发展具有理论意义,对于反资本市场犯罪立法、司法实务的完善具有实践价值。

本书秉持高度的问题意识。资本市场犯罪问题的选择与资本市场刑法核心概念的布局都围绕着理论与实务中亟须深入研究的问题而展开。突出资本市场刑法理论与实务中的争议性问题,不仅仅提出理论分歧与实务操作差异,更是纵身性地提出资本市场刑法观念冲撞与现实断裂的根源性争议。在刑法解释与反思中，不仅对基本问题进行理论与实务结合的观点阐释与论证，更强调通过衍生问题的反思深化对争议问题提出不同分析视角。对于当前理论与实务中分析较多的资本市场犯罪基本问题，本书不做赘述，而是直奔欺诈发行、违规信息披露、内幕交易、利用未公开信息交易、市场操纵等市场滥用犯罪的重大疑难问题，通过理论阐释有效解决实务中的疑难问题——资本市场犯罪的实质是什么？资本市场犯罪行为在金融市场实务中是怎样操作的？法律规范如何评价资本市场犯罪内含的经济机制、金融行为与市场心理？应当以怎样的理论架构划分资本市场犯罪行为类型，并准确分析不同类型在法律规制体系中的基本定位？如何区分资本市场犯罪行为、行政违法或者侵权行为、过度市场投机行为、一般市场投机行为以及推动资本市场迅猛发展的竞争优势与创新机遇的正当交易策略应用？法律制度是否应当以刑罚方式控制最为严重的资本市场侵害行为？如果资本市场刑法制度介入是理性的，如何富有效率地执行资本市场犯罪的惩治任务与预防功能？如何在刑事司法、行政制裁以及民事诉讼体系中协调刑罚震慑、行政监管及资本市场参与者平等法律对抗或通过市场交易机制公平竞争的边界？法律规范与司法规则如何根据金融市场、互联网、交易技术等外部条件的变化调整有效规制资本市场违法犯罪的制度安排？本书的理论与实践价值体现为，以上述问题意识为导向，通过理论性与实践性兼备的制度设计与安排，尝试回答这些困扰金融市场与制度规范的难题。

本书针对近年来资本市场刑法理论与实务中面临的重大难题与热点问题，充分运用资本市场、证券（期货、衍生品）法、刑法原理深入分析资本市场刑法中的重要概念、争议问题、疑难判例等，以期为理论与实务界提供一种解决刑法理论与实践疑难问题的分析视角。本书所提出的一系列资本市场犯罪刑法规制问题以及相关立法、司法应对意见，有利于推进与保障资本市场公平竞争机制，合理控制刑法介入证券市场规范调控的度，有助于促进实务部门通过合法且合理地运用刑法、金融法等法律规范，实现反资本市场违法犯罪的理念转换、规则丰富、技术更新，确保资本市场犯罪刑法规制实践与资本市场现实需要互相契合。

本书重点挖掘资本市场犯罪最新、疑难且具有特色的刑法适用问题，有助于为实践部门提供一个可供参考的资本市场犯罪疑难问题司法适用规则标准。同时，本书对各种类型资本市场犯罪的实质、构成、认定等问题进行深度探讨，归纳当前刑事立法以及司法规则层面存在的缺陷,提出了资本市场犯罪刑事立法与司法解释的完善思路。

本书主要使用法律与经济分析方法,还原真实市场竞争环境下的资本市场犯罪行为及其刑法规制效果。以资本市场法律制度为规范框架,分析作为经济问题的资本市场犯罪,评估如何通过刑法制度优化进一步完善资本市场犯罪惩防体系、保障金融市场信息公平竞争。以刑法的经济分析为解释工具,分析作为法律问题的资本市场犯罪,将实证分析、金融市场实践应用于资本市场犯罪刑法规制,促进刑法制度优化金融市场资源配置效率。同时,本书通过丰富的实证视角展开信息挖掘、情况分析、现象调查、刑法适用解析等,对发生于中国资本市场不同时期的资本市场犯罪实质、特征、逻辑规律等问题进行整合,反思既有刑法规制体系的效率,为引入市场信息竞争、限制权力过度介入市场等金融市场犯罪防治改良,提升市场信息效率、保障投资者权益,提供实证基础。

综上,本书以中国资本市场刑法的前沿、热点、难点问题意识为导向,从资本市场顶层制度改革与法律规范体系出发,结合中国资本市场特点与基本原理、金融法律法规、刑法以及最新司法解释,以法律与经济分析方法为核心,对与资本市场刑事案件定罪量刑有关的前沿与实务问题进行深度解析。本书契合资本市场实践中最新最前沿的相关刑法问题,包括科创板试点注册制背景下的资本市场刑法保护,证券法修订与资本市场刑法的协调修正,“两高”最新市场操纵犯罪司法解释的实践应用,“两高”最新利用未公开信息交易犯罪司法解释的实践应用,内幕交易犯罪实证研究与刑法适用反思,期货市场中的刑事犯罪问题等。上述前沿、新型、热点、疑难、重要问题均未在现有的研究中进行揭示与分析,本书旨在针对上述问题提出司法适用规则与立法、司法解释建议,以期对深度解析、公正惩治、有效预防资本市场犯罪的理论探索与司法实践有所裨益。

当然,以资本市场视角为导向,以资本市场犯罪为核心与起点,以资本市场刑法原理为依托与基础,对资本市场犯罪控制与资本市场刑法保护问题进行研究,是一种全新的尝试,本书的规范解释只是一种初步的探索。

第二章

设立科创板并试点注册制背景下的资本市场刑法保护

第一节 设立科创板并试点注册制改革进程中的资本市场刑法问题意识

一、科创板试点注册制改革

中国资本市场的顶层设计与法治实践近年来一直致力于深化金融体制改革,提升融资与投资效率。证券发行注册制改革是最为重要的内容之一。2013年11月12日,党的十八届三中全会通过的《中共中央关于全面深化改革若干重大问题的决定》提出,“推进股票发行注册制改革,多渠道推动股权融资”。2015年12月27日《全国人民代表大会常务委员会关于授权国务院在实施股票发行注册制改革中调整适用〈中华人民共和国证券法〉有关规定的决定》、2018年2月24日《全国人民代表大会常务委员会关于延长授权国务院在实施股票发行注册制改革中调整适用〈中华人民共和国证券法〉有关规定期限的决定》连续就加强股票发行注册制改革工作、《证券法》修改意见、防范和化解资本市场风险、切实保护投资者合法权益等重大问题做出授权。

2018年11月5日,国家主席习近平在首届中国国际进口博览会开幕式上发表主旨演讲,提出“将在上海证券交易所设立科创板并试点注册制,支持上海国际金融中心和科技创新中心建设,不断完善资本市场基础制度”。[1]习近平主席宣布的设立科创板并试点注册制举措,为落实创新驱动发展战略、增强资本市场对提高我国关键核心技术创新能力的服务水平、深化供给侧结构性改革等指明了方向。[2]

2019年1月30日,经党中央、国务院同意,中国证监会发布《关于在上海证券交易所设立科创板并试点注册制的实施意见》(以下简称《注册制意见》)。3

---

〔1〕 习近平:《共建创新包容的开放型世界经济——在首届中国国际进口博览会开幕式上的主旨演讲》(2018年11月5日,上海),载《人民日报》2018年11月6日,第3版。

〔2〕 左永刚:《科创板即将实操 科技企业IPO估值将更有效》,载《证券日报》2019年1月31日,第A1版。

月1日,证监会发布《科创板首次公开发行股票注册管理办法(试行)》(以下简称《注册管理办法》)、《科创板上市公司持续监管办法(试行)》(以下简称《持续监管办法》)。2019年3月至6月,上海证券交易所陆续发布《上海证券交易所科创板股票发行上市审核规则》(以下简称《上市审核规则》)、《上海证券交易所科创板股票交易特别规定》(以下简称《交易特别规定》)、《上海证券交易所科创板股票异常交易实时监控细则(试行)》(以下简称《异常交易监控细则》)等诸多配套规则。上述国家重大战略部署、顶层决策、监管机制、上市与交易规则等制度安排的集中就位,为注册制试点改革奠定了坚实的法律基础。6月13日,中国证监会和上海市人民政府联合举办了上海证券交易所科创板开板仪式;科创板正式开板,标志着党中央国务院关于设立科创板并试点注册制这一重大改革任务的落地实施。[1]

二、全新证券发行体制下的资本市场刑法问题

2019年6月20日,最高人民法院就注册制改革试点期间人民法院正确审理与科创板相关案件等问题,出台了《关于为设立科创板并试点注册制改革提供司法保障的若干意见》,提出了审理证券期货犯罪刑事案件的政策导向:依法从严惩治违规披露、不披露重要信息、内幕交易、利用未公开信息交易、操纵证券市场等金融犯罪分子,严格控制缓刑适用,依法加大罚金刑等经济制裁力度。

资本市场创新与以科创板试点注册制为核心的改革对于资本市场刑法保护具有重大影响。证券发行注册制决定了擅自发行股票、公司债券罪等资本市场犯罪类型会处于比较明显的限缩状态,而欺诈发行股票、债券罪、违规披露、不披露重要信息罪等虚假陈述犯罪将逐渐成为资本市场刑法规制的重点、难点、热点。除了资本市场发行环节之外,设立科创板并试点注册制改革也带动了二级市场交易的机制完善,尤其是丰富了融券交易等做空工具。市场操纵犯罪司法解释有必要根据做空机制的实质进行针对性的规则设计。由于科创板试点注册制涉及网络、信息、市场、行政监管、自律审核等诸多方面的内容,资本

---

[1] 中国证券监督管理委员会:《上海证券交易所科创板正式开板》,http://www.csrc.gov.cn/pub/newsite/zjhxwfb/xwdd/201906/t20190613_357248.html,最后访问日期:2019年11月5日。

市场犯罪刑法规制也就相应具有显著的立法动态性与司法技术性的特征。在保障金融健康发展与健全资本市场法律制度势在必行的深化改革趋势下，资本市场刑法制度安排应当做好充分准备，以便在科创板试点注册制改革进程中以及《证券法》完成较大规模的修改后，确保刑事立法与司法能够及时应对资本市场犯罪的挑战，更好地实现保障市场效率与投资者权益的刑法规范功能。

第二节　科创板试点注册制的资本市场刑法配套规则

证券监管机构通过核准权控制证券发行的节奏、规模、价格等本应当由市场机制形成的要素，对于中国建构特定发展阶段的资本市场发挥了重要作用。但作为一种典型的行政干预，证券发行核准权已经难以满足党的十八届三中全会提出的“使市场在资源配置中起决定性作用和更好发挥政府作用”的全面深化经济体制改革的要求。

科创板试点证券发行注册制的核心是强调便利直接融资的效率导向，强化信息披露。[1]根据《注册制意见》《注册管理办法》，科创板试点注册制的主要内容是，由申请证券发行的市场主体建构合规的公司治理、财务会计报告、股权关系、资信能力等标准从而符合基本发行条件，将发行文件提交上海证券交易所，上交所负责上市审核后报经中国证监会注册。[2]

---

〔1〕《〈科创板首次公开发行股票注册管理办法（试行）〉起草说明》指出：为做好科创板试点注册制工作，建立和完善符合市场化导向、直接融资效率提升、信息披露要求严格、市场主体责任到位、风险防控有效的股票发行上市制度，《注册管理办法》的起草遵循以下基本原则：一是便利直接融资。精简优化现有发行条件，逐步将现行发行条件中可以由投资者判断的事项转化为更加严格、更加全面深入精准的信息披露要求，增加资本市场包容性，扩大资本市场覆盖面；按照市场化、法治化原则，建立公开、透明、高效、便捷的股票发行注册机制，健全市场化询价定价机制，提升直接融资效率，服务实体经济发展。二是强化信息披露监管。建立健全以信息披露为中心的股票发行上市制度，明确以投资者需求为导向的信息披露要求，细化落实发行人、中介机构等市场主体关于信息披露的法定责任，强化信息披露监管，加大对信息披露违规行为的处罚力度。

〔2〕参见《注册制意见》“三、稳步实施注册制试点改革”；《注册管理办法》“第一章总则”“第二章发行条件”等。

注册制要求证券发行人在证券中介机构的市场化服务下，向投资者披露充分和必要的投资决策信息并对信息真实性负责；证券监管机构与交易所不对拟发行证券对应的基础资产质量及其投资价值进行判断，仅对信息披露文件的齐备性、一致性和可理解性负责；发行人及其中介服务机构对虚假陈述承担刑事责任、证券集团诉讼在内的严重法律风险和后果。[1]在证券发行注册制下，政府与市场之间的关系得以进行更为顺畅的梳理——资本市场机制在资本资源优化配置过程中发挥决定性作用，证券监管机构进行信息披露监管、惩防资本市场违法犯罪、保护投资者权益。

证监会制定的《注册管理办法》《持续监管办法》及上交所制定的《上市审核规则》等配套业务规则，从制度落地的角度架构中国证券发行注册制的运作规范。基于控制风险外部性与发挥市场效率的价值平衡出发，资本市场中常态化的主板、中小板、创业板发行核准制与科创板试点注册制的同步运行，确立了证券监管制度的区分性原则，对于风险承担能力较强的合格投资者与科技创新能力较强的发行人适用注册制，尽管省却了证券监管机构管理注册发行的行政成本，但仍然要求证券发行主体按照证券法律规定的程序与信息披露规范，在证券中介机构的服务下，就发行计划、财务会计报告、资信证明等信息予以真实、准确、完整的披露。[2]信息披露义务主体在证券发行过程中实施欺诈发行、违规信息披露等行为的，应当承担严厉的民事、行政责任乃至资本市场犯罪刑事责任。

从当前设立科创板并试点注册制的制度内容进行分析，构建市场化发行承销机制与强化信息披露监管，是通过证券发行环节提升直接融资比重、优化投资效率、完善资本市场信息均衡水平的重要改革措施。在有效设置发行条件、信息披露标准、承销实施办法、发行人及其股东、实际控制人等资信水平、投资者适当性管理等规则的基础上，试点注册制有助于高效地解决高新技术和战略

---

〔1〕 James D. Cox. "The Fundamentals of an Electronic - Based Federal Securities Act", *Washington University Law Review* 75, 1997, pp. 857 - 886.

〔2〕 《注册管理办法》第 34 条规定：发行人申请首次公开发行股票并在科创板上市，应当按照中国证监会制定的信息披露规则，编制并披露招股说明书，保证相关信息真实、准确、完整。信息披露内容应当简明易懂，语言应当浅白平实，以便投资者阅读、理解。中国证监会制定的信息披露规则是信息披露的最低要求。不论上述规则是否有明确规定，凡是对投资者作出价值判断和投资决策有重大影响的信息，发行人均应当予以披露。

性新兴企业融资成本高企、居民储蓄率高却投资渠道狭窄等问题。

然而，科创企业证券发行试点注册制改革并不意味着保障证券发行秩序方面的刑事规制措施将单纯地受到严格限制甚至是取消，证券监督管理机构强化证券市场信息披露也不等同于虚假陈述犯罪刑法规制措施的单纯扩张。作为资本市场刑事法治完善的前置性驱动力，设立科创板并试点注册制决定了资本市场犯罪的立法与司法，需要根据金融技术发展、资本市场机制创新与制度全面深化改革的最新内容，作出技术性调整与动态性优化，发挥市场机制本身在资源配置中的决定性作用，并且更好地保障行政权力通过信息披露的事中、事后监管维护投资者权益，通过资本市场发行机制创新与发行环节行政监管适度干预，实现市场与政府之间"互为支撑、相互转化的交叉关系"。[1]

一、发行市场的刑法保护

在与证券发行市场有关的资本市场犯罪刑事立法与司法解释部分，擅自发行股票、公司、企业债券罪的核心构成要件配置及其解释需要进行重要调整。

我国现行《刑法》第179条擅自发行股票、公司、企业债券罪禁止"未经国家有关主管部门批准"的证券发行行为。这种刑事立法设计显然是对现行《证券法》核准制为核心的证券发行监管制度的刑事法律保障。由于科创板试点注册制，整体推进证券发行注册制显然已经成为资本市场改革最为重要的制度发展方向。加之证券发行注册制在包括证券行政监管法律、资本市场犯罪刑事法律等一系列证券市场规范体系中处于"前端"制度的关键环节，作为证券发行制度"后端"保障的擅自发行股票、公司、企业债券罪的罪状有必要做好及时修正的准备。在证券监管主管部门、交易所制定并执行相关科创板首次公开发行股票注册管理办法的进程中，[2]作为擅自发行股票、公司、企业债券罪的入罪条件的"未经国家有关主管部门批准"，业已显得格格不入。

因此，有必要将擅自发行股票、公司、企业债券罪的入罪前提性要件及时修改为"违反国家的证券发行规定"。同理，近年来最高司法机关制定的与融资犯

[1] 侯利阳：《市场与政府关系的法学解构》，载《中国法学》2019年第1期。

[2] 《注册管理办法》第4条规定：首次公开发行股票并在科创板上市，应当符合发行条件、上市条件以及相关信息披露要求，依法经上海证券交易所（以下简称交易所）发行上市审核并报经中国证券监督管理委员会（以下简称中国证监会）履行发行注册程序。

罪、非法集资等有关的司法解释也应当进行相应修改、补充。例如,2010 年最高人民法院《关于审理非法集资刑事案件具体应用法律若干问题的解释》(以下简称《非法集资解释》)第 6 条规定中的“未经国家有关主管部门批准”,有必要同步修改为“违反国家的证券发行规定”。再如,根据 2019 年最高人民法院、最高人民检察院、公安部《关于办理非法集资刑事案件若干问题的意见》(以下简称《非法集资意见》)第 1 条“关于非法集资的‘非法性’认定依据问题”的规定,人民法院、人民检察院、公安机关认定非法集资的“非法性”,应当以国家金融管理法律法规作为依据。对于国家金融管理法律法规仅作原则性规定的,可以根据法律规定的精神并参考中国人民银行、中国银行保险监督管理委员会、中国证券监督管理委员会等行政主管部门依照国家金融管理法律法规制定的部门规章或者国家有关金融管理的规定、办法、实施细则等规范性文件的规定予以认定。

由于《非法集资意见》发布在《注册制意见》之前,上述非法集资犯罪中非法性问题的司法判断规则并没有考虑到,现行《证券法》等法律法规层面的证券公开发行核准制与金融行政主管部门的规定、办法、实施细则等国家部门规章层面的试点注册制之间,并不是原则性规定与具体性细则的关系,而是部分证券发行需要行政审批与试点去行政审批并行状态下一般规则与例外规则的关系。所以,非法集资等金融犯罪非法性认定还应当进行规则补充,即对于国家金融管理法律法规作出明确规定,但国务院基于全国人大常委会授权或者有关国家金融主管部门经过国务院同意等推行的试点性部门规章做出不同规定的,就该试点问题的相关事项可以根据国家部门规章或者国家有关金融管理的规定、办法、实施细则等规范性文件的规定予以认定。

尽管科创板试点注册制下的公开发行证券无须行政权力的核准,但公开发行证券必须依法注册,非公开发行证券应当符合法律、法规、国务院证券监督管理机构或者国务院授权部门的规定,所以,严重违反国家证券发行规定的擅自发行证券行为仍然受到资本市场犯罪刑事立法与司法解释的规制,只是在刑事控制范围上呈现出比较明显的限缩痕迹。这也是刑事法律制度对降低融资成本与难度、激发市场主体自主风险判断与市场价格发现机制、减少权力干预等深化推进资本市场改革措施的应然反应。

二、虚假陈述刑法个别条款的调整

擅自发行股票、公司、企业债券罪在行为内容的规定及其理解上，应当予以更为准确的说明与解释。

近年来，对于证券发行注册制较有代表性的理解是，资本市场主体拥有发行股票、债券等筹集资本资源的天然权利，只要不违背国家利益和公众利益，市场主体对于能否发行、何时发行以及发行定价等问题具有充分的自主决定权。[1]在《证券法》修订草案中的若干版本中，甚至提出了股权众筹、小额发行等适用注册豁免，即发行人与证券经营机构按照规定制备发行计划、财务信息等材料便可直接实现融资。基于此，资本市场犯罪刑事立法完善的一种可能的建议是，擅自发行股票、公司、企业债券的行为实际上已经不具备刑事可罚性，应当将犯罪行为要件修改为"非法发行；相应地，罪名亦需要重新提炼为"非法发行证券罪"。因为公开发行证券依法注册，意味着发行主体自主权的实质性扩大，发行证券只存在是否依照法律框架执行的合法与非法问题，而不存在是否属于"擅自"的经许可或者未经许可发行证券问题。

然而，证券发行注册制本身并不等于证券发行人在一级市场完全自由操作，其实质仍然是由《证券法》设定的行政许可。只是这种许可模式并非传统的审批或者核准，而是以信息披露为核心的程序性形式审查与实体性内容标准——证券交易所对于发行证券程序与报送文件是否合规进行事前审核，证券监管机构在事中或者事后发现发行人信息披露内容违规后的触发责任追究机制。违反注册制规定的程序性要件发行证券，即未经注册公开发行，属于擅自发行证券行为。违反证券发行注册的信息披露内容与标准，即在发行注册过程中存在虚假陈述的，属于欺诈发行或者违规披露重大信息行为。擅自发行证券犯罪行为与虚假陈述犯罪行为之间的实质界限在于，前者是证券发行注册制的程序性违反，后者是对注册制所要求的信息披露标准的实体性违反。

所以，前置性金融法律规范实行证券发行注册制，意味着刑法有必要将擅自发行行为要件修正为非法发行的看法并不十分准确。因为违反注册制相关

[1] 潘圣韬：《注册制改革关注"一个核心四个特点"》，载《上海证券报》2015年1月19日，第2版。

规范的行为不仅局限于擅自发行,还包括了欺诈发行以及证券发行过程中的其他信息披露违法行为。当然,在擅自发行股票、公司、企业债券犯罪行为要件的理解与适用层面,应当体现出证券发行注册制改革对行为要件解释的影响。现行《刑法》第 179 条擅自发行股票、公司、企业债券罪中"擅自发行"的内涵与"未经国家有关主管部门批准"直接关联,是指未经证券监督管理委员会核准发行证券。在证券发行注册制改革实施后,"擅自发行"行为内容的解释亦应当与前述"违反国家的证券发行规定"相匹配。"擅自发行"的内涵应当转换为违反证券发行注册程序要求而发行证券的行为。

三、欺诈发行、违规信息披露犯罪条文的重构

欺诈发行股票、公司、企业债券罪、违规披露、不披露重要信息罪等虚假陈述犯罪的刑法规范及其解释,需要根据注册制与信息披露改革后的法律要求,加强信息披露文件真实性的刑法保护,并梳理相关虚假陈述犯罪的法条关系。

证券非公开发行、公开发行注册、注册豁免等任何一种证券发行法律框架,均要求发行人严格遵守证券法律规范规定的信息披露义务,向投资者、证券监管机构、证券交易所等披露或者报送相关文件。当然,不同发行模式的监管强度不尽相同。按照成熟资本市场法律的一般规则,证券非公开发行的信息披露要求相对较低,一般只需要依照证券监管要求、融资方与投资方的约定披露或者提供与发行人经营、财务相关的重要信息。小额发行、向特定投资者公开发行等只是豁免注册程序,发行人在信息披露方面相对非公开发行而言适用更为严格的披露标准与义务承担;除了经营与财务资料之外,还需要向证券经营机构或者发行平台等提供发行计划、符合注册豁免条件的证明材料等。公开发行注册则适用最为严格的信息披露标准,需要向负责审核的机构报送招股说明书、财务会计报告、发行证券募集说明书等;首次公开发行在证券交易所上市交易的股票,应当报送保荐人出具的发行保荐书。[1]此外,证券发行后,发行人除了应当根据《公司法》《证券法》的规定履行持续信息披露义务之外,还需要遵循注册发行下有关信息披露、并购重组、股权激励等重要问题的持续监管

〔1〕 参见《上市审核规则》第 11 条规定。

规则。[1]

发行人在科创板注册发行的信息披露过程中虚假陈述，通过欺骗手段骗取发行注册，数额巨大、后果严重或者有其他严重情节的，应当构成欺诈发行股票罪。但是，现行《刑法》第160条欺诈发行股票、债券罪禁止的隐瞒重要事实或者编造重大虚假内容行为，其信息披露范围只覆盖“招股说明书、认股书、公司、企业债券募集办法”这3种文件。有必要将发行保荐书、审计报告、法律意见书、公司章程、股东大会决议等注册申请文件纳入欺诈发行股票、债券罪的规制范畴，填补证券发行注册制改革进程中的刑法规制盲点。

对于欺诈发行股票、债券罪没有涉及的发行环节严重信息披露违法行为，以及证券发行之后严重违反持续信息披露义务的行为，可由违规披露、不披露重要信息罪予以规制。《刑法》第161条违规披露、不披露重要信息罪禁止虚假的或者隐瞒重要事实的信息披露，行为对象为“财务会计报告”和“依法应当披露的其他重要信息”。因此，在注册发行过程中以及发行之后，发行人等就证券法律法规规章等明确规定的、除财务会计报告、招股说明书、公开发行证券募集说明书、发行证券计划等之外的其他应当披露的重要信息虚假陈述，严重损害股东或其他人利益，或有其他严重情节的，应认定为违规披露、不披露重要信息罪。

第三节　注册制下信息披露的监管转型与虚假陈述犯罪司法判断规则的完善

一、信息披露监管转型

设立科创板并试点注册制下资本市场全面深化改革与可持续发展，关键内容是优化市场与政府之间的关系，对于资本市场的制度安排与执行而言，其核心在于证券监管转型。在激发金融创新与发挥资本市场价格形成机制作用的

[1] 参见《持续监管办法》第3条。

基础上,实现投资者利益的保障,证券监管转型势必要做到削减资本市场准入环节的审批、突出系统性风险控制以及强化资本市场违法犯罪惩治,尤其是制定并实施更加全面、深入、精准的信息披露规则体系。

相对于主板、中小板、创业板的上市公司,拟在科创板上市的企业,在商业模式、技术水平、产品标准等层面更为新颖,经营预期、财务指标、科研进展的不确定性更高,即使是合格投资者,也较难评估科创企业的投资价值与内在价值。基于此,《注册管理办法》通过高标准的信息披露制度,强化新股发行上市事前、事中、事后全过程监管,并突出发行人及其控股股东、实际控制人以及保荐人及保荐代表人、律师事务所、会计师事务所、资产评估机构、资信评级机构等证券中介服务机构的信息披露法律责任。[1]在信息披露内容上,发行人需要针对科创公司的特定行业特点披露经营信息、可能对公司产生重大不利影响的风险以及未盈利的成因及其影响等。[2]同时,由于科创企业有关科研、技术、商业等方面的运行机制更为强调效率性与灵活性,《持续监管办法》给予了信息披露义务主体在时间、形式、调整适用规则上更多的替代性方案。[3]

从上述制度改革框架中可以看到,科创板试点注册制尝试同步实现直接融资和投资的资本市场机制创新与强化证券发行信息披露监管制度创新,原本由证券监管机构审批责任承担的行政管制压力,将分散为证券发行人、证券中介机构的信息披露法律责任。中国资本市场之所以长期以来存在公司上市后业绩变脸、财务造假等事件频现,但欺诈发行责任追究(尤其是刑事责任)数量相对有限的现象,根本原因在于一种内在的制度性矛盾深刻地制约着虚假陈述的行政责任认定与刑事处罚震慑被行政机构与司法机关动用的可能性——承担证券发行核准的监管主体如果大规模查处欺诈发行行为,实际上说明证券发行核准权的运作失控。因此,行政监管机构似乎很难系统化地查处欺诈发行案件从而自证监管无能。相应地,司法机关只能惩治极小部分由行政执法部门移送的刑事案件。科创板开板后,证券发行注册制试点改革深入推进,一方面极大

〔1〕 参见《注册管理办法》第36条至第38条。
〔2〕 参见《注册管理办法》第39条、《持续监管办法》第11条至第13条。
〔3〕 参见《持续监管办法》第14条、第15条。

地缓释了证券监管机构的“不能承受之重”、极大地提升了监管效率；[1]另一方面强化了发行证券信息披露与持续信息披露的合规标准，明确了证券发行人的主体责任与证券中介服务机构的专业责任。

二、虚假陈述犯罪的重大性标准

资本市场效率与风险并存，信息披露监管转型面临着规范市场竞争机制与保护投资者合法权益的双重压力。在科创板试点注册制的特殊阶段，融资效率与投资安全会处于复杂且深入的制度争议与矛盾对抗状态。资本市场犯罪刑法规制在寻找价值平衡点时，需要以更为灵动的司法规则设计，配合前置性证券行政法律规范同步调整，尤其是通过欺诈发行股票、债券罪、违规披露、不披露重要信息罪等资本市场虚假陈述犯罪核心构成要件的深度解释，强化对资本市场信息披露监管制度的刑事法律保护。其中最为重要的问题之一便是阐明资本市场虚假陈述犯罪重大性司法判断标准。

我国《刑法》规定的欺诈发行股票、债券罪、违规披露、不披露重要信息罪等，与成熟资本市场法律体系中的虚假陈述犯罪规定相同，都采用了重大性标准，即虚假记载的内容或者掩饰隐瞒的信息，只有在“量”的层面达到重大或者重要程度时才构成犯罪——《刑法》第160条明确规定，欺诈发行股票、债券罪的行为要件是，在招股说明书、认股书、公司、企业债券募集办法中隐瞒“重要”事实或者编造“重大”虚假内容；《刑法》第161条明确规定，违规披露、不披露重要信息罪的行为要件是，依法负有信息披露义务的公司、企业向股东和社会公众提供虚假的或者隐瞒“重要”事实的财务会计报告，或者对依法应当披露的其他“重要”信息不按照规定披露。

但是，司法实务往往将虚假陈述犯罪的重大性标准等同于最高人民检察院、公安部《关于公安机关管辖的刑事案件立案追诉标准的规定（二）》（以下简

[1] 根据证监会2019年6月14日的公告，证监会按法定程序同意苏州华兴源创科技股份有限公司、烟台睿创微纳技术股份有限公司在科创板首次公开发行股票注册。华兴源创、睿创微纳均为6月11日第2批过会企业，于6月13日提交注册，证监会作出同意注册决定仅用时3天。徐昭、昝秀丽：《华兴源创和睿创微纳首批获得科创板入场券》，载《中国证券报》2019年6月16日，第A1版。

称《追诉标准二》)规定的量化标准,[1]从而导致《刑法》明确规定的重大性实质判断标准的虚置。隐瞒重要事实、编造重大虚假内容、提供隐瞒重要事实的财务会计报告等中的"重要""重大",是对欺诈发行或者违规信息披露在行为内容上的量化规定;欺诈发行500万元以上、虚增或者虚减资产或者利润达到当期披露的资产总额30%以上等数额标准,是对欺诈发行或者违规信息披露犯罪中的"数额巨大"、"后果严重"或者"其他严重情节"等设定的客观处罚条件。两者虽然均为量化判断标准,但在构成要件规范解释层面完全属于不同的逻辑范畴——前者属于客观犯罪行为内容的组成部分,后者归于客观处罚条件。在科创板试行注册制的背景下,这种重大性标准的虚置会导致虚假陈述犯罪构成要件评价准确性的进一步恶化。因为不同的证券公开发行审核模式显然会导致刑事法律对于虚假陈述重大性问题设定差异性的判断标准。

所以,资本市场虚假陈述犯罪司法实践有必要利用科创板试点注册制的契机,尝试梳理与细化重大性判断规则。《证券法》意义上的重要信息一般应指合格投资者在金融商品发行或者交易过程中需要被告知的内容。在中国资本市场监管体系中,这些重要信息主要是由《证券法》及相关配套法规、规章(主要是证监会的各项管理办法)规定其具体内容及披露标准。具有信息披露义务的相关发行人、上市公司等违反《证券法》及其配套制度的信息披露规定,构成欺诈

---

[1] 《追诉标准二》第5条:[欺诈发行股票、债券案(刑法第一百六十条)]在招股说明书、认股书、公司、企业债券募集办法中隐瞒重要事实或者编造重大虚假内容,发行股票或者公司、企业债券,涉嫌下列情形之一的,应予立案追诉:(一)发行数额在五百万元以上的;(二)伪造、变造国家机关公文、有效证明文件或者相关凭证、单据的;(三)利用募集的资金进行违法活动的;(四)转移或者隐瞒所募集资金的;(五)其他后果严重或者有其他严重情节的情形。《追诉标准二》第6条[违规披露、不披露重要信息案(刑法第一百六十一条)]依法负有信息披露义务的公司、企业向股东和社会公众提供虚假的或者隐瞒重要事实的财务会计报告,或者对依法应当披露的其他重要信息不按照规定披露,涉嫌下列情形之一的,应予立案追诉:(一)造成股东、债权人或者其他人直接经济损失数额累计在五十万元以上的;(二)虚增或者虚减资产达到当期披露的资产总额百分之三十以上的;(三)虚增或者虚减利润达到当期披露的利润总额百分之三十以上的;(四)未按照规定披露的重大诉讼、仲裁、担保、关联交易或者其他重大事项所涉及的数额或者连续十二个月的累计数额占净资产百分之五十以上的;(五)致使公司发行的股票、公司债券或者国务院依法认定的其他证券被终止上市交易或者多次被暂停上市交易的;(六)致使不符合发行条件的公司、企业骗取发行核准并且上市交易的;(七)在公司财务会计报告中将亏损披露为盈利,或者将盈利披露为亏损的;(八)多次提供虚假的或者隐瞒重要事实的财务会计报告,或者多次对依法应当披露的其他重要信息不按照规定披露的;(九)其他严重损害股东、债权人或者其他人利益,或者有其他严重情节的情形。

发行、违规信息披露等虚假陈述违法行为，应当根据《证券法》的罚则处以行政处罚。对于当前设立科创板并试点注册制而言，欺诈发行违法主要就是违反《注册管理办法》中第2章发行条件、第4章信息披露相关规定的行为；违规信息披露主要是指违反《持续监管办法》中相关信息披露义务的行为。但是，只有当这种违法行为所编造或者隐瞒的信息严重到《刑法》第160条、第161条所规定的"重要"或者"重大"程度，才能构成相关虚假陈述犯罪从而触发刑事责任。可见，资本市场虚假陈述犯罪重大性判断标准实际上也是区分行政处罚与刑事责任的实质边界。至于何谓"重要"或者"重大"程度，应当针对欺诈发行股票、债券罪与违规披露、不披露重要信息罪的罪质特征设置具体规则。

欺诈发行股票、债券罪中的隐瞒"重要"事实或者编造"重大"虚假内容，应当限定性地解释为在招股说明书（股票发行）、债券募集办法（债券发行）中就《证券法》及其配套制度所规定的最为重要且有量化标准的发行条件问题进行虚假记载。《证券法》第13条中规定的"发行条件"其实具有很强的综合性。这不仅与我国长期以来核准之下的实质审核发行理念是相一致的，而且从当前科创板试点注册制的一系列配套规则来看，无论是证监会的《注册管理办法》《持续监管办法》，还是上交所的《上市审核规则》，均通过设置诸多条文对"发行条件"作出了细致的综合规定，内容涉及发行人行业领域、主体资格、业务和技术、财务状况、治理结构等。因此，科创板试点注册制和资本市场其他板块的核准制都建构了高度综合性的发行条件，仍然没有摆脱证券监管机构对发行企业的价值设定。但这些与发行条件有关的指标之间，在刑法判断层面应当具有轻重次序之分。以科创板发行条件为例，企业定位条件[1]与财务条件[2]是最为核

[1] 《上市审核规则》第19条规定：发行人应当结合科创板定位，就是否符合相关行业范围、依靠核心技术开展生产经营、具有较强成长性等事项，进行审慎评估；保荐人应当就发行人是否符合科创板定位进行专业判断。本所在发行上市审核中，将关注发行人的评估是否客观，保荐人的判断是否合理，并可以根据需要就发行人是否符合科创板定位，向本所设立的科技创新咨询委员会提出咨询。

[2] 《上市审核规则》第22条规定：发行人申请股票首次发行上市的，应当符合《上海证券交易所科创板股票上市规则》规定的上市条件。除本规则第二十三条、第二十四条规定的情形外，发行人申请股票首次发行上市的，应当至少符合下列上市标准中的一项，发行人的招股说明书和保荐人的上市保荐书应当明确说明所选择的具体上市标准：（一）预计市值不低于人民币10亿元，最近两年净利润均为正且累计净利润不低于人民币5000万元，或者预计市值不低于人民币10亿元，最近一年净利润为正且营业收入不低于人民币1亿元；（二）预计市值

心的底线要求。发行人对企业定位或者财务问题进行虚假记载(编造或者隐瞒与主营业务、核心技术、成长性、市值或者营收等有关事项)的,构成《刑法》第160条中的隐瞒“重要”事实或者编造“重大”虚假内容。

同时需要强调,科创板试点注册制下的公开发行财务指标,是以“预计”市值、营收、研发投入等为重点导向的,相对核准制以公司3年连续盈利要求,已经在强调企业财务成长性的角度进行了有针对性的显著放宽,不仅没有对净利润做出绝对性的要求,而且突出市值规模的预测性。所以,即使发行人的财务指标是符合科创板通用发行条件中的基本财务标准,但为了进一步粉饰美化财务报表而虚构营收,例如,企业预计市值不低于人民币15亿元,最近1年营业收入不低于人民币2亿元,且最近3年研发投入合计占最近3年营业收入的比例不低于15%,已经符合具体上市标准,但为了向交易所审核上市部门更为突出地呈现高速成长性或者企业科技含量,虚增最近一年营收至3亿元或者虚增研发投入占近3年营收比例至30%——其亦应当构成编造“重大”虚假内容。所以,在股票发行注册制下,欺诈发行股票、债券罪的罪质特征强调的是在企业基本定位和财务层面对市场或者投资者的重大信息误导,而不管其是关于公司能否发行的误导,还是公开发行价格的误导(在符合公开发行财务指标的基础上,科创公司净利润水平越高、营业收入越高或者研发投入占比越高,其公开发行价格预计越高)。

违规披露、不披露重要信息罪中的“重要”事实、其他“重要”信息,应当指发行上市后基于持续信息披露义务要求而应当向市场公开的对公司证券定价具有重大影响的事项。在具体司法认定中,需要注意以下两个问题。

一是基于传统的信息披露规则,严格区分预期分析和业绩预告。根据美国

不低于人民币15亿元,最近一年营业收入不低于人民币2亿元,且最近三年累计研发投入占最近三年累计营业收入的比例不低于15%;(三)预计市值不低于人民币20亿元,最近一年营业收入不低于人民币3亿元,且最近三年经营活动产生的现金流量净额累计不低于人民币1亿元;(四)预计市值不低于人民币30亿元,且最近一年营业收入不低于人民币3亿元;(五)预计市值不低于人民币40亿元,主要业务或产品需经国家有关部门批准,市场空间大,目前已取得阶段性成果。医药行业企业需至少有一项核心产品获准开展二期临床试验,其他符合科创板定位的企业须具备明显的技术优势并满足相应条件。前款所称净利润以扣除非经常性损益前后的孰低者为准,所称净利润、营业收入、经营活动产生的现金流量净额均指经审计的数值。本所可以根据市场情况,经中国证监会批准,对第2款规定的具体标准进行调整。

联邦法院体系下的证券法判例。预期分析是对在现有资产质量状况与风险评估下对公司盈利能力的估计；[1]业绩预告是在特定时间段的最终财务报告尚未制作完成之前对上市公司业绩的数据预测或者事实描述。[2]可见，即使最后被证明预期分析明显偏离实际情况，由于其只是上市公司资产价值或者经营能力的宏观估计或者远期预测，对于投资者如何进行资本配置而言并非重要信息，适格投资者基于理性判断通常可以评估预测风险，因而并不符合重大性标准。而业绩预报是以数据或者事实为支撑在正式财务报告之前的预披露，对于资本市场投资决策具有重要影响，应当认定其具备重大性。

二是基于注册制趋势下的信息披露规则，明确重要事实和其他重要信息的范围。由于科创板试点注册制的配套制度并未对拟公开发行企业做出严格的盈利规定，故公司上市后一般也没有在定期财务报告中编造虚假盈利数据的违法“需求”。但注册制并不等同于放松监管，未盈利的公司仍然要持续披露未盈利成因及其对公司的影响，[3]并且需要结合所属行业特点，充分披露行业经营信息。[4]信息披露义务主体在定期报告中隐瞒盈利成因及其对公司现金流、业务拓展、人才吸引、团队稳定性、研发投入、战略性投入、生产经营可持续性等方面影响的，构成隐瞒重要事实；未充分披露公司的科研水平、科研人员、科研投入等能够反映行业竞争力的信息，影响投资者合理决策的，构成对依法应当披露的其他重要信息不按照规定披露。

第四节　科创板下做空型市场操纵行为认定的司法解释建议

设立科创板并试点注册制不仅在资本市场发行机制层面做出了重大改革，而且以提升资本市场定价效率为目标，尝试优化融券交易机制，着力改变中国

[1] Pension Trust Fund v. Clorox Co., 353 F. 3d 1125, 1132(9th Cir. 2004).
[2] Brody v. Transitional Hospitals Co., 280 F. 3d 997, 1006 (9th Cir. 2002).
[3] 参见《持续监管办法》第11条。
[4] 参见《持续监管办法》第12条。

资本市场长期存在的“单边市”问题。[1]根据《交易特别规定》,科创板股票自上市首个交易日起可作为融资融券标的,融券标的证券选择标准将由上交所另行制定区别于A股的条件;[2]首次公开发行上市、增发上市的股票,上市后的前5个交易日不设价格涨跌幅限制。[3]在科创板的改革推动下,优化融券业务的制度安排进一步拓展至各层次资本市场,沪深交易所正在抓紧修订《融资融券交易实施细则》,拟取消“平仓线”不得低于130%的统一限制,证券公司可根据客户资信、担保品质量和公司风险承受能力,与客户自主约定最低维持担保比例;扩大担保物范围,致力于提高客户补充担保的灵活性;研究扩大标的证券范围。[4]与此同时,为了有效控制各类对冲交易的市场与法律风险,《异常交易监控细则》对虚假申报、拉抬打压、自成交、相对委托、申报速率异常等各种异常交易情形设置了严格的认定与处理规则。

对于中国资本市场而言,进一步深化融券交易机制,对于健全做空工具、防控单边过度炒作等具有重要的价值。随着沪深300、上证50、中证500等指数期权产品的研发与上市筹备、ETF期权的试点推进,[5]科创板融券交易创新引领下的一系列做空机制极大地丰富了中国资本市场的风险对冲功能。

然而,从美国等做空机制比较完善的资本市场运行经验与判例实践来看,通过融券交易、股指期货、个股期权、指数期权等做空工具谋取巨额交易利润的行为,与蛊惑交易等市场操纵行为,容易出现司法界限划定困难的问题。因此,有必要在科创板引领融券交易创新的背景下,全面分析做空工具、风险对冲原理与市场操纵行为的不同经济机理与法律实质,在制定司法解释时严格把握做空型市场操纵构成要件及其具体适用,从而准确认定蛊惑交易等市场操纵

---

[1] 朱宝琛:《科创板股票纳入融券标的有望改善“单边市”问题》,载《证券日报》2019年2月2日,第A2版。

[2] 《交易特别规定》第13条规定:科创板股票自上市首日起可作为融资融券标的。证券公司可以按规定借入科创板股票,具体事宜另行规定。

[3] 《交易特别规定》第18条规定:本所对科创板股票竞价交易实行价格涨跌幅限制,涨跌幅比例为20%。科创板股票涨跌幅价格的计算公式为:涨跌幅价格=前收盘价×(1±涨跌幅比例)。首次公开发行上市的股票,上市后的前5个交易日不设价格涨跌幅限制。

[4] 中国证券监督管理委员会:《证监会指导交易所完善融资融券交易机制 满足投资者多样化需求》,载 http://www.csrc.gov.cn/pub/newsite/zjhxwfb/xwdd/201901/t20190131_350593.html,最后访问日期:2019年11月5日。

[5] 左永刚:《股指期权铺路长期资金入市》,载《证券日报》2018年8月8日,第A2版。

行为。

一、做空机制的法律保护

正当的卖空交易没有达到交易型市场操纵量化标准的，不仅不是违法犯罪行为，而是资本市场实现价格发现的重要力量。

科创板便利性制度安排促进下的融券卖空交易，是指交易者通过券商、持有特定证券的投资者等融券渠道借得证券后，在其认为的价格高位先行卖出，意图从之后的价格下行趋势中低价买入回补，以此谋取交易价差。只要这种交易行为没有超过立案追诉标准或者司法解释规定的连续交易、相对委托、洗售等市场操纵量化标准，即使其从证券价格下行波动中谋取巨额利润，也不应当认定为市场操纵犯罪。在没有通过连续卖出等行为影响金融商品价格或者交易量的情况下，市场价格按照融券交易者的预期下降甚至是暴跌的，意味着资本市场本身在修复特定金融商品的定价，没有必要从法律层面评估融券交易的动机是否“纯良”、善意还是恶意。

相当部分从事融券卖空的交易者是成熟机构投资者或者具有独占性金融交易技术的个人投资者，并且承担着极大的交易风险。针对特定金融商品融券卖空的交易者较为常见的风险便是轧空行情。市场中的多头初步占据优势后导致证券价格上涨，卖空者由于保证金或者担保物不足而无法继续融券卖出压制价格，或者由于现货市场可供融券卖空的标的证券不足，而只能以较高的市场价格买入证券了结仓位且承担巨额损失，甚至在剧烈上涨的轧空行情中直接爆仓。所以，资本市场以潜在的卖空交易利润吸引融券交易参与者承担风险，有助于更为精准地发现金融商品价格、防止单边上行的价格泡沫。

二、违法做空的刑法规制

司法解释有必要通过设置更为清晰的规则，准确认定蛊惑交易等信息型市场操纵实现或者放大做空交易利润的行为。

资本市场充斥各类信息，其中不乏发布虚假利空信息导致金融商品市场价格下跌，通过事先融券卖出、事后买入回补的方式谋取做空利润，或者先期融券建仓卖出，发布做空特定证券的投资咨询报告之后，意图通过低价买入回补牟利。中国资本市场刑事法治实践中出现过李定兴蛊惑交易操纵、[1]汪建中抢帽子交易操纵[2]等当时颇受各界关注的判例,但相关案件均为做多型市场操纵犯罪,并没有积累成熟的做空型市场操纵司法判断经验可循。同时,在境外上市的中国概念股经常被浑水(Muddy Waters Research)、香橼(Citron Research)等做空机构“围猎”“绞杀”,除了德国法兰克福公诉部门以市场操纵为由调查浑水公司外,此类基于做空报告的卖空交易行为很少被认定为违法犯罪。[3] 然而,无论交易者按照做多还是做空方向实现对资本市场的操纵,司法认定的关键是有效解释蛊惑交易与“抢帽子”交易操纵的犯罪实质与经济机理。

公开传播虚假的重大信息,影响特定证券、期货交易价格或者交易量,并进行相关做空交易谋取利益的,应当构成做空型的蛊惑交易操纵犯罪。无论是融券卖空还是融资做多,蛊惑交易操纵的刑事违法性实质在于向市场公开传播“虚假”的重大信息,其经济机理在于通过虚假的重大信息制造市场价差并从中谋取相关利益。故信息虚假性判断是蛊惑交易操纵司法解释需要解决的核心问题。

实践中有观点认为,除了不真实的信息之外,不准确、不完整或者不确定的重大信息实际上都可能影响投资者的决策从而影响资本市场对特定金融商品的定价。[4]但这种解释一方面并不符合中国刑法规范之间的体系性关系,另一方面模糊了蛊惑交易违法与犯罪的实质边界。《刑法》第181条编造并传播证券、期货交易虚假信息罪与归属于《刑法》第182条操纵证券、期货市场罪行为模式之一的蛊惑交易操纵,其核心界限在于市场操纵犯罪必须以交易者谋取利益为主观意图,编造并传播证券、期货交易虚假信息犯罪的罪质特征在于侵害

---

〔1〕 参见李定兴编造并传播证券交易虚假信息案[湖南省株洲县人民法院(1997年)株法刑初字第230号刑事判决书]。

〔2〕 参见汪建中操纵证券市场案[北京市第二中级人民法院(2010年)二中刑初字第1952号刑事判决书]。

〔3〕 Carrie Sperling and Kimberly Holst, “Do Muddy Waters Shift Burdens?”, *Maryland Law Review* 76, 2017, pp. 629 – 663.

〔4〕 美国《商品交易法》第6条第c款第1项所规定的市场操纵:明知信息具有虚假性、误导性或者不准确性,或者鲁莽地无视信息具有虚假性、误导性、不准确性,传播该信息,影响州际期货交易的市场价格或者价格反应,从事相关期货交易行为。同时,该法对市场操纵行为也配置了刑事罚则。这种立法例代表了实践中一种比较典型的意见,即蛊惑交易操纵中的信息属性不局限于虚假的,而且可以包括误导性、不确定性、不完整性等特征。

资本市场秩序,故扰乱交易秩序是后者的构成要件。[1] 但是,两者构成资本市场犯罪的实质基础均在于对资本市场信息效率危害在罪质与罪量层面都是等同的。所谓罪质相同,即两种行为都被纳入刑事处罚范围,是因为向资本市场传递的信息在性质上的实质危害特征是相同的。如果说作为《刑法》第182条操纵证券、期货市场罪行为模式之一的蛊惑交易操纵,在信息属性上没有通过法律的明示性条文表述予以规定,那么可以从规范明确程度更高且具有极强体系关联度的《刑法》第181条编造并传播证券、期货交易虚假信息罪中得以证明。此外,在资本市场监管层面,对于蛊惑交易的行政处罚固然可以将信息的属性拓展为不准确、不完整或不确定,[2]但考虑到中国资本市场违法与犯罪行为之间在数额标准上的差异并不明显,将蛊惑交易操纵刑事责任的实质边界限定为信息的虚假性,更能合理呈现行政处罚与刑事犯罪之间的界限。

---

[1] 《刑法》第181条第1款:编造并传播证券、期货交易虚假信息罪规定:编造并且传播影响证券、期货交易的虚假信息,扰乱证券、期货交易市场,造成严重后果的,处五年以下有期徒刑或者拘役,并处或者单处1万元以上10万元以下罚金。

[2] 中国证券监督管理委员会2007年《证券市场操纵行为认定指引(试行)》(以下简称《操纵认定指引》)第31条:本指引所称蛊惑交易操纵,是指行为人进行证券交易时,利用不真实、不准确、不完整或不确定的重大信息,诱导投资者在不了解事实真相的情况下做出投资决定,影响证券交易价格或交易量,以便通过期待的市场波动,取得经济上的利益的行为。

第三章

资本市场虚假陈述犯罪的刑法规制

虚假陈述犯罪是资本市场犯罪中最为严重的违法犯罪类型之一。欺诈发行、信息披露违法等行为由于其案发概率低、违法成本低、违法收益大而在资本市场中频发。在发行环节，欺诈发行危害性极大，通常能够从整个证券市场融资几亿、几十亿甚至上百亿元，并且在欺诈发行之后，企业自愿披露的信息和可被观察到的行为会与欺诈行为保持一致以掩盖自己的欺诈行为，造成持续的虚假陈述。[1] 欺诈发行通常会带来一系列的资本市场中的失信违法行为，对整个证券市场造成持续性的负面影响。从 20 世纪 90 年代开始，证监会连续查处大庆联谊案、红光实业案、绿大地案、中恒通案、欣泰电气案，这些案件都对资本市场的公平和效率以及投资者造成极大损害。在资本市场创新的背景下，由于信息传播更加迅捷、信息量呈指数型增长，欺诈发行对市场效率和投资者权益的损失将更难以估量。因此，有必要对资本市场中的虚假陈述犯罪刑法规制问题予以专题研究。

第一节 虚假陈述犯罪的规范基础

我国《刑法》中的虚假陈述犯罪，主要包括《刑法》第 160 条欺诈发行股票、债券罪与第 161 条违规披露、不披露重要信息罪，两罪具有一个共性，那就是都属于直接融资市场中的虚假陈述行为，在证券发行或者交易过程中对财务、资产交易等重大信息进行虚假、欺诈或者不实披露，严重损害融资市场信息效率、严重侵害投资者权益。

一、欺诈发行

欺诈发行股票、债券罪，是指违反公司管理法规，在招股说明书、认股书、公

[1] Ray Ball et al. , "Audited Financial Reporting and Voluntary Disclosures Complements: A Test of the Confirmation Hypothesis", *Journal of Accounting & Economy* 53, 2012, p. 136.

司、企业债券募集办法中隐瞒重要事实或者编造重大虚假内容,发行股票或者公司、企业债券,数额巨大,后果严重或者有其他严重情节的行为。在客观方面,违反《公司法》《证券法》等上市公司管理法律法规,在招股说明书、认股书,公司、企业债券募集办法中隐瞒重要事实或者编造重大虚假内容、发行股票或者公司、企业债券,数额巨大,后果严重或者有其他严重情节的行为。公司经核准向社会公开发行证券,必须公告新股说明书和财务会计报表及附属明细表,并制作认股书。发行公司、企业债券的申请经核准后,应当公告公司、企业债券募集办法。欺诈发行公司、企业股票、债券的行为,首先违反了国家对公司、企业发行股票、债券的有关规定。同时,欺诈发行的行为集中表现为在招股说明书、认股书、公司、企业债券募集办法中隐瞒重要事实或者编造重大虚假事实。

根据最高人民检察院、公安部《追诉标准二》第 5 条的规定,在招股说明书、认股书、公司、企业债券募集办法中隐瞒重要事实或者编造重大虚假内容,发行股票或者公司、企业债券,涉嫌下列情形之一的,应予立案追诉:(1)发行数额在 500 万元以上的;(2)伪造、变造国家机关公文、有效证明文件或者相关凭证、单据的;(3)利用募集的资金进行违法活动的;(4)转移或者隐瞒所募集资金的;(5)其他后果严重或者有其他严重情节的情形。

二、违规信息披露

违规披露、不披露重要信息罪,指依法负有信息披露义务的公司和企业,向股东和社会公众提供虚假的或者隐瞒重要事实的财务会计报告,或者对依法应当披露的其他重要信息不按照规定披露,严重损害股东或者其他人利益的行为。根据最高人民检察院、公安部《关于经济犯罪案件追诉标准的补充规定二》第 6 条的规定,依法负有信息披露义务的公司、企业向股东和社会公众提供虚假的或者隐瞒重要事实的财务会计报告,或者对依法应当披露的其他重要信息不按照规定披露,涉嫌下列情形之一的,应予立案追诉:(1)造成股东、债权人或者其他人直接经济损失数额累计在 50 万元以上的;(2)虚增或者虚减资产达到当期披露的资产总额 30% 以上的;(3)虚增或者虚减利润达到当期披露的利润总额 30% 以上的;(4)未按照规定披露的重大诉讼、仲裁、担保、关联交易或者其他重大事项所涉及的数额或者连续 12 个月的累计数额占净资产 50% 以上的；(5)致使公司发行的股票、公司债券或者国务院依法认定的其他证券被终止上市交易或者多次被暂停上市交易的；(6)致使不符合发行条件的公司、企业骗取发行核准并且上市交易的；(7)在公司财务会计报告中将亏损披露为盈利，或者将盈利披露为亏损的；(8)多次提供虚假的或者隐瞒重要事实的财务会计报告，或者多次对依法应当披露的其他重要信息不按照规定披露的；(9)其他严重损害股东、债权人或者其他人利益，或者有其他严重情节的情形。

三、虚假陈述犯罪的刑法规制逻辑

因欺诈发行、违规披露重大信息等虚假陈述犯罪行为而被追究刑事责任的融资犯罪案例在我国并不常见。

早期的代表性案例：2005 年 3 月 28 日，山东省潍坊市奎文区人民法院刑事判决，山东巨力因虚增利润骗取配股资格，犯欺诈发行股票罪，判处罚金 160 万元。公司原董事长王清华犯欺诈发行股票罪，被判处有期徒刑 2 年缓刑 3 年。财务处原副处长张传胜犯欺诈发行股票罪，判处有期徒刑 1 年缓刑 2 年，成为国内首例上市公司及其高管因欺诈配股而被追究刑事责任的案件。[1]

近年受到市场各界高度关注的绿大地虚假陈述犯罪案：2004 年至 2009 年间，绿大地在不具备首次公开发行股票并上市的情况下，未达到在深圳证券交易所发行股票并上市的目的，经过被告人何学葵、蒋凯西、庞明星的共谋、策划，由被告人赵海丽、赵海艳登记注册了一批由绿大地实际控制或者掌握银行账户的关联公司，并利用相关银行账户操控资金流转，采用伪造合同、发票、工商登记资料等手段，少付多列，将款项支付给其控制的公司组成人员，虚构交易业务、虚增资产、虚增收入。其中，在上市前的 2004 年至 2007 年 6 月间，绿大地使用虚假的合同、财务资料，虚增马龙县旧县村委会 960 亩荒山使用权、马龙县马鸣乡 3500 亩荒山使用权以及马鸣基地围墙、灌溉系统、土壤改良工程等项目的资产共计 7011.4 万元。绿大地还采用虚假苗木交易销售，编造虚假会计资料，或通过绿大地控制的公司将销售款转回等手段，虚增营业收入总计 2.96 亿元。绿大地的招股说明书包含了上述虚假内容。绿大地欺诈发行股票一案曾经由

〔1〕 徐玉海：《山东巨力及原高管被判欺诈发行股票罪》，载《中国证券报》2005 年 3 月 29 日，第 A5 版。

昆明官渡区人民法院审理,官渡区人民法院判决何学葵有期徒刑3年,缓期4年,判决宣布后市场普遍认为量刑过轻,这一结果随后引发检方抗诉。2012年3月,昆明市中级人民法院作出裁定,撤销了官渡区人民法院对绿大地案的刑事判决,发回重审。2013年云南省昆明市中级人民法院对云南绿大地生物科技股份有限公司欺诈发行股票一案进行宣判。法院认定被告单位云南绿大地公司犯欺诈发行股票罪、伪造金融票证罪、故意销毁会计凭证罪,对其判处罚金1040万元。被告人何学葵被判处有期徒刑10年,被告人蒋凯西、庞明星、赵海丽、赵海艳等分别被判处相应刑期及罚金。[1]

虚假陈述犯罪在司法实践中之所以较少出现刑事判例,一方面是因为证券发行环节受控于监管机构的审批与信息披露监管,刑事司法大规模查处虚假陈述犯罪等于是说明证券监管的失控,融资市场的证券监管与金融司法主要或者也只能聚焦于内线交易、市场操纵等交易环节的犯罪类型。另一方面,虚假陈述犯罪的构成要素与抗辩事由的刑法解释缺乏广度与深度。

"信息公开是现代工业社会综合治理的良方;阳光是最好的防腐剂;黑夜中的明灯是最好的警察。"[2]上市公司信息全面公开与强制性披露义务是证券市场监管最为重要的组成部分。所以,虚假陈述犯罪应当成为最普遍的证券刑事诉讼案由。虚假陈述犯罪包括虚假陈述与隐瞒信息两种行为方式。前者属于积极作为——发布重要且失实的证券信息误导投资者;后者属于消极不作为——具有信息披露义务的上市公司及其高级管理人员掩盖重要证券信息,导致投资者在非透明的情况下进行证券交易。在虚假陈述犯罪的构成要素中,犯罪故意、重要性标准、连带责任等问题的具体认定值得深入分析。我国融资市场正逐步走向成熟,为了获取更为广阔的发展空间,国内公司也不断寻求在境外证券市场上市,以图筹集资金、大展宏图。随着我国资本市场制度改革越发强调严重信息披露违法行为的刑事法律责任,国外资本市场不断显现针对中国概念股信息披露问题的追责案例,有必要细致分析虚假陈述犯罪的构成要素与抗辩事由,为规范我国融资市场信息披露、完善刑事罚则的制度设计提供借鉴

〔1〕 王翁阳、魏文静:《云南绿大地公司欺诈发行股票案一审宣判》,载《人民法院报》2013年2月8日,第3版。

〔2〕 Louis Brandeis, *Other People's Money*, Harper Torch Books, 1967, p. 92.

思路，同时为已经或期望上市的公司提供刑法指导、及早考虑进行证券犯罪风险控制。

第二节　虚假陈述犯罪的构成

一、犯罪故意

犯罪故意虽然隐藏于行为主体的内心世界，但在司法判断层面，可以从行为人一系列客观行为进行证券犯罪故意的法律推断：上市公司错误的经营判断是经济行为的普遍风险，不能因此认定被控公司及其管理者具有犯罪故意；上市公司执行会计准则时的计算误差、财务记录混乱等不规范行为属于业务疏忽，不具欺诈证券投资者的意图；上市公司执行官、运营官或财务总监伪造文件影响证券价格，明显属于蓄意欺诈。特定的犯罪性认识并不是虚假陈述犯罪的故意内容，但控方必须证明行为人对涉嫌证券犯罪行为的概括认识。行为人只有认识到涉嫌犯罪的虚假陈述或隐瞒信息行为的违法性质才构成犯罪。但事实上部分主体对于行为的违法性认识可能出现偏差，会在非法行为与犯罪行为、此罪与彼罪、重罪与轻罪之间产生模糊。因此，控方无须证明行为人认识到了涉嫌证券犯罪行为的违法性，证明概括性地认识到自己从事的行为偏离了证券从业制度的规范性要求即可。

二、重要性标准

上市公司虚假陈述或隐瞒的信息只有在达到重要性标准时才构成证券犯罪。重要性信息的基本界定为正常且理性的投资者在其从事证券投资行为时应当被适度告知的事件。当然，抽象的法律规则势必无法应对证券犯罪司法实践所面对的层出不穷的案例。审查证券信息是否满足重要性犯罪要素的要求，首先，需要根据客观标准精确地估算一个理性的投资者在当时的情况下基于相关信息所能作出的合理推论，进而评价该推论对理性投资者的影响及其与其他证券信息组合的互动性作用。如果理性的投资者认为某证券信息决定了其是否补仓,该信息便具有重要性;[1]上市公司公布失实的合同交易费用,对投资者的证券交易行为而言不属于重要信息。[2]

首先,准确区分并梳理完整性、误导性、重要性三大衡量尺度的关系是最为重要的。并不是所有与买卖证券相关的信息都必然满足重要性标准——仅欠缺完整性而非误导性的信息,纵然可能引起投资者建仓或抛售,却不属于重要性信息。其次,证券市场上市公司业绩预期分析汗牛充栋,部分预期报告涉嫌虚假陈述犯罪,因此,实践中,区分"概览式的乐观前景估计"[3]与"数据性的特定业绩预报"[4]是分辨一般侵权行为与犯罪的关键。"概览式的乐观前景估计"是一种上市公司远期发展的模糊叙述,通常在罗列盈利项目的同时作出投资风险提示,对证券投资决策而言属于非重要性信息。偏离事实的"概览式的乐观前景估计"充其量是上市公司对经营状况的鼓吹,面对诸如"显著的销售额增长预期""零售业最优质的管理之一""具有高附加值及高增长率的新兴业务"等措辞,资本市场的一般投资者能够进行理性分析与风险判断。"数据性的特定业绩预报"以细化且具有表面说服力的数据与事实对上市公司财务状况进行乐观预期,暗示了证券价格变化的动向与脉络,属于重要性信息。除去基本面的宏观考察,以上市公司财务数据为核心的技术面分析是证券市场投资者从事风险行为的基础,若对此类预期予以虚假陈述,必然撼动广大投资者正确决策的理性依据。

三、相关性判断

在因果关系层面刑法理论一般坚持"But For"规则:如果没有必要条件中的一个因素的存在,另一个事件便不会发生,那么这个事件就是由那个因素造成的。虚假陈述犯罪相关性要素是检验上市公司虚假陈述或隐瞒信息行为与投资者财产损失之间因果关系的法律标准,整体上亦遵循"But For"规则的要义,强调控方无须证明投资者买卖证券行为与上市公司违反信息披露义务行为之间特定且直接的相关性,但必须证明虚假陈述或隐瞒信息对证券投资者的实质

〔1〕 United States v. Cannistraro, 800 F. Supp. 30 (D. N. J. 1992).

〔2〕 Feinman v. Dean Witter Reynolds, Inc., 84 F. 3d 539 (2d Cir. 1996).

〔3〕 Pension Trust Fund v. Clorox Co. 353 F. 3d 1125, 1132 (9th Cir. 2004).

〔4〕 Brody v. Transitional Hospitals Corp., 280 F. 3d 997, 1006 (9th Cir. 2002).

影响。由于证券价格走向的多变性与证券交易行为的特殊性,控方在实践中根本无法直接证明最低程度的实质性影响,可能导致虚假陈述犯罪刑事条款整体虚置的尴尬局面。故美国联邦最高法院通过判例建构了市场欺诈理论,并以此为中心形成了虚假陈述犯罪可辩驳的相关性推定规则。

美国判例在此可供参考:在列文森案件[1]中,美国联邦最高法院认为:证券投资者即使没有依靠误导性陈述进行具体的决策行为,上市公司在事实上仍然对投资者进行了欺骗。经过大量判例[2]的实践总结,可以将适用可辩驳的相关性推定的前提条件归纳为:(1)存在公开的虚假陈述行为或者隐瞒应当进行披露的证券信息;(2)违反公开披露义务的信息符合重要性标准;(3)误导性或被隐瞒的信息可能促使投资者错误判断证券价格;(4)涉及的相关证券在市场上进行了交易;(5)证券交易发生的时间在涉嫌犯罪的信息发布或隐瞒行为之后、真实信息被公开之前。对于充分公开且成熟稳健的高效率证券市场环境而言,证券价格由上市公司的业绩与市场信息决定,因此误导性信息应当被推定为投资行为的影响力要素。可见,可辩驳的相关性推定规则得以产生并不断发展的基础是存在一个高效率证券市场环境——其高效性主要体现在:(1)巨大的交易量;(2)数量可观的证券分析机构的信息报告;(3)充沛的证券交易经纪体系;(4)根据公司业绩与财政情况发布而同步启动的证券价格运行机制;(5)证券价格对上市公司信息敏锐的反应能力。

四、上市公司与市场分析机构虚假陈述的连带责任

为了强化上市公司与市场分析机构的财务状况、业绩前景预期信息发布的管理,有必要运用连带责任理论追究虚假陈述的刑事责任。根据传统证券犯罪判例,上市公司及其高级管理人员仅可基于自身的虚假陈述或者隐瞒信息行为承担刑事责任,相关证券市场管理条例规定的信息披露文件若是由他人制作,并不存在对上市公司及其高级管理人员进行归责的客观基础。但是,美国联邦

---

〔1〕 Basic Inc. v. Levinson, 485 U. S. 224 (1988).

〔2〕 Bell v. Ascendant Solutions, Inc., 422 F. 3d 307, (5th Cir. 2005); Molecular Tech. Corp. v. Valentine, 925 F. 2d 910 (6th Cir. 1991); Freeman v. Laventhol & Horwath, 915 F. 3d 193 (6th Cir. 1990).

第二巡回上诉法院的判例[1]提出了充分卷入判断规则,缔造了虚假陈述证券犯罪连带责任的归责模式,可以供我们参考:当上市公司及其高管在呈递公司利润预期过程中明知、纵容、漠视预期业绩报告分析机构的行为时,上述所有当事人均应当对此承担虚假陈述的刑事责任。

充分卷入判断规则的法理依据在于:上市公司及其高管在公司业绩预期报告发布前,应当知晓业绩预期对证券价格波动的影响,有义务对报告结论进行谨慎审查,对疑惑问题进行必要询问。上市公司有责任纠正分析报告的明显错误,应对过度乐观的利润预期进行评注或者风险警示。考虑到充分卷入判断规则所设定的连带责任打击范围过度,美国联邦法院系统通过判例[2]对充分卷入适用的前提条件作出解释。追究虚假陈述证券犯罪连带责任的基础是:公司内部人与报告实际披露人之间的存在双向信息交流;或上市公司明示采纳由他方制作的证券披露文件;或发行证券的公司在先地、不计后果地向财务报告的制作者提供失实的分析性信息。这意味着容易引起市场虚假信息本身并不能直接导致上市公司证券犯罪连带责任,控方还须证明:(1)上市公司向证券分析机构提供了易误解的初步材料;(2)上市公司旨在将分析机构以上述初步材料为基础作出的业绩预期传达至资本市场;(3)上市公司在相关信息披露前对分析机构的失实报告传递至证券市场存在明知或者不计后果的犯罪意图;(4)上市公司高级管理人员在虚假报告公布之前或之后认可或核准其"真实性"。

第三节　虚假陈述犯罪的抗辩

一、故意抗辩

实践中行为人通常会辩解对证券市场管理规则要求报送的信息披露文件的性质没有认识。实际上,因无知而脱卸罪责的前提是行为人无须对认识对象

〔1〕 Elkind v. Liggett & Myers, Inc. , 635 F. 2d 156, 163 (2d Cir. 1980).

〔2〕 Eisenstadt v. Allen, 1997 WL 2113 (9th Cir. 1999); In re Syntex Corp. ,95 F. 3d 922 (9th Cir. 1996).

承担“真实性的正确认识义务”。[1]故意无视信息披露文件的真实性或应当审查而不予审查，不能作为虚假陈述的抗辩事由；行为人在已经意识到待披露文件存在虚假可能性的情况下人为地避免知悉虚假文件的性质，不得在事后的指控中以欺诈故意缺失为由进行辩护。并且，证券欺诈的故意不必完全通过直接证据予以证明，间接证据亦可推断出行为人的欺诈意图。

如果行为人证明其对证券市场规则产生认识错误，并且基于此违反了对应的证券市场规则，行为人对此不受自由刑的刑事处罚。行为人不受自由刑处罚，但必须接受罚金刑。[2]传统刑法理论认为，法律认识错误原则上不阻却犯罪故意，所以不能基于法律认识错误脱卸罪名。对此，应当认识到，证券市场规范性法律文件的认识错误虽然不能作为无罪的犯罪性抗辩，却可作为不受自由刑处罚的刑罚性抗辩。[3]但此类实践拓展在实体与程序上仍旧存在前后关联的疑问：(1)对证券市场规则的认识错误抗辩是否完全阻却犯罪故意？(2)该抗辩究竟是属于否定性抗辩还是肯定性抗辩？(3)在刑事诉讼中由谁对此承担证明责任？解决方案是，刑罚性抗辩的存在基础是被告人承认其行为充足了受控罪名的所有犯罪构成要素，故证券市场法律规则认识错误本质上属于肯定性抗辩，并不是对犯罪故意的直接否定，应当由辩方承担达到优势证据的证明标准。[4]证券市场规则认识错误抗辩要求被告人证明确实不知其行为与证券法律规则相悖——而非仅证明其对于特定的证券市场规范缺少认识。

二、善意抗辩

成功的善意抗辩可以直接阻却虚假陈述的犯罪故意。善意是指行为人诚肯地相信由其提供的误导性证券信息是真实的。[5]如果行为人基于其所处的环境无从怀疑上市公司相关报告的真实性进而作出相关陈述，即使客观上误导了上市公司的股东，但在本质上仍然不存在欺诈证券市场投资者的犯罪故意。

---

〔1〕 United States v. Mabrook, 301 F. 3d 503, 508 (7th Cir. 2002).

〔2〕 United States v. Peltz, 433 F. 2d 48, 54 (2d Cir. 1970); United States v. Schaefer, 299 F. 2d 625, 629 (7th Cir. 1962).

〔3〕 United States v. Dixon, 536 F. 2d 1388, 1395 (2d Cir. 1976).

〔4〕 United States v. O'Hagan, 139 F. 3d 641, 647 (8th Cir. 1998).

〔5〕 United States v. Mabrook, 301 F. 3d 503, 509 (7th Cir. 2002).

行为人未能承担正当的勤勉义务对证券信息真实性进行审查的事实将否定善意抗辩的有效性;不计后果地漠视公众证券信息是否准确,无法符合善意的标准。由于善意抗辩与故意犯罪要素属于一个问题的两个方面,控方对行为人在实施虚假陈述行为过程中不存在善意承担排除一切合理怀疑的证明责任。

由于证券市场涉及众多专业性的技术规定,上市公司及其高级管理人员无法完全知悉所有的技术性规范,聘用顾问负责专项证券业务的操作成为普遍现象。事实上,相当部分的上市公司及其高级管理人员是在毫无认识的情况下听从了顾问的建议,实施了涉嫌证券犯罪的行为。采纳顾问建议是一种特殊的善意抗辩。[1]有效的采纳顾问建议抗辩要求被告人提供以下事实的优势证据:(1)曾就涉案行为的合法性征求过顾问意见;(2)向被询问的顾问披露了所有相关的事实;(3)顾问确信涉案行为合法;(4)基于顾问提供的解释合理地采纳了建议。对于顾问显然非法的证券信息披露或者证券交易建议,被告人无权提出抗辩。如果提供建议的顾问与证券交易具有利害关系,则行为人根本不应当予以采纳,所以不存在适用采纳顾问建议抗辩的基础。

三、市场真实规则

市场欺诈理论认为,在有效率的资本市场中,证券欺诈行为直接影响证券价格,但证券投资者基于可信赖的证券交易市场并不怀疑证券价格受到虚假陈述或者隐瞒信息行为的不正当影响,从而自愿地从事证券交易。当上市公司及其高级管理人员进行虚假陈述或者隐瞒信息行为时,证券价格产生波动,投资者根据价格变化改变投资策略。这说明涉嫌犯罪的证券信息欺诈行为与投资者财产损失之间存在因果关系。市场欺诈理论诞生于联邦第九巡回上诉法院1975年巴瑞克案。[2]该案的法院意见主张:证券投资者间接根据股票价格所依据的市场信息或上市公司陈述进行证券交易,无论其是否确切意识到了虚假陈述或隐瞒信息行为对其产生的因果作用,都存在证券欺诈行为与证券投资损失之间的普适性推定。在此之后,各巡回上诉法院纷纷采纳市场欺诈理论;联

[1] United States v. Surgical Supply Corp., 989 F.2d 1390, 1403 (4th Cir. 1993).

[2] Blackie v. Barrack, 524 F.2d 891, 907 (9th Cir. 1975).

邦最高法院于 1988 年列文森案[1]予以全面确认。

市场欺诈理论所建构的是相关性的可辩驳推定,从判例中发展而成的市场真实规则可以相关性的否定性抗辩事由。联邦第七巡回上诉法院在维尔高斯案[2]中首次提出了市场真实的概念。有效的市场真实抗辩必须证明:(1)虚假陈述或隐瞒信息行为与证券交易价格变动之间的相关性切断;或者(2)虚假陈述或隐瞒信息行为与投资者证券交易决定之间的相关性切断;或者(3)证券投资者进行的交易与证券价格之间的相关性切断。当行为人提供信息以纠正原始的虚假陈述时,证券市场即可通过真实渠道获取决定证券价格变动方向的可信资讯,以切断证券欺诈与投资者损害之间的相关性。例如,联邦第九巡回上诉法院在苹果公司案[3]中判决,稀释虚假陈述所导致的损害影响,行为人必须证明证券市场接受了由其事后提供的相当正确的纠正信息。如果行为人披露的虚假信息或者隐瞒的重要信息经由自己通过其他透明且畅通的市场渠道予以撤回或纠偏,市场欺诈状态便被市场真实状态所代替,证券市场从虚假陈述与隐瞒信息中恢复,相关性随之被切断。部分联邦巡回上诉法院在新近的判例中主张拓展市场真实规则:行为人若能呈递客观上已经向证券市场披露了与虚假陈述相反的信息的证据(不要求业已纠正虚假陈述的负面效果),就有权根据市场真实理论作出有效的相关性抗辩。[4]若能证明投资者从事证券交易时并没有依据证券价格的变动,那么市场真实规则能够对抗市场欺诈理论的相关性推定。因为虚假陈述等欺诈行为并未对上市公司的股东产生影响。

四、预期警示

上市公司预期是证券市场不可分割的组成部分。在对预期行为进行严格规范的同时,联邦法院同样允许被告人以预期警示为由作出否定重要性的抗辩。有权主张预期警示抗辩事由的主体限定在处于证券发行阶段的公司及其高级管理人员,应当证明业已通过明示的方法警示投资者关注以下事实——证

---

[1] Basic Inc. v. Levinson ,485 U. S. 224 (1988).

[2] Wielgos v. Commonwealth Edison Co. , 892 F. 2d 509, 516 (7th Cir. 1989).

[3] In re Apple Computer Sec. Litig. , 886 F. 2d 1109, 1115 (9th Cir. 1989).

[4] SEC v. ETS Payphones, Inc. , 408 F. 3d 727 (11th Cir. 2005); SEC v. Ginsburg, 362 F. 3d 1292 (11th Cir. 2004).

券发行人无法保证预期性陈述完全兑现。预期性虚假陈述若在发布时附带了警戒式的措辞,能够实质性地削减证券信息的重要性。

司法实践中发展出两套模式认定预期警示抗辩的有效性:

(1)直接模式。预期警示措辞直接否定了行为人虚假陈述证券信息的重要性,使该犯罪构成要素不再成为需要控辩双方论证的法律争点。证券信息本身可能符合重大虚假的客观标准,但警示性语言揭示了业经披露信息的风险,消解了虚假陈述行为的严重性。格罗斯曼案〔1〕采用了直接模式:被告公司宣布收购一家软件行业的领头企业并在此过程中发行新股。在向证券交易委员会披露的登记文件中,被告公司预告了两家公司成功整合的高度可能性、被告公司本身在软件制造市场并无相对竞争优势、并购目标公司的财务困境等信息。后被告公司因该项收购出现资金缺口,不仅影响主营业务的增长,而且需要承担被收购的软件公司的高额债务,加之软件开发不见起色,证券价格顺势大幅下挫。法院认为,被告公司在陈述企业整合效果的层面纵然属于不计后果的乐观预期,但同时附带了相当细致与客观的风险预期。这些预期警示不应当被任何理性的投资者忽略。所以,虚假陈述的重要性因明示的风险提示而降低,未能达到构成证券犯罪的标准。

(2)间接模式。当发行证券的公司所明示的预期警语的强度足以认定虚假陈述对于理性的投资者将不产生误导性效应时,行为人的虚假陈述行为就无法构成犯罪。间接模式通过排除虚假陈述的误导性间接消解虚假证券信息的重要性。在星泰克斯药业集团公司案〔2〕中,被告公司在发行新股过程中接到了美国食品药品局的调查令。星泰克斯药业集团公司在年度报告内预期此次调查将不会对上市公司的业绩产生负面影响,但明示投资者关注调查的进程、重视可能出现的处罚决定。后星泰克斯药业被查出从事商业贿赂,承受巨额罚款,股票价格下跌。法院判决被告公司的年度报告构成预期警示,因为其明确表达了调查结果及其负面影响的不确定性,不可能具有误导性。

综上,在资本市场中实施虚假陈述的行为主体不仅要依法承担行政责任和民事赔偿,还要承担刑事责任。随着证券发行注册制的推进,证券监管机构不

〔1〕 Grossman v. Novell Inc., 120 F.3d 1112 (10th Cir. 1997).

〔2〕 In re Syntex Corp. Sec. Litig., 95 F.3d 922 (9th Cir. 1996).

断强化信息披露监管、惩防资本市场违法犯罪、保护投资者权益。信息披露的审核将会更为严格，对于虚假陈述等资本市场犯罪的查处和打击会更加有力，上市公司应当高度重视信息披露合规与虚假陈述风险防控，同时，司法机关亦有必要深化虚假陈述犯罪的刑法解释，从而在疑难复杂案件中提出公平合理的司法判断规则。

第四章

市场操纵犯罪实质的法律与经济分析

查处市场操纵违法犯罪是近年来我国资本市场执法工作的重点。市场操纵犯罪的实质界定始终是全球资本市场反市场操纵法律标准制定实践中的首要难题。然而,由于传统法学或者经济学理论难以对法律意义上的市场操纵犯罪实质进行准确的解释,导致事实上在全世界范围内都没有一种市场操纵犯罪的实质界定能够获得相对广泛的理论认同和肯定。[1]同时,市场操纵行为类型与结构在经济机制上的复杂性、市场操纵实质法律直接界定的困难性,造成至今全球尚无一种资本市场法律规范体系能明确市场操纵实质。[2]因此,有必要在反思国内外法律理论与实践中具有重要影响的价量操纵、价格操纵、市场欺诈等实质解释观点的基础上,运用法律与经济分析的跨学科解释原理,建构真正符合资本市场、经济与市场行为规律的市场操纵犯罪实质内涵解释。

第一节　价量操纵:既有制度安排对资本市场机制与法经济学理论的背离

市场操纵的实质是价量操纵(价格操纵或交易量操纵)——这是我国既有资本市场法律制度下的规范性解释。这种市场操纵实质内涵理解的价值在于强化交易量在市场操纵界定与认定过程中的重要性,但其在法律、经济的理论与实践层面存在明显的缺陷。

一、立法及其理论阐释

根据我国《证券法》第 77 条、《刑法》第 182 条的规定,市场操纵就是"操纵证券、期货市场"行为,主要包括连续交易、洗售、相对委托等"影响"或者"操

[1] Daniel R. Fischel and David J. Ross, "Should the Law Prohibit Manipulation in Financial Markets?", *Harvard Law Review* 105, 1991, p. 506.

[2] Craig Pirrong, "Energy Market Manipulation: Definition, Diagnosis, and Deterrence", *Energy Law Journal* 31, 2010, p. 3.

纵”证券、期货合约交易价格或者交易量的具体操纵类型。但是,市场操纵的基本定义或者实质内涵究竟覆盖了哪些内容,法律条文并没有给出直接且确定的回答。

在2006年《刑法修正案(六)》操纵证券、期货市场罪立法完善过程中,我国证券期货犯罪刑法理论有关市场操纵的标准解读是——1999年《刑法修正案》修改后的操纵证券、期货交易价格罪的法律规范设计并不合理。证券、期货市场中的信号包括交易价格与交易量。〔1〕市场操纵行为既可以是市场价格的操纵,也可以是交易量的操纵。〔2〕非法控制证券、期货合约交易过程中的交易量同样具有非常严重的危害,《刑法修正案(六)》将“交易量影响”或者操纵行为纳入市场操纵的规制范围,是一项非常重要的立法优化措施。〔3〕可见,我国刑法理论明确将市场操纵的实质内涵解释为通过非法交易行为操纵证券、期货合约的交易价格或者交易量,即价量操纵。

二、交易量操纵对资本市场价格机制的颠覆

市场操纵实质为价量操纵的观点最为明显的缺陷是弱化甚至取消了“操纵”的核心法律标准与应然内涵。

我国《证券法》《刑法》规定的价量操纵中的价格操纵与交易量操纵是选择性关系。交易行为对金融商品价格或者交易量两类对象之一形成“操纵”或者“影响”,即构成市场操纵。据此,价量操纵实质解释框架下的市场操纵可以进一步分解为价格操纵犯罪或者交易量操纵犯罪两种具体的犯罪行为类型。市场操纵的核心行为是对金融商品价格的控制。单纯的交易量操纵行为可以独立地构成市场操纵,实际上是我国《证券法》《刑法》所独创——这意味着交易行为对金融商品交易量的控制水平达到一定绝对数量或者相对比例的,就可以脱离交易行为、金融商品市场价格变动、行为与变动之间具有达到“操纵性”或者“影响性”量化标准的因果关系等一系列在法律技术上极为复杂疑难的价格操纵证明要点,直接得出该交易行为成立市场操纵的结论。

---

〔1〕 俞和明:《刑法中的操纵市场行为——兼议〈证券法〉相关条文的修改》,载《金融法苑》2005年第6期。

〔2〕 何泽宏:《解读〈刑法修正案(六)〉》,载《现代法学》2006年第6期。

〔3〕 刘树德、喻海松:《从法治的立场解读刑法〈修正案(六)〉》,载《中国审判》2006年第6期。

交易量操纵量化标准设计上的机械性与证明技术上的简易性导致市场操纵法律判断标准可以整体忽略价格操纵，完全以交易量操纵标准建构市场操纵刑事监管标准——《追诉标准二》规定的操纵证券、期货市场罪中的连续交易、洗售交易、相对委托交易的刑事处罚起点，就是全部以交易行为在特定证券、期货合约的特定交易时间段内所占的持有量、成交量为标准。从这个角度分析，我国资本市场法律规范体系下的市场操纵实践判断根本不需要考察涉嫌市场操纵行为与金融商品价格变动之间的关系——至于特定交易行为介入资本市场之后造成金融商品价格波动是否达到了“操纵性”或者“影响性”标准，则更没有必要予以法律分析。价量操纵这一市场操纵实质界定不仅没有因为置入交易量操纵标准而丰满，反而在市场操纵行为结构中弱化，甚至完全取消了价格操纵——而价格是整个资本市场的核心要素。能够完全脱离价格要素而独立运行的市场操纵法律规范体系，显然与资本市场法律规范所赖以生存的金融环境与经济基础格格不入。

三、交易量操纵的法律与经济解释困境

市场操纵实质内涵为价量操纵的理解会造成法经济学解释理论陷入内在困境，即对资本市场行为的法律解释与经济解释结果完全脱节。即使承认资本市场法律制度基于实用性考量弱化市场操纵证明压力，将外观上的价量操纵、内容上的交易量操纵作为市场操纵实质的现实选择，价量操纵的实质概括仍然无法通过市场操纵法律概念应然内涵与经济行为基础特征的双重验证。

无论是作为金融概念或者市场操作，还是作为法律概念或者违法犯罪，市场操纵始终是一种完整的、联动的覆盖行为、结果以及因果关系的语义或者表达。市场操纵内涵并不局限于行为意义层面。操纵是一个具有结果性内容的概念。以连续交易、洗售、相对委托等法律明确规定的市场操纵行为模式为例，单纯的连续买卖、自买自卖或联合一致行动人在相关控制账户中买卖金融商品的交易，只是市场操纵内涵中的行为侧面，这种具有操纵属性的交易必须在资本市场中制造可归咎的操纵性结果，才能将交易与结果联系起来合并构成市场操纵行为。因此，资本市场受到操纵或者操纵性“影响”是结果性要素，而一种介入因素（如法律规定的连续买卖、洗售、相对委托等交易行为）是否对资本市场实现操纵或者形成操纵性“影响”，其核心判断基准或者作为结果的终极体

现,应当是金融商品市场价格是否偏离了抽离这一介入因素条件下的理论价格。如果操纵行为所指向的特定金融商品的市场交易价格,并没有偏离能够合理推论或者计算的、资本市场正常或者自然竞争所形成的定价,则意味着资本市场中特定金融商品的运作环境并不具有结果意义上的操纵性内涵,也就并不存在成立市场操纵的结果性条件。

如果将交易量操纵解释为市场操纵实质内涵的核心组成部分,甚至在法律实践中直接以交易量操纵作为判断市场操纵的指标,市场操纵显然需要被分解为行为意义上的交易与结果意义上的交易量。然而,即使涉嫌市场操纵的交易行为的申报量、持有量、成交量等在特定金融商品总交易量中占据绝对优势(超过50%),也不可能将之视为作为结果的操纵或者操纵性“影响”。因为交易量只是特定交易行为介入金融商品买卖市场之后的自然结果而非具备经济或者法律意义的操纵结果。交易行为通过数据化的形式呈现为交易量;交易量是对交易行为在数量上的规定。无论特定市场参与者交易量的绝对数额有多大规模,或者相对比例在金融商品交易总量中占据何种地位,“量”始终在交易这一“质”的范畴中发展。在能够锁定行为具有操纵属性的条件下,交易量也只是操纵性交易行为的组成要素,而不可能成为结果要素。所以,交易量操纵事实上并不契合市场操纵的应然内涵。

暂且不论全球资本市场法律规范公认的市场操纵模式洗售与相对委托——通过连续买卖哄抬或者压制金融商品市场价格是否应当在法律上直接根据交易量水平极高而以市场操纵进行评价,实际上存在非常明显的疑问。在金融市场实践操作中,控制性地持有金融商品,建构在数量上具有优势的交易仓位,发出巨量交易申报又快速撤销,或者垄断性、整体性掌握特定金融商品的所有流通盘等,并非在任何情况下都可以构成市场操纵。例如,单独或者联合一致行动人基于降低收购成本的考量,通过分散持股的方式持续买入上市公司证券。再如,做市商利用高速交易系统提交巨量非市场化交易指令,这些指令以不断变化的价量水平,在极为短暂的时间里提交与撤销,其中的一部分指令得以成交并根据流动性提供量向交易所结算流动性回扣。

在法律与金融理论领域,有观点甚至直接指出,巨量交易实际上只有在逼仓、挤仓、制造价格趋势后反向操作、基于价格关联同步从事衍生工具交易等极少数条件下才有可能构成市场操纵。[1]

资本市场交易实践以及法律金融理论至少说明，单纯的交易量绝对数额与相对比例完全无法成为验证市场操纵属性的指标。从市场行为的角度分析，在特定金融商品买卖总规模中占据优势性、支配性乃至垄断性地位的交易存在正常投资、投机、过度投机、市场操纵等多种可能。从法律判断的角度分析，单纯的交易量水平与市场操纵违法属性之间没有关联度，甚至不能成为交易行为一般违法性的分析标准。可见，所谓的交易量操纵并没有经济与法律上的“操纵”属性，实际上只能作为特定交易行为在金融商品买卖总量中的数据化说明，而不能成为市场操纵的实质内容。

第二节 价格操纵：操纵行为与价格结果并非完全且直接关联

与中国《证券法》《刑法》将市场操纵的实质内涵拓展为价量操纵不同的是，美国等成熟资本市场国家和地区的法律制度、法律与金融理论及实践中相对主流观点，[2]均将市场操纵实质解释为价格操纵。

一、立法实例与判例解读

美国《证券交易法》第10条第b款对包括市场操纵违法犯罪在内的所有操纵性、欺骗性证券欺诈行为建构了反欺诈法律规制条款。[3]《证券交易法》第9条“操纵证券价格”进一步针对虚假性、误导性交易操纵、连续交易操纵、金融机构操纵证券交易价格等价格操纵违法犯罪类型作出专门的规范禁止。[4]可见，

〔1〕 Gary L. Gastineau and Robert A. Jarrow, “Large - Trader Impact and Market Regulation”, *Financial Analysts Journal* 47, 1991, p. 42.

〔2〕 Benjamin E. Kozinn, “The Great Copper Caper: Is Market Manipulation Really a Problem in the Wake of the Sumitomo Debacle?”, *Fordham Law Review* 69, 2000, p. 248.

〔3〕 15 U. S. Code § 78J – Manipulative and Deceptive Devices.

〔4〕 15 U. S. Code § 78I – Manipulation of Security Prices.

在证券欺诈条款无法确认操纵性或欺骗性手段或策略具体内容的情况下,价格操纵成为从美国1934年《证券交易法》规范中可以合理推断的市场操纵实质内容。美国联邦最高法院在解释市场操纵时也指出,1934年《证券交易法》的立法原旨在于完全禁止各种可能被用作于操纵证券交易价格且尚未被市场所熟悉的交易策略与交易形式。[1]

市场操纵实质为价格操纵更为细化的法律解释,散见于美国各级联邦法院判例之中:市场操纵是故意影响金融资产价格的行为、方案、策略,此类因素介入或者不介入直接造成价格是否变动,并制造了不能反映金融资产基本供求关系的价格。[2]市场操纵是洗售、相对委托、联合定价等意图影响市场价格、误导投资者的虚假行为。[3]市场操纵是由单一或者复数主体经过细致预谋后实施的制造虚假价格的行为,[4]此种行为导致其影响下的金融商品价格无法反映特定金融工具真实的供求水平。[5]经由美国联邦法院判例解释的价格操纵具体表现为:特定投资者(投机者)介入资本市场,使得金融商品的价格脱离自由供求关系市场条件,并不断趋向于虚假的价格水平。

在欧洲资本市场中,德国、法国等国家的法律制度同样是以价格操纵或者价格影响为核心建构市场操纵监管规范。德国《证券交易法》第4章"禁止操纵证券交易与市场价格的监管与合规"第20a条市场操纵行为的禁止性规定,直接指向金融工具价格操纵:(1)向市场传播虚假的或者具有误导性的信息,并且该信息对于金融工具估价具有重要影响;或者违反法律规定持有信息,并且该信息可能对于本国受监管市场中的金融工具市场价格或者欧盟其他国家或欧洲经济区其他签署合约国家的受监管市场中的金融工具市场价格产生重要影响。(2)实施证券交易或发布交易指令,可能产生虚假的或者具有误导性的市场信号,影响供求关系、证券交易或金融工具市场价格,或者制造人为的价格水平。(3)实施其他欺诈行为,可能对于本国受监管市场中的金融工具市场价格

[1] Santa Fe Indus., Inc. v. Green, 430 U.S. 462, 477 (1977). 尽管美国联邦最高法院判例解释重点在于强调不应当对市场操纵的范围进行有意识地进行限定,但其同时阐明了市场操纵实质就是价格操纵。

[2] Cargil, Inc. v. Hardin, 452 F.2d 1154, 1163, (8th Cir. 1971).

[3] Santa Fe Indus., Inc. v. Green, 430 US 462, 476 (1977).

[4] Frey v. CFTC, 931 F.2d 1171, 1175 (7th Cir. 1991).

[5] Great Western Distributors, Inc. v. Brannan, 201 F.2d 476, 509 (7th Cir. 1953).

或者欧盟其他国家或欧洲经济区其他签署合约国家的受监管市场中的金融工具价格产生重要影响。[1]法国《货币与金融法》第465/1条至第465/3条明确将市场犯罪的实质规定为价格"影响":任何人直接或通过中介间接实施或者企图实施误导投资者且妨碍证券市场正常运作的操纵行为,或者通过公开渠道散布有关金融市场、金融商品发行人、证券、任何金融工具未来交易可能表现的虚假性、欺骗性信息,影响相关交易价格的,构成市场操纵。[2]

国际证券管理机构组织2003年《证券监管目标与原则》指出,市场操纵扭曲资本市场价格发现系统,扭曲金融商品价格,对投资者造成不公正的价格影响。[3]

二、部分市场操纵行为与价格要素的非直接关联性

从市场行为通过一定的策略安排实现经济利益的角度分析,控制金融商品市场价格并使其按照行为人预期的价格行为方向、波动幅度运作,是市场操纵获取利润的基础。包括内线交易与市场操纵在内的所有市场滥用犯罪,都是在完美信息市场与信息不对称市场之间徘徊的金融商品价差现实存在且能够为行为人加以利用的情况下,才可能形成市场滥用的经济利益。价差的幅度决定市场滥用犯罪的获利程度。内线交易行为滥用的对象是能够反应现时市场价格与基础资产真实价值之间价差的不对称信息。市场操纵则是在金融商品发行与交易市场中创造能够形成这种价差的不对称信息,例如,金融商品价格信号。所以,在经济利益获取机制的意义上,市场操纵就是对金融商品市场交易

---

〔1〕 Wertpapierhandelsgesetz – WpHG § 20a Verbot der Marktmanipulation (1). 需要注意的是,德国《证券交易法》反市场操纵违法犯罪条款同样在第(3)项中使用了"其他欺诈行为"这样的原则性表述,在规范形式上更接近于将市场操纵违法犯罪的实质归结为市场欺诈。但是,从实质解释的角度分析德国《证券交易法》反市场欺诈条款,可以清楚地看到,法律条文列举的三项行为尽管都具有欺诈性,但其本质内容最终都必须落脚于对德国本国或者欧盟其他国家的受监管市场中的金融工具市场价格产生影响。所以,德国《证券交易法》第20a条规定的市场操纵的本质是价格操纵而非市场欺诈。

〔2〕 Código Monetario Y Financiero Artículo L465 – 1, Artículo L465 – 2, Artículo L465 – 3. 根据《货币与金融法》的规定,构成市场操纵的,对于自然人应当处以两年以下监禁并处150万欧元罚金或者1倍以上、10倍以下非法获利数额的罚金。

〔3〕 International Organization of Securities Commissions, "Objectives and Principles of Securities Regulation", 2003, p. 50. Accessed Nov. 5 2019. http://www.iosco.org/library/pubdocs/pdf/IOSCOPD154.pdf.

价格的操纵性或者影响性控制。

然而，并非所有的市场操纵行为都是直接针对金融商品市场交易价格而实施的，这些被资本市场法律制度明确规定为市场操纵的行为，其本身根本无法直接决定是否会出现行为人预期的价格波动，也不能控制金融商品市场价格波动的幅度。根据2003年欧盟委员会《关于内线交易与市场操纵（市场滥用）的指令》第1条第2款第3项的规定，市场操纵行为类型之一表现为，基于传统或者网络新闻媒体等渠道，传播有关金融工具或其基础资产价值的虚假的或者具有误导性的市场信息。在传播该市场信息时，行为主体知道或者应当知道该市场信息系谣传信息、虚假信息或者具有误导性的信息。[1]英国2000年《金融服务与市场法》第118条市场滥用也将明知信息具有虚假性或者误导性的情况下通过信息传递制造虚假性或者误导性信号的行为规定为市场操纵。[2]

这种向资本市场整体或者特定的投资者群体传递虚假性、误导性或者具有利益冲突的信息，诱导投资者根据信息所指向的内容从事相关金融交易，并从市场波动中谋取利润的市场操纵行为，与金融商品市场交易价格波动之间并没有直接的因果关系。分析整个市场操纵的运作机制——行为人操控的是在资本市场中传递的信息内容，投资者的资本配置决策与行为受到的是信息的引导，而金融商品市场交易价格出现变化的直接原因是投资者所控制的资本在特定时间内大量注入或者撤离该金融商品交易，操纵者获取利益源自于信息传递之前的建仓价格与投资者基于信息实施资本配置导致市场波动之后的平仓价格之间的差额。

可见，此类操纵者本身没有通过交易行为控制金融商品价格，或者交易行为的强度不足以对金融商品价格施加具有意义的作用力。操纵者实现整体控制的对象只是信息要素，对于投资者资本配置决策与行为只能达到“影响”的程度，对于金融商品市场价格的波动只能进行预期，而非具备直接控制效果的“操纵”。在现有法律规范框架下及金融市场实践操作中，部分市场操纵行为并非金融商品市场价格的操纵，而属于针对金融商品发行与交易市场中的资本流动

---

〔1〕 Commission Directive 2003/6/EC of The European Parliament and of The Council of 28 January 2003 on insider dealing and market manipulation (market abuse), Article 1 (2).

〔2〕 Financial Services and Markets Act 2000 §118. Market Abuse.

的操纵。尽管金融商品市场价格波动结果以及基于信息不对称所形成的价差获取经济利益是所有市场操纵的要素与利益实现机制，但不能将价格波动或者价差获利机制模糊性地解释为价格操纵进而直接等同于市场操纵实质。这样的理解会忽略市场操纵结构上的复杂性，进而引起实体上构成要件配置与解释的错误、程序上证明规则设计与应用的紊乱。

三、价格机制扭曲中的非价格行为因素

价格操纵的核心是人为引发、支配、主导金融商品及其基础资产市场的供求，排斥资本市场中的有效价格竞争，并且通过行使这种控制力形成人为的价格波动。资本市场中的价格操纵类似于商品现货市场中的价格垄断。在一个真实且充分竞争的商品市场中，价格垄断是不可能完成的任务。从这个角度进行类比，资本市场中的价格操纵的根本原因是操纵行为的介入生成了暂时性的市场扭曲与不充分竞争。这意味着资本市场在特定的时间阶段是否存在价格操纵，主要是一个事实判断问题，需要分析资本市场中的特定金融商品供求关系是否受到控制或支配，金融商品交易过程中所出现的价格与该种控制力之间是否存在因果关系，以及金融商品交易的控制主体是否故意制造偏离市场充分竞争下的扭曲价格。

证明价格操纵的关键是确认涉嫌市场操纵行为介入资本市场之后，该特定时间段的金融商品市场价格是否偏离正常竞争市场中的价格。价格操纵驱使金融商品市场价格偏离自由供求关系条件，并朝着虚假价格水平运行。自由竞争状态下的自然价格规律在操纵性交易策略或者市场操作手段控制下趋于异常。[1] 从金融商品价格的角度解释，价格操纵导致金融商品市场价格具有虚假性，即偏离金融商品正常供求关系或者金融商品本身及其所对应的基础资产的真实价值。从市场操纵行为的角度分析，价格操纵导致金融商品市场价格具有人为性，即金融商品价格不受竞争性市场力量控制，而是由特定市场参与者的交易行为或者市场操作手段进行人为控制。在市场参与者通过金融交易行为直接作用于金融商品市场价格形成的情况下，判断价格形成机制是否受到扭曲并形成虚假性或者人为性定价，涉及分析特定时间节点的金融商品市场价格

〔1〕 In re Vincent W. Kosuga 19 Agric Dec 603, 615 - 616 (1960).

是市场竞争力量的定价，还是受控于该交易行为的结果。尽管这种需要建构于数量金融分析工具基础上的事实判断具有相当的操作困难，并且虚假或者人为价格的经济或者金融分析标准很难代换成为法律实务人员能够充分理解的执法司法标准，但至少操纵行为与价格虚假性或者人为性之间的因果关系解释与证明，仍然是一项可以通过有效的制度设计予以完成的工作。

然而，如果将基于虚假、误导、利益冲突信息诱导投资者资本配置决策并导致市场价格波动的市场操纵类型的实质同样归结为价格操纵，由于信息型操纵行为必须通过资本流动的变化才能产生金融商品市场价格的波动结果，操纵行为与价格虚假性结果之间的客观距离过于遥远、事实联系过于间接，法律实践根本无法完成该种操纵类型实际“操纵”价格的证明。结果无非是——市场操纵实质解释错误而引发的构成要件错误理解、证明标准无法实现，导致法律明确规定为市场操纵的非价格操纵行为在实践中无法进行惩治；或者基于严厉控制市场操纵的政策定位而模糊价格操纵要件配置与弱化证明标准，将非价格操纵行为纳入市场操纵处罚范围的同时，将部分不应当进行犯罪化处理的价格操纵行为认定为市场操纵。

通过价格波动证明机制复杂性的理论阐释，我们可以发现，价格操纵并非市场操纵全部实质内涵。形成这种理论认识的实践价值在于，强调不同类型的市场操纵行为与金融商品市场价格异常波动而形成的虚假或者人为价格之间存在直接性与间接性关系的区别。操纵行为与金融商品价格之间的间接关联决定，价格操纵之外对资本市场投资者持有资金流动进行非法控制同样是市场操纵核心且独立的内容。市场操纵法律规范不能忽略对资本配置非法控制行为进行有针对性的监管。

第三节　市场欺诈：归责基础而非行为实质

市场操纵与欺诈之间的关系问题在全球资本市场立法、司法实践以及法律与金融理论层面尚未得到清晰的梳理与准确的阐释。理论上有相当数量的观点将市场操纵解释为欺诈的一种特殊类型。[1]但是,近年来有一种引发理论界关注的反思性意见认为,欺诈无法有效地对市场操纵等资本市场违法犯罪实质进行界定,以市场欺诈为核心解释市场操纵等违法类型,会造成执法、司法成本过高、侵权、违法、犯罪之间的界限不明、金融市场犯罪行为违法性实质定位模糊等问题。[2]批判性地分析市场操纵实质为欺诈的观点,不仅能够深化认识市场操纵的实质,而且有助于合理定位欺诈性要素在市场操纵实体构成、程序证明、被害人(受偿人)范围确认等法律实践疑难问题解释中的作用。

一、判例沿革与法律依据

英国法院在 19 世纪的标杆判例中最先提出了市场操纵策略与行为的本质是欺诈的观点。在埃斯皮诺尔案件中,被告人的公司通过欺诈性陈述的手段诱导投资者大规模买卖其公司证券。法院认为,投资者损失的直接证据缺失并不影响行为性质判定,公开且自由的证券交易市场整体受到欺诈,就可以作为认定投资者损害的事实基础。[3]基于虚假交易计划而实施的市场操纵亦被普通法视为典型的欺诈。英国法院在斯科特诉布朗案件中指出,虚假交易的唯一目的是通过虚构市场中的价格平衡诱导公众购买证券,以投资者的损失为代价使操纵者受益;虚假交易操纵就是骗取投资者购买证券的欺诈行为。[4]

在市场操纵等证券违法犯罪与欺诈之间关系的问题上,美国资本市场法律文本、历史解释、执法规则之间存在潜在的冲突与紊乱。一方面,美国国会制定 1934 年《证券交易法》时明确提出,操纵概念不能背离普通法欺诈内涵。[5]另一方面,《证券交易法》第 10 条第 b 款"欺骗性""操纵性"的规范表述[6]明显超越欺诈的法律处罚框架,将市场操纵等证券违法犯罪的行为责任拓展至更宽泛的市场滥用的范畴。由于美国《证券交易法》反欺诈条款过于原则、宽泛、模

[1] Daniel R. Fischel and David J. Ross, "Should the Law Prohibit Manipulation in Financial Markets?", *Harvard Law Review* 105, 1991, p. 510.

[2] Samuel W. Buell, "What Is Securities Fraud?", *Duke Law Journal* 61, 2011, p 511.

[3] R. v. Aspinall (1876) 2 Q. B. D. 48, 66.

[4] Scott v. Brown, Doering, McNab & Co., (1892) 2 Q. B. 724, 734.

[5] Louis Loss, Joel Seligman and Troy Paredes, *Fundamentals of Securities Regulation* (5th Edition), Aspen Publishers, 2003, pp. 930 – 936.

[6] 15 U. S. Code § 78J (b).

糊,在实践中无法予以具体适用,美国证券交易委员会(U. S. Securities and Exchange Commission,SEC)根据《证券交易法》的授权制定 10b－5 规则细化反欺诈条款的具体内涵。[1]10b－5 规则制定之初的目的显然是要合理限制《证券交易法》,防止市场欺诈禁止性规定范围的过度扩张。但随着 10b－5 规则本身不断的发展,其覆盖范围也远远超过了制定该规则之初所能想象的范畴。美国联邦最高法院在判例中指出,10b－5 规则经过几十年的发展内容相当繁复,应当对反欺诈适用范围进行反思。[2]美国法律理论上也有不少学者提出,应当限制 10b－5 规则的解释开放性与内容复杂性,遏制反欺诈证券诉讼在实践中被滥用。[3]

在美国联邦法院有关资本市场违法犯罪的判例体系中,除了上述关于价格操纵的实质解释意见之外,相当数量的经典判例以欺诈为核心对市场操纵的实质内涵进行解读——市场操纵的责任基础在于欺诈。[4]在控制证券供应量的基础上拉升、稳定、压制证券市场价格的行为,实际上就是欺诈。因为本应当由自由市场完成的定价,基于行为人的歪曲,转变成由其独立控制的价格。[5]交易所关于特定证券的实时报价,是基于一系列真实发生于自由竞争、公开平等的市场平台上的交易而形成的有关证券将基本价值评估,市场价格理应代表证券或者相关基础资产的真实价值。操纵性交易干扰了资本市场价格形成机制,其实质是欺诈投资者对于资本市场的合乎情理的预期。[6]

我国《证券法》《刑法》规定的洗售、相对委托操纵都是通过虚假的交易制造市场价量信号从而诱骗投资者进入市场。尽管连续交易操纵中的金融商品买卖行为是具有真实产权变动的实质性交易,但理论上在阐释其违法性问题时,通常也是将之解释为制造虚假的价格信号诱导投资者买卖相关证券、期货合约——在法律规范上,完整的操纵就是一个欺骗与被欺骗的过程。操纵者采用各种手段人为制造虚假交易信息和公司信息的行为实质就是虚构事实和隐

---

[1] 17 C. F. R. § 240. 10b－5.

[2] Blue Chip Stamps v. Manor Drug Stores, 421 U. S. 723 (1975).

[3] Alan R. Palmiter, *Securities regulation: Examples and Explanations*, Aspen Publishers, 2008, p. 359.

[4] Schreiber v. Burlington N., Inc., 472 U. S. 1 (1985).

[5] Harris v. United States, 48 F. 2d 771, 774 (9th Cir. 1931).

[6] United States v. Brown, 5 F. Supp. 81, 85 (S. D. N. Y. 1933).

瞒真相,目的是欺骗投资人,意图使其他市场参与者做出操纵者所期待的交易行为。操纵者利用投资者的错误交易行为,从投资者的损失中获得利益;投资人被骗进行错误交易,将资金转移给了操纵者。因此,操纵者采用虚构事实、隐瞒真相的方法,致使投资人产生错误认识,"自愿"向其交付资金。[1]可见,我国证券期货犯罪刑法理论与实践中的这种比较有代表性的意见,实际上是将市场操纵等同于发生在资本市场中的一种特殊形式的欺诈(诈骗)。

二、市场操纵的欺诈性因素与传统欺诈分析框架的局限性

洗售、相对委托等通过交易行为直接形成虚假市场价格,这种市场操纵类型具有明显的欺诈性特征——虚构交易(虚构事实)、隐瞒真实的金融商品供求关系(隐瞒真相)。连续交易操纵尽管形式上具有真实的金融商品产权转让关系,但操纵者人为控制的供求关系使得金融商品交易脱离了真实的市场竞争环境,同样具有掩盖资本市场真相的行为内容。就特定金融商品的真实价值或者供求关系问题向资本市场中的投资者释放虚假性或者误导性信息,显然会诱导投资者将资本配置或者撤离该金融商品,从而引发金融商品交易价格变动、方便操纵者从这种价格波动中获取利润。操纵者传递信息内容的虚假性或者误导性直接体现了行为的欺诈属性。

但是,市场操纵具有非常明显的欺诈特征,并不意味着可以将市场操纵的实质归结为欺诈。

其一,从要件配置与证明的微观角度分析,在欺诈犯罪的法律框架下,根本无法建构市场操纵的法律责任。

如果认为市场操纵本质上是发生在特殊经济环节(资本市场)中的一种具体的欺诈犯罪类型,则市场操纵刑事责任成立的基础在于,操纵行为误导了在资本市场中从事投资或者投机(配置或者撤离资本)的特定市场参与者。操纵主体在主观上必须具有欺诈市场参与者的故意,在刑事追责实践中甚至需要进一步确立其是否具有非法占有资本市场中从事特定金融商品交易的其他投资者财产目的的事实。同时,投资者是基于操纵行为的欺诈主动交付资金。但

---

[1] 吴卫军:《操纵证券市场罪的理论与实务难点分析》,载陈辐宽主编:《金融证券犯罪疑难问题解析》,中国检察出版社2009年版,第6页。

是,金融市场高度发达的网络交易技术意味着,法律实践不可能证明市场操纵行为主体与其他市场参与者之间存在直接且具体的接触,也无法确定作为被害人的操纵性交易对手方的具体信息(如精确的损失数额等)。市场操纵至多只是在局部行为结构与结果表现上具备欺诈因素,与欺诈实质内涵并不匹配。因此,以被害人受到犯罪行为的影响而主动转移产权为核心的欺诈犯罪构成要件,不能作为评价市场操纵刑事违法性的法律标准。

其二,从资本市场犯罪与传统财产犯罪违法性基础的宏观角度分析,市场操纵具有欺诈实质的解释意见,混淆了经济效率与道德罪错的本质差异。

欺诈的刑事违法性本质集中源自于行为道德上的可谴责性或者罪错性。欺诈(诈骗)犯罪不仅与盗窃、敲诈等一样属于侵犯他人财产权的严重不道德行为,而且与杀人、伤害等侵犯生命健康权的犯罪类型相同——行为责任建筑于道德罪错的基础之上。在欺诈(诈骗)、盗窃等传统的产权犯罪中,道德判断能够限制行为责任的范围。强调市场操纵的欺诈实质,等于将市场操纵等资本市场犯罪刑事责任的根基回归至与传统财产犯罪相一致的道德谴责与否定。而市场操纵是纯粹的经济行为与市场行为,市场操纵的责任问题是纯粹的行为是否严重损害资本市场运作机制的效率评估问题。市场操纵违法犯罪责任设置是基于对市场操纵行为对资本市场效率阻碍进行评估之后的一种法律禁止。市场操纵法律责任的触发无须且不能依赖于道德判断结论。金融市场、法律规范与监管措施侧重于从道德罪错的角度建构市场操纵的实质,反复刻画与强调市场操纵行为唯利是图、贪得无厌、舞弊作乱等道德上的不正当性特征,不仅会阻碍市场操纵刑事法律控制的效率,而且会模糊民事救济措施的边界性、损害法律竞争市场运作机制的有效性、忽略应当由市场安排与经济制度控制市场操纵的基础定位。如果资本市场法律制度整体上以宣示性地弥补投资者损失、阶段性地以打击欺诈、严惩市场不道德行为的运动式控制手段进行市场操纵监管,以此平复资本市场信心缺失、化解道德危机、回应公众诉求,市场操纵将会逐渐褪去其市场行为与经济行为的基本内涵,其结果便是作为资本市场中最为严厉的介入手段刑罚措施逐步演变为道德宣誓与政治权衡,而非资本市场机制与经济效率的保障。

三、作为责任基础与行为运作机制解释的市场欺诈理论

由于市场操纵不可能在欺诈的法律规范框架下完成要件建构与实践证明，加之传统欺诈概念无法解释操纵行为对资本市场效率的实质性损害问题，法律、金融理论与实践在自由市场的基础上逐渐发展出了市场欺诈理论并将其作为市场操纵实质的依据——自由市场概念、市场欺诈理论对于解释市场操纵的市场欺诈实质具有重要意义。

在公开、透明、自由竞争的市场环境下，金融商品市场价格由与其真实价值有关的所有市场信息所决定。误导性陈述向资本市场传递虚假信息，即使没有直接证据证明投资者基于误导性陈述做出资本配置决策，也应当认定误导性陈述时空条件下的金融商品交易者受到欺诈。资本市场中操纵等市场滥用行为与投资者从事资本配置之间的因果关系强度，不因为行为人与投资者之间不具有主体与对象、交易对手方等直接对应关系而弱于普通欺诈违法犯罪中的欺诈行为与被害人交付之间的因果关系。

根据美国联邦最高法院的判例意见，市场滥用行为的责任归咎应当体现出资本市场交易明显区别于传统欺诈案件当面交易的现代性特征。市场参与者基于自主、直接观察商品形成定价结论的交易模式被市场定价机制所替代。在透明且成熟的资本市场基于市场价格从事资本配置决策与行为，市场参与者无须证明其投资决策与虚假陈述行为之间的特定联系。[1]自由市场竞争性交易形成的价格充分反应与金融商品或者基础资产真实价值有关、能够对金融商品市场价格产生影响的信息，投资者根据价格信号配置资本。而操纵行为介入市场，制造扭曲本应当是真实的市场价格，从而导致市场失灵或者信息错误，投资者基于市场传递的虚假价格信号做出资本配置决策。可见，法律标准固然无法确认市场操纵对投资者的直接欺诈，但市场操纵对价格信号的干扰与信息内容的编造，意味着其对资源优化配置所信赖的整个信息市场进行欺诈。从有效市场与市场欺诈的理论视角切入，市场操纵可以被理解为市场欺诈犯罪。

但是，以美国《证券交易法》第10条第b款以及10b-5规则为典型法律规范基础的市场欺诈理论，其所勾勒的市场操纵等违法犯罪对整个资本市场、投

---

〔1〕 Basic Inc. v. Levinson, 485 US 224, 244 (1988).

资者(投机者)所实施的欺诈行为及其损害结果,它的核心价值是对证券虚假陈述责任归咎渠道的重铸,[1] 而非对市场操纵等资本市场犯罪实质内涵的解释。

市场欺诈理论的法律实践价值只能具体化为针对市场操纵责任基础(因果关系)提供符合资本市场经济运作机制的解释。操纵行为影响金融商品价格,从而对依赖于该金融商品市场价格判断投资价值的资本市场参与者形成欺诈。这种市场欺诈解释在反市场操纵法律监管实践中解决的是因果关系问题,即市场欺诈理论本质上是对交易关联的一种可反驳推定——资本市场是一个开放的交易系统,金融商品交易价格是由与该金融商品及其发行人有关的重要信息所决定的,故操纵市场行为本身并不直接与投资者发生关系,而是经由市场信息传递机制作用于投资者的资本配置行为。控方实际上并不需要证明操纵行为与投资者受引诱从事的金融交易具有直接性关联,只要有证据表明操纵等市场滥用行为实质性地影响市场信息,即对于证券交易价格具有重大影响,[2] 就可以认定操纵证券市场案件存在"交易关联"这种因果关系类型。但是,如果被告人能够证明资本市场中的投资者实际上是以合理的市场价格从事相关金融商品交易或者涉案操纵行为对资本市场价格没有产生重大影响,则可阻断操纵行为与被诱惑投资行为之间的因果关系,进而阻却涉案操纵行为的违法性。[3]

第四节 市场操纵的实质解构:金融商品或(与)市场资本非正当控制

市场操纵实质应当是金融商品操纵与市场资本操纵的独立进行或者联合展开,即行为主体可以通过价量操纵或决策操纵中的任何一种方式对资本市场形成操纵,也可以通过叠加使用价量操纵与决策操纵强化与提升对资本市场的

[1] SEC v. Texas Gulf Sulphur Co., 401 F. 2d 833, 864 (2d Cir. 1968).
[2] Semerenko v. Cendant Corp., 223 F. 3d 165, 176 (3d Cir. 2000).
[3] 谢杰:《操纵资本市场犯罪刑法规制研究》,上海人民出版社2013年版,第50页。

操纵力度。

一、资本要素发现对解释市场操纵实质的价值

资本市场是各种金融商品以及相关衍生工具供应与需求的动态组合。单纯基于这种现象化的界定来看，资本市场就是由金融商品交易价格与交易量等现实交易关系的抽象化、数据化信息所组成的定价机制与供求交互平台，市场操纵就是对金融商品的价格（交易量）进行操纵。然而，一旦深入资本市场运作机制的实质，从市场机能的视角剖析资本市场，我们能够清楚地看到，资本市场现象化界定的缺陷在于偏向性地聚焦于资本市场中更具固定性、设计性的要素——金融商品，弱化了对资本市场中更具流动性、金融心理影响性的要素——市场资本要素的考察。安东尼·克罗曼与理查德·波斯纳将市场抽象为：以机会供给为运作形式的交易者利益实现或利益共赢平台，以资源优化配置为经济手段的社会利益优化途径。[1]相应地，资本市场本质上是以风险承担与利益获取为运作形式的金融商品与市场资本等产权持有者的价值实现平台，以资本资源优化配置为经济手段的社会福利最大化机制。探索资本市场实质机能的目的是揭示资本市场中内嵌于现象化金融商品要素运动（证券、期货、衍生品等金融商品市场交易价格、交易量等变动）过程中的另一核心要素——市场资本。

市场资本投入或者撤出证券、期货、衍生品等金融市场中的特定资产载体，具体表现为稀缺性资本资源控制者的资本配置决策及投资（投机）行为。这是资本市场参与者根据金融商品当前价格及其发展趋势评估之后的产权结构性调整。在资本市场中，与市场资本要素有关的所有动态，都是资源控制者作为市场参与者存在与发展的行为呈现和心理状态。市场资本不是自我封闭的结构，相反，它与金融商品要素之间进行着深刻的互动。资本市场参与者决定或者现实买入或卖出特定金融商品的资本要素配置行为，受到金融商品要素的影响，即价格信号、其他市场参与者资本配置信号（交易量信息）会调整投资者（投机者）的行为反应。同时，资本市场参与者买入或者卖出、做多或者做空特定金

---

[1] Anthony T. Kronman and Richard A. Posner, *The Economics of Contract Law*, New York: Little, Brown & Company, 1979, p. 2.

融商品的市场资本配置决策与行为,直接调整该金融商品的市场交易价格、交投量,从而形成市场资本对金融商品要素的作用力。资本与商品两大要素之间的互为影响,深刻体现为资本市场参与者不仅需要客观评估与金融商品基础资产价值有关的信息,而且受制于其他市场参与者对该金融商品的主观判断与心理趋势。作为资本市场的表象性部分,金融商品要素通过证券、期货、衍生品的市场交易价格等信息化的形式呈现,是金融市场参与者心理决策与投资(投机)行为的信息反射,能够被外部观察者所直接发现、考察与分析——但这种现象化的观测并不一定符合基础资产价值。作为资本市场的内在性部分,市场资本要素通过隐藏于投资者(投机者)决策心理与产权配置行为,内在地构成了影响金融商品市场交易价格、交投数量、流动性水平的根本性资源。

市场操纵的实质应当是对金融商品或者市场资本的非正当控制并从中谋取交易利益,即操纵者通过能够向市场传递误导性信号的信息、交易、市场力量等,直接影响金融商品交易价格(交易量),或者控制市场投资者(投机者)参与特定的金融商品交易、金融投资等间接影响金融商品交易价格(交易量),同时从事相关金融投资并从金融商品市场价格偏离其真实供求关系或者基础资产价值的价差中获取利益。所以,市场操纵的实质就是通过资本市场基本要素的非正当控制实现经济利益,即市场操纵的实质是金融商品或(与)市场资本的非正当控制。

只有准确且完整地发现、辨识资本市场基本要素,并强调容易被忽略的资本要素以及市场中的资本配置行为,才有可能对市场操纵的实质进行全面的、符合经济原理与资本市场特质的解释。

二、资本市场犯罪法律文本与市场操纵实质的兼容性

市场操纵实质的准确解构是对资本市场犯罪行为体系中最为复杂的操纵行为及其法律规范进行理论研究与实践应用的基础,除了需要在法律与经济分析层面廓清市场操纵实质的基础内涵之外,还应当充分结合法律文本进行规范解释,使符合资本市场运作机制与市场操纵行为实际的实质解释理论,能够有效地置入法律规范的文本框架,最终落实于本土化的资本市场法律监管实践。

尽管我国《刑法》中有关市场操纵的法律条文没有规定市场操纵的实质内涵,但是,探索并阐释市场操纵实质依然有必要依托于刑法规范的形式化解构。

聚焦于我国《刑法》第 182 条操纵证券、期货市场罪的法律文本,并从条文关系、规范结构等角度归纳制度的内在逻辑,我们能够清楚地透视我国资本市场刑法制度上市场操纵前后递进的规范层次——第一层次,行为模式。市场操纵行为模式具体包括:(1)连续交易,即独立、联合其他行为主体,实施连续性的金融商品交易行为,操纵金融商品的市场价格、交易量。(2)相对委托,即复数行为主体在交易价格等核心要素约定的情况下,相互买卖金融商品,影响证券、期货合约的市场价格或者交易量。(3)洗售,即独立行为主体在实际控制证券、期货合约交易账户中买卖金融商品,影响证券、期货合约的市场价格或者交易量。(4)以其他方法实施操纵行为。第二层次,法律属性。符合市场操纵行为模式特征的,在法律上构成操纵证券、期货市场。第三层次,刑事处罚标准。情节严重是刑法介入的具体标准,不符合情节严重标准但符合行政监管介入标准下的市场操纵法律属性判断的,应当以资本市场行政法律制度进行监管。

可见,我国刑法规范意义上的、没有经过法律与经济分析解构的市场操纵(《刑法》第 182 条操纵证券、期货市场罪)的实质就是规范形式化解构中处于第二层次的、各种操纵性行为模式的法律属性,其法律文本表述为"操纵证券、期货市场"——上述市场操纵刑法规范形式化解构的结论并非机械的、甚至是没有意义的同义反复,其价值在于通过法律文本或者刑法规范罪状的分析方法,揭示行为模式与法律属性之间的层次性区别,以及不同行为模式实质内涵之间的重大差异。连续交易、相对委托、洗售等《刑法》第 182 条具体描述的行为模式,在行为内容上是金融商品(证券、期货合约)操纵,在行为手段上是价量操纵,金融商品操纵或者价量操纵都只是市场操纵的类型、部分内涵而非实质与完整内容。

犯罪构成当然可以是传统刑法理论架构下的耦合(如中国刑法)、双层(如美国刑法)、层进(如德国刑法)等逻辑创制,但也可以是不同规范分析视角与行为性质判断程序下的制度发现。通过上述市场操纵条文形式化解构可知,我国传统刑法理论与实践审视下的耦合式犯罪构成,同样能够以行为模式、法律属性、处罚标准这一前后承继的递进式犯罪构成框架,解构市场操纵的成立过程。实体性与静态性的市场操纵构成实际上同时内含着程序性与动态性的市场操纵判断。市场操纵罪状中的行为模式、法律属性、处罚标准在不同刑法判断阶段承担着纵深性的评价职能。

行为模式是对操纵性行为的具体规范描述，根据操纵类型复杂程度的差异与法律文本简洁性的需要，调整规范表述的细致化程度，设定判断市场操纵的犯罪样态。

法律属性是对符合刑法规范既定模式所具体描述的各类操纵性经济行为在法律上的属性推定，在这个反市场操纵执法或者司法实践的推定过程中，我国《证券法》第77条与《刑法》第182条有关“操纵证券市场”的法律判断具有相同的机制。适用法律的金融监管机构与审理金融犯罪案件司法机关形成涉案行为应当构成市场操纵的评价之后，涉嫌市场操纵者有权予以反驳。反驳意见有合法证据支撑的，构成具有对抗市场操纵法律属性推定效果的肯定性辩护理由，即承认涉案行为符合行为模式中的规范描述，但属于资本市场以及资本市场法律制度所允许的正当市场运作，不应当作为市场操纵违法犯罪论处。

允许的资本市场运作行为是金融商品发行人、金融商品发行人的控股股东或实际控制人、金融中介机构以及资本市场中的其他投资者（投机者），根据金融法律制度或者基于金融监管机构的同意，履行义务、从事回购、执行预设交易计划、安定操作等金融交易行为。允许的资本市场运作可以排除市场操纵等资本市场犯罪的法律属性，不仅在实体标准与证明程序上对实施符合操纵性交易行为模式的市场主体提供了合法且合理的免责空间，而且能够在很大程度上分散资本市场执法与司法的压力，同时又可以通过允许合法的投资或者投机交易丰富资本市场的流动性。成熟金融市场国家的法律制度对允许的资本市场运作完成了较为丰富的规则设定，资本市场犯罪案件中的肯定性辩护相对也就会显得比较充分——在内线交易中，预设交易计划是美国证券监管机构明确认可的市场操作行为，因而在资本市场犯罪案件刑事辩护中属于非常重要肯定性辩护事由。根据2000年SEC监管规则《选择性披露与内幕交易》的规定，控方推定持有重大未公开信息的行为人在从事相关证券交易时使用了未公开信息，行为人可以提出以下反驳推定的事由：（1）事先存在从事该项交易的有约束力的合同；（2）执行事先存在的第三方交易指令；（3）事先存在的书面计划预先详细说明了该项交易。[1]预设交易计划抗辩在实践中又被称为10b5－1避风港规

---

〔1〕 17 C. F. R. § 240.10b5 - 1.

则，即如果行为人预先计划（包括证券数量、交易价格、交易日期等要素）从事相关证券交易时没有获悉重大未公开信息，随后执行该计划中规定的交易行为，即使届时掌握了该重大未公开信息，亦不能对其提出内幕交易指控。[1]在市场操纵中，允许的资本市场运行表现为市场参与者根据上市公司股权激励机制、安定操作等法律规定的合理条件或者金融监管部门同意实施金融商品交易行为，尽管可能通过连续交易在特定时间范围内占交易总量中的多数，甚至是金融商品流通总量中的多数，但并不能认定为市场操纵违法犯罪。例如，根据德国《证券交易法》第20a条第2款、第3款的规定，市场操纵违法犯罪的禁止性规定不适用于金融监管机构认定的或者按照欧盟2003年《回购程序与金融工具安定的实施意见》规定的，回购、价格安定措施等允许的市场运作行为，不能基于先前缺乏市场广泛认同而将特定的经济行为推定为不属于允许的市场运作。[2]

但是，我国资本市场法律制度及其实践应用没有对允许的资本市场运作及其在资本市场犯罪构成中的体系性价值予以足够的重视，也没有设计完整、系统且具有可操作性的法律规则。这一制度性瑕疵在内线交易与市场操纵规范体系中呈现出不同的样态。在内线交易犯罪规范体系中，刑事司法规则明确规定了预设交易计划等允许的市场运作机制，[3]但资本市场行政法律制度没有对预定交易计划的适用范围与运作程序进行明确与系统的规定。而预设交易计划的法律规则本身又是非常复杂的一个规范结构，缺乏完备的程序规范与实体条件等行政法律配套制度意味着这种肯定性抗辩在资本市场犯罪刑事司法实践中不可能得以有效执行。[4]在市场操纵规范体系中，我国资本市场行政法律制度对允许的市场运作以及相应的排除市场操纵法属性的法律效果作出了

[1] Stanley Veliotis, "Rule 10b5－1 Trading Plans and Insiders' Incentive to Misrepresent", *American Business Law Journal* 47, 2010, p. 314.

[2] Wertpapierhandelsgesetz－WpHG § 20a Verbot der Marktmanipulation (2) (3).

[3] 根据2012年最高人民法院、最高人民检察院《关于办理内幕交易、泄露内幕信息刑事案件具体应用法律若干问题的解释》第4条第2项的规定，按照事先订立的书面合同、指令、计划从事相关证券、期货交易的，不属于内幕交易犯罪行为。从规则内容上分析，《内幕交易犯罪解释》规定的预设交易计划抗辩与美国《选择性披露与内幕交易》10b5－1避风港规则基本一致。

[4] 谢杰：《最新内幕交易犯罪司法解释的缺陷与规则优化》，载《法学》2012年第10期。

相对具体的规定，[1]但我国传统证券期货犯罪刑法理论与实践将连续交易、相对委托等操纵性行为模式的共同性特征（价量操纵）直接作为市场操纵的实质，或者同质化解释为操纵证券、期货市场的法律属性。这意味着尽管金融行政法律制度完成了配套规则的建构，资本市场刑法却否定了允许的市场运作在市场操纵案件刑事司法实践中的肯定性辩护效果。所以，通过刑法实体规范的形式化解构，在市场操纵法律属性判断环节梳理市场操纵违法类型推定与反驳的程序性内容，不仅能够有效揭示市场操纵行为模式与市场操纵法律属性、价量操纵共性特征与市场操纵实质特征等概念之间的结构性差异，更有助于深化我国反市场操纵刑法规范等资本市场法律制度及其实践应用，对“允许的资本市场运作”这一重要市场机制与制度安排及其在刑法适用上对应的肯定性抗辩问题予以充分关注，进而优化刑法解释规则与金融行政法律配套制度。

刑事处罚标准以综合资本市场、行为与行为人、政策等各种要素的方式对市场操纵行为的危害性进行量化限制，在资本市场刑法制度的法律适用上，承担着协调犯罪化程度的功能，在资本市场刑法制度的效率实现上，旨在以最低的制度成本完成最优的资本市场保护目标。

所以，我国资本市场法律规范文本实际上与金融商品或（与）市场资本非正当控制的市场操纵实质之间具有良好的兼容性，纵然在《证券法》《刑法》等反市场操纵违法犯罪条款立法阶段未能通过制定清晰且明确的规范表述，进而发现市场资本操纵的独立地位与实质内容，但在违法犯罪类型或者罪状建构时，通过行为模式与法律属性、价量操纵共通性特征与市场操纵实质性特征的有效区分，确保资本市场法律制度文本经过无须耗费立法成本的法律解释，便足以

---

[1] 2013 年 12 月 25 日国务院办公厅《关于进一步加强资本市场中小投资者合法权益保护工作的意见》指出：“完善股份回购制度，引导上市公司承诺在出现股价低于每股净资产等情形时回购股份。”2013 年 11 月 30 日中国证监会《关于进一步推进新股发行体制改革的意见》规定：“发行人及其控股股东、公司董事及高级管理人员应在公开募集及上市文件中提出上市后三年内公司股价低于每股净资产时稳定公司股价的预案，预案应包括启动股价稳定措施的具体条件、可能采取的具体措施等。具体措施可以包括发行人回购公司股票，控股股东、公司董事、高级管理人员增持公司股票等。上述人员在启动股价稳定措施时应提前公告具体实施方案。”同时，根据中国证监会 2005 年 6 月 16 日《上市公司回购社会公众股份管理办法（试行）》、2008 年 10 月 9 日《关于上市公司以集中竞价交易方式回购股份的补充规定》的规定，按照证券交易所上市公司回购业务规则、依法在证监会备案、全面履行信息披露义务、符合债权人权益保障合规监管的证券回购行为不属于市场操纵违法犯罪。

应对新型市场操纵行为的挑战以及金融市场与交易技术的变迁。

三、金融商品操纵与市场资本操纵的独立运行或者叠加操作

尽管行为金融原理深入阐释了市场参与者心理决策，投资者（投机者）交易行为、资产配置流动与金融市场信息和证券、期货、衍生品等金融商品价量变化之间的关系，[1]量化评估能力不足的法律理论与实践还是会因为欠缺有力的分析工具审视信息市场中的金融交易参与者行为，缺少足够的证据材料支撑受到操纵性信息影响的投资者损害数额，从而弱化了对资本市场中的“资本”内在流动及其表象化的投资（投机）行为等要素的关注。所以，除了利用法律与金融分析方法，在解构市场操纵实质的过程中完成金融商品要素之外的市场资本要素发现之外，还需要进一步从市场操纵行为的动态运作视角，揭示金融商品操纵与市场资本操纵的操作机制。

作为独立构成市场操纵实质内涵之一的金融商品操纵，基于交易行为对金融商品市场价格、交易量的形成影响或者控制，部分干扰乃至整体扭曲自由竞争性的价格形成机制，制造人为的、失真的市场价格。金融商品操纵的直接结果是证券、期货合约、衍生品等金融商品交易价格、交易量受到操纵者的人为控制，间接结果是通过受到人为控制的市场价格或者交易量等市场信号，继续作用于资本市场中的其他参与者，促使其按照市场信息所对应的交易内容与交易方向实施资本决策与配置行为。市场操纵法律监管实践不应当忽视的是，市场资本操纵也能够独立构成市场操纵实质内涵之一。市场资本操纵基于信息行为对市场参与者资本资源配置决策、投资（投机）行为的影响，干扰市场中的资本要素在正当竞争环境下自由地完成对金融商品价格的发现。市场资本操纵的直接结果、间接结果与金融商品操纵互为相对——直接影响资本要素配置，间接作用于金融商品价格与交易量水平。

商品与货币的产权界定是市场、市场交易的先决条件。[2]相应地，金融商品与市场资本的要素界定是资本市场与资本市场交易行为的前提与基础。因

---

[1] Harrison Hong et al., “Asset Float and Speculative Bubbles”, *Journal of Finance* 61, 2006, p. 1075.

[2] Ronald H. Coase, “The Problem of Social Cost”, *The Journal of Law and Economics* 3, 1960, p. 27.

此,金融商品操纵并非市场操纵实质的全部。针对资本要素的操纵行为构成市场操纵内涵中同等重要的组成部分。法律理论与实践缺乏对资本要素的考察,市场操纵实质解释缺少对市场资本操纵内涵的发现,既与经济原理与金融市场实际不符,又无法对市场操纵形成完整的法律解释、全面的司法认定以及有效的立法规制。在经济上的实质解释结论是——金融商品操纵或者价量操纵手段的独立运作,意味着市场操纵者的金融交易不正当地控制资本市场中的特定商品要素。市场资本操纵或者决策操纵手段的独立运作意味着信息行为不正当地控制资本市场中的资金流动。金融商品操纵与市场资本操纵的叠加操作,使得金融交易行为与市场信息行为对商品要素与资本要素的影响更为深刻、市场操纵者的经济利益实现概率与程度更高。在法律规范上的实质解释结论是:市场操纵的实质是金融商品操纵与市场资本操纵的独立运作或者叠加操作。我国《证券法》《刑法》所明确类型化的市场操纵模式,即连续交易、相对委托、洗售操纵等,在内容性实质层面表现为金融商品操纵,在手段性实质层面表现为价量操纵,行为主体直接围绕金融商品实施操纵策略,代表了市场操纵行为体系中非常重要的一部分实质内涵。我国《证券法》《刑法》反市场操纵条款基于特定立法历史与市场发展水平的局限而未能完成明示性规定的操纵模式,即“以其他方法操纵证券、期货市场”,不仅可以是其他类型的金融商品操纵,更可以是围绕持有资金的资本市场参与者的资本配置实施操纵行为,即市场资本操纵。

第五章

市场操纵犯罪司法解释的反思与解构

最高人民法院、最高人民检察院于2019年6月28日联合发布《关于办理操纵证券、期货市场刑事案件适用法律若干问题的解释》(以下简称《市场操纵解释》)。市场操纵是金融市场犯罪中行为结构最为复杂、理论解释与实践认定最为疑难的犯罪类型之一。《市场操纵解释》的出台,有利于推进司法实务部门更为公正、准确且有效地认定《刑法》第182条操纵证券、期货市场罪“兜底条款”中的“以其他方法操纵证券、期货市场”、实际控制账户、市场操纵“情节严重”与“情节特别严重”量化标准、违法所得等证券期货犯罪刑法理论与实践中长期存在争议的法律适用疑难问题。《市场操纵解释》的实施对于依法惩治证券期货犯罪,防范化解金融风险,维护投资者合法权益,保障科创板改革有序开展,促进资本市场稳定健康发展,具有十分重要的意义和作用。[1]

然而,由于法律与金融跨学科知识的交叉性与纵深性、金融市场机制的创新性与技术的前沿性、市场操纵犯罪司法实践问题固有的复杂性与特殊性、科创板试点注册制的探索性与改革性,[2]实际上已经明显超越了单一学科框架下证券期货犯罪刑法理论的预期以及传统司法解释的逻辑准备与技术能力。因此,有必要针对实际控制账户的认定、特定市场操纵模式的判断规则、市场操纵定罪量刑的数量标准、违法所得的计算方法等重大且疑难问题,就《市场操纵解释》相关条款进行批判性审视与建构性优化。

对市场操纵犯罪司法解释进行深刻反思与细致解构,不仅有助于推动证券期货犯罪刑法理论研究范式的转换与升级,而且有利于为正在推进的科创板试

---

〔1〕 姜佩杉:《“两高”公布关于证券期货犯罪司法解释 为打好防范化解重大金融风险攻坚战提供有力司法保障》,载《人民法院报》2019年6月29日,第1版。

〔2〕 侯捷宁、苏诗钰:《易会满:在新的起点上全面深化资本市场改革》,载《证券日报》2019年6月14日,第A2版。

点注册制提供坚实且具体的司法保障措施。[1]更具价值的是,以法律与金融的双面向视角解析市场操纵犯罪司法解释,进而形成的完善意见与补充规则,能够在《证券法》大修的关键时刻、《刑法》证券期货犯罪条款协调修正的重要节点,提供立法完善的对策与建议。基于此,本章尝试反思与解构最新市场操纵犯罪司法解释存在的问题并提出规则优化建议,以期对金融立法与司法及时应对证券期货犯罪的挑战有所裨益,同时希望通过精细化的制度安排更好地实现资本市场效率与投资者权益的协调和统一。

第一节 市场操纵刑事案件中实际控制账户的认定问题

实际控制账户的认定是市场操纵刑事案件适用法律首先需要解决的问题。因为只有明确可以归属于特定行为主体的账户范围,才能将之作为潜在的操纵主体及其操纵行为进行刑法评价,而其逻辑前提在于澄清理论与实践中长期以来存在的以下误区:

传统法律与经济理论通常认为,市场操纵犯罪具有很强的隐蔽性。[2]司法解释制定部门的代表性意见也明确指出:市场操纵“犯罪手段更加隐蔽,查处难度大。证券、期货交易具有无纸化、信息化等特点,犯罪分子操纵证券、期货市

---

〔1〕 为充分发挥人民法院审判职能作用,促进发行、上市、信息披露、交易、退市等资本市场基础制度改革统筹推进,维护公开、公平、公正的资本市场秩序,保护投资者合法权益,最高人民法院就注册制改革试点期间人民法院正确审理与科创板相关案件等问题,于 2019 年 6 月 20 日出台了《关于为设立科创板并试点注册制改革提供司法保障的若干意见》(以下简称《科创板司法意见》)。《科创板司法意见》提出了审理证券期货犯罪刑事案件的政策导向:依法从严惩治违规披露、不披露重要信息、内幕交易、利用未公开信息交易、操纵证券市场等金融犯罪分子,严格控制缓刑适用,依法加大罚金刑等经济制裁力度。《市场操纵解释》实际上是落实执行上述原则的具体司法判断规则。

〔2〕 庞昀曦、孙长宇:《操纵证券市场行为法理性质的探讨》,载《净月学刊》2013 年第 1 期;张屹山、方毅:《中国股市庄家交易操纵的模型与政策分析》,载《管理世界》2007 年第 5 期;贾纬:《操纵市场行为的认定及其民事责任》,载《人民司法》2007 年第 17 期;游士兵、吴圣涛:《中国证券违法犯罪的实证研究》,载《证券市场导报》2001 年第 6 期。

场的手段更加网络化、智能化,加大了调查取证的难度,给认定操纵证券、期货市场犯罪带来困难,导致操纵证券、期货市场犯罪的实发案件数量与查处的案件数量存在较大落差”。[1]但是,证券、期货市场中任何一个(组)账户的交易行为,实际上都属于监管者、金融市场参与者能够掌握的信息范畴之内,市场操纵的隐蔽性只是行为特征的一个方面且具有表面性;尤其是对于具有强大信息与数据分析能力的机构投资者、交易所而言,市场操纵的隐蔽程度是相对且有限的。

过于强调市场操纵隐蔽性的观念实际上揭示了刑法解释与金融解释之间的深层次断裂:法律理论容易忽视既有的金融信息所内含的、有助于形成有效判断的重大要素。[2]由于所有参与证券、期货市场交易的账户信息以及相关账户对应的交易数据,全部都留存于交易所、证券、期货公司,故与市场操纵有关的账户及其交易数据事实上是完全透明的。制定市场操纵犯罪司法解释的出发点,不应当建筑在操纵性的证券、期货交易具有隐蔽性的基础之上,相反,应当充分运用当前我国证券、期货交易所大数据技术处于全球领先地位的优势,基于市场机制、金融原理与法律解释技术,在看似混沌的数据海洋中发现实施操纵性交易的相关账户之间的逻辑与法律关系。

在实际控制账户认定规则的具体内容上,《市场操纵解释》第5条所设置的核心标准是:(1)区分本人账户与他人账户。(2)实际控制他人账户表现为:控制资金流动并承担损益;行使管理权、支配权或者使用权;基于投资或者协议方式行使交易决策权;基于其他方式行使交易决策权。(3)以没有交易决策权作为终极免责事由。可见,司法解释在吸收相关证券监管文件条款[3]的基础上,进一步提出实际控制账户的核心判断依据是对他人账户的交易行为具有决策权。这确

---

[1] 姜佩杉:《依法惩治证券期货犯罪 促进资本市场稳定健康发展——“两高”有关部门负责人就关于办理操纵证券、期货市场、利用未公开信息交易刑事案件适用法律问题司法解释答记者问》,载《人民法院报》2019年6月29日,第4版。

[2] John C. Coffee Jr., “Gatekeeper Failure and Reform: The Challenge of Fashioning Relevant Reforms”, 84 *Boston University Law Review* 301, 325 (2004).

[3] 中国证券监督管理委员会《证券市场操纵行为认定指引(试行)》(证监稽查字〔2007〕1号)第8条规定:利用他人账户操纵证券市场的,利用人为操纵行为人。具有下列情形之一的,可认定为前款所称利用他人账户:(一)直接或间接提供证券或资金给他人购买证券,且该他人所持有证券之利益或损失,全部或部分归属于本人;(二)对他人持有的证券具有管理、使用和处分的权益。

实能够在很大程度上基于刑法实质判断规则，将普遍认为具有“隐蔽性”的操纵交易关联账户予以有效且全面的规制，并通过例外规则允许辩方提供排除交易决策权法律属性的证据进行反驳。实践中比较典型的控股关系、投资关系、代持关系、融资关系、委托代理关系、近亲属或者关系密切人的身份关系等，在上述司法解释规定之后，基本不会出现较大争议。但上述司法解释仍不乏重大疑问。

一、司法解释“交易决策权”标准的困境

《市场操纵解释》第5条不仅没有对“其他有证据证明行为人具有交易决策权的账户”“有证据证明行为人对前款第一项至第三项账户内资产没有交易决策权”中的“有证据证明”提供方向性的证据规格指引，而且并未就证券、期货市场中交易结构相对复杂的账户类型提供明确的判断指引：

一是信托计划项下的证券账户。在典型的证券投资集合资金信托计划的交易结构中，投资者委托信托公司担任管理人从事相关证券交易，信托公司进一步委托各类专注于二级市场交易的私募机构担任投资顾问。在具体交易时，投资顾问通过软件向管理人下达投资建议指令，信托公司基于风控指标、管理人职责等选择接受或者拒绝投资顾问的建议；接受建议的，信托公司根据建议指令，在信托计划下设的证券账户下达交易指令。如果相关证券账户中特定交易行为构成市场操纵——投资者虽然是信托计划受益人，对于账户资产享有投资权益，但显然不是账户实际控制人。信托计划管理人（信托公司）尽管是证券账户的客观交易主体，但交易策略并非由其制定，很难将证券账户中的操纵性交易归责为信托公司的实际控制行为。根据《市场操纵解释》第5条的“交易决策权”标准，真正形成并提出操纵性交易策略与建议的投资顾问，能否构成对案涉账户的实际控制，实际上存在极大争议。投资顾问的行为性质是投资建议，权利属性是交易建议权，所以，将信托计划投资顾问认定为对信托公司管理的、投资者享有财产权的账户具有“交易决策权”，不无疑问。

二是各类场外衍生工具挂钩的自营账户。场外个股期权、[1]股票收益权互换[2]等各类场外衍生工具交易中,证券公司通过场外交易专用的自营账户进行个股风险对冲交易。以实践中常见的股票收益权互换交易为例,客户向证券公司就其收益权互换账户的交易发出指令(买入或者卖出挂钩股票标的),证券公司有权根据风控指标、合规要求或者其他全权自主认定的因素,决定接受还是拒绝互换交易指令;证券公司选择接受并执行指令的,互换交易双方采用现金净额进行结算;证券公司有权根据互换交易指令决定是否在自营账户中进行对冲交易,如进行对冲交易的,互换交易成交价格以甲方对冲交易实际成交结果为准。可见,在客户与证券公司互为对手方的场外衍生工具交易中,客户在系统中下达的是互换要约、买入或者卖出期权要约等衍生交易指令,证券公司针对挂钩股票在其自营账户中进行的对冲交易,从法律关系上分析,似乎是归属于券商独立决策下的自营交易行为。但实践中确实存在且已经查处了部分客户利用场外衍生工具交易作为"通道"实施市场操纵等违法行为的情况。[3] 如果客户下达的收益互换、期权交易等衍生交易策略具有操纵性,而证券公司又根据衍生交易指令在其自营账户中对挂钩股票标的进行实时完全对冲交易,[4]根据《市场操纵解释》第5条的"交易决策权"标准,由于自营账户的交易决策、盈亏风险等均归属证券公司,能否认定客户对于终端买入或者卖出股票的证券公司自营账户形成实际控制,值得商榷。

应当看到,法律观念上对市场操纵隐蔽性特征的预设,司法解释文本将实际控制账户的核心依据定位于"交易决策权",其内部逻辑进路是稳定且自洽的,即尝试在"隐蔽"的操纵性交易中,基于主观意图与实行行为相统一的"决

---

[1] 关于证券公司场外期权业务的内容及其监管标准,参见中国证监会《关于进一步加强证券公司场外期权业务监管的通知》(证监办发〔2018〕40号)、《关于进一步规范证券基金经营机构参与场外衍生品交易的通知》(证监办发〔2016〕81号)等监管文件。

[2] 理论上,股票收益互换是指客户与证券公司互为对手方,双方通过合同约定,在未来特定期限内,就特定股票的收益表现与名义本金的固定利息进行现金流交换。See John C. Hull, *Options, Futures, and Other Derivatives* (6th Edition), New Jersey, Prentice Hall, 2006, p. 1.

[3] 蔡奕:《证券创新交易模式对市场监管的挑战及法律应对》,载《证券法苑》(第11卷),法律出版社2014年版,第43页。

[4] 实时完全对冲策略(交易)是指客户通过互换交易操作终端发出互换交易申请,并通过证券公司风控审核,证券公司在其专用的自营对冲账户中买入或者卖出相同数量的标的股票,将标的股票的交易收益按照合同约定的现金交割模式与客户进行结算。

策”概念来锁定异常账户之间的实质关联。但在法律适用过程中一旦遭遇交易结构相对复杂且合约设计十分精细的金融交易，司法解释便容易陷入困境——对下达投资建议或者衍生交易指令的客户不予认定其实际控制证券账户，存在市场操纵刑法规制不力的风险；基于“其他有证据证明行为人具有交易决策权的账户”的“兜底条款”认定其实际控制相关账户，又与显而易见的部分证据（合同等书证显示行为人只是投资顾问或者衍生交易对手方，这样的合同主体身份不可能得出实际控制证券账户的证明结论）与法律解释（投资顾问建议权不能直接解释为信托计划项下对证券账户的决策权，客户的互换交易指令权不能直接解释为对证券公司进行对冲的自营账户的决策权）相矛盾。

二、解锁困境与排解矛盾的具体路径

刑事司法实践有必要还原真实的证券、期货市场交易逻辑与场景，在厘清复杂金融交易民事法律关系的基础上完善认定实际控制账户的证据规格，回归实控关系的“行为”本质而非“权利”依据，针对金融行为做出刑法实质判断。

第一，通过交易所大数据分析系统监控异常证券账户组，据此调取证券公司等金融机构留存的客户交易数据，以客观的金融交易及其账户信息将“隐蔽”还原为“透明”。

信托计划、场外衍生工具等复杂金融交易确实具有隐蔽交易主体与持仓规模的金融功能。[1]例如，股票收益互换交易只对收益进行现金流交换，不需要进行股票实物交割，股票实物交易的实施、股票的投资者权益均归属于证券公司，作为交易对手方的客户表面上是“隐蔽”的。尤其是我国证券、期货市场充斥着类型繁多的通道业务，券商、保险、信托等都可成为各种资金进出股市、债市、期市的管道。尽管《关于规范金融机构资产管理业务的指导意见》（银发〔2018〕106号）（以下简称“资管新规”）执行一年多以来通道业务明显收紧、收

---

〔1〕 Henry T. C. Hu & Bernard Black, “The New Vote Buying: Empty Voting and Hidden (Morphable) Ownership”, 79 *South California Law Review* 811, 825 (2006).

缩，[1]但毕竟难以全面禁止层层嵌套的金融交易结构，通道业务的客观存在进一步加深了操纵性交易形式上的“隐蔽性”。

然而，当前我国交易所的自律监管模式与技术能力，已经足以将看似“隐蔽”的账户及其操纵性交易还原为透明的客观数据。一方面，看穿式监管切实提高了市场监察效率、加强了市场风险监测，能够有效识别特定投资者对应的不同账户的交易、持股等信息。[2]另一方面，随着交易所大数据分析已经提升至每秒百万笔以上的信息处理水平，数据监测在对象、手段、模式、管理、资源等方面均实现了重大转变，违规监测模型更加智能化，能够支持不同金融产品的差异化监察、跨市场监察。[3]交易所自律监察、行政监管、刑事司法有必要在线索信息共享的基础上实现案件移送与证据移交，以交易所移送异常交易数据与调取金融机构客户交易信息为核心，还原交易者、各类通道、证券账户客观且透明的金融数据，尤其是将以投资顾问、场外衍生交易等间接形式参与证券、期货交易的 IP 地址、Mac 地址、投资建议指令、场外衍生交易指令等数据与对应的金融机构账户信息进行比对，供司法机关进行法律判断。如果投资顾问建议指令、场外衍生交易指令在网络协议、时间、价格等数据均金融机构实际交易证券、期货的账户数据高度一致，或者金融机构接受客户指令、账户执行交易比率极高，则可以作为投资顾问、场外衍生交易对手方等行为主体实际控制他人账户的初步证据。

第二，复杂金融交易结构所内含的民事法律关系是市场操纵刑事案件法律适用的基础，可以将民事法律关系背后所隐藏的异常要素作为补强证据方向，但不能以“权利”依据为导向设定实际控制账户的核心判断规则。

无论是普通市场参与者还是涉嫌市场操纵的主体，其实施相关金融行为都必须借助一系列合约安排。刑事司法实践分析相关账户是否受到特定行为主体控制，必须依托于民事法律对基础法律关系、权利义务要素等进行判断。刑

---

[1] 中国人民银行、中国银行保险监督管理委员会、中国证券监督管理委员会、国家外汇管理局《关于规范金融机构资产管理业务的指导意见》（银发〔2018〕106 号）明确规定：金融机构不得为其他金融机构的资产管理产品提供规避投资范围、杠杆约束等监管要求的通道服务。

[2] 皮六一、薛中文、刘苏：《看穿式监管的国际实践及主要模式研究》，载《证券市场导报》2019 年第 1 期。

[3] 深交所综合研究所：《丰富监管手段，加强交易监控和风险管理》，载《证券时报》2018 年 9 月 18 日，第 A12 版。

法评价不能直接超越或者随意打破民事法律框架,否则会造成刑法过度介入证券、期货市场,妨碍金融市场优化资源配置效率,继而导致证券期货犯罪刑事立法、司法解释反倒成为制约进一步深化金融改革的制度成本。因此,就前述信托计划、股票收益互换等复杂金融交易所内含的民事法律关系而言,信托账户、证券公司自营账户中的权益都不可能在民事法律层面归属于信托计划投资顾问、券商场外衍生交易业务对手方。

以股票收益互换为例——在金融交易的法律属性上,收益权互换交易与股票交易完全不同,场外衍生工具交易主体根本不可能对证券账户行使任何形式的"交易决策权";在账户的区分层面,客户的收益权互换账户显然独立于证券公司用于风险对冲的自营账户,客户的控制权限仅限于针对收益互换账户发出交易指令,且该账户并不交易实物股票;从交易策略角度分析,客户制定的是收益权互换策略,自营账户的风险对冲策略由证券公司全权制定并执行;在投资权益上,自营账户如果买入实物股票,其股权均由证券公司行使。

上述完整的"权利"解释决定了刑事司法不能跨过民事法律判断,直接将客户在收益权互换账户下达指令、证券公司在自营账户中实时且完全按照客户指令进行对冲交易的情形认定为客户实际控制自营账户。相反,刑法评价应当严格"尊重"民事法律关系下的金融交易逻辑,从中发现针对偏离标准民事权利义务模型的"异常"交易的查证方向:(1)客户与证券公司在订立收益权互换合同时是否明知所有收益互换指令均会基于完全风险对冲转化为自营账户交易实物股票;(2)自营账户买卖股票所产生的交易成本是否均由客户承担;(3)客户提交的收益互换指令经由证券公司风控审核(主要是排除超额交易、ST 股票等禁止交易标的等指标)后,是否以极低的时间损耗快速传递至自营账户下达股票交易指令。如果上述查证方向下与金融交易权利义务有关的问题,均能得出肯定性的回答,则可以作为客户实际控制证券公司收益权互换专用自营账户的补强证据。

与此同时,民事法律关系的"权利"解释逻辑不能成为限定刑法实质解释边界的桎梏。《市场操纵解释》第 5 条将实际控制他人账户的核心判断标准确立为"交易决策权",显然是受到了民事法律解释的过度影响。民法是调整平等主体之间人身关系与财产关系的法律,其看待问题的出发点与落脚点,自始至终都会回归至对当事人之间民事权利义务关系的确定、恢复和补偿上;刑法与民法有着截然不同的宗旨与视角，刑法在于惩罚行为人破坏法益的行为。〔1〕民事法律关系的核心是权利（义务），管理权、使用权、决策权等以“权利”为导向的判断标准完全契合民法判断的逻辑基础。但是，刑事法律关系的核心是行为，刑法判断必须针对行为的实质做出评价。《市场操纵解释》第5条所规定的“交易决策权”实际上是在刑法判断问题上混用了民法判断标准，容易出现刑法规制不力的风险、刑法判断与法律属性矛盾的困惑。

第三，从实际控制账户的行为本质出发进行刑法评价，《市场操纵解释》第5条规定的“交易决策权”标准有必要调整为特定行为人对案涉账户交易实施“决定或者重大影响行为”。

信托计划中投资顾问交易建议权与管理人交易决策权的分离，场外衍生工具中客户衍生交易决策权与金融机构自营账户交易决策权的分离，深刻揭示了没有账户“交易决策权”的行为主体仍然可能存在实际控制从事操纵性交易账户的重大风险。这就要求司法机关需要考察复杂金融交易结构中的投资建议、间接作用于证券、期货合约买卖的衍生工具交易等，是否构成针对案涉账户的“决定或者重大影响行为”，即行为人是否实质上决定了账户的交易或者对之施加了重大影响。所谓决定行为，是指账户中的具体交易可能由金融机构或者其他市场参与者实施，但交易时间、方式、价格、策略、损益等均按照特定行为主体的指令予以确定并执行。例如，在信托计划中，终端投资者的资金来源、信托参与股票二级市场买卖的交易结构、证券交易策略与指令、超额收益的分配等均由投资顾问操作，信托公司仅作为资金进入股票市场的管道收取“通道费”，投资顾问虽然在合同层面没有限定于管理人的交易决策权，但其投资顾问建议指令均由名义上的管理人全盘采纳并在信托账户中执行相关交易。在此情形下，行为主体对于案涉账户的交易实施了决定行为，可以认定为实际控制账户。所谓重大影响行为，是指虽然没有达到全部决定的程度，但案涉账户的交易时间、方式、价格、策略、损益等指标与行为主体的指令高度一致。例如，在股票收益互换中，客户与证券公司知道或者应当知道该场外衍生交易的实质是为客户提供交易杠杆、双方原则上并非互为交易对手方进行“对赌”，证券公司有权根据客户的收益互换指令在自营账户中进行实时且完全对冲交易，尽管部分收益互

〔1〕 刘宪权：《网络侵财犯罪刑法规制与定性问题》，载《中外法学》2017年第4期。

换指令因为风控审核被拒绝,或者证券公司发现成为交易对手方的套利机会而没有在自营账户中进行完全对冲,但绝大部分收益互换指令被直接转化为自营账户中的股票实物交易。在此情形下,虽然证券公司自营账户不可能由客户行使交易决策权,但确实构成了对自营账户的交易施加了重大影响,也可以认定为实际控制账户。

第二节　市场操纵行为模式的判断规则

由于市场操纵犯罪"兜底条款"的刑法解释长期以来一直是证券期货犯罪理论与实践中争议最大的难题,[1]《市场操纵解释》第1条[2]明确了6种操纵证券、期货市场的"其他方法",可谓本司法解释最为重要的条款及亮点之一。[3]《市场操纵解释》第1条具体规定的6种行为模式是:(1)蛊惑交易操纵;(2)"抢帽子"交易操纵,也就是利用"黑嘴"荐股操纵;(3)重大事件操纵,主要是指"编故事、画大饼"的操纵行为;(4)利用信息优势操纵;(5)恍骗交易操

---

〔1〕 刘宪权:《操纵证券、期货市场罪"兜底条款"解释规则的建构与应用——抢帽子交易刑法属性辨正》,载《中外法学》2013年第6期;谢杰:《资本市场刑法》,法律出版社2016年版,第231~238页。

〔2〕《市场操纵解释》第1条规定:行为人具有下列情形之一的,可以认定为刑法第一百八十二条第一款第四项规定的"以其他方法操纵证券、期货市场":(一)利用虚假或者不确定的重大信息,诱导投资者作出投资决策,影响证券、期货交易价格或者证券、期货交易量,并进行相关交易或者谋取相关利益的;(二)通过对证券及其发行人、上市公司、期货交易标的公开作出评价、预测或者投资建议,误导投资者作出投资决策,影响证券、期货交易价格或者证券、期货交易量,并进行与其评价、预测、投资建议方向相反的证券交易或者相关期货交易的;(三)通过策划、实施资产收购或者重组、投资新业务、股权转让、上市公司收购等虚假重大事项,误导投资者作出投资决策,影响证券交易价格或者证券交易量,并进行相关交易或者谋取相关利益的;(四)通过控制发行人、上市公司信息的生成或者控制信息披露的内容、时点、节奏,误导投资者作出投资决策,影响证券交易价格或者证券交易量,并进行相关交易或者谋取相关利益的;(五)不以成交为目的,频繁申报、撤单或者大额申报、撤单,误导投资者作出投资决策,影响证券、期货交易价格或者证券、期货交易量,并进行与申报相反的交易或者谋取相关利益的;(六)通过囤积现货,影响特定期货品种市场行情,并进行相关期货交易的;(七)以其他方法操纵证券、期货市场的。

〔3〕 戴佳、徐日丹:《操纵证券、期货市场罪立案追诉标准有六方面修改》,载《检察日报》2019年6月29日,第1版。

纵,也称虚假申报操纵;(6)跨期、现货市场操纵。[1]

相对于《追诉标准二》第39条规定的虚假申报操纵、[2]信息操纵、[3]抢帽子交易操纵[4]等"其他方法",《市场操纵解释》第1条不仅新增了蛊惑交易操纵、跨市场操纵的判断规则,而且对"抢帽子"交易操纵、信息操纵、虚假申报操纵的构成要素进行了重大调整。以司法解释的形式明确构成市场操纵犯罪的"其他方法",显然有利于实务部门准确适用《刑法》第182条"兜底条款",但司法解释中有关市场操纵模式的具体判断规则,仍然存在诸多值得商榷、反思、补充与完善的空间。

---

〔1〕 姜佩杉:《依法惩治证券期货犯罪 促进资本市场稳定健康发展——"两高"有关部门负责人就关于办理操纵证券、期货市场、利用未公开信息交易刑事案件适用法律问题司法解释答记者问》,载《人民法院报》2019年6月29日,第4版。

〔2〕 根据《追诉标准二》第39条第5款的规定,单独或者合谋,当日连续申报买入或者卖出同一证券、期货合约并在成交前撤回申报,撤回申报量占当日该种证券总申报量或者该种期货合约总申报量50%以上的,构成虚假申报操纵。典型案例:唐某等人虚假申报交易操纵案——唐某等通过控制大量证券账户先行建仓,再以不同账户以大幅高于现价委托买入的手段,使该股形成受市场追捧的假象后立即撤单,诱骗投资者为其高位接盘。公安机关认为,在多个交易日中,唐某等人控制账户组在成交前撤回买入量的比例超过当日该股市场总委托量的50%以上,其行为严重影响该段交易价格及交易量,触犯《刑法》第182条操纵证券市场罪的相关规定。王小贝:《"超级牛散"操纵股票屡教不改终被捕》,载《财经》2018年第19期。

〔3〕 根据《追诉标准二》第39条第6款的规定,上市公司及其董事、监事、高级管理人员、实际控制人、控股股东或者其他关联人单独或者合谋,利用信息优势,操纵该公司证券交易价格或者证券交易量的,构成信息操纵。典型案例:徐翔等信息操纵案——2010年至2015年,徐翔、王巍等人分别与13家上市公司高管合谋,徐翔等人在二级市场拉升股价,协助上市公司高管大股东在交易市场高位减持套现或定增后高位抛售。青岛市中级人民法院对被告人徐翔、王巍、竺勇操纵证券市场案进行一审宣判,被告人徐翔、王巍、竺勇犯操纵证券市场罪,分别被判处有期徒刑五年六个月、有期徒刑三年、有期徒刑二年缓刑三年,同时并处罚金。参见山东省青岛市中级人民法院刑事判决书(2016)鲁02刑初148号。

〔4〕 根据《追诉标准二》第39条第7款的规定,证券公司、证券投资咨询机构、专业中介机构或者从业人员,违背有关从业禁止的规定,买卖或者持有相关证券,通过对证券或者其发行人、上市公司公开作出评价、预测或者投资建议,在该证券的交易中谋取利益,情节严重的,构成"抢帽子"交易操纵。典型案例:汪建中等抢帽子交易操纵案——北京首放投资顾问有限公司(以下简称"北京首放")是经中国证监会批准,具备证券投资咨询业务资格的专业咨询公司,汪建中是北京首放负责人。2007年至2008年,汪建中先在其控制的账户建构特定证券、权证的交易仓位,随后北京首放在《上海证券报》、新浪财经等财经报纸、网站等媒体发布证券市场投资意见或者研究报告,在相关证券、权证市场价格出现波动之后平仓获利。汪建中、北京首放累计获利1.2亿余元。2011年8月3日,北京市第二中级法院一审宣判,以操纵证券市场罪判处汪建中有期徒刑七年,并处罚金1.25亿余元。参见何靖:《"股市黑嘴"汪建中一审被判七年》,载《人民法院报》2011年8月4日,第3版。

一、蛊惑交易操纵的刑法规制边界

理论上一般认为,蛊惑交易操纵表现为向证券、期货市场及投资者编造、传播、提供、发布不真实、不准确、不完整或不确定的重大信息,诱导投资者在不了解真实、全面信息的情况下从事相关证券、期货交易,操纵者通过预期的证券、期货市场价格波动谋取交易利润。[1]需要注意的是,蛊惑交易操纵是一个包含违法与犯罪两种危害层级的概念。利用虚假信息从事操纵性交易显然属于蛊惑交易操纵犯罪的规制范围。但基于不确定信息等非虚假类信息实施的市场操纵行为能否纳入刑法规制,实际上是存在较大争议的。《市场操纵解释》第1条设定的蛊惑交易操纵犯罪的判断规则,将该种市场操纵行为模式的刑法规制边界拓展至"不确定的重大信息",是一种相当重要的突破。

虚假的重大信息势必会误导投资者决策,但除了虚假信息外,不确定的重大信息确实能够在一定程度上形成对其他市场参与者金融交易决策的误导性影响,继而通过受到影响的投资者的金融交易行为,制造证券、期货市场价格的波动。美国反期货市场操纵立法中的蛊惑交易操纵刑事处罚,其信息范围就不局限于虚假性,而是覆盖误导性、不确定性等诸多特征——根据美国《商品交易法》第6条第c款第1项的规定,禁止明知信息具有虚假、误导性或者不准确性,或者鲁莽地无视信息具有虚假性、误导性、不准确性,传播该信息,影响州际期货、互换等交易的市场价格,从事相关期货交易行为。[2]美国《商品交易法》第13条第a款第2项进一步规定,操纵或者意图操纵期货、互换等市场交易构成联邦重罪,单处或者并处100万美元以下罚金或者10年以下监禁。[3]从上述理论分析与实践中的立法例来看,《市场操纵解释》将利用不确定的重大信息实施操纵性交易认定为蛊惑交易操纵犯罪,具有一定合理性。

但是,蛊惑交易操纵的刑法规制范围推进到"不确定的重大信息"存在以下问题且有必要进行相应优化:一是与我国《刑法》证券期货犯罪条款之间的体系性关系不相协调,二是模糊了蛊惑交易操纵违法与犯罪的实质边界,所以,蛊惑

---

〔1〕 钱列阳、谢杰:《证券期货犯罪十六讲》,法律出版社2019年版,第334页。

〔2〕 7 U.S. Code Chapter 1 – Commodity Exchanges §□6c(1).

〔3〕 7 U.S. Code Chapter 1 – Commodity Exchanges §□13a(2).

交易操纵犯罪中的信息属性仍然有必要限定为虚假信息。

《刑法》第181条规定了编造并传播证券、期货交易虚假信息罪，蛊惑交易操纵犯罪是《刑法》第182条操纵证券、期货市场罪行为模式之一，两种犯罪类型的实质区别是：编造并传播证券、期货交易虚假信息罪所侵害的法益是证券、期货市场的信息秩序。所以，"扰乱秩序"是本罪的构成要件，而行为人是否实施交易行为、是否获取交易利润并非入罪条件。蛊惑交易操纵犯罪则必须具有交易相关证券、期货合约的客观行为，同时操纵者应当以谋取交易利益作为主观故意的内容。然而，无论是编造并传播证券、期货交易虚假信息罪，还是蛊惑交易操纵犯罪，其构成我国《刑法》规定的证券期货犯罪的社会危害性实质基础是完全一致的，即对证券、期货市场中的信息效率的严重妨害。可见，刑法对编造并传播证券、期货交易虚假信息行为与蛊惑交易操纵行为均进行谴责，根源在于伴随着这两种犯罪行为的"信息"，在属性上具有相同的危害实质。因为《刑法》第181条编造并传播证券、期货交易虚假信息罪与作为《刑法》第182条操纵证券、期货市场罪行为模式之一的蛊惑交易操纵犯罪在法条关系上具有极强的关联度，并且两种犯罪类型具有相同的罪质，所以，尽管蛊惑交易操纵犯罪所依赖的刑法条文"以其他方法操纵证券、期货市场"没有明示性地规定这种特定的市场操纵类型及其重要构成要素——信息的属性与特征——完全可以从文义明确程度更充分的《刑法》第181条编造并传播证券、期货交易虚假信息罪中求得具体的证明与解释。既然《刑法》第181条编造并传播证券、期货交易虚假信息罪将侵害证券、期货市场信息效率的信息属性限定为"虚假性"，那么蛊惑交易操纵犯罪不宜拓展至"不确定"的信息。

此外，在证券、期货市场行政监管层面，对于蛊惑交易操纵的行政处罚可以将信息的属性拓展为"不确定性"，甚至可以推进至不准确、不完整等更广范围。[1] 虽然上述美国《商品交易法》蛊惑交易操纵条款中的信息属性不局限于虚假性，并且对市场操纵行为配置了相对严厉的法定刑，但实践中被认定为期货市场操纵犯罪的刑事判例非常罕见，绝大部分都是在操纵者与美国商品期货交易委员

---

[1] 中国证券监督管理委员会2007年《证券市场操纵行为认定指引（试行）》（以下简称《操纵认定指引》）第31条：本指引所称蛊惑交易操纵，是指行为人进行证券交易时，利用不真实、不准确、不完整或不确定的重大信息，诱导投资者在不了解事实真相的情况下作出投资决定，影响证券交易价格或交易量，以便通过期待的市场波动，取得经济上的利益的行为。

会(U. S. Commodity Futures Trading Commission, CFTC)或者美国司法部(the United States Department of Justice, DOJ)之间进行和解或者行政处罚。这说明在发达资本市场的法律框架中,蛊惑交易操纵的信息范围尽管比较宽泛,但主要适用于证券期货行政法律而非刑事法律领域。因此,考虑到中国证券、期货市场违法与犯罪之间在数额标准上的差异并不十分明显,[1]将蛊惑交易操纵刑事责任的实质边界限定为信息虚假性,更有利于从行为实质层面,合理廓清行政处罚与刑事责任的边界。

二、"抢帽子"交易操纵的违法性实质与免责事由

《追诉标准二》和《操纵认定指引》第 35 条都对"抢帽子"交易操纵这种行为模式进行了特殊主体的限定,即行为人构成"抢帽子"交易操纵犯罪的前提是证券公司、证券咨询机构、专业中介机构及其工作人员。《市场操纵解释》第 1 条第 2 项则取消了"抢帽子"交易操纵的特殊主体要件,并从误导投资者决策、反向交易的角度进一步对客观行为的操纵性特征予以细化阐释。

《市场操纵解释》对"抢帽子"交易操纵司法判断规则作出的上述重大调整,有助于将非特殊主体实施的、情节恶劣的"黑嘴"荐股行为纳入证券期货犯罪规制范围。例如,知名证券节目主持人廖英强通过提前买入、公开荐股、反向卖出手法操纵 39 只股票,获利超过 4310 万元,证监会认定其构成"抢帽子"交易操纵,对其作出 1.29 亿元的行政处罚。[2]涉案金额如此之高的"黑嘴"却没有进入刑事程序追责,主要法律原因在于当时的立案追诉标准等都要求"抢帽子"交易操纵构成犯罪必须是证券、期货从业人员等特殊主体。廖英强戏谑回应 1.29 亿元罚款更是引发各界反思"抢帽子"交易操纵行为的入罪条件是否过

---

[1] 下文将会详细分析市场操纵定罪量刑数额标准问题。

[2] 2015 年 3 月至 11 月,廖英强利用其知名证券节目主持人的影响力,发布了含有荐股内容的博客 60 篇,平均点击次数为 110,399 次,在其微博、博客"午间解盘"栏目视频中公开评价、推荐"佳士科技"等 39 只股票共 46 次,在推荐前使用其控制的账户组买入相关股票,并在公开荐股下午开盘后或次日集中卖出相关股票,违法所得共计 43,104,773.84 元。证监会认定,廖英强的上述行为违反了《证券法》第 77 条第 1 款"禁止任何人以下列手段操纵证券市场"中第 4 项"以其他手段操纵证券市场"的规定,构成《证券法》第 203 条所述情形,对廖英强没收违法所得 43,104,773.84 元,并处 86,209,547.68 元罚款。参见中国证监会行政处罚决定书(廖英强)[2018]22 号。

高从而难以震慑证券市场违法犯罪行为。[1]基于《市场操纵解释》第1条第2项的规定,刑法在很大程度上能够有效震慑此类非特殊主体实施的"抢帽子"交易行为。但随之又产生了全新的疑问:非证券、期货从业人员先期或者同期减仓,对相关证券、期货合约进行公开评价,投资者受到相关信息影响之后作出金融交易决策,行为人实施反向交易获利的行为,还是否完全符合"抢帽子"交易操纵的犯罪实质?

市场操纵的法律与金融分析理论认为,"抢帽子"交易操纵的违法性本质在于行为人与证券、期货市场中其他参与者之间的利益冲突,即向投资者或者证券、期货市场传递与金融商品有关的评价、建议、咨询、意见等信息,应当杜绝利益冲突。[2]这意味着信息传递者只能进行"二选一"——(1)戒绝与该信息关联的金融交易;(2)只能从事与接受该信息投资者时间、方向等核心要素均保持高度一致的金融交易。否则,行为人在发布信息之前或者同期建仓并在信息发布之后平仓,作为信息接受者的投资者利益与从事相关金融交易的信息发布者利益就会出现显著的冲突风险,即行为人为确保建仓之后能够在盈利的价格位置平仓而发布倾向于本人利益的信息,引导投资者按照有利于本人平仓方向、价格、时间等要素从事金融交易决策,从而产生损害投资者利益的重大风险。这种杜绝利益冲突的义务,绝对且直接的来源是信息发布者与信息接受者之间的法律关系;该法律关系又来源于信息发布者的金融从业人员主体身份。[3]证券、期货投资咨询等机构及其从业人员的主体身份与业务属性,决定了应当以客户、投资者利益为导向发布具体的研究报告、投资建议、评价意见,其与接受相关信息的客户(付费获取信息的投资者)之间是代理关系,与接受相关信息的市场参与者(免费获取信息的投资者)之间是信赖关系。行为人实现市场操纵的关键在于发布信息行为对其他市场参与者的影响力,行为人品牌效应越强,信息内容认可度越高,信息发散范围越广,对投资者决策的控制水平就越高,信息介入前后的金融商品价差水平相应越高,操纵性交易获利金额就越大。此类特殊主体不能基于本人利益实施具有利益倾向的信息发布与关联金融交易行

[1] 皮海洲:《建议对股市"黑嘴"采取市场禁入措施》,载《证券时报》2013年5月15日,第A版。

[2] 谢杰:《资本市场刑法》,法律出版社2016年版,第286页。

[3] Jill I. Gross, "Securities Analysts' Undisclosed Conflicts of Interest: Unfair Dealing or Securities Fraud?", 2002 *Columbia Business Law Review* 631, 632 (2002).

为,否则即构成“抢帽子”交易操纵。所以,在不具有特殊主体身份的情况下,信息发布者与接受者之间并没有绝对且直接的杜绝利益冲突义务来源,司法解释将这种不完全符合“抢帽子”交易操纵违法性实质的认定为市场操纵犯罪,有必要予以进一步地解释论证并配置补充规则。

“抢帽子”交易操纵经由司法解释正式被确立为《刑法》第182条操纵证券、期货市场罪中的“其他方法”,其目的在于规范证券、期货市场中的信息效率与秩序,防范利益冲突,禁止信息的制造者、传播者利用对本人金融交易有利但会阻碍其他市场参与者经济效率实现,甚至损害其利益的信息,谋取本人金融商品交易利润。实施此类行为的证券、期货等市场从业人员与信息接受者之间,构成绝对且直接的利益冲突。因为金融行政法律与刑事法律制度均严格保护从业人员与客户之间的代理关系、与投资者之间的信赖关系,禁止行为人传播的证券、期货信息与本人的金融交易利益挂钩。[1]所以,从业人员实施“抢帽子”交易行为,没有任何阻却市场操纵属性的免责事由。

与之不同的是,向证券、期货市场传递信息的非特殊主体,与接受其信息的其他市场参与者,既非受托人与客户关系,亦不存在任何法定的信赖义务来源。对证券及其发行人、上市公司、期货交易标的公开作出评价、预测或者投资建议的行为主体,与该等信息的接受者之间,在信息层面形成了客观的利益冲突。一方面,行为主体发布的信息所指向的证券、期货交易品种,与其先前建仓、信息发布之后平仓的证券、期货交易品种相同的,使信息本身具有利益冲突性。另一方面,在投资者按照行为主体发布的信息作出金融决策与交易行为时,行为主体却实施与信息内容以及投资者交易方向相反的金融交易,使交易行为具有利益冲突性。行为人与其他市场参与者的客观利益冲突并非源于法律关系、主体身份,而是源于信息内容与交易内容,故属相对与间接的利益冲突。

理论上有条件通过两种路径化解相对于间接利益冲突:一是利益冲突关系的事先披露,即行为人在对证券、期货合约等交易标的进行评价、预测或者投资建议之前或者之时,充分公示其自身实施的相关金融交易,可能正在或者已经利用上述建议、分析、报告等信息对投资者的影响力及其引发的金融市场价格

---

[1] Arthur B. Laby, “SEC v. Capital Gains Research Bureau and the Investment Advisers Act of 1940”, 91 *Boston University Law Review* 1051, 1056 (2011).

波动等获取交易利润。二是信息接受者的事后同意,即市场参与者在知悉行为人建仓、发布消息、影响市场、平仓等情况后,以明示的方式同意上述行为,从而对利益冲突予以豁免。由于实践中很少会出现第二种情形,故披露利益冲突构成了非特殊主体实施"抢帽子"交易的免责事由。欧盟《内幕交易与市场操纵(市场滥用)指令》(以下简称《市场滥用指令》)就采用了这种立法例——《市场滥用指令》第1条第2款以禁止利益冲突为核心设置"抢帽子"交易操纵的认定依据,不设主体要件限制,禁止包括金融分析、传统新闻媒介或者网络信息传播渠道等在内的任何主体从事"抢帽子"交易,但承担市场操纵法律责任的前提是行为人在违规不披露相关金融交易信息的情况下向市场发布投资信息。[1]

《市场操纵解释》将"抢帽子"交易操纵拓展为一般主体且并未针对性地设置免责事由,在今后的疑难案件法律适用过程中可能会出现重大争议。证券、期货市场中一种典型的交易模式是,针对特定金融商品发布利空研究报告并作出相应的建议卖出评级,基于研究报告对市场的影响引发投资者卖出或者做空相关金融商品,在金融商品市场价格短期内形成快速下跌趋势时,通过事先融券卖出、事后买入回补的方式谋取做空利润。浑水(Muddy Waters Research)等境外机构就时常针对中国概念股进行做空,但其利用发布利空研究报告对市场的影响力而实施的卖空交易实际上很少受到刑事指控。[2]因为发布研究报告等信息的市场参与者,通过全面且充分披露其交易情况,免除了利益冲突的法律责任,不再具备"抢帽子"交易操纵的违法性实质。随着我国证券、期货市场不断完善融券交易、股指期货与期权、ETF期权等各类做空工具,利用公开研究报告做空相关证券、期货交易品种的投机行为也会逐渐增多。由于《市场操纵解释》并未规定一般主体实施"抢帽子"交易的免责事由,完全可能出现符合行为要件但通过信息披露而不具备利益冲突违法实质的争议性案件。所以,实务部门在具体适用《市场操纵解释》第1条第2款认定非特殊主体实施的"抢帽子"交易案件时,有必要补充考虑是否存在免责事由。行为人制作或者发布信息之前或者同时,向市场披露其从事的与该信息有关的证券、期货合约以及其

[1] Commission Directive 2003/6/EC of The European Parliament and of The Council of 28 January 2003 on insider dealing and market manipulation (market abuse), Article 1 (2).

[2] Carrie Sperling & Kimberly Holst, "Do Muddy Waters Shift Burdens?", 76 *Maryland Law Review* 629 (2017).

他金融衍生工具交易,且有证据表明其获取的交易利润并不以投资者损失为代价的,可以认定其不构成市场操纵犯罪。

对此建议的一种可能的质疑是,《市场操纵解释》已经细致规定了"进行与其评价、预测、投资建议方向相反的证券交易或者相关期货交易",实施反向交易的事实能够证明,行为人获取的利益必须通过受到诱导的投资者交易行为实现,利益冲突在结果层面并没有基于披露交易信息而化解,故一般主体也不得基于信息披露而免除市场操纵犯罪的法律责任。但是,以反向交易否定利益冲突豁免的适用空间,其经济与法理依据是不充分的。因为所有的建仓行为想要兑现利润都需要平仓行为进行了结,即基于利好信息买入必有卖出(与信息方向相反)才能获利、基于利空信息卖空必有回补(与信息方向相反)。所以,反向交易充其量只能是计算获利的基准,不能作为锁定利益冲突犯罪实质的充分条件。

三、信息操纵的司法认定

《市场操纵解释》第 1 条第 3 项、第 4 项分别规定了重大事件操纵、利用信息优势操纵两种行为模式的具体判断规则。根据《证券法》第 67 条和第 75 条的规定,《市场操纵解释》第 1 条第 3 项中的资产收购或者重组、投资新业务、股权转让、上市公司收购等"重大事项"在未公开之前,实际上就是对证券市场交易价格具有显著影响的重要信息,即内幕信息。故重大事件操纵、利用信息优势操纵都是基于信息对于金融商品市场价格的重大影响而实施的市场操纵行为模式,可以统称为信息操纵。广受关注的徐翔操纵证券市场案就是典型的信息操纵模式,即行为人与上市公司董事长或实际控制人合谋后形成信息优势及其炒作股价优势,控制上市公司发布"高送转"信息生成及信息披露的节奏、内容等,引发投资者大量跟风交易并推动股价、交易量异常波动。[1]

《市场操纵解释》第 1 条第 3 项、第 4 项对于解决之前信息操纵司法实践争议问题提供了有效的判断规则,但随之也产生了如何认定策划、实施虚假重大事项、误导投资者作出投资决策等全新的疑难问题,有必要进一步予以概念澄清、具体分析、细化阐释。

第一,司法解释规定的"策划、实施资产收购或者重组、投资新业务、股权转

[1] 山东省青岛市中级人民法院刑事判决书(2016)鲁 02 刑初 148 号。

让、上市公司收购等虚假重大事项”，并不意味着其要求与此类重大事项有关的信息与内容全面造假或者纯属无中生有。这里的虚假性内涵应当是策划、实施相关事项并无执行的客观基础，行为人不以并购、重组、交易、业务等内容的达成为目的，而是以配合影响价格、交易量为目的。

有的操纵者在控制上市公司经营活动与重大资产交易时，股权收购、业务拓展、技术研发、资产置换等基础交易关系及其磋商过程本身是真实存在的。例如，交易双方就并购重组问题进行了初步磋商、实质谈判等多轮会谈；相关重大交易签署了股权转让协议、重大项目订单等。但该重大交易客观上并不具备兑现条件，行为人主观上也没有完成重大事项的主观心态，行为人筹划、实施此类重大事项的意图在于制造并发布重大信息，从信息所引发的股价变动中谋取交易利润（如高位减持）或者其他相关利益（如维持股价高位运行使大股东或者实际控制人的股票质押处于平仓线之上）。实践中，将此类操控并购重组等重大事项的行为称为“忽悠式”重组。[1]在此类情况下，行为人不能以其策划、实施的重大交易是真实推进的为由，抗辩其不属于《市场操纵解释》规定的策划、实施资产收购或者重组、投资新业务、股权转让、上市公司收购等“虚假”重大事项。

《市场操纵解释》第 1 条第 3 项尽管使用了“虚假重大事项”的概念，但虚假性标准并不要求证明与重大事项推进有关的一系列事项是否真实发生，而是需要重点考察以下内容：(1)与重大事项有关的财务文件是否存在虚假记载。以证监会查处的浙江九好办公服务集团有限公司（现更名为九好网络科技集团有限公司，以下简称“九好集团”）等“忽悠式”重组案为例，九好集团以虚增收入、虚构银行资产为手段，将自己包装成价值数十亿元的“优质”资产。[2]尽管行为人执行的重大事项行为本身是客观存在的，但其在信息披露文件中进行虚假记载，可以认定为策划、实施虚假的重大事项。(2)重大事项进程及其结果是否依法披露信息。与重大事项有关的公告信息不符合《证券法》以及信息披露监管规则，公告的信息内容与实际事件的起因、筹备、策划、合约签署、执行、具体实

---

[1] 孙华：《执法升级 “忽悠式”重组难逃监管法眼》，载《证券日报》2017 年 5 月 3 日，第 A2 版。

[2] 中国证监会行政处罚决定书（浙江九好办公服务集团有限公司、郭丛军、宋荣生等 4 名责任人员）[2017]32 号。

施、结果等存在明显不一致的,可以认定为策划、实施虚假的重大事项。(3)策划、实施相关事项是否具有不正当目的。在上市公司收购资产、投资新业务中,经过完整的筹备、磋商、尽职调查、合同签订等环节,但资产估值水平明显不符合行业、市场规律,最后项目无法执行或者投资失败,而股价已经因为前期的信息披露波动,可以认定为不以重大事项执行为目的,构成策划、实施虚假重大事项。在重大资产重组中,虽然签署了协议,但其实际执行往往具有先决条件(如主管部门审批)或者需要很高的履行能力(如交易金额巨大而必须通过融资获取充足资金),行为人在不可能满足此类条件、具备相关能力的情况下,签署合同并进行信息披露,引发股价波动的,可以认定为不宜实际执行合同为目的,构成策划、实施虚假重大事项。

其二,《市场操纵解释》第1条规定的"诱导投资者作出投资决策",本质上是对重大事件操纵、利用信息优势操纵等条款[1]中所描述的异常行为与投资者受到误导性影响之间关联性的推定,控方并不需要证明操纵行为与投资者受引诱从事的金融交易具有直接对应的因果关系。

市场欺诈理论对此进行了比较充分的阐释:基于证券、期货市场当时的交易价格以及市场信息从事相关金融交易,同期存在涉嫌证券欺诈的行为,且投资者出现损失的,无须证明投资决策与证券欺诈行为之间的特定因果关系。[2]误导性陈述、操纵性交易等欺诈行为向证券、期货市场传递了扭曲的价格信息,可以据此推定误导性、操纵性行为期间的投资者的决策与证券欺诈行为之间存在"交易关联",[3]不需要提供直接证据证明投资者基于误导性陈述、操纵性交易而做出资本配置决策。[4]因为由竞争性交易与各类信息汇集所形成的市场价格,不仅是对基础资产内在价值、外在供求关系的准确体现,也是对介入市场的操纵性行为做出的失灵反应,投资者的金融交易以当时的市场价格成交,其

---

〔1〕《市场操纵解释》第1条第1项至第5项都规定了"诱导投资者作出投资决策"。

〔2〕Basic v. Levinson, 485 US 224, 244 (1988).

〔3〕W. Scott Laseter and Phillip E. Friduss, "10b－5 Reliance Requirement in the Eleventh Circuit After Kirkpatrick v. J. C. Bradford & Co.", 40 *Mercer Law Review* 737, 752 (1989).

〔4〕Louis Loss et al., *Fundamentals of Securities Regulation* (5th Edition), New York, Aspen Publishers, 2003, p. 845.

做出资本配置决策可以认为受到了失灵、虚假或者错误的价格信号影响。[1]

所以,《市场操纵解释》对重大事件操纵、利用信息优势操纵等"以其他方法操纵、证券市场"的行为模式都配置了"诱导投资者作出投资决策"这一构成要素,但"诱导投资者作出投资决策"并不要求查证,在操纵性行为实施期间从事交易的投资者,进行决策时其主观心态是否受到误导。行为人实施了"策划、实施资产收购或者重组、投资新业务、股权转让、上市公司收购等虚假重大事项"、"控制发行人、上市公司信息的生成或者控制信息披露的内容、时点、节奏"等可能对证券、期货市场价格信号产生重大影响的行为,即从客观角度通过行为特征上明显的操纵性与异常性,嫁接起了其与投资者决策受到影响之间的关联性。

第三节 市场操纵定罪量刑的数量标准

针对近年来证券、期货市场环境发生的明显变化,以及证券期货违法犯罪活动出现的新情况新问题,《市场操纵解释》运用了成熟的司法解释技术,对《刑法》第182条操纵证券、期货市场罪的定罪量刑标准进行完善。[2]《市场操纵解释》第2条针对《刑法》第182条第1款规定的3种以及本解释规定的6种操纵证券、期货市场的情形,明确了7种"情节严重"的认定标准。同时,为更加有力、有效地惩治操纵证券、期货市场犯罪,结合此类犯罪的特点,《市场操纵解释》第3条又规定了7种"数额+情节"的"情节严重"的情形。[3]在此基础上,《市场操纵解释》第4条明确了6种"情节特别严重"的认定标准,其中按照证券交易成交额的5倍、违法所得数额的10倍确定"情节特别严重"的数额标准,并

---

[1] William W. Bratton and Michael L. Wachter, "The Political Economy of Fraud on the Market", 160 *University of Pennsylvania Law Review* 69, 83 (2011).

[2] 姜佩杉:《依法惩治证券期货犯罪 促进资本市场稳定健康发展——"两高"有关部门负责人就关于办理操纵证券、期货市场、利用未公开信息交易刑事案件适用法律问题司法解释答记者问》,载《人民法院报》2019年6月29日,第4版。

[3] 戴佳、徐日丹:《操纵证券、期货市场罪立案追诉标准有六方面修改》,载《检察日报》2019年6月29日,第1版。

规定了7种“数额+情节”的“情节特别严重”的情形。[1]应当看到,《市场操纵解释》设定的定罪量刑数量标准,无论是在条文结构还是在条款内容层面,都属于刑法司法解释中比较复杂的,有必要就其中的重大适用问题进行深度阐释。

一、交易量标准的辨正分析

市场操纵犯罪性质的确定是“定性”与“定量”的结合。其中,“定性”是基于《刑法》第182条及《市场操纵解释》的规定,对案涉行为模式的市场操纵法律性质予以确认;“定量”是根据《市场操纵解释》第2条、第3条的规定,确定市场操纵是否构成“情节严重”。由于不管是之前的《追诉标准二》还是现在的《市场操纵解释》,都将交易量指标设定为最重要的定罪量化标准之一。尤其是连续交易、相对委托、洗售、虚假申报等4种市场操纵行为模式,行为人的交易量是对其进行定罪的核心数量标准。相应地,实践中出现了一种倾向性认识,即涉案行为符合市场操纵行为模式的特征(定性),同时符合司法解释规定的交易量标准(定量),就构成相应的市场操纵犯罪。上述意见似乎在定罪逻辑上严丝合缝,但实际上代表了市场操纵刑事司法实践的典型误区。司法解释规定的交易量标准的连续交易、相对委托、洗售、虚假申报行为直接认定为市场操纵犯罪,并不符合《刑法》第182条操纵证券、期货市场罪的解释规则。

其一,连续交易、相对委托、洗售、虚假申报等行为达到《市场操纵解释》第2条所规定的交易量标准,只是满足了《刑法》第182条操纵证券、期货市场罪的犯罪构成体系中的部分内容,不一定符合市场操纵犯罪的实质,更没有齐备市场操纵的犯罪构成。

《刑法》第182条操纵证券、期货市场罪的文本内容和罪状结构清晰地呈现了犯罪构成前后递进的3个层次——第一层次,行为模式,即对操纵性行为的样态、特征、情形的具体规范描述。市场操纵行为模式具体包括:(1)连续交易,即独立、联合其他行为主体,实施连续性的证券交易行为,操纵证券的市场价格、交易量。(2)相对委托,即复数行为主体在交易价格等核心要素约定的情况

---

[1] 姜佩杉:《依法惩治证券期货犯罪 促进资本市场稳定健康发展——“两高”有关部门负责人就关于办理操纵证券、期货市场、利用未公开信息交易刑事案件适用法律问题司法解释答记者问》,载《人民法院报》2019年6月29日,第4版。

下，相互买卖证券，影响证券、期货合约的市场价格或者交易量。（3）洗售，即独立行为主体在实际控制证券、期货合约交易账户中买卖证券，影响证券、期货合约的市场价格或者交易量。（4）“影响证券、期货交易价格或者证券、期货交易量”〔1〕的其他方法。第二层次，刑事违法性实质，即对符合《刑法》及其司法解释既定行为模式所具体描述的各类操纵性行为，在刑事违法性层面的实质内涵。符合第一层次的行为模式之后，必须能够被评价为“操纵证券、期货市场”，才能在《刑法》上具备操纵证券、期货市场的法律属性。第三层次，刑事处罚标准。“情节严重”是《刑法》介入的具体数量标准；“情节特别严重”是提升至第二档法定刑的具体数量标准。对于连续交易、相对委托、洗售、虚假申报等行为模式而言，《市场操纵解释》第2条所规定的交易量指标，实际上只解决了刑事处罚标准中的定量问题，并没有解决行为模式中亦需要解决的定量问题，即如何认定“影响证券、期货交易价格或者证券、期货交易量”。

其二，连续交易、相对委托、洗售、虚假申报等涉嫌操纵的行为是否“影响证券、期货交易价格或者证券、期货交易量”，应当在行为模式判断环节就价量形成机制是否受到扭曲进行独立评估，并且不能重复使用司法解释规定的“情节严重”中的交易量标准。

《市场操纵解释》第2条明确规定，连续交易、相对委托、洗售、虚假申报等行为模式的交易量，属于判断其是否可以认定为“情节严重”的量化标准。同时，《市场操纵解释》第1条明确规定了“影响证券、期货交易价格或者证券、期货交易量”的独立构成要素。所以，作为“情节严重”判断尺度的交易量标准不能重复用以直接证明是否存在影响证券、期货交易量。从经济机理与法律属性的双重角度分析，任何交易行为介入市场之后都会对交易量产生影响，因为在一定交易日期间内实际控制一定数量的证券或者超出持仓限额的期货合约，行为人的交易量客观上占据到市场总量中的一定比例，这就是一种经济上的影响，但并不能直接等同于法律意义上的影响交易量。作为法律标准的影响交易量更侧重强调的是对交易量的扭曲。

更深入一层分析，市场操纵犯罪是一个包括了行为、结果以及因果关系等

---

〔1〕《市场操纵解释》第1条对每项“以其他方法操纵证券、期货市场”的行为模式都将价量影响要素，即“影响证券、期货交易价格或者证券、期货交易量”，作为构成要件之一。

完整构成要素的法律概念。《刑法》第 182 条及《市场操纵解释》第 1 条所规定的"影响证券、期货交易价格或者证券、期货交易量",明显是对结果性内容的罪状描述。达到司法解释规定交易标准的连续交易、洗售、相对委托、虚假申报等,都只能是市场操纵犯罪构成体系中的行为概念。这种疑似具有操纵属性的交易行为,必须在证券、期货市场中形成具有可责性的结果——价量形成机制受到扭曲——才能将交易行为与危害结果联系起来认定为市场操纵犯罪。价量形成机制受到扭曲的核心内涵是证券、期货合约的价格或者交易量处于明显异常水平,可比数据的选择标准应当根据不同的市场操纵犯罪行为类型的特征进行相应调整。例如,对于连续交易、相对委托、洗售等操作期间相对更长的操纵行为类型,可以选取同期行业指数、盘块指数、大盘指数、同类个股价格或交易量数据、境外相同期货交易品种的价格或交易量数据等,对于虚假申报操纵等明显具有短线或者超短线特征的操纵行为类型,可以选取该证券、期货交易品种日内、开盘或收盘集合竞价时段、行为介入前的极短区间(以分、秒为单位,对于通过程序化交易下单的操纵行为不排除使用微秒、毫秒等时间单位)的价格或者交易量数据。如果连续交易、洗售、相对委托、虚假申报等所指向的特定证券、期货交易品种的市场价格或者交易量,并没有偏离能够合理推论或者计算的、资本市场正常或者自然竞争所形成的价格或者交易量,即使行为人本身的交易量超标,只能根据《证券法》《期货交易管理条例》以及交易所规则等,认定为信息披露违规、违反超仓限额等证券期货违法行为,并不能构成市场操纵犯罪。

二、违法所得的计算方法

根据《市场操纵解释》第 2 条至第 4 条的规定,违法所得构成了市场操纵定罪量刑非常重要的量化指标:(1)操纵证券、期货市场违法所得数额在 100 万元以上的,或者违法所得数额在 50 万元以上,具有《市场操纵解释》第 3 条规定的 7 种情形之一的,构成"情节严重;(2)操纵证券、期货市场违法所得数额在 1000 万元以上的,或者违法所得数额在 500 万元以上,并具有《市场操纵解释》第 3 条规定的 7 种情形之一的,构成"情节特别严重"。实践中,有的行为人"风控水平"与"操纵技术"较强,可以在交易量不超标的情况下实现相当惊人的非正常收益率。此时,通过违法所得的量化标准将具有严重市场危害的行为纳入《刑法》规制就显得尤为关键。可见，公正、有效且科学地对违法所得予以认定，对于市场操纵定罪量刑具有极为重大的意义。然而，《市场操纵解释》第9条仅就操纵证券、期货市场的违法所得概念进行了界定，并没有提供计算方法与认定规则，而该问题在市场操纵犯罪刑事司法实践中往往争议极大。因此，亟须以契合刑事法律规则与数量金融逻辑的双重视角，就市场操纵违法所得的计算方法与认定问题进行细化阐释。

实践中，市场操纵违法所得的基本认定规则是：(1)计算违法所得的时间区间为市场操纵行为发生时至实施终了之时；(2)证券、期货合约全部平仓的，以累计平仓收入减去累计建仓金额，同时扣除证券、期货合约的交易成本（税费、交易佣金、手续费等合理费用）；(3)尚未全部平仓的，核定收入部分还应当加入市场操纵实施终了时所持有证券、期货合约的市值。

但是，在有的市场操纵刑事案件中，在计算累计平仓收入与建仓成本差额时，使用了"总额相减法"，即以每笔成交订单的卖出价格乘以相对应的卖出笔数得出累计平仓收入，减去每笔成交订单的买入价格乘以相对应的买入笔数得出累计建仓成本。在操纵行为发生时，如果行为人没有持仓的，"总额相减法"并无问题；在操纵行为发生时，行为人尚有前期持仓未平仓的，适用"总额相减法"就会出现将操纵前期持仓所对应的不具有非法性的获利金额，纳入违法所得的计算范围。因此，对于在操纵行为发生时之前存在买卖行为且操纵行为发生时仍然持仓的情形，违法所得计算应当采用"先进先出法"，即先买进的证券、期货合约被最先卖出，卖出收入所对应减去的买入成本，以卖出交易量对应的最先购进的证券、期货合约价格确定。这意味着，在操纵行为开始之前，已经完成的买入与卖出交易，应当按照"先进先出法"计算相关获利金额，且不得计入违法所得；在操纵行为开始之时，仍然存在前期持仓的，由于该持仓并不具有违法性，操纵期间的卖出交易量应当优先用于减去前期持仓，相关获利金额亦不得计入违法所得；在剔除上述不具有违法性的获利金额之后，操纵期间卖出收入优先减去先买入的成本得出差额，尚未全部平仓的持仓市值减去剩余买入成本得出差额，两者相加认定为违法所得数额。

此外，市场操纵行为发生时与终了时是违法所得计算最为重要的时间基准，这两项时间节点的确立规则应根据不同市场操纵类型的特征而进行针对性调整。对于连续交易、相对委托、洗售等交易型操纵而言，交易过程需要一定周期,市场操纵行为发生时、终了时应当分别以交易量超标的最初交易日与最末交易日为准。对于蛊惑交易、"抢帽子"交易、重大事件操纵、利用信息优势操纵等信息型操纵而言,其可能存在操纵性信息传播行为与交易行为并存的情况,应当将先出现的操纵性信息行为或者交易行为认定为操纵行为发生时,将后出现的信息对市场的影响消除或者交易行为结束认定为操纵行为终了时。对于虚假申报操纵,其核心客观行为表现为短期内频繁或者大额申报并撤回,应当首先确立其操纵行为终了时间。由于虚假申报操纵具有非常显著的短线或者超短线特征——(1)对于发生在开盘集中竞价或者盘中阶段的,应当将操纵行为影响的程度界定为日内影响。实践中,需要首先确立操纵行为终了时间并对操纵行为发生时进行倒推,即实施虚假申报当日最后一笔平仓行为发生的时间为终了时,然后计算日内平仓总交易量,以此交易量数额等值确认前期建仓总数额,并以该等持仓量中最先成交的时间为操纵行为发生时。(2)对于发生在收盘集中竞价阶段的,其操纵意图显然是控制收盘价,原则上应当将操纵行为影响的程度界定为翌日影响。实践中,应当将收盘价形成后一个交易日最后一笔平仓行为发生的时间为终了时,然后计算日内平仓总交易量,以此交易量数额等值确认前期建仓总数额,并以该等持仓量中最先成交的时间为操纵行为发生时。

第六章

内线交易犯罪的经济分析与刑事政策

随着全面深化资本市场与法治改革，金融创新发展潜能被激活释放，新产品、新业务、新交易机制不断涌现，资本市场参与者不断增多，资本市场的广度、深度发生重大变化，资本市场促进改革开放和经济社会发展的功能和作用更加显现。但是，在全新的资本市场与制度条件下，内线交易犯罪在金融商品发行、并购重组、重大信息披露及市值管理等环节不断发生演变，严重干扰资本市场资源优化配置机制。

内线交易犯罪是资本市场参与者基于职务便利、代理关系、竞争优势等获取重大未公开信息，以违反证券、期货、衍生品等金融市场法律法规的手段，在上述对金融商品市场交易价格具有重要影响的信息尚未公开之前，从事相关金融商品交易，谋取不正当交易利润，妨碍资本市场信息效率与正常竞争秩序，应当依法予以惩治与预防的市场信息滥用犯罪行为。根据我国《刑法》的规定，内线交易犯罪具体包括内幕交易、泄露内幕信息罪与利用未公开信息交易罪两种犯罪类型。内线交易是资本市场犯罪中社会危害最为严重、行为结构最为复杂、理论解释与监管实践最为疑难的行为类型之一。以内线交易为典型代表的资本市场侵害行为不仅是促生与催化资本市场欺诈与非理性繁荣、危机与阶段性崩溃的主要诱因，而且是金融市场固有风险与市场参与者认知偏见的必然产物。内线交易犯罪严重影响资本市场功能的发挥，严重破坏资本市场的竞争秩序，严重损害投资者特别是中小投资者的合法权益。尤其是在以技术为中心、市场与创新为动力的信息网络时代，资本市场蕴藏着巨大的信息风险，以内线交易为核心的犯罪行为构成了资本市场系统性风险的重大隐患。

2014 年 5 月国务院发布的《关于进一步促进资本市场健康发展的若干意见》全面部署了资本市场改革发展的任务和措施，提出了加大查处内幕交易力度、严格管理涉及资本市场的内幕信息等严厉打击与防控内幕交易等资本市场违法犯罪行为的更高要求。同时，《中共中央关于全面深化改革若干重大问题的决定》进一步明确了混合所有制改革的发展方向和路径，不仅提出“国有资本、集体资本、非公有资本等交叉持股、相互融合的混合所有制经济，是基本经济制度的重要实现形式”，而且强调，“鼓励发展非公有资本控股的混合所有制企业”。一方面，产权交易显然是混合所有制改革的主要实现方式，改制上市、现有上市公司资产重组、提高国有资产证券化率更是混合所有制改革的最佳路径选择。这意味着资本市场是混合所有制改革的关键阵地。另一方面,资本市场大规模的产权交易、并购重组、新股上市所生成的有价值未公开信息会滋生大量内线交易犯罪。此外,全国人大财政经济委员会牵头会同有关部门成立的"证券法(修改)起草组"在研究全国人大代表议案建议、广泛征求意见的基础上已形成《证券法》修订草案,证券发行注册制改革是本轮《证券法》修订的重要内容。[1]推进证券发行注册制改革的核心是以信息披露为监管重点,要求证券发行人在证券中介机构的服务与把关下,向投资者披露充分和必要的投资决策信息并对信息真实性负责,证券监管机构实质性弱化事前审批,仅对信息披露文件的齐备性、一致性和可理解性负责。[2]在证券发行注册制下,资本市场机制在资源优化配置过程中发挥决定性作用的同时,发行环节的内线交易违法犯罪事先防控相对淡化,主要依靠事后惩罚制度加强对内线交易犯罪的制度震慑。因此,如何发挥高效的市场机制并通过公正、合理的刑事政策引导立法、执法与司法措施提升内线交易犯罪的规制效率,是当前资本市场法律制度深化改革的重要内容。

然而,在实践层面,线性化监管思维模式下的"严厉打击""零容忍""加强投资者保护"等内线交易犯罪政策定位实际上无法为资本市场犯罪监管实践提供确定性与效率性的价值导向与规范指引。在理论层面,与内线交易犯罪有关的法学、经济学等原理中的内容争议、范式冲突、视角抵触等进一步加深了理论研究支撑下的内线交易犯罪刑事政策对资本市场制度建设的误导。基于此,本文以我国进一步深化资本市场制度改革的现实需求为论证基点,解构内线交易犯罪制度控制原理,跨越市场与监管,覆盖法律与经济(金融),贯穿证券法(包括期货、衍生品法律)与刑法,透析内线交易犯罪的行为机理,反思、建构、完善内线交易犯罪刑事政策,在全球金融一体化与互联网金融加速发展的背景下,为中国资本市场参与国际金融市场竞争提供法治制度层面的理论支撑与实践战略建议。

---

〔1〕 陈丽平:《全国人大代表建议修改证券法 全国人大财经委已起草修订草案》,载《法制日报》2015年1月22日,第3版。

〔2〕 朱宝琛:《肖钢:推进注册制改革 继续引导长期资金入市》,载《证券日报》2015年1月17日,第A1版。

第一节 内线交易犯罪规制的道德基础与经济价值

内线交易及其监管是一个历经理论激烈论辩与实证反复检验直至争议各方疲态尽显且毫无定论的难题。在经历了数十年理论争议之后，对于内线交易是否公平、是否有益于资本市场效率，道德与经济理性各自提出了截然相反的观点与论据，内线交易监管与去监管化问题至今仍然无法形成一个各方确信、具有终结争议效果的结论。[1]

尽管现实的局面是全球资本市场均不同程度地禁止内线交易，但是，在理论上肯定甚至强调内线交易监管与去监管化具有争议依旧具有非常重要的现实意义。[2]这种争议的价值并不在于形成内线交易应当监管或者应当合法化的一元化结论，而是在于促进理论与实践持续反思现有的内线交易监管制度是否真正具有合理性，现有的监管架构与内容是否真正反映了资本市场对制度的现实需求，如何优化资本市场刑事政策与具体法律规范内容，以及作为位于最高强制力等级的资本市场刑法规范是否以及如何在管制内线交易过程中遵循犯罪化原理、实现刑法介入的正当性。

反思传统道德、政治、法律、经济理论框架下内线交易监管正当性问题在道德谴责与经济无效领域的争议，有助于揭示以道德上公平与不公平、平等性竞争与歧视性掠夺的判断标准与尺度衡量内线交易监管制度的合理性，很难适应

---

[1] 内线交易监管与去监管化理论意见分歧极大的方法论原因主要在于：内线交易行为实施与资本市场现实环境有关的理论假设较多，实证调查依据极为有限且最终结论都存在很大的不确定性。即使能够对内线交易进行实证分析，最为精确的观察对象也只能局限于被证实的内线交易犯罪行为，而无法从整个资本市场的层面评估内线交易的现实规模及其效应。理论模型与直观现象分析的结果便是，在同一个经济指标框架下分析内线交易行为，往往得出内线交易有利于或者损害效率正反两种截然不同的结论。

[2] 尽管中国资本市场与法律理论尚且缺乏对内线交易问题的深度反思，但本书的重点并非是重述与内线交易有关的道德、经济、法律争议焦点或者在争议体系中添加一种全新的分析视角进一步激化争议。本书的核心价值在于批判传统法律与经济原理研究内线交易犯罪监管与去监管化的局限，锁定内线交易作为市场信息优势滥用犯罪行为的本质问题，并在此基础上设计具有针对性的刑事政策。

生成内线交易行为的资本市场的基本特征与运作机制,即道德分析在理论解释力度上非常疲弱。[1] 明确传统经济效率分析视角所存在的问题——其优势在于经济解释所使用的分析工具能够与资本市场的基本特征、内线交易的经济行为属性相匹配;其误区在于繁复的经济原理与数量金融分析工具模糊了以追逐信息价值所生成的价差利益为导向的内线交易作为法律行为与经济行为的叠加而独具的多重法律与经济关系,最终导致传统内线交易经济分析长期无法聚焦于影响法律规制效率的基础性问题并持续无法形成有效的研究框架与结论。批判性地分析传统内线交易道德与经济争议的目的在于克服道德解释内涵性不足的障碍,在有力地揭示内线交易犯罪法律监管道德正当性的基础上,为更为合理地建构法律与经济分析框架梳理内线交易行为在经济机理上的基本脉络。

一、内线交易的道德争议

尽管在犯罪化层面仍略有差异,但几乎所有国家和地区在20世纪初期都已经全面禁止内线交易犯罪行为。[2]美国1934年《证券交易法》第10条b款禁止任何形式的操纵性或者欺骗性行为并将内线交易规定为犯罪;[3]美国证券交易委员会10b-5规则禁止与证券交易有关的一切欺诈行为。[4]德国《证券交易法》原则上任何接触或者获取内幕信息的人员不得在证券交易过程中使用内幕信息,同时,内线交易违法犯罪的法律规定还控制着内幕信息披露的实体与程序规范,任何接触或者而获取内幕信息的人员必须对内幕信息的保密、发布、管理等承担法律责任。只有在证券回购等特殊情形下才存在内线交易违

---

〔1〕 当然,这并不意味着道德解释对于内线交易监管理论与实务而言毫无价值。相反,道德界限是资本市场法律制度,尤其是资本市场刑法制度,介入内线交易监管的最初正当性来源。只是不能将道德判断标准错配为内线交易规范控制的唯一正当性基础,并且应当对内线交易道德上应谴责性的具体内容进行准确的阐释。

〔2〕 Emerging Markets Committee, International Organization of Securities Commissions, *Insider Trading: How Jurisdictions Regulate It*, 2003.

〔3〕 个人内幕交易犯罪的法定刑调整为250万美元以下罚金,或者20年以下监禁,或者罚金与监禁刑并处;单位内幕交易犯罪的法定刑调整为500万美元以下罚金,或者单位成员20年以下监禁,或者单位罚金与个人监禁刑并处。15 USC §77ff; 78j(b).

〔4〕 17 CFR § 240.10b-5.

法犯罪阻却事由。[1]根据日本《金融商品交易法》的规定，对于上市公司、金融商品监管等具有法定权限的人员，利用在履行职责过程中获取的对金融商品投资具有重大影响的信息，从事相关金融商品交易的，构成内幕交易；[2]内幕交易罪的法定刑调整为单处或并处5年以下惩役、500万日元以下罚金。[3]中国《刑法》《证券法》不仅将基于证券、期货合约等金融商品发行与交易有关的重大未公开信息从事的金融交易行为规定了内幕交易犯罪，[4]而且将金融机构、监管部门等从业人员或者工作人员基于利用职务便利获取的资产管理信息、投资决策信息、金融监管信息等对证券、期货合约交易价格具有重大影响的未公开信息从事金融交易的行为予以犯罪化，独立规定了利用未公开信息交易罪。[5] 但是，对于内线交易犯罪的违法性实质以及资本市场法律制度介入内线

---

〔1〕 根据德国《证券交易法》规定，以下行为构成内幕交易罪：(1)行为人使用本人账户或者第三人账户，利用内幕信息获取或者处理证券；(2)未经授权向第三方泄露内幕信息或者提供获取内幕信息的渠道；(3)基于内幕信息建议或诱导第三方获取或者处理证券。但是，上市公司基于回购程序购买自身证券，符合欧盟指令规定的，不构成内幕交易罪。内幕交易罪法定刑为5年以下监禁或单处罚金。WpHG 1998 § 14; 38 (2).

〔2〕 金融商品取引法(きんゆうしょうひんとりひきほう、昭和23年4月13日法律第25号)第百六十六条会社関係者の禁止行為。

〔3〕 金融商品取引法(きんゆうしょうひんとりひきほう、昭和23年4月13日法律第25号)第百九十七条の二次の各号のいずれかに該当する者は、五年以下の懲役若しくは五百万円以下の罰金に処し、又はこれを併科する。

〔4〕 《刑法》第180条内幕交易罪规定：证券、期货交易内幕信息的知情人员或者非法获取证券、期货交易内幕信息的人员，在涉及证券的发行，证券、期货交易或者其他对证券、期货交易价格有重大影响的信息尚未公开前，买入或者卖出该证券，或者从事与该内幕信息有关的期货交易，或者泄露该信息，或者明示、暗示他人从事上述交易活动，情节严重的，处五年以下有期徒刑或者拘役，并处或者单处违法所得一倍以上五倍以下罚金；情节特别严重的，处五年以上十年以下有期徒刑，并处违法所得一倍以上五倍以下罚金。单位犯前款罪的，对单位判处罚金，并对其直接负责的主管人员和其他直接责任人员，处五年以下有期徒刑或者拘役。内幕信息的范围，依照法律、行政法规的规定确定。知情人员的范围，依照法律、行政法规的规定确定。《证券法》第76条规定：证券交易内幕信息的知情人和非法获取内幕信息的人，在内幕信息公开前，不得买卖该公司的证券，或者泄露该信息，或者建议他人买卖该证券。持有或者通过协议、其他安排与他人共同持有公司百分之五以上股份的自然人、法人、其他组织收购上市公司的股份，本法另有规定的，适用其规定。内幕交易行为给投资者造成损失的，行为人应当依法承担赔偿责任。

〔5〕 《刑法》第180条第4款利用未公开信息交易罪规定：证券交易所、期货交易所、证券公司、期货经纪公司、基金管理公司、商业银行、保险公司等金融机构的从业人员以及有关监管部门或者行业协会的工作人员，利用因职务便利获取的内幕信息以外的其他未公开的信息，违反规定，从事与该信息相关的证券、期货交易活动，或者明示、暗示他人从事相关交易活动，情节严重的，依照第一款的规定处罚。

交易犯罪管制的正当性基础问题，全球资本市场主要法律规范体系实际上均没有提出确切与有力的解释。

内线交易犯罪实质与法律监管正当性基础内容的说明不足与道德解释的模糊性紧密相关。道德罪错界定了资本市场犯罪刑法制度介入市场行为监管的正当性，但内线交易道德解释从一开始就未能进行有效的内容性建构。[1]资本市场中的道德标准是对经济行为公平与不公平的价值判断。内线交易犯罪规范控制道德基础分析的意义在于回答以下问题——基于重大未公开信息从事相关金融交易的行为是否在资本市场竞争中制造了不公平的优势、对于其他信息非知情的市场参与者创设了经济损失风险或者实害以及这种市场行为是否足以触发法律制度进行强制性禁止。从上述全球资本市场法律制度对内线交易犯罪的禁止性规范来看，内线交易的非公平性是资本市场刑法制度对这种行为予以犯罪化最为基础的道德支撑。社会、市场、法律监管机构、学者等普遍的认识是，内线交易侵害资本市场公平性。在内线交易中，知悉重大未公开信息的内部人员实施的金融交易相对于其他投资者而言形成不公平的优势、获取不公平的巨额利润，导致其他市场参与者受到损害。

内线交易的非道德性推论源自该行为利用了其他参与者所不知悉的重大信息的基础事实。针对特定金融商品进行相对性交易的市场参与者应当在平等的信息环境下进行竞争，而内线交易打破了信息平等的市场环境。[2]但资本市场中特定主体的信息优势或者市场整体上的信息能力差异显然是广泛存在的。市场参与者之间存在信息优势与劣势的区分体现在资本市场以及所有金融商品发行与交易的所有环节与过程之中。在不涉及虚假陈述等市场违规的情况下，任何市场参与者都没有义务向资本市场或者相关交易方披露其具有的信息优势、保证信息能力上的平等性。除了知悉重大未公开信息的内部人员之外，资本市场中的专业金融分析人员、机构投资者等都具备强大的信息分析能

---

〔1〕 作为刑法介入道德正当性的内线交易行为非公平性问题，在文献中最为极端的表达是“内线交易就是不对”。这种非公平性推定始终是强化监管的最为主要道德论辩。Kim Lane Scheppele, “It's Just Not Right: The Ethics of Insider Trading”, *Law & Contemporary Problems* 56, 1993, p. 123.

〔2〕 Saul Levmore, “Securities and Secrets: Insider Trading and the Law of Contracts”, *Virginia Law Review* 68, 1982, p. 117.

力与市场信息搜索渠道。资本市场中客观存在的信息渠道、分析、使用能力上的差异并不存在平等性歧视问题。正是由于信息能力上的差异才形成定价分歧,才可能通过价格竞争形成金融商品的市场定价。禁止内线交易并不意味着市场中的一般投资者就能够在平等信息条件下从事金融交易从而在市场中实现道德上的平等。即使知悉重大未公开信息的内部人员无法从事相关金融商品买卖,市场中的其他信息优势主体,例如,金融分析师、机构投资者、专业投资咨询机构及其客户等同样具有明显的信息优势,一般市场投资者仍然处于信息劣势地位,禁止内线交易的经济利润相应地也只是传递至其他具有信息优势的市场参与者。

可见,信息使用平等而非原则性的信息能力平等似乎更有助于相对准确地从道德上说明内线交易的不正当性。知情交易者与非知情交易者在资本市场竞争中处于完全不对等的信息使用状态。作为特定时间点上的特定金融商品的交易相对方,持有重大未公开信息的知情交易者买入或者卖出金融商品时,其未持有重大非公开信息的非知情交易者相对应的卖出或考买入金融商品,双方关于金融商品看多或者看空的定价分歧原因在于信息使用上的差异。形成信息差异的基础并不是知情交易与非知情交易者之间的信息竞争,而是知情交易者本人在上市公司、金融监管机构等担任的职务或者从上述职务者获悉信息的社会渠道。[1]内线交易是由特定身份或者信息获取能力的行为主体在知悉尚未公开且能够影响金融商品市场价格的重大信息之后实施的相关交易行为。内线交易的行为主体相对于其他市场参与者而言具有信息优势,其集中体现在信息获取渠道的不平等性。内线交易的核心是基于职务、业务等便利与渠道获取一般市场参与者无法知悉的重大未公开信息,这种不平等的信息流动渠道导致了市场参与者不平等竞争。正是基于这种行为现象上的不平等性,强化内线交易犯罪规范控制的理论与实践从金融市场运作道德理念中获取其立论的正

[1] Kim Lane Scheppele, "It's Just Not Right: The Ethics of Insider Tracing", *Law & Contemporary Problems* 56, 1993, pp. 123, 125.

当性基础。[1]

除了不公平性的客观来源之外,道德上的直觉性判断要成为资本市场法律制度惩治内线交易犯罪行为的论据,还需要进一步阐释内线交易的危害性以及这种行为损害的具体权利内容。损害非知情交易(主要是资本市场中小投资者)权益已经成为内线交易不公平并应当予以严厉禁止的不证自明的道德常识。[2]持有证券的非知情交易者基于价格认可、流动性需求等实际情况以特定的市场价格做出卖出的操作,完全可能因为知悉尚未公开的重大利好信息而向知情交易者那样选择继续持有甚至买入——在利空信息时亦然。但非知情交易者并没有如同内部人员一样的信息接触机会、能力与权限,信息接触的差异导致非知情交易者总是在交易过程中处于受损地位。[3]要使整个资本市场的资本配置决策与交易行为选择得到公平的对待,就必须禁止内部人员基于重大未公开信息做出优于非知情交易者的选择。同时,内线交易对于市场机制具有整体上的损害性。如果资本市场中有机会或者有企图的行为主体广泛地利用此类不公平优势进行金融交易,这对于整个资本市场而言将会产生极为严重的损失与惨痛结果。内线交易严重威胁着本国与外国的资本市场行业基础,内线交易在资本市场中泛滥到一定的程度,诚信的投资者将不再参与资本市场竞争。[4]

对上述内线交易犯罪法律监管道德正当性基础论辩最直观的概括就是公平性价值的维护。但是,单一维度的道德正当性不仅与内线交易犯罪法律监管问题的多维度性存在极大的差距,在单一性道德框架内部也缺乏内涵上的有效

---

〔1〕 Tibor R. Machan & James E. Chesher, "A Primer on Business Ethics", *Rowman & Littlefield*, 2003, pp. 131 - 141; Alan Studler & Eric W. Orts, "Moral Principle in the Law of Insider Trading", *Texas Law Review* 78, 1999, p. 375 ; Tibor R. Machan, "What is Morally Right with Insider Trading", *Public Affairs Quarterly* 10, 1996, p. 135 ; Gary Lawson, "The Ethics of Insider Trading", *Harvard Journal of Law & Public Policy* 11 1988, p. 727.

〔2〕 Nancy Reichman, *Insider Trading*, in M. Tonry & A. Reiss eds. , *Beyond the Law*: *Crime in Complex Organizations*, Chicago, University of Chicago Press, 1993, pp. 55 - 96; Patricia H. Werhane, "The Indefensibility of Insider Trading", *Journal of Business Ethics* 10, 1991, p. 729.

〔3〕 Victor Brudney, "Insiders, Outsiders, and Informational Advantages under the Federal Securities Laws", 93 *Harvard Law Review* 93, 1979, p. 339.

〔4〕 Joel Feinberg, *The Moral Limits of the Criminal Law Volume* 4: *Harmless Wrongdoing*, Oxford University Press, 1990, p. 223.

填充。

基于职务或者社会渠道获取并利用重大未公开信息使得知情交易者在资本市场交易行为的竞争中获取了远超非知情交易者的优势。但质疑这种竞争优势与利益获取模式的道德论辩并未从道德实质上阐释知情交易行为非公平性的根源。相反,从社会阶层竞争的角度分析,为了成为能够掌控重大未公开信息的内部人员,其不仅必须在社会竞争中投入大量的教育、时间、家庭经济与社会背景积累等社会性资本才有可能获取具有信息优势的职务或者地位,而且需要在职业规划上选择投身于上市公司、金融机构或者行政监管领域,并在本人的职务性劳动行为中实际生产出具有资本市场经济价值的信息。内线交易道德质疑不能单纯地基于信息能力与信息使用上的竞争优势源于职务就直接否定交易行为的非公平性或者不正当性。

公平、正义、平等、道德等构成了社会生活中的基本价值,并且在日常生活中形成了其内涵上固有却模糊的社会界定。问题在于资本市场不可能也不应当完全根据日常社会生活中的既有道德界定标准寻求市场行为与金融行为的正当性界限。在道德性与公平性基础上建构与优化内线交易犯罪监管制度不仅难以形成一个确定、可操作的规则体系,而且会偏离金融市场的真实现状、模糊内线交易问题经济分析的焦点。单纯从公平性与道德性的角度解释禁止内线交易违法犯罪,其正当性来源的核心是保护资本市场中不具有重大未公开信息优势的非知情交易者。中小投资者、个人投资者构成了非知情交易中的绝大多数。禁止内线交易形式上确实具有中小投资者权益保护、提供平等信息竞争市场环境的制度效果。然而,这种合理性建设仍然局限于社会一般平等性价值判断的基础之上,资本市场中的利益层次、结构、流动相对而言更为复杂,不能以线性化的思维和直接性的因果关系勾勒或者断言制度介入资本市场之后的实际效果。资本市场是通过利益竞争优化资本资源配置的平台,竞争的存在意味着胜利者与失败者的存在;资本市场法律制度是分配与调整利益的机制,制度的介入意味着获利者与失利者的利益格局变动。资本市场中的重大未公开信息是具有高度经济价值的信息,法律制度禁止内线交易,受到制度影响而在经济上产生最大不利效果的承受者显然是以上市公司以及其他金融商品发行主体中的内部人为代表的信息优势最大的利益群体,但获取制度利益最大的显然未必是信息劣势最大的中小投资者、个人投资者。从资本市场竞争中的经济利益层面分析,内部人禁止使用重大未公开信息之后的竞争优势群体实际上是市场中的机构投资者,掌握信息生产与分析技术的专业交易将会在内部人失去信息内容控制与使用权的情况下成为竞争性交易的优胜者——这证明内线交易犯罪监管制度与中小投资者获得平等信息地位与经济获益能力没有必然与直接的联系。从资本市场监管中的政治影响或者政治利益层面分析,以证券监管为代表的金融监管权力机构是反内线交易法律制度建构与执行的政治获利群体。没有明确的证据显示强化惩治内线交易违法犯罪的执法热情[1]源于投资者保护与维护市场公平的道德信念,但金融监管机构(包括后续程序中的司法机构)客观上从打击内线交易违法犯罪活动中能够获得中小投资者的认可、肯定、推崇并完成政治业绩。[2]

所以,单纯源于社会一般意义的公正性、平等性等道德正当标尺论证内线交易违法犯罪监管并不能够有效解释制度介入市场的合理性。更为重要的是,内线交易作为一种市场行为是否具有损害性,主要应当是经济分析而非孤立的道德判断。对此,道德理论上有一种重要观点指出,内线交易在道德上具有明显的不正当性,无论其在经济上是否有害,都应当将之规定为犯罪,因为道德论据能够独立成为刑法禁止内线交易的理由。[3] 但是,道德上的(并且尚未在内容上被充分说明的)非正当性本身不足以成为犯罪化合理性的充分依据,资本市场刑法只有在特定行为被证明具有危害性的情况下才能将其规定为犯罪。

---

〔1〕 Stephen M. Bainbridge, *Securities Law: Insider Trading*, New York, Foundation Press, 2007, pp. 139 – 145.

〔2〕 例如,美国与中国证券监管机构都将打击内线交易等资本市场违法犯罪活动与强化中小投资者保护的价值实现进行直接的联系。SEC 指出,惩治内线交易等典型的市场违规行为就是保护投资者利益、维护市场诚信、提升融资效率。U. S. Securities and Exchange Commission, The Investor' s Advocate, "How the SEC Protects Investors, Maintains Market Integrity, and Facilitates Capital Formation", Accessed No vember 5, 2009, http://www. sec. gov/about/whatwedo. shtml, Modified: 06/10/2013. 中国证监会指出,保护中小投资者权益应坚决查处欺诈发行、违法披露、内幕交易、操纵市场、老鼠仓等违法行为,提高违法违规成本,在证监会已明确提出将保护中小投资者合法权益贯穿于监管工作始终之时,监管执法再加码是大势所趋。倪铭娅:《证监会酝酿顶层新政　以保护中小投资者为导向》,载《中国证券报》2013 年 11 月 8 日,第 1 版;中国证监会:《以保护中小投资者为导向 证监会酝酿顶层新政》,载 http://www. csrc. gov. cn/pub/newsite/tzzbh/gzdt/tbgzyw/201311/t20131108_237629. htm,最后访问日期:2019 年 11 月 5 日。

〔3〕 Alan Strudler & Eric W. Orts, "Moral Principle in the Law of Insider Trading", *Texas Law Review* 78, 1999, pp. 375, 383.

只有在证明内线交易的危害性集中体现在对资本市场竞争机制根本性破坏的基础上,资本市场法律制度才有介入内线交易监管从而维护经济利益的理由。

二、内线交易的经济分析

相对于道德批判而言,法律与经济理论对内线交易行为是否以及在何种程度上具有危害性进行了更具深度的论辩。法律经济学奠基者亨利·曼勒(Henry G. Manne)提出的代表性观点是:内线交易引起市场价格更为全面地反映相关交易证券的价值,使得资本市场更具效率,法律不应当对内线交易行为进行犯罪化处理。[1]法律与经济学理论上甚至有观点认为,内线交易值得鼓励和提倡,因为内线交易可以让未公开的信息加速抵达市场,从而提高资本市场的整体效率。[2]掌握与金融商品真实价值具有关联的重大未公开信息的行为主体如果不能有效地参与金融商品交易并从信息竞争优势中获取利益,不仅金融商品市场价格无法有效率地反映基础资产价值,而且会阻碍具有信息检索与分析能力的市场力量驱动价格形成机制发挥作用。

内线交易法律与经济分析或者内线交易去监管化理论中的核心观点与绝大多数论证实际上都能够用以否定内线交易行为经济危害性的道德批判:

其一,内线交易没有造成投资者损失。

内线交易不能先在地被推定为违法与犯罪,因为内线交易原则上不会使任何长期投资者受害。内线交易的受害者实际上只局限于短期进出资本市场的投机者。具体而言,上市公司内幕信息知情人员相对于外部市场投资者而言,具有上市公司内幕信息管理的资源优势,其利用内幕信息进行相关证券交易,显然具有获取一般投资者不具备的利润的可能性。但是,资本市场中的外部投资者区分为中长期投资者与短线投机者。与重大利好或者利空相关的内幕信息对于短期投机者而言具有重大影响,直接决定着投资者对价格的决策反应与变化,但是,对于中长期投资者而言,其不受与内幕信息相关的短期价格信号的影响,不可能成为内幕交易的对手方,因而也不可能成为内幕交易的受害者。至于资本市场中的投机者,其所从事的证券交易本质上就是在承担风险的基础

〔1〕 Henry G. Manne, *Insider Trading and the Stock Market*, Free Press, 1966.
〔2〕 Larry Harris, *Trading & Exchanges*, Oxford Press, 2003, pp. 591 – 597.

上获取潜在收益的资本赌博,没有必要在法律上进行特别的保护。所以,不能不加区分地认为内线交易一定侵害所有投资者的利益。[1]

如果尚未公开的信息预示着上市公司业绩较好,市场获悉该利好信息时,证券交易价格将会上升。知情信息的内部人员能够通过在市场上与其他不知情的、选择卖出操作的投资者购买证券,并在消息提升股价之后卖出证券获取信息价值对应的交易利润。相应地,如果未信息预示上市公司业绩较差,内部人员可以很快地卖出证券或者在较高的价格卖空证券并谋取信息价值对应的交易利益。知情交易者获利与从事方向相反的交易者低卖高买确实存在获利与损失的客观现象。特别是在非知情交易者出现实际亏损的时候,内线交易造成投资者经济损失似乎比较明显。如果外部投资者购买证券或者看涨期权等衍生品,但重大信息披露之后市场价格下跌,或者卖出证券或者相关衍生品,但信息披露之后价格上涨,非知情交易者存在显而易见的实际损失。然而,内线交易监管制度介入的依据并不在于投资者出现损失,而是损失与内线交易行为之间具有因果关系。

事实上,如果在重大信息未公开期间的所有市场交易行为中抽离知情交易,没有掌握重大未公开信息的外部投资者仍然会基于信息的内容及其与市场价格的关系而出现实际损失。与内线交易行为方向相反的外部投资者的交易行为客观上是基于其本人对于当时市场价格的理解而自愿实施的,内线交易行为并没有对外部投资者行为产生影响。从利益获取与损失的角度分析,内线交易者获取利润是其交易行为符合定价效率的自然结果,而非源于外部投资者的交易损失。假设非知情交易者具有信息辨识与分析能力的高度理性,其出现损失的客观原因在于未知悉信息而非基于信息而实施的内线交易行为。

其二,内线交易能够赋予上市公司管理者更为充分的经济激励,从而有利于上市公司发展以及投资者财产利益的长期增加。

法律许可内线交易实际上等于建构了一个富有效率的上市公司经营者薪酬激励机制。诚然,现有的公司治理实践已经具有劳动收入、股票、期权、知识产权提成等多种形式的激励制度,但显然都无法全面、充分并且个别化地体现特定上市公司经营者的主体化投入或者创造性才能。所以,在保留或者进一步

---

[1] Henry G. Manne, "In Defense of Insider Trading", *Harvard Business Review* 44, 1996, p. 113.

激发上市公司经营者特殊才能的机制明显不够成分的情况下，可以使其在利用上市公司内幕信息在资本市场中获取利润。[1]从这个角度分析，现有的经济激励模式限制了管理者通过自主性的交易选择获取最大经济利益的可能性，而内线交易对管理者进行了动态性、机会性、自主性的奖励，有助于管理人员为公司提供效益最大化的服务。

其三，内线交易能够提高资本市场定价效率。

内线交易促使尚未披露的上市公司信息通过内部人员的交易行为影响证券价格，使其充分且现实地反映上市公司发行的证券的供求关系，提升价格发现机制的运行效率。资本市场竞争机制的运作效率显然是资本市场法律制度保护的重点内容，而实现这一制度价值的关键在于允许内线交易行为与其他市场行为共同对证券价格发生影响。[2]内线交易促进和加快信息流通，使证券、期货价格趋向于真实价格水平。资本市场是一个对信息高度敏感的风险市场，任何交易行为本身都可以构成一种价格信号，不能否认内线交易对于价格形成机制的积极作用。

具体而言，内线交易在优化金融工具市场交易价格准确性的同时免去了证券等金融工具发行人披露尚未确定的未公开信息的成本。[3]因为内线交易行为确实能够向资本市场传递信息、制造市场趋势、影响与特定信息具有关联的金融工具市场价格。这种由内线交易引发的交易量增长与价格变动推动相关金融工具市场交易价格趋向于重大未公开信息所内涵的真实价值。内线交易增加了金融商品与资金的供给与需求，扩大了金融市场中的交易量，通过交易行为影响价格，推动市场价格朝着充分反映未公开重大信息的方向运行，不仅提升了市场效率与流动性，而且补足了信息披露在效率上的天然障碍。通过内线交易影响证券交易价格能够有效排除因被披露信息本身的不确定性等因素

[1] Henry G. Manne, "Insider Trading: Hayek, Virtual Markets, and the Dog that Did Not Bark", *Journal of Corporation Law* 31, 2005 p. 167.

[2] Henry G. Manne, "In Defense of Insider Trading", *Harvard Business Review* 44, 1966, p. 113.

[3] Henry G. Manne, "Insider Trading: Hayek, Virtual Markets, and the Dog that Did Not Bark", *Journal of Corporation Law* 31, 2005, pp. 167, 169; Henry G. Manne, *Insider Trading and the Stock Market*, Free Press, 1966, pp. 80－91.

所可能形成的非准确价格。[1]立即且全面的披露信息固然是推进金融商品交易价格趋近其对应的基础资产真实价值最为迅速的方式。可是信息在表达与反应事实时又具有固有的不确定性,过度依赖信息披露反而会损害上市公司的商业利益并可能对投资者产生误导。

内线交易经济分析的价值体现在其明确地说明了基于道德考量所形成的制度监管正当性并不足以掩盖内线交易监管制度在经济层面低效性。[2]金融商品价格波动是由新注入市场的供求关系(所有市场参与者的买入或者卖出行为)决定的。价格就是包括知情交易者在内的所有市场参与者观点与信息的表达,也是特定时间市场中的"理性预期平衡"。[3]资本市场中的投资者从价格震荡、交易量来源、价格效率等能够向市场传递未公开信息的各种要素中推断非公开的有价信息。允许持有重大未公开信息的内部人作为知情交易力量加入市场价格的推动,意味着由利好或者利空信息推动的内线交易不仅直接作用于市场价格,而且会推动价格朝着充分反应信息的方向进行变动[4]进而间接影响到市场中的其他投资者对金融资产价格的预期,在引导其他资本配置行为的过程中在市场价格中注入更高的信息效率。

但是,内线交易提升资本市场信息效率的经济解释并没有在实证层面得到肯定性的回应。实证研究表明内线交易行为对于金融商品市场价格的影响混同于其他非知情交易。[5]即使内线交易能够作为一种被解读的市场交易行为向市场传递最新信息,这个信息解读的过程性决定了内线交易只能是一种相对弱势的、需要付出很高探测成本的信息传递与分享机制。内线交易者实际上也

---

[1] Harry Heller, Chiarella, "SEC Rule 14e - 3 and Dirks: 'Fairness' versus Economic Theory", *Business Lawyer* 37, 1982, pp. 517, 520.

[2] James H. Lorie, "Insider Trading: Rule 10b - 5, Disclosure and Corporate Privacy: A Comment", *Journal of Legal Studies* 9, 1980, p. 819; Christopher Paul Saari, "Efficient Capital Market Hypothesis, Economic Theory and the Regulation of the Securities Industry", *Stanford Law Review* 29, 1977, pp. 1031, 1073.

[3] Roy Radner, "Rational Expectations Equilibrium: Generic Existence and Information Revealed by Prices", *Econometrica* 47, 1979, p. 655.

[4] Frank H. Easterbrook and Daniel R. Fischel, *The Economic Structure of Corporate Law*, Harvard University Press, 1991, p. 257.

[5] Sugato Chakravarty and John J. McConnell, "Does Insider Trading Really Move Stock Prices?", *Journal of Financial and Quantitative Analysis* 34, 1999, p. 191.

不是基于推进价格更快地反映全新平衡的意图而实施交易的。市场充分反映内线交易所内涵的信息会剥夺内线交易者充分实现其持有的未公开信息价值的机会。相应地，内线交易者会采取措施防止其交易行为推动价格改变，这样就能保证其在信息尚未公开之前充分使用其信息价值。分散持仓就是隐藏内线交易并限制其信息释放效果的基本方式。[1]市场影响性被人为压低之后的内线交易不会在金融商品市场价格平衡过程中有效反映重大未公开信息。

即使客观上的市场交易行为与其内含的信息表达能够在市场中形成无信号损耗的传递，知情交易者的人为控制行为也会造成信息传递的阻塞。这是由信息传递效率与信息获取激励之间的根本性冲突所决定的。[2]一旦价格与信息完全关联，为了控制独占性信息或者信息优势而付出成本的市场参与者将无法获取信息投资的回报。信息控制者显然会遏制信息以无对价的方式在市场中传递，或者通过要求其他市场参与者支付信息使用成本的方式获取信息生产与分析的回报。在现实的资本市场中，信息成本决定了金融商品价格不可能完美地反应所有客观存在的信息，内线交易在重大信息未公开之前无法快速与实质性地提升市场信息效率。

三、市场舞弊的道德僭越本质以及腐败、代理、市场效率的基础解释架构

内线交易监管与去监管化问题持续争议的最大症结之一在于分析方法上的无谓抵触，即道德标准与经济解释之间刻意的互相孤立。从现有的内线交易犯罪控制的道德、经济范畴本身以及两种评价工具之间的论证存在的严重分歧来看，单纯陈列各方观点并进行评判难以从根本上化解争议，也无从回答内线交易对市场的经济影响以及是否严重损害市场公平性的问题。内线交易犯罪规范控制的正反观点与论据事实上都可以成为相对方的立论与支撑。因此，内线交易犯罪法律监管正当性在道德理性层面的解释能力不足，不能成为法律与经济分析在批判内线交易道德分析的基础上建构其去监管化理论的正当性依据。经济分析在解释信息产权、上市公司股东与经理人关系等问题过程中形成

---

[1] Steven J. Huddart and Bin Ke, "Information Asymmetry and Cross - sectional Variation in Insider Trading", *Contemporary Accounting Research* 24, 2007, pp. 195, 234.

[2] Sanford J. Grossman and Joseph E. Stiglitz, "On the Impossibility of Informationally Efficient Markets", *American Economic Review* 70, 1980, pp. 393, 405.

的建设性视角,完全可以应用于社会规范基本内涵与经济原理以及金融市场现实互为匹配的内线交易犯罪法律监管规则设计。

从道德判断的情况来看,大众传媒宣传与监管机构勾勒下的内线交易在社会舆论中已经成为全球资本市场中贪婪与失信行为的象征。这种根深蒂固的烙印似乎表明法律制度介入、不断强化内线交易监管理应是毋庸置疑的事实或者结论,而非一项可以进行论辩与反思的议题。实际情况则恰恰相反——内线交易违法性界定及其监管尺度问题跨越经济与法律、社会与道德、市场与管制等领域且牵涉诸多迷思。内线交易违法性基础不能整体建立在行为不公平、不正当、不诚信等纯粹的道德判断基础上。内线交易监管制度本身的合理性及其介入资本市场程度问题理应得到更为充分且全面的分析。

再从经济分析的视角切入——强调内线交易违法性基础不能建立在行为不公平、不正当等纯粹的道德判断基础上,内线交易监管制度本身的合理性及其介入资本市场程度问题理应得到更为充分且全面的分析。从资本市场出发反思内线交易监管制度的价值在于引发法律与政策制定者与适用者重新审视内线交易行为、重新评估内线交易法律控制效果及其成本投入,同时督促监管制度的实践者强化、加速、深化反内线交易规则在逻辑性与技术性层面的论证,使其在真实的市场环境下摒弃教条与宣示,趋向价值中立的科学探索。但事实上,对于资本市场而言,资源实现最大限度的优化配置才是市场最重要的道德追求,而一个自由、平等、开放的环境与平台才能推进资本市场效率,从而确保投资者愿意将资本资源投入市场而不断注入流动性。因此,内线交易犯罪刑事政策的正当性建筑在道德标准与经济效率互为统一的基础之上。只是在分析不同信息类型与行为效果时,道德与经济的价值归拢形式以及这两种标准对于评估监管制度实施效果的影响程度有所差异。

法律与经济理论关于内线交易无害性的论述实际上是直接跨越道德正当性判断而直接进行经济分析,但包括市场行为或者经济行为在内的所有社会行为犯罪化合理性辨正问题必须先行在道德层面论证刑法制度对其进行入罪化处理的道德基础。对于法律与经济分析而言,判断内线交易犯罪化是否具有合理性的唯一关联问题便是内幕交易在经济上是否具有危害性。但即使退一步完全认可内线交易在经济上无害,也不能回避道德判断标准而直接推论内线交易犯罪化制度不具有合理性。尽管社会一般道德标准不能对资本市场行为进行道德限定,但包括内线交易法律监管在内的市场制度安排的第一性的正当基础应当源自对其所保护的道德价值的准确发现与证明。

内线交易行为在道德上的罪错实质是市场舞弊。资本市场是建立在法律规范监管基础之上的高度标准化的资本竞争机制与投资者博弈平台。法律监管规范(主要是证券法)从信息披露与禁止交易两方面保护资本市场投资者免受内线交易违法犯罪行为的侵害:在信息披露方面,证券法要求证券发行与交易均应当遵守证券初次与持续信息披露规则;在禁止交易方面,证券法禁止基于重大未公开信息而实施的相关金融交易活动。资本公平竞争与公平博弈是资本市场投资者信任并实际投入资本参与市场运行的基础。实施内线交易的行为主体违反了既定的竞争与博弈规则,相对于未获得信息且与之进行相对交易的市场主体而言获取了不正当优势。这种触犯规则的竞争行为显然就是舞弊。

法律理论上有观点认为,内幕交易是对上市公司股东的舞弊行为。[1]但是,资本市场投资者及其资金的高度分散性意味着内幕交易行为主体通常并不知道(法律也不要求其知道)基于内幕信息实施的相关交易行为的对手方的具体信息,内幕交易行为主体对于资本市场监管规则的破坏在行为内容层面实际上是对整个市场机制与既有竞争规则的概括性舞弊而非针对特定投资者(个体或群体)的具体性舞弊。所以,内线交易的行为实质与第一层次的道德性罪错特征集中表现为市场舞弊。这也就在道德标准无法制约内线交易时法律制度通过责任规则重新安排市场竞争秩序的合理性基础。

市场舞弊作为内线交易道德僭越的实质聚焦于行为人触犯资本市场竞争规则而制造不公平的竞争优势,即违反资本市场法律规范滥用重大未公开信息优势从事相关金融交易。

其一,资本市场法律制度并不一般性地禁止利用私有信息从事相关证券、期货、衍生品交易,也不禁止基于对市场公开信息获取能力(信息获取质量与数量)差异形成竞争优势而获取相关金融交易利润,而是专门针对利用应当及时向市场披露的未公开信息或者禁止据此从事交易的保密信息实施相关证券、期

---

〔1〕 William R. McLucas, Mark B. Lewis and Alma M. Angotti, "Common Sense, Flexibility, and Enforcement of the Federal Securities Laws", *Business Law Review* 51, 1996, pp. 1221, 1237.

货、衍生品交易行为进行否定性评价。资本市场中的各类投资者或者投机交易者可以充分利用各种法律没有明确禁止的方式(深度调研、金融知识、交易策略等)形成私有信息或者谋取信息优势从而在绝大多数情况下获取远高于市场一般投资者水平的金融交易收益率。这种信息不平等既是竞争开始的客观状态,又是竞争结束的客观结果,但并非竞争过程实施舞弊行为而形成的不公平。资本市场中的博弈如同竞技体育中的竞争,参与者可以采取竞争规则禁止实施的行为之外的所有方法充分且公平竞争。以一级方程式赛车为例,各个参赛车队在资本投入与管理、发动机能力、尾翼设计、驾驶员操控技术、赛场熟悉程度、进站策略、轮胎选择等一系列资金、人力、技术、运作模式等资源方面存在非常明显的差异或者不平等,但只要没有采取违反竞赛规则的舞弊行为,竞赛过程以及优势车队获胜本身并不存在不公平的问题。资本市场参与者利用私有信息分析与获取能力方面的优势谋取巨额交易利润亦然。

其二,资本市场刑法禁止内线交易的前提建筑在制造不公平信息优势的市场舞弊行为的基础之上。不违反资本市场竞争规则但事实上基于重大未公开信息而实施的交易行为并不(应当)构成内线交易。通过非法手段获取内幕信息、在内幕信息敏感期内联络内幕信息知情人员获悉内幕信息、内幕信息知情人员等利用内幕信息从事相关金融交易,其市场舞弊的违法性本质具体表现为通过实施一定的行为制造了其相对于一般资本市场投资者而言的金融交易优势。而无意、偶然地听闻、获悉内幕信息并据此从事相关证券、期货交易活动之所以不具有市场舞弊的行为实质,是因为其并没有违反任何规则实施一定的行为并由此制造竞争优势。无意中获悉内幕信息并非违规行为而只是一种偶然事件,行为人利用偶然幸运所形成的竞争优势谋取资本市场中的金融交易利益实际上只是利用了现实存在的信息差异,显然区别于制造不公平的信息差异。

尽管传统法律与经济分析以内线交易提升信息效率从而应当去监管化的观点与论证存在理论解释的障碍且欠缺实证检验,但从信息效率出发解释内线交易以及重大未公开信息的生产、使用、流转过程,能够有效发现信息成本对于资本市场信息效率以及市场各方参与者经济利益具有重大影响。这就为合理安排信息成本从而实现市场效率与市场参与者利益最大化提供了制度设计空间。以经济解释方法剖析作为法律行为的内线交易的优势是准确与深刻地发现行为之下的经济关系,不仅能够锁定法律制度介入因经济关系损害而出现效率障碍的领域,而且可以借助经济关系解释的本质性与可类比性嫁接内线交易犯罪法律监管的道德理性。

资本市场中的重大未公开信息的经济价值在于其能够有效地揭示证券等金融商品价格与实际价值之间的价差。内线交易的经济行为本质表现为基于信息优势与资本市场信息的经济价值从价差发现与相关金融交易中获取利益。[1] 信息优势及其对应的利益获取源于在特定范围内具有排他性的力量。在公共领域内,力量就是权力;在私有领域内,力量就是权利。权力与权利均不是自发形成,而是外部赋予。用于描述这种社会建制中力量赋予过程与结果的概念实际上就是委托。

人民委托国家代理人介入金融市场进行监管,就会形成与监管相关且对于金融市场中特定商品定价会产生重大影响的信息,这个委托过程中的信息持有权或者信息优势就是权力。股东委托企业管理人从事生产与经营决策,就会形成对企业以及企业发行金融商品定价产生重大影响的信息,这个委托过程中的信息持有权或者信息优势表现为权利。所以,委托代理同时构成了代议民主制度(或者社会契约)的基点[2]与现代公司治理的基础性关系,[3]也有效揭示了相关利益群体与信息之间的关系。在组织体(国家或者企业)的范畴中,有价信息及其对应的权益源自于组织体中所有主体的权力或者权利赋予。以政治的道德基础视角对内线交易问题进行类比性的观察,在组织体没有允许被授权者使用信息的条件下,任何信息使用行为都是对委托代理关系的滥用。[4]使用重大未公开监管性信息从事金融交易的权力行为构成作为政治行为的权力腐

---

〔1〕 Zohar Goshen, Gideon Parchomovsky, "On Insider Trading, Markets, and 'Negative' Property Rights in Information", *Virginia Law Review* 87, 2001, pp. 1229, 1239.

〔2〕 John Rawls, *A Theory of Justice*, Harvard University Press, 1999; Jean – Jacques Rousseau, *Rousseau*: "*The Social Contract*" and Other Later Political Writings, edited by Victor Gourevitch, Cambridge University Press, 1997; John Locke, *Second Treatise of Government*, Watchmaker Publishing, 2011; Immanuel Kant, *Foundations of the Metaphysics of Morals*, translated by Lewis White Beck, Pearson, 1989.

〔3〕 Adolf A. Berle, Gardiner C. Means, *The Modern Corporation and Private Property*, New Jersey, Transaction Publishers, 1991.

〔4〕 在法律对委托代理关系滥用的行为与责任进行界定之后,作为经济行为的内线交易与作为政治行为的权力腐败又分别具有了法律行为上资本市场犯罪(违法)与腐败犯罪(违法)的意义。

败。既然是腐败,就不存在允许或者不允许的制度协商空间。而使用重大未公开市场化信息从事金融交易的权利行为构成作为经济行为的内线交易。尽管现行全球金融市场法律制度均不同程度地将内线交易规定为犯罪行为,但委托代理关系的客观存在意味着内线交易在经济上存在进一步解释的空间与必要——代理本身存在无法回避的利益损失与成本耗费风险,内线交易作为一种能够为代理人输送利益的行为,是否可能以及如何对委托人产生经济上更好的效果从而减损代理过程中的成本损耗甚至放大整体利益?

当然,现代公司治理在结构上具有更为复杂的内容:除了基础性的股东与经理人之间的委托代理关系之外——由治理权开放性与股权流动性催生的上市公司治理结构使得公司行为与整个资本市场之间形成了效率影响与被影响关系,并且,公共权力对于产权的控制、市场的监管意味着作为权力分配类型之一的公共资产运作过程存在股东与经理人之间的委托代理关系、公共产权与私有产权在不同的公司股权架构下存在多数股东与少数股东之间的委托管理关系以及整个资本市场本身受到公共权力的管制——上述结构与关系决定了现代公司治理不仅在平行位置上覆盖了产权代理、公权代理以及市场效率问题,而且产权、公权、市场在纵向关系上又互为交织。在纯粹的民主政治的权力授予与执行的框架下,由于委托代理已经具备了相当复杂且间接的结构性关系,难以精确地辨识特定的、受到权力腐败或者滥用行为伤害的委托人。在远远超越股东与经理人之间委托代理关系的现代公司治理体系下,作为企业信息滥用的内线交易行为的侵害对象确定或者责任基础建构更是令人困惑且在解释理论上具有相当挑战性。但是,内线交易与市场效率关系及其对内线交易法律制度介入影响问题的发现,至少明确了评估内线交易法律制度必要性及其优化路径的基本方向——如果资本市场配置资本资源效率是决定性因素,内线交易犯罪法律监管制度的建构与完善导向就应当是市场效率。

第二节　内线交易犯罪基本问题重组与行为机理解释

内线交易是市场参与者基于其掌握的重大未公开信息而形成金融商品当

前交易价格与内在价值之间价差的判断，从事相关金融交易来实现这种相对于外部投资者而言的信息优势（基于职务、业务或者其他社会关系等知悉重大未公开信息）所可能带来的经济利益。对重大未公开信息更为迅捷的接触能力是知情人员在资本市场竞争中超越外部投资者的优质条件以及获取金融交易利润的客观基础。[1]从制度保护市场效率的角度分析，法律制度之所以管制内线交易，并且以最为严厉的刑罚措施控制内线交易犯罪，是因为这种重大未公开信息的使用损害资本市场效率。但是，无论现有的法律经济学理论如何从定价、流动性、管理层激励、信息流转、信息产权、资产价值、公司治理等与效率有关的视角解释内线交易行为的有效性与无效性，只能触及内线交易造成的正反结果，实质上就是观察一种经济面貌的两个侧脸，无法探究行为现象背后的实质问题。

内线交易起始于信息优势导致的信息掌控，发展为信息使用，终了于信息优势实现后的交易利益——分析内线交易与资本市场效率问题显然应当聚焦于信息。对于金融商品交易价格具有影响的信息，最初的二元化来源划分应是资本市场与金融监管。信息来自资本市场，表现为出现了与金融商品定价有关的新的市场行为（如上市公司取得重大科研突破，预期盈利大幅度增长）；信息来自金融监管，表现为出现了影响金融商品市场价格的新政策（如调整货币政策）或者行政行为（如实施特定产业激励计划）。更深层次的信息类型划分则是着眼于信息使用行为对于资本市场的现实效应，即基于特定信息从事相关金融交易产生的是结构性组织效应还是系统性市场效应——前者是指利用与金融工具交易价格有关的未公开信息事实的金融交易行为影响的只是其所隶属的组织（如作为股票发行人的上市公司，作为机构投资者的基金公司，作为资本市场监管者的行政机构等）效率。后者则意味着内线交易行为对整个资本市场的效率具有影响。信息来源与信息行为效应的差异对于评估内线交易对于资本市场效率的影响具有实质性意义，因而也决定了制度是否以及如何介入内线交易的监管。内线交易立足于金融市场监管信息而实施的，资本市场效率受损不言自明的同时，内线交易监管自动转化为根源性的控制权力介入市场与反腐败

[1] Zohar Goshen and Gideon Parchomovsky, "On Insider Trading, Markets, and 'Negative' Property Rights in Information", *Virginia Law Review* 87, 2001, pp. 1229, 1235.

问题;内线交易基于资本市场信息展开,同时其现实效应能够拓展至市场整体的,则应当根据资本市场效应评估结果反思内线交易监管问题;内线交易行为效应局限于公司、金融机构等组织内部的,则应当在代理的框架下[1]阐释内线交易刑事政策定位。

一、作为监管权力滥用的内线交易

国家工作人员利用金融监管或者国有资产管理权运作过程中获悉的重大未公开信息从事相关证券、期货、衍生品交易并谋取巨额利润的违法性正是全面且集中根植于其行为的道德背离与经济低效。资本市场是一个变化无常、风险莫测的金融系统,而市场中的绝大部分交易主体只是具有普通金融知识的普通投资者。投资者将持有的资本配置市场实际上并不能得到收益回报的保证,他们只能希望在市场交易中能够获得公平的对待,同时寄情于法律规范与市场规则的制定者与执行者能够维护资本市场的信用体系。而公职人员利用金融监管权力或者国有资产管理职权获取的重大未公开信息从事相关金融交易,对于投资者对资本市场信任与信心会产生最严重的、毁灭性的损害,进而造成现有投资者撤离资本市场或者阻碍未来投资增量生成。利用监管信息实施内线交易行为对市场信用与市场效率双重且明显的损害,正是这种市场滥用违法犯罪行为受到最为严厉管制的制度理性依据。

无论资本市场如何使用信息,无论信息是否以及如何影响资本市场,从现实政治生活与资本市场的实际情况来看,政治行为与监管权力始终是信息来源与信息流动的生命线。权力介入金融与资产管理的程度之深,决定了政治力量与管制行为对于资本市场整体以及金融商品个体、组合的市场交易价格的影响无处不在。证券期货行政监管机构职务行为(甚至是传闻可能实施的行为)对

[1] 利用金融监管权力运作过程中职务行为获取的重大未公开信息从事相关金融交易的,其职务履行行为实际上也是一种广义的代理行为。但由于此类内线交易行为类型的监管问题在下述“作为监管权力问题的内线交易”部分的论证中能够直接,无须进一步作为代理问题进行分析。故此处的代理限定于狭义的代理,即经济行为意义上的授权与被授权。

于市场整体行情[1]与个股或者类股价格表现[2]的重大影响能力自不待言。对于中国资本市场而言，相当数量的政府监管行为能够直接决定金融资产价格，造成市场剧烈（短期）波动——我国金融市场具有多头监管的特点，一些承担部分金融监管职能的部委同样深度介入资本市场。例如，财政部金融司的职责范围涵盖了：协调执行货币政策；拟订并监督执行银行、保险、证券、信托等非银行金融机构的资产与财务管理制度；对主权信用进行评级等。上述金融监管职责不仅直接影响金融政策进而作用于期货市场（尤其是利率期货），而且涉及相关金融机构资产配置信息，相关工作人员利用此类政策信息与监管信息，可以从事相关期货交易谋取个人利益。因此，证监会之外的发改委、财政部、审计署及其派出机构等承担部分金融监管职能的机构及其工作人员，也能够利用重大未公开的金融监管信息实施内线交易。

权力滥用所产生的金融交易资产收益是显而易见的。一项实证调查证明，在 1993 年至 1998 年，美国参议员在资本市场中从事的金融交易收益表现超过市场平均水平约 12 个百分点，即使是与证券信息联系极为密切的上市公司内部人员也只获得了超过市场平均水平 7.5% 的收益；上述公职人员购买的证券整体表现为：购买前价格停滞或者交投清淡，购买后价格飙升，出售后恢复停滞或者清淡行情。[3]对此，内线交易理论中有观点认为，公职人员相对普通资本市场参与者而言拥有显著的信息优势，在大多数投资者耗费成本研究金融信息或者困扰于难以厘清行情头绪时，部分权力掌控者能够获取、使用重大未公开

[1] 例如，2012 年 9 月 27 日午后市场传闻收盘后证监会将召开新闻发布会，宣布新股发行将转为注册制以及改革期间暂停新股发行，午后开盘后市场风云突变，股指放量拉升，金融、煤炭股领涨大盘，券商股集体大涨。截至收盘，沪指报 2056.32 点，上涨 2.60%，成交 603.4 亿元；深成指报 8486.27 点，上涨 3.57%，成交 550.0 亿元。午后成交量超过早盘 2 倍。陈燕青：《救市憧憬引发 A 股大涨》，载《深圳商报》2012 年 9 月 28 日，第 31 版。

[2] 例如，2013 年 2 月，证监会公布《全国中小企业股份转让系统有限责任公司管理暂行办法》。消息一公布，新三板概念股早盘立即强势上涨，板块整体上涨 1.33% 领涨概念板块，长春高新上涨 6.67%，南京高科上涨 4.9%，兴业证券和长江证券涨幅逾 3.40%。何川：《〈全国中小企业股份转让系统有限责任公司管理暂行办法〉发布——多项新规为“新三板”聚人气》，载《经济日报》2013 年 2 月 4 日，第 9 版。

[3] Alan Ziobrowski, Ping Cheng, James W. Boyd & Brigitte J. Ziobrowski, “Abnormal Returns From the Common Stock Investments of the U. S. Senate”, 39 J. FIN. & QUANTITATIVE ANALYSIS 661, 662 (2004).

信息，并从市场交易中获取利润。[1]即便是内线交易合法化观点最为经典的诠释者曼勒也明确指出，主张对上市公司内部人员实施的内线交易行为予以去监管化或者合法化，并不意味着公务人员内线交易可以适用相同的法律经济原理与制度安排。相反，在法律规范建构与执行层面应当对公务人员内线交易行为进行更为严格的监管。[2]所以，如果说内线交易对资本市场诚信与效率造成重大损害，那么危害最为严重的应当是由政府高官实施或者参与的内线交易，内线交易法律制度的管制重点自然也应当首先聚焦于公职人员内线交易。[3]

内线交易的核心内容是交易，故内线交易在属性上属于市场行为；内线交易的侵害对象是市场，故内线交易在实质上构成对市场效率的实际损害与现实风险。但这丝毫不能否定公职人员实施的内线交易包含着与市场效率侵害性相当的对国家信用与权力权威的破坏。公职人员贪污、受贿、渎职等职务犯罪行为剥夺了公民获得诚信公共产品与服务的权利。相应地，公职人员内线交易行为榨取了资本市场投资者获取金融监管产品或者国有资产保值增值服务的权利。如果说重大未公开信息在上市公司以及资本市场层面的产权属性仍然存在公共产品与私有产品的争议，[4]权力介入下形成的重大未公开信息显然构成公共产品，信息产权不可能归属于权力代理人。贪污的实质在于滥用公共管理权限非法占有国有产权；受贿的实质在于权利与财产性利益之间的腐败交易；渎职的实质在于放弃权力的正当行使而导致社会利益遭受重大损失，或者

---

〔1〕 Bud W. Jerke, "Cashing in on Capitol Hill: Insider Trading and the Use of Political Intelligence for Profit", 158 *U. PA. L. REV.* 1451, 1461 (2010).

〔2〕 Henry G. Manne, Keynote Address, *Journal of Law*, *Economics &Policy* 4, 2008, pp. 225, 229. 当然，在内线交易有利于市场效率方面，曼勒仍然坚持公务人员与上市公司内部人员的内线交易在资本市场效率上具有相同的积极影响，即能够促进价格发现，只是上市公司内部人员内线交易合法化的经济论辩在公务人员内线交易问题上并不适用。例如，允许上市公司内部人员实施内部交易作为其管理报酬补充的合理性，对于公务人员而言完全不具有正当性。因为除了职务与工作的经济报酬之外，公务人员不能基于其职务或者工作接受任何形式的额外或者外部报酬。

〔3〕 U. S. Securities and Exchange Commission, The Investor's Advocate: "How the SEC Protects Investors, Maintains Market Integrity, and Facilitates Capital Formation", Accessed November 5, 2009. http://www.sec.gov/about/whatwedo.shtml .

〔4〕 Kimberly D. Krawiec, Fairness, "Efficiency, and Insider Trading: Deconstructing the Coin of the Realm in the Information Age", *Northwestern University Law Review* 95, 2001, pp. 443, 459-463.

以国家社会人民的重大损失为代价换取私人的蝇头小利。同样具有权力滥用特质的公职人员内线交易的实质，则是基于职务或者职务影响获取重大未公开信息并通过相关金融交易行为将市场信息优势兑现为资本得利。因此，公职人员内线交易属于市场滥用与权力滥用的结合——既是背弃公权信用的非法市场行为，也是损害市场效率的职务犯罪行为。

作为全球内线交易监管最为严厉的资本市场，美国联邦法律体系中出现过各种类型的公职人员内线交易刑事案例：联邦调查局特别探员将通过执法数据库知悉的重大未公开信息泄露给他人从事证券交易，法院判决其构成内线交易并判决6年监禁。[1]美联储费城地区银行债券监管部经理向一名证券交易中介工作人员定期泄露联邦政府证券保险、联邦贴现率等信息，经辩诉交易程序后承担监禁6个月、2年缓刑、200小时社区服务的刑事责任。[2]海军部一名军官在一项认罪协议中承认其基于其职务而知悉的巨额军备采购合约信息购买供货商公司股票。[3]货币审计办公室（The Office of the Comptroller of the Currency）工作人员在辩诉交易中承认其利用其职务知悉的重大未公开信息买卖多家银行控股公司的证券。[4]西弗吉尼亚博彩公司（弗吉尼亚州政府全资控股）的原董事、法律顾问获悉该公司计划开拓电视博彩业务后，立即购买了可能获取西弗吉尼亚州博彩公司电视博彩设备采购合同的上市公司的股票，均构成内线交易。[5]SEC工作人员基于刑事政策制定过程中获取的重大未公开信息与他人共谋买卖相关证券，构成内线交易。[6]农业部工作人员在农作物报告发布之前利用行业信息在棉花期货市场从事投机交易，构成内线交易。[7]但是，相对于美国上市公司高管、金融市场专业人士与一般参与者实施的内线交易案件数量而言，针对公职人员内线交易违法犯罪的执法、司法力度显得差强人意，

---

〔1〕 United States v. Royer, 549 F.3d 886, 890 (2d Cir. 2008).

〔2〕 Blyth & Co., 43 S.E.C. 1037, 1039 (1969).

〔3〕 Saunders, Litigation Release No. 9744, 26 SEC Docket 75 (Sept. 2, 1992).

〔4〕 Acree, Litigation Release No. 14231, 57 SEC Docket 1579 (Sept. 13, 1994).

〔5〕 United States v. Bryan, 58 F.3d 933, 936 (4th Cir. 1995); U.S. v. ReBrook, 842 F. Supp. 891 (D. W. Va. 1994).

〔6〕 United States v. Peltz, 433 F.2d 48, 49 (2d Cir. 1970).

〔7〕 Haas v. Henkel, 216 U.S. 462, 472 (1910); Peckham v. Henkel, 216 U.S. 483, 484 (1910); Price v. Henkel, 216 U.S. 488, 494 (1910).

美国学者甚至断言监管制度在公务人员内线交易面前显得无能为力。[1]同时，在禁止公职人员内线交易立法上，美国制定了《阻止基于立法信息从事交易法》（Stop Trading on Congressional Knowledge Act，STOCK），[2]旨在禁止议员以及议会工作人员利用与立法有关的职务获取的重大未公开信息从事证券交易。但美国宪法规定的立法人员言论保护、立法信息保密以及立法权对执法机构预算控制等均直接限制了证券监管机构查处基于立法信息从事内线交易的现实可行性与执法能力。[3]

近年来我国资本市场监管机构与司法机关同样惩处了若干国家工作人员内线交易犯罪案件：原证监会官员肖时庆在担任中国证监会上市公司监管部副主任期间，获悉“中石化”即将启动第二批下属上市公司的股改和重组工作的信息，光大证券正在与中石化就借壳事宜进行谈判的信息后，指使他人利用其控制的多个账户买入北京化二股票，在借壳重组达成协议后，北京化二股票由此更名为“国元证券”复牌后，肖时庆指使他人将所控制的国元证券股票全部清仓，从中获利共计 1 亿余元。[4]原中山市市长李启红利用国有资产管理的职务权限，获悉国有控股公司中山公用集团资产重组重大未公开信息，与亲属等共同利用该内幕信息从事中山公用股票交易，非法收益近 2000 万元，构成内幕交易、泄露内幕信息罪，被判处有期徒刑 6 年 6 个月、罚金 2000 万元。[5]原南京市经委主任刘宝春在参与中国电子科技集团公司第十四研究所及其下属企业国睿集团有限公司，与高淳县人民政府洽谈重组高淳陶瓷股份有限公司过程中，将重大未公开资产重组信息向其妻子陈巧玲泄露，两人使用家庭控制的证

---

〔1〕 Donna M. Nagy，“Insider Trading，Congressional Officials，and Duties of Entrustment”，*Boston University Law Review* 91，2011，pp. 1105，1163.

〔2〕 Adam Warr，“Congressional Insider Trading：Is Misappropriation Appropriate?”，*Critical Studies Journal* 5，2012，p. 1.

〔3〕 Andrew George，“Public（Self）- Service：Illegal Trading on Confidential Congressional Information”，2 *HARV. L. & POL' Y REV.* 161，164（2008）.

〔4〕 刘晓虎、王晓东：《肖时庆受贿内幕交易案——因获取让壳信息而指使他人购买让壳公司股票，后借壳公司改变的，是否影响内幕信息的认定》，载《刑事审判参考》（2012 年第 2 集 · 总第 85 集），法律出版社 2012 年版。

〔5〕《反腐倡廉年度报告（2011）——2011 年反腐典型案件》，载《检察日报》2011 年 12 月 27 日，第 6 版。

券账户买卖上市公司高淳陶瓷股票，非法获利700多万元。[1]在政策宣传层面，监管部门也突出了严厉打击公职人员内线交易违法犯罪的倾向，强调应当重点治理国家工作人员利用职权在资本市场中进行利益交换与输送问题。[2]

但是，监管公务人员内线交易违法犯罪在法律制度与实践操作运作层面存在难以逾越的困境。

其一，监管权限广泛介入资本市场的现实局面意味着公共权力履行过程中涉及众多类型、数量的重大未公开信息，并且资本市场交易与宏观经济市场运行中形成的数据主要依靠政府机构进行信息编制与数据统计，控制公职人员滥用此类信息与数据谋取个人资本得利势必需要建构与认可规制范围非常宽泛的内线交易法律制度与规范解释，而执法与司法实际上无法予以有效覆盖如此宽广的监管领域。

以中国刑法规定的利用未公开信息交易罪为例，能够引起金融商品市场交易价格变动的、内幕信息之外的“其他未公开信息”，不仅在逻辑内涵与外延上相当宽泛，而且在现实的金融实务中，证券业、基金业、期货业、保险业、银行业等监管部门以及相关行业协会在行政执法与行业管理中形成的执法监管信息、政策信息、经济态势数据信息以及行业管理信息、宏观经济数据等，均会对证券、期货以衍生品市场价格产生重要影响。例如，中国人民银行调整利率、存款准备金率，或者国家统计局每月公布物价指数信息等，此类对证券期货交易价格具有极为重要影响的行政部门政策信息与数据信息在公布之前均严格按照国家保密法律规定执行信息数据保密，均属于“其他未公开信息”。

以国家宏观经济数据信息进行具体分析，对于资本市场及其交易的金融商品市场价格具有重大影响的宏观经济数据包括各类物价指数、固定资产投资数据、出口进口增长率、贷款数据变动、广义货币供应量等。金融市场实践中利用

---

〔1〕 侯捷宁：《高淳陶瓷案曝出“官员内幕交易第一人”——南京市经委原主任刘宝春被判有期徒刑5年》，载《证券日报》2011年12月15日，第A3版。

〔2〕 李丽：《监察部通报4起党员领导干部内幕交易案件》，载《中国青年报》2011年12月28日，第3版。

尚未公开的宏观数据信息从事相关金融商品交易可以获取相当规模的利润。[1]再以期货市场中的内幕交易犯罪为例,农业、有色金属行业、能源业等大宗商品主管部门、行业协会等在行政执法与行业监管中形成的立法执法、监管、政策、决定、数据信息等,均会对特定期货合约交易价格产生重大影响;甚至表面上与期货市场无关的监管信息都会影响期货合约价格。例如,房地产调控政策会引起螺纹钢、线材等现货市场供大于求进而引发螺纹钢、线材期货合约交易价格下降。[2]

从现有的内线交易法律监管制度文本来看,对于监管机构及其工作人员的职务行为深度介入金融市场且构成资本市场价格变动重大要素的现实,立法基本上做出了合乎比例的规范反应,依托于法律文本的解释在无须扩张的条件下即可覆盖极为宽泛的行为领域。实践中,在有些重大政策信息公布之前,股市中往往会出现异动;有些个股重大利好公布之前,股价往往会提前飙升。但监管部门大多并未将这些现象纳入内线交易的查处范畴。[3]这不仅衍生出内线交易违法犯罪理论边界极宽的质疑,而且客观上凸显出执法与司法覆盖能力与实践资源的不足。

其二,全球资本市场中,任何一种监管架构实际上都难以有效追究公务人员基于重大未公开信息从事相关金融交易的法律责任,数量有效的公职人员内线交易犯罪案件无非是选择性执法[4]的结果或者随机性执法[5]的偶然。

在现实操作中完全可以预期内线交易监管机构或者司法机关面对公职人

[1] 例如,市场预期下月国家新增贷款为6000亿元,但实际上国家收紧贷款为5000亿元,提前获得该信息可以在股指期货市场提前做空,等待证券市场基于宏观信息的影响出现下跌后获利。如果提前获知国家GDP数值比预期高,则可以买进市值规模较大的个股或者做多股指期货,等待市场受到宏观利好数据影响股票上涨,再卖出个股或者股指期货合约,能够获得非常可观的交易利润。陈舒扬:《"路透版"CPI七次言中谁成就了"数据章鱼哥"?》,载《每日经济新闻》2011年6月9日,第2版。

[2] 谢杰:《最新内幕交易犯罪司法解释的缺陷与规则优化》,载《法学》2012年第10期。

[3] 张海英:《股市中还有多少"李志玲"》,载《新京报》2015年6月21日,第A2版。

[4] 选择性执法是指针对国家工作人员实施的内线交易违法犯罪进行追究并非是监管制度常规化、机制化运作的结果,而是基于政治、利益关系等目的将特定公职人员的基于重大未公开信息实施的金融交易认定为内线交易犯罪,且通常情况下相似类型的交易行为并不作为内线交易监管机制覆盖的重点,甚至不是实际上的监管范围。

[5] 随机性执法是指国家工作人员涉嫌内线交易通常在事实层面难以获取证据或者在法律层面难以建立确定的责任基础,特定的公职人员构成内线交易案件应当被视为小概率事件。

员作为违法犯罪主体的案件会陷入畏缩不前或者迟疑顾忠的状态。不同公共管理机构“在财政上的关联与互惠”，[1]在权力上的牵制，在职业上的同质属性，在社会或者文化上的日常交往或者形成共同体，甚至是市场滥用监管机构及其工作人员自身希望在资本市场上实现交易利润等既有的利益，都会与惩治公职人员内线交易赋予金融市场的利益形成冲突，从而导致负责市场滥用违法犯罪的监管机构或者司法机关无法建构坚强的惩治公职人员内线交易违法犯罪的立场。

即使是在内线交易监管机构独立性与监管强度相对较高的美国，监管公职人员内线交易违法犯罪在实际操作上异常困难的现实多年来一直都没有明显改观。早在20世纪20年代，美国联邦最高法院原大法官约瑟夫·麦肯纳的一名法官助理被控利用审判过程中的重大未公开信息买卖相关证券，但最后由于美国联邦司法部顾忌该起内幕交易指控可能产生的负面影响而予以撤案。[2]近至2012年，美国国会道德办公室宣布没有证据表明参议员斯宾塞·巴楚违反内幕交易法律，建议撤销斯宾塞·巴楚内幕交易一案。[3]而参议员巴楚从事相关金融交易的事实是，其于2008年7月至11月至少从事了40次股票期权交易，赌市场会下跌，并从中获利16万美元。在交易期间，巴楚作为国会领导定期听取财政部部长鲍尔森与美联储主席伯南克的汇报，并获悉金融危机持续严重、市场不断恶化的宏观经济信息。[4]

可见，作为监管权力问题的内线交易，不仅指向了一种现实状况——资本市场中存在行为波及面广、市场诚信破坏程度深、阻碍市场效率力度大的国家公职人员利用职务行为获取的重大未公开信息从事相关金融交易，而且折射出现有的内线交易监管法律制度与权力配置结构对于控制权力腐败型的内线交易行为而言是接近于低效甚至无效的。

---

〔1〕 Joseph N. DiStefano, Senators' Stock Picks Bring Profit, Scrutiny, PHILA. INQUIRER, Nov. 7, 2004, E1.

〔2〕 John B. Owens, The Clerk, the Thief, His Life as a Baker: Ashton Embry and the Supreme Court Leak Scandal of 1919, 95 Nw. U. L. Rev. 271, 272 (2000); Embry v. United States, 257 U. S. 655 (1921).

〔3〕 Scott Higham, Congress Ethics Office Clears Bachus of Insider Trading, The Washington Post, May 1, 2012.

〔4〕 David Weigel, Spencer Bachus, Rogue Trader, Slate, Nov. 14, 2011

二、作为代理成本的内线交易

对于源自市场主体经济行为的重大未公开信息而言,基于此类信息展开的内线交易行为的核心内容是上市公司中的信息知情人员利用内幕信息从事相关金融交易或将信息泄露给其他人员,或者是基金公司等金融机构中的信息知情人员利用所在组织的投资决策信息等买卖相关金融商品或者将该信息泄露给其他人员。围绕着信息产权配置或者归属的组织与个体关系——代理关系——便成为解释内线交易行为过程中不可回避的重要问题。现有的以代理关系为视角分析内线交易的理论主要集中于上市公司股东与管理人员的利益冲突问题,[1]即上市公司管理人员[2]在接受公司授权履行职务或者从事业务过程中主导或者参与了重大事件或者重大经营行为,其代理行为对于生成与重大事件有关的信息具有创造与被创造的关系,管理人员利用其参与创造的重大未公开信息从事金融交易并从中获取经济利益,是否与其代理行为应当促进公司股东利益最大化这一价值之间形成冲突。当然,由于在资本市场发行与交易的金融工具包括证券、期货、其他衍生品以及基金等金融投资单元,涉及不同的金融工具发行人、交易者与金融工具交易的监管者,代理关系中并不是只有作

---

〔1〕 Alexandre Padilla, "Can Agency Theory Justify the Regulation of Insider Trading", *The Quarterly Journal of Austrian Economics* 5, 2002, p. 3; James S. Ang and Don R. Cox, "Controlling the Agency Cost of Insider Trading", *Journal of Financial and Strategic Decisions* 10, 1997, p. 15; Thomas H. Noe, "Insider Trading and the Problem of Corporate Agency", *Journal of Law, Economics, and Organization* 13, 1997, p. 287.

〔2〕 在公司控制权相对集中的情况下,公司管理人员通常是由公司控制股东或者实际控制人通过各种机制安排的。故管理人员与公司之间的代理关系在部分情况下也可能转化为控制股东与非控制股东之间的代理,前者可以视为代理人,后者可以视为委托人。困难之处在于如何在制度上保证非控制股东不被控制股东剥削。在公司的特定集团能够控制影响所有者利益的决定时,控制股东与非控制股东之间的这种关系显著的紧张。公司所有权集中程度越高,这种代理问题就越严重。Luca Enriques and Paolo Volpin, "Corporate Governance Reforms in Continental Europe," *Journal of Economic Perspectives* 21, 2007, pp. 117, 122 - 125. 此外,能够构成内线交易违法犯罪的行为主体显然也包括上市公司聘用的其他固定工作人员以及参与公司某项业务的财务顾问、律师等专业技术人员,此类非管理人员同样能够与公司之间形成代理关系。但是,内线交易代理问题的重要文献一般将代理关系中的利益冲突表述为"管理人员与公司股东利益冲突"。Adolf A. Berle and Gardiner C. Means, *The Modern Corporation and Private Property*, Cambridge University Press, 2005; Michael C. Jensen and William H. Meckling, *Theory of the Firm: Managerial Behavior, Agency Costs, and Ownership Structure*, 3 J. FIN. ECON. 305, 1976.

为金融工具发行人的上市公司的股东与管理人员之间的利益冲突，还包括参与金融交易的基金公司、信托公司等金融机构股东与管理人员之间的利益冲突。

公司授予管理人员代理权之后，管理人员在通过职务或者业务行为为公司股东创造价值的同时，公司需要付出一定的成本作为管理人员劳动的对价，即代理成本。[1]代理成本可以是公司基于监督管理人员高效履行职务而支付的行政管理费用；也可能表现为公司管理人员谋取其个人经济利益过程中对公司股东利益造成的损耗。评估上市公司等企业内部出现的内线交易行为对于企业效率的影响，其核心在于分析代理成本——如果内线交易有助于减少公司股东与管理人员之间的利益分歧，进而减少整体代理成本的，则内线交易有利于提升公司运作效率；反之，内线交易则损害公司效率。

在由非公职人员实施的内线交易行为中，企业高级管理人员利用其行使决策与管理权过程中获悉的重大未公开信息从事相关金融交易是最为常见的，因为高级管理人员相对于企业一般工作人员而言，不仅对于信息的创造承载了更多的指导与参与工作，而且其职务能力决定了更有可能僭越企业信息保密规章。从经济激励的角度分析，与处于资本链条顶端的资本家和低端的普通员工不同的是，企业很难对行使代理权限的高级管理人员进行富有效率的利益激励。因为任何从一般员工发展到最高级别行政管理人员都可能迸发出具有经济价值的创新概念，企业很难在初始阶段就辨识出这些具有创造价值的管理人员，故很难事先设定富有效率的管理人员薪酬数额与结构。以基金公司、投资公司等机构中的基金管理人、投资经理人为例，公司的效益直接依托于高级管理人员具有创造性的金融交易或者投资决策所创造交易利润，无论事先如何通过薪酬安排优化管理人员经济收入与实际业绩之间的提成比例或考通过股权激励绑定公司整体与管理人员个人的利益，最后都难以实现委托人与代理人双

[1] 代理成本主要包括组织监督成本、约束成本以及剩余损耗（因管理人员决策与所有者利益最大化决策之间的分歧而造成的组织所有者的利益减损）。Michael C. Jensen & William H. Meckling, "Theory of the Firm: Managerial Behavior, Agency Costs, and Ownership Structure", *The Journal of Financial Economics* 3, 1976, pp. 305, 308.

方均满意的效果。〔1〕正如曼勒所言,真正的创新工作是无法预测的,它的价值在被设计与实施之前是无法判断的;真正的创新是无法规划与充满活力的,几乎不可能事先通过合同对其进行任何形式的安排。〔2〕这就意味着公司股东利益不断增长的动力源泉(企业创新)与其代理者的利益激励之间的分歧很难通过包括股权激励在内的单纯的薪酬制度优化予以解决或者协调。

基于控制企业与管理人员利益分歧的考量,主张内线交易去监管化的理论认为,企业管理人员等内部人员可以通过内线交易得到与其创新工作方向相同、时间相同的经济激励,在促进企业创新与股东利益增长的同时,能够成为一种提升企业效率的市场化机制。〔3〕内线交易使公司管理人员持续根据其创造的有价值的新信息更新其报酬而无须承担重新协商劳动合约的成本,从而促进管理人员将其个人财富更为紧密地与组织利益进行联系的工作激励。〔4〕具体而言,管理人员通过各种工作创新的方式创造了对于资本市场重新对证券进行定价而言具有重要价值的全新信息,其本人也成为首批知悉这种新信息的行为主体。管理人员可以通过在市场公众知悉这种创新工作、证券价格充分反映利好信息之前,购买本公司证券并享受重新定价之后的经济利益。即使内部人员购买证券的能力与投资成本有限,也可以向其他人转让信息。内线交易能够使上市公司内部人员"稳定地将其创新活动予以市场化",〔5〕从而促进内部人员创新与激励实现统一。

对于企业而言,内线交易不仅优化了用人单位在经理人劳动市场搜索合适人选的效率,提供了与管理人员创新精神相关的有用信息,而且在很大程度上减少了代理过程中的监督成本。〔6〕企业都希望选择具有创造能力与一定风险

---

〔1〕 相对于企业管理人员个人直接从其信息创造过程获取收益而言,任何基于实际效益为基础的提成比例或者其他股权分配计划都只能是间接的、远期的激励,因而无法直接、充分、立即满足管理人员的利益诉求。同时,为了满足高级管理人员利益激励而配置过高的薪酬安排也会损耗一部分归属于公司股东的经济利益。

〔2〕 Henry G. Manne, *Insider Trading and the Stock Market*, Free Press, 1966, pp. 132 – 133.

〔3〕 Henry G. Manne, *Insider Trading and the Stock Market*, Free Press, 1966, pp. 99 – 104.

〔4〕 Dennis W. Carlton and Daniel R. Fischel, "The Regulation of Insider Trading", *Stanford Law Review* 35, 1983, pp. 857, 870 – 878.

〔5〕 Henry G. Manne, *Insider Trading and the Stock Market*, Free Press, 1966, p. 138.

〔6〕 Dennis W. Carlton and Daniel R. Fischel, "The Regulation of Insider Trading", *Stanford Law Review* 35, 1983, pp. 857, 886.

承担意愿的管理人员，但在现实的经理人劳动市场中难以通过常规的评估机制对应聘人员进行有针对性的筛选。如果能够在企业与管理人员商谈合约的过程中涉及许可内线交易且折抵固定报酬条款的探讨，企业就能非常便捷地从众多招录中挑选更具创新精神与风险担当的管理人员。因为设置允许管理人员利用经营过程中形成的重大未公开信息买卖本公司证券及衍生品获取个人利益的机制，切实回报了那些创造有价信息且愿意承担交易风险与固定报酬损失风险的管理人员，并且愿意选择内线交易报酬激励的管理人员基本上属于最愿意承担风险且具有创造价值能力与创新精神的管理人员，同时能够主动地通过创造价值谋取个人与组织的利益共赢，从而节省企业督促其积极创造价值的监督成本。

然而，内线交易在降低代理成本的同时，其本身极有可能构成一种牺牲股东利益的、基于信息控制权而实施的、纯粹的私人获利行为，甚至可以直接认为内线交易就是一种额外的代理成本——内线交易实质上并没有提供一个促进上市公司股东与管理人员利益联盟的刺激动力的整体机制，而是在扭曲管理层报酬机制过程中创造了新的代理成本。[1]

首先，企业根据管理人员是否选择从事内线交易来决定相应的固定报酬或者股权激励数额，会在根本上扰乱原本具有一定效率或者现实可操作性的事前报酬合约机制，即破坏以工作业绩、生产力为基础的薪酬机制。[2]如果管理人员在与企业签订薪酬合约时选择更高的固定报酬且放弃基于重大未公开信息实施内线交易的权利，企业就需要额外支出监督管理人员相关知情交易的成本，且知情交易监督成本并非一定能够发现并控制管理人员内线交易行为。因此，实践中完全可能出现管理人员即获取高额固定报酬又不遵守合约从事内线交易的情况。

其次，允许内线交易可能与激励管理人员创新与创造价值并无关联，或者

---

〔1〕 Reinier Kraakman, *The Legal Theory of Insider Trading Regulation in the United States*, in *European Insider Dealing: Law and Practice*, Klaus J. Hopt & Eddy Wymeersch eds., Butterworths (Canada) Limited, 1991, p. 52.

〔2〕 即使内线交易去监管化的积极拥护者也承认，禁止内线交易能够防止内部人破坏传统三稳固的薪酬协议。Dennis W. Carlton and Daniel R. Fischel, "The Regulation of Insider Trading", *Stanford Law Review* 35, 1983, pp. 857, 873.

无法充分激励管理人员创新。相当数量的内线交易者实际上并不是基于其开创了创新业务或者全新的管理模式而掌握了公司中有价值的新信息或者启动了有价值的重大项目。在当前资本市场中,公司管理管理人员实施的内线交易行为通常只是完全与创新与价值创造无关、单纯基于其公司职务就可以获取的重大未公开信息,例如,利用其掌握的公司财务情况在财务报告未公开前从事相关证券交易。同时,即便重大未公开信息与创新或者价值创造相关,实践操作上很难确保利用该信息从事相关金融交易的行为主体局限于制造新信息或者参与企业创新的人员。因为信息的扩散性决定了内线交易利益具有明显的非排他性,会产生"搭便车"的情形——利用重大未公开信息实施相关金融交易的知情人员有相当部分只是无权参与公司管理的普通员工、专业人员等。[1]这些知情人员通常只是在完成或者执行与重大未公开信息有关的事宜过程中获悉信息,而非参与创造这种全新的信息或者事件。而真正具有创造性的企业管理人员需要掌控他们所创造的新信息,持续垄断这种内线交易利益,排除其他知情人员实施内线交易消耗或者提前释放重大未公开信息在资本市场中的价值。如果企业内部真正的信息创造者不能垄断其创造的信息,就会降低其创新激励并对公司业绩产生消极影响。

此外,以内线交易激励创新不仅将导致公司正常的商业与管理行为受到管理人员个人金融交易利润的影响,还会促使管理人员实施激进行为从而导致公司必须面对过度的风险。[2]管理人员会利用公司的商业机会提升其在个人金融交易中的获利数额,[3]通过操控商业决定优化其潜在的金融交易收益。[4]例如,与上市公司重大合同签订与履行有关的信息会引发相关证券及衍生产品市场交易价格的波动,在公司管理人员能够基于重大合同信息买卖相关金融商

---

[1] Laura N. Beny, "Insider Trading Laws and Stock Markets around the World: An Empirical Contribution to the Theoretical Law and Economics Debate", *The Journal of Corporation Law* 32, 2007, pp. 237, 245; James D. Cox, "Insider Trading and Contracting: A Critical Response to the Chicago School", 1986 *DUKE L. J.* 628, 653 (1986).

[2] Lucian A. Bebchuk, Chaim Fershtman, "Insider Trading and the Managerial Choice Among Risky Projects", 29 *J. FIN. & QUANT.* ANALYSIS 1 (1994).

[3] Lucian A. Bebchuk, Christine Jolls, "Managerial Value Diversion and Shareholder Wealth", 15 *J. L. Econ. & Org.* 487, 487 - 88 (1999).

[4] Robert J. Haft, "The Effect of Insider Trading Rules on the Internal Efficiency of the Large Corporations", 80 *Mich. L. Rev.* 1051, 1056 (1982).

品的情况下，个人利益就介入了管理人员正常职务行为（代理公司进行商业决策与经营行为），上市公司签订重大合约、放弃该项交易计划、合约顺利履行或者以和解的方式处理合同纠纷等一系列商业决策与行为所造成的金融商品价格波动都会影响买卖相关金融商品的公司管理人员的交易利润。其完全可能基于个人利益最大化的目的，通过持续控制商业决策与行为的方式反复制造价格波动并从中谋取利益。同时，公司证券交易价格波动越大，内线交易的获利就越大。这会激励公司管理人员通过设计风险极大的项目为公司股东获取对应的高收益，[1]从而使其有机会创造更具价值的新信息并从中获取更多的内线交易，但过度的风险承担实际上并不符合公司股东利益。

内线交易能否在降低代理成本的基础上提升组织运作效率的问题，实际上很难进行绝对的、直接的、定性的判断。公司与管理人员利益紧密关联的，在有效保障管理人员个人利益与防控其从事过度风险经营行为的情况下，内线交易有利于提升组织效率；在其他情况下，或是利益冲突决定了无法许可管理人员内线交易，或是允许内线交易将会导致利益冲突从而损害公司股东利益。因此，在现行的资本市场环境与法律制度框架下，作为代理成本问题的内线交易监管与去监管化论辩的价值并非在于形成强化或者取消内线交易监管，而是尝试探索公司（委托人）与管理人员（代理人）在重大未公开信息使用问题上的利益共同点或者重合面。

在真实的企业运作实践中，管理人员个人利益是一种需要法律制度始终关注的诉求。并非所有流向管理人员的内线交易利润都需要在制度层面予以禁止而不允许公司与管理人员在组织内部进行自由协商。抽象且绝对的禁止往往会损耗企业运营效率。如果公司价值与参与重大未公开信息创造的管理人员利益能够实现共赢，则应当在市场滥用违法犯罪防控政策上为公司与管理人员就重大未公开信息使用问题预留制度空间，允许双方通过市场化的方式进行安排。同时，即使特定的内线交易类型能够促进公司运作效率，亦不能直接肯定在制度上对其进行去监管化的合理性，还应当进一步分析内线交易对于资本市场整体效率的影响。对于利用未公开信息交易行为而言，基金公司管理人员

[1] Frank H. Easterbrook, "Insider Trading, Secret Agents, Evidentiary Privileges, and the Production of Information", *Sup. Ct. Rev.* 309, 332 (1981).

等利用的重大未公开信息属于募集资金的投资决策等信息类型,知情交易行为只涉及是否损害公司股东或者募集资金提供者利益的问题,对于资本市场中的其他投资者而言也只存在信息能力上的差异问题,并没有损害资本市场其他投资者的利益,知情交易反而能够为资本市场投放额外的流动性。但对于内幕交易行为而言,上市公司内部人员等利用的是与上市公司经营或者财务有关的、能够影响证券及相关衍生品市场交易价格的尚未公开的信息,知情交易行为对于相关金融商品的定价、外部投资者的利益、市场竞争不公平而导致的流动性流失等均会产生影响,即内幕交易涉及资本市场整体效率问题。

所以,在排除公权力介入重大未公开信息形成的情况下,完全生成于市场的重大未公开信息被内线交易利用之后,不仅应当在组织效率层面深度考察代理成本与内线交易的关系,而且必须在更为宽泛的资本市场层面分析内线交易与市场效率之间的关系。

三、作为市场效率影响因素的内线交易

内线交易究竟是有益于还是损害组织效率是一个局限在组织内部的经济评估问题。在内线交易的行为结构中,如果只涉及重大未公开信息知情人员与企业所有者(股东)之间的关系,分析内线交易是否能够实现股东与管理人员利益最大化问题是可行的。但是,相当部分的内线交易不仅是组织内部的一种经济行为,更是一种对资本市场产生实质性影响的市场行为,需要在更为广阔的市场效率层面对内线交易进行评估。〔1〕上市公司高级管理人员实施的证券内幕交易行为,就是典型的对资本市场整体效率产生重大影响的内线交易类型。潜在的上市公司外部投资者与持有重大未公开信息的上市公司内部人员从事方向相反的金融交易的可能性愈大,外部投资者承担的市场风险愈大,则资本市场对于理性外部投资者的吸引力愈低,资本市场对于相关金融商品的定价愈不被潜在的上市公司外部投资者认可。〔2〕特定资本市场中的投资者与资本数

---

〔1〕 Kimberly D. Krawiec, "Fairness, Efficiency, and Insider Trading: Deconstructing the Coin of the Realm in the Information Age", *Northwestern University Law Review* 95, 2001, pp. 443, 445.

〔2〕 Roberta S. Karmel, "Reconciling Federal and State Interests in Securities Regulation in the United States and Europe," *Brook. J. Int'l L.* 28, 2003, pp. 495, 545.

量的减少与定价认可度的下降会导致融资成本上升与资本效率下降，[1]最终引发该资本市场在全球金融市场竞争中被淘汰。

特定的内线交易行为会因为有利于控制代理成本而在组织效率层面产生较大的积极效应，但同时也会由于损害定价准确性与降低流动性而对资本市场效率产生相当的负面影响。在引入作为市场效率问题的内线交易概念之后，就有必要明确如何在统一的框架下评估组织效率与市场效率。一种设想是，对于确实涉及资本市场整体影响的内线交易类型，必须评估其对组织内部与市场整体的综合性作用，如果内线交易对于组织产生的积极效应大于对于资本市场造成的损害，应当允许内线交易并通过民事诉讼对市场效率损害进行补偿。但是，一旦内线交易行为超越了组织效率评估界限而对资本市场效率产生影响，就只能在资本市场整体层面评估内线交易行为的效率问题，因为资本市场是发行证券等金融产品的组织运作的平台，任何影响市场效率的问题都要优先于组织个体效率进行排他性的评估。即使法律制度能够保证所有受到内线交易损害的投资者均得到全额赔偿（在操作上不可能实现），由于资本市场整体效率损害（定价失准、流动性撤离等）无法通过补偿所有利益受损投资者的方式进行恢复，故特定的内线交易行为只要损害市场效率，就不能再考虑组织效率。

定价准确性与市场流动性是法律与经济分析理论评估内线交易对资本市场影响的重要尺度。定价效率是指市场价格及时且准确地反映了与金融资产有关的所有信息的程度，[2]是分析金融资产市场价格与内在价值是否相符的指标。特定金融商品的市场交易价格所反映的与该金融商品及其发行人有关的信息越充分，该价格越接近于金融商品真实价值，资本市场的定价就越准确。[3] 市场流动性表现为交易者迅捷地执行交易的市场水平，市场流动性越充分，交易指令执行的速度越快，交易成本越低。[4]

---

[1] Robert A. Prentice, "The Inevitability of a Strong SEC", *Cornell Law Review* 91, 2006, pp. 775, 824 – 825.

[2] Nuno Fernandes and Miguel A. Ferreira, "Insider Trading Laws and Stock Price Informativeness", *The Review of Financial Studies* 22, 2009, pp. 1845, 1849.

[3] Li Jin and Stewart C. Myers, "R Around the World: New Theory and New Tests", *J. FIN. ECON.* 79, 2006, pp. 257, 258.

[4] Marcel Kahan, "Securities Laws and the Social Costs of 'Inaccurate' Stock Prices", *Duke L. J.* 41, 1992, pp. 977, 979 – 1020.

内线交易介入市场后金融商品运行价格对基础资产真实价值关联信息的反应程度是判断内线交易与市场定价效率关系的基础标准。以股票这种特定的金融商品种类为例,与上市公司未来业绩有关的信息以及市场价格对信息的反应程度是决定市场定价准确性的两大因素。[1]如果内线交易能够向市场释放并推动市场价格反映信息,股票的市场定价与价值之间的偏离度则较低,那么内线交易对股票的定价准确性具有积极影响;反之,内线交易对股票定价具有消极影响。

从现有的实证研究来看,对于内线交易究竟能否提升定价效率问题从来没有形成过一致性认识。早期的实证研究认为,内线交易行为能够推进价格快速变动并提升市场定价效率。[2]因为资本市场实际上是可以自我察觉潜在的知情交易并将知情交易及其负载的信息整合于市场价格之中。[3]尤其是与财务报告有关的信息,知情人员在信息公开之前的交易是提前反映财务预期利好与利空的重要指标。[4]近期针对1998年至2006年美国存托凭证(American Depositary Receipts,ADR)的实证研究则发现,内线交易监管制度得以执行国家或地区的ADR具有更好的市场流动性、更低的信息不对称性以及更为准确的定价效率。[5]这意味着控制内线交易更有利于提升金融商品价格反映市场信息的全面性与准确性。就内线交易个案层面的深度实证分析而言,研究显示目前仍然难以辨识内线交易行为与外部投资者所从事的相关金融商品交易行为对于金融商品市场价格的区别性影响。[6]例如,伊万·博伊斯基曾于雀巢公司收购康乃馨公司前买卖后者证券,一项针对该起内幕交易案件的实证分析报告指

---

〔1〕 Merritt B. Fox, Randall Morck, Bernard Yeung and Artyom Durnev, "Law, Share Price Accuracy, and Economic Performance: The New Evidence", *MICH. L. REV.* 102, 2003, pp. 331, 346.

〔2〕 Stephen H. Penman, "A Comparison of the Information Content of Insider Trading and Management Earnings Forecasts", *JFQA* 20, 1985, p. 1.

〔3〕 L. Meulbrock, "An Empirical Analysis of Illegal Insider Trading", *J Fin* 47, 1992, p. 1661.

〔4〕 Stephen H. Penman, Insider Trading and Dissemination of Firms' Forecast Information 55 J Bus 479, 491 (1982).

〔5〕 Kee H. Chung and Hao Zhang, "Insider Trading Regulation and Market Quality: Evidence from American Depositary Receipts", *Asia-Pacific Journal of Financial Studies* 39, 2010, p. 340.

〔6〕 Z. Goshen and G. Parchomovsky, "On Insider Trading, Markets and 'Negative' Property Rights in Information", *Virginia Law Review* 87, 2001, p. 1229.

出，尽管相关证据明确显示博伊斯基利用并购内幕信息从事相关证券交易，但数量分析工具未能测算出博伊斯基内幕交易行为与非知情证券交易行为之间在市场价格影响方面的差异。[1]

从理论上分析，内线交易促进金融商品定价准确性，其根本经济机制在于内线交易能够替代信息披露促进市场价格吸收尚未公开的、与金融商品及其基础资产价值具有密切联系的信息。而需要内线交易以非信息内容公开的方式促进价格效率的经济前提建筑在信息披露在特定情况下会损害市场效率的事实基础之上。

应当承认，绝对性信息披露机制损害市场效率的弊端是现实存在的。资本市场法律制度尽管特别强调通过信息披露促进市场价格效率，但并不要求金融商品发行主体立即、全部披露所有重大信息。以证券为例，上市公司披露重大信息后商业竞争对手可以利用信息的早期知悉从事"搭便车"行为进而损害上市公司在实体经济竞争中的优势地位，导致上市公司从根本上遏制其创新，故有必要在信息披露与证券定价效率之间寻求平衡。[2]

具体分析信息披露对上市公司潜在的商业利益损耗——信息披露是由上市公司承担个体成本的方式实现资本市场整体利益，但资本市场是一个覆盖上市公司及其投资者和大量的上市公司竞争对手及其投资者的融资与投资平台。上市公司信息披露内容越全面、时间越迅速，竞争者对于上市公司的信息掌控也就越充分。这意味着上市公司信息披露在一定程度上提升了其竞争对手的利益。有利于实现资本市场整体利益的信息披露（市场最优信息披露）程度介于不披露与完全披露之间。但信息披露义务主体显然会倾向于选择低于市场最优信息披露程度的实践操作。这就在相当程度上解释了为什么法律需要通过强制性披露规则推动上市公司信息披露。强制性信息披露补充了上市公司自愿信息披露不足以反映的那部分金融商品价格。然而，尽管强制性信息披露能够直接提升金融商品市场价格精确度，但如果强制性信息披露要求义务主体全部披露信息，会对资本市场制造较高且实际上也难以承受的成本。强制性信

〔1〕 Sugato Chakravarty and John J. McConnell, "Does Insider Trading Really Move Stock Prices?", *The Journal of Financial and Quantitative Analysis* 34, 1999, p. 191.

〔2〕 Stephen M. Bainbridge, "Mandatory Disclosure: A Behavioral Analysis", *University of Cincinnati Law Review* 68, 2000, pp. 1023, 1025.

息披露制度必须为自愿性信息披露留出制度空间。这便促成了内线交易替代信息披露优化市场价格准确性的现实可能。

基于此，法律与经济分析理论中的代表性观点指出，内线交易在优化金融工具市场交易价格准确性的同时免去了证券等金融工具发行人披露尚未确定的未公开信息的成本，[1]内线交易行为提升了资本市场定价效率，故禁止内线交易的法律制度并不合理。[2]因为内线交易行为本身确实能够向资本市场传递信息、制造市场趋势、影响与特定信息具有关联的金融工具市场价格。这种由内线交易引发的交易量增长与价格变动推动相关金融工具市场交易价格趋向于重大未公开信息所内涵的真实价值。此外，以内线交易替代信息披露对于上市公司实体经营而言具有重要价值。上市公司披露信息将损耗实体创新延伸出的信息价值，信息不确定性也会导致过早披露误导市场的法律责任，而内线交易能够有效避免此类经济与法律风险，同时对证券交易市场注入相当的信息效率。[3]

应当承认，内部人员基于未公开信息所从事的知情交易助推资本市场定价效率优于信息披露的观点具有合理性的因素与成分。以即时或者早期信息披露的法律责任成本为例，特定时间节点所披露的信息内容与最后发生的事实之间大致存在完全相反、显著偏离、偏离、略微偏离、基本一致、高度一致、完全一致等多种反映与被反映程度的关系。这种反映程度上的差异或者多种可能是由信息本身所具备的不确定性决定的。一旦信息表达与事实内容的偏离程度超过市场预期或者投资者认为信息披露主体存在虚构或者隐瞒真相，承担信息披露义务的上市公司就将面对大规模的潜在法律责任追究风险。披露信息可能导致的虚假陈述责任决定了信息披露义务主体倾向于不披露尚未完全或者相对成熟的信息（对最后发生事实反映程度相对较低的信息），并在事实发生相对确定的时间节点披露信息。新信息形成之后直至披露之前的价格信号可以由内线交易向市场进行替代性传递。

---

〔1〕 Henry G. Manne, "Insider Trading: Hayek, Virtual Markets, and the Dog that Did Not Bark", *J. CORP. L.* 31, 2005, pp. 167, 169.

〔2〕 Henry G. Manne, Insider Trading and the Stock Market, Free Press, 1966, pp. 80 – 91.

〔3〕 Dennis W. Carlton and Daniel R. Fischel, "The Regulation of Insider Trading", *Stanford Law Review* 35, 1983, pp. 857, 863.

但是，内线交易在实际操作中很难成为信息披露促进市场定价准确性的廉价替代性方案，其主要原因在于内线交易与市场定价效率之间的利益冲突以及内线交易促进信息效率的不确定性与低效性。

其一，内线交易行为主体的个体利益与内线交易替代信息披露优化市场定价效率所涉及的市场整体利益之间存在明显的利益冲突。

重大未公开信息知情人员并不会基于追求价格平衡的价值理念实施相关金融交易。内线交易能否以及获取多少交易利润的根本机制在于其拥有的信息接触优势。知情人员对于信息的控制力愈强，其获取利润的概率与数额就愈高。这种基于内部人员主观意志足以整体排除外部投资者或者投机者信息竞争能力的优势只有在持续掌握、囤积、利用时才得以实现利益最大化。如果未公开信息通过价格信号的变化转移至公开市场，内线交易的利益将会出现折损。如果市场价格充分反映重大未公开信息，将会根本性地限制知情人员利用其掌握的未公开信息实现经济价值的利益程度。即使客观上存在内线交易获利与资本市场定价效率优化的“双赢”空间，但是，内线交易利益最大化与资本市场效率最大化的终极层面是存在价值冲突。未公开信息知情人员可能基于利益最大化的利己诉求而损害资本市场定价效率与企业运作效率。

其二，内线交易是否以及在多大程度上促进金融商品市场价格朝着与其真实价值相应的反向进行运作存在高度的不确定性与相对低效性。

实践中不能排除市场中的专业信息分析人员或者投资者难以辨识由内线交易行为所释放的信息与价格信号。因为即使在合法的内部人交易的场合，买卖本公司证券及其衍生品的内部人员也可能基于确保信息利益垄断的经济考量而刻意隐藏其交易行为或者控制其对市场的影响。在具体操作中，重大未公开信息知情人员可以通过分散交易量、使用“人头账户”等多种方式隐匿内线交易行为本身可能向市场传递的信息内容。经结构化改造后的内线交易排除或者模糊了知情人员身份、敏感时间大额交易等可能引起市场进行潜在信息评估的因素，绝大部分内线交易被市场理解为流动性或者噪声交易。退一步分析，即使重大未公开信息的知情人员并不刻意对交易事实进行掩盖，内线交易也可能难以向市场传递或者充分传递全新的信息内容。毕竟相当部分的内线交易在数量上并未在同期市场交易量中占据显著地位，加之噪声交易对于证券价格对新信息进行充分反映的干扰，内线交易的信息提示价值与优化定价效率会有很大的局限。[1]重大未公开信息的内容指向利好(利空),知悉该信息的内部人员在信息尚未披露时做多(做空)金融商品,在其他影响该特定金融商品基本供求关系的条件没有响应变更的情况下,金融商品市场价格会相应上涨(下跌)。但是,资本市场中的金融商品具有高度的可替代性,随着市场产品内容与结构的不断优化,特定金融商品会存在诸多可替代投资品种,有限的内线交易数量规模决定了其在绝大多数情形下都会淹没在众多相类似金融商品整体交易总量之中,很难通过价量“解码”的过程向市场有效传递潜在的价格敏感信息。内线交易对于市场信息效率的潜在影响通常是不重要的。此外,内线交易影响金融商品市场价格变动的过程缓慢、时间成本过高。其他市场参与者只能通过金融商品价格与交易量的变动解读潜在的内线交易及其所指向的未公开信息,进而沿着内线交易的方向参与市场交易。这个价量“解码”流程烦琐、复杂、零散、低效。所以,内线交易所内含的信息在被市场察觉之前,金融商品市场价格可能会逐渐接近充分反映市场未公开信息的价格水平,但这显然是一个需要耗费相当时间与成本的价格变动过程。加上资本市场中还存在诸多不具有理性投资判断基础的噪声交易扰乱价格信号的有序释放,经过种种环节弱化之后,内线交易引导金融商品市场价格的效率最终很难实现。

可见,实证研究结论与理论分析观点的激烈冲撞决定了内线交易与资本市场定价效率关系难题在数十年的纠缠与困惑中仍然处于待解状态。内线交易对资本市场流动性影响问题同样如此。实证研究对于内线交易行为是否降低市场流动性问题并没有形成确定的结论性意见。有的调查发现,做市商、专业交易者等感觉到内部知情人员针对特定证券或者衍生品实施的交易比较活跃时,其买卖价差[2]趋于增大。[3]有的研究认为,内线交易并没有对市场流动性

---

[1] Stephen M. Bainbridge, “The Insider Trading Prohibition: A Legal and Economic Enigma”, *Florida Law Review* 38, 1986, pp. 35, 66.

[2] 买卖价差是衡量市场流动性的重要标准。买卖价差愈大,交易执行成本愈大,市场流动性愈差。孙结源、施东晖:《从流动性与买卖价差看交易机制的改革——一个基于上海股市的实证研究》,载《上市公司》2001年第12期。

[3] Nicholas L. Georgakopoulos, “Insider Trading as a Transactional Cost: A Market Microstructure Justification and Optimization of Insider Trading Regulation”, *Cornell Law Review* 26, 1993, p. 1.

产生影响。[1]也有数据显示，提供流动性的市场交易者短期内受到内线交易影响，但长期来看其有能力弥补特定时间节点出现的损失。[2]更有报告指出，内线交易等信息不对称交易有益于做市交易等市场流动性因素。[3]

既然内线交易对市场定价与流动性影响性评估的分析路径依赖长期无法形成解决内线交易与市场效率关系问题，并且导致资本市场法律制度始终在没有稳定的金融原理与实证研究结论的支撑下介入内线交易违法犯罪规范控制，就完全有必要转换内线交易效率问题的评估视角。有利于提升资本市场效率的内线交易行为应当去监管化的基本判断显然是正确的。但目前法律与经济分析框架的局限性在于将资本市场效率问题完全等同于定价效率与流动性，而忽略了作为市场效率问题的内线交易实质内容在于对资本市场信息效率的影响。内线交易监管或去监管化、内线交易犯罪化或非犯罪化的法律问题，归根结底是重大未公开信息产权配置的经济问题与资本市场信息效率保障的金融问题。定价与流动性视角是从资本市场的角度静态地、形式化地分析内线交易与市场效率之间的关系，加之法律与经济分析受制于实证研究方法的局限、资本市场的地域化差异、理论抽象的认识分歧等多方面因素，实际上无法解释作为市场效率问题的内线交易行为。既然是分析经济行为与市场效率影响与被影响联系问题，就必须从互动、联系的角度进行动态与实质的解释。因此，突破传统研究框架的法律与金融分析应当从内线交易与资本市场效率之间的"连接点"——信息——的角度解释内线交易效率问题。内线交易是基于重大未公开信息实施的获取信息披露前后金融商品价差利益的资本市场交易行为。同时，根据前文有关 ECMH 的分析，金融商品市场价格是现有的所有市场参与者就该金融商品预期现金收益折现价值的共识。对于强式效率市场而言，所有信息均体现在金融商品市场价格之中。但是，资本市场事实上无法完美评估所有市场信息、无法完美反映内部人员掌握的未公开重大信息，市场价格普遍性地偏离

---

〔1〕 Kee H. Chung a Charlie Charoenwong, "Insider Trading and the Bid – Ask Spread", *Financial Review* 33, 1998, p. 1.

〔2〕 Walayet A. Khan and *H. Kent Baker*, "The Impact of Insider Trading on Market Liquidity in the NASDAQ Market", *The Journal of Applied Business Research* 21, 2005, p. 11.

〔3〕 Stanislav Dolgopolov, "Insider Trading and the Bid – Ask Spread: A Critical Evaluation of Adverse Selection in Market Making", *Capital University Law Review* 33, 2004, p. 83.

完美反映所有信息的真实价值或者所谓的正确市场价格,出现市场信息不对称所造成的价差。评估内线交易效率问题的核心在于解释内线交易行为对于资本市场信息效率的关系,即内线交易如何影响金融商品市场价格反映市场信息的整体过程。

在解构内线交易如何影响市场信息效率时,必须对信息进行类型化,从而进一步明确与强化基于何种信息类型而实施的内线交易属于市场效率评价工具所能覆盖的市场滥用行为。[1]资本市场中对于金融商品定价具有影响的信息可以划分为市场性信息与行政性信息。前者是指在市场竞争与运作过程中形成的、没有公共权力介入的、由市场自发形成的、价格敏感信息。后者是指对于资本市场中的金融商品发行与交易价格具有影响的公共管理信息、金融监管信息等。行政性市场信息不仅包括政府或者国有资本在行政许可、参与资本市场投资或者公司经营过程中基于其组织机构的运作模式而形成的信息(例如,国有资本投资主体或者政府对相关项目进行审批),而且覆盖各种金融监管信息,即监管机构在对金融市场进行管制与调控过程中形成的信息(例如,调整存款准备金率、开征或者取消印花税、对特定机构进行调查或者处罚等)。基于此类信息实施的内线交易是权力腐败问题,不仅不会对资本市场效率产生积极影响,而且根本不应当适用效率分析工具进行评估。市场性信息可以进一步地类型化为内生信息与外发信息。[2]内生信息是指生成于金融商品对应基础资产体内的、在其保值、增值的经济运作中内涵的、与该金融商品定价相关的信息,例如,在证券发行人经营过程中(主要是)由内部高级管理人员筹划、执行、决策等职务行为而生成的营收增长(下降)、公司并购扩张(出让资产)等信息。外发信息是指与金融商品对应基础资产真实实体价值并无直接关联的、由外部供

---

〔1〕 作为市场效率问题的内线交易只是所有内线交易违法犯罪统一范畴中的一部分,基于权力监管信息以及代理信息而实施的内线交易行为分别归属于权力问题与代理问题,不属于市场效率分析工具评价的范畴。

〔2〕 需要说明的是,此处信息类型化的价值在于准确地解释基于不同的未公开信息类型所实施的内线交易所对应的经济问题本质是不同的。以不同的视角与标准划分信息,还可以对资本市场信息进行其他完全不同的类型划分。例如,以信息涉及的范围为标准,可以将市场性信息大致区分为特定金融商品信息与特定市场领域信息。前者是指基于金融商品发行人(例如上市公司)自身行为、内部事件等而形成的信息,包括经营状况、管理质量、商业计划、财务动态、历史数据、科研成果、发展策略、证券供求关系等。后者是指与特定金融工具有关的行业、区域、全国乃至全球经济动态等更为广阔的市场领域设定下的信息。

求关系推动的、对金融商品定价具有重要价值的信息，例如，与证券发行人的经营行为无关的、由资本市场中的外部投资行为或者分析意见促成的证券需求量变化信息——基金公司增持特定证券、投资咨询公司发布上市公司分析报告等均属于外发信息。[1]基于外发信息实施的内线交易本质上属于代理成本问题，应当在代理框架下梳理可能涉及的多重利益冲突关系。只有基于内生信息实施的内线交易行为归属于市场效率问题。明确效率问题的基本内容与范围，其核心价值在于确定内线交易刑事政策的重点指向。内线交易对于资本市场信息效率的影响性评估，关键分析在于内部人员利用与金融商品及其基础资产价值有关的未公开内生信息实施相关金融交易，对于金融商品市场价格有效率地（及时、充分地）反映信息究竟会产生何种性质的影响以及这种影响的具体经济机制。[2]

所以，在分析内线交易与市场效率关系时，不能忽略内线交易行为机理的核心——信息。内线交易归根结底是信息使用问题——在权力运作的框架下，表现为滥用权力行使过程中获取的信息生产与支配权，以权力的腐败为代价获取个人经济收益。在代理的框架下，表现为在企业内部生成的重大未公开信息的使用权应否让渡给参与创造信息的管理人员。重大未公开信息的使用效果一旦波及资本市场，就出现了一个全新的信息潜在使用权利人，即资本市场中所有的潜在投资者。内线交易者使用重大未公开信息不再是一个（在特定情况下）可以通过企业与管理人员进行协商从而实现效率最大化的问题，而是需要在解释信息、资本市场与信息市场以及内线交易对市场定价与市场流动性影响等问一系列题的基础上，深度评估内线交易与资本市场信息创造、传递、产权配置之间的关系，据此形成以优化市场效率为导向的内线交易刑事政策。

---

[1] 外发信息强调信息内容本身并不直接阐释或者说明金融商品基础资产实体价值，但这种外部供求关系因素仍然可能受到基础资产价值的影响或者制约。例如，基金公司大规模增持（减持）特定上市公司股票，该外发信息本身反应市场力量对于特定上市公司股票价格的定价意见，并不直接说明上市公司实体价值，但基金公司做出这一投资决策或者生成这一信息，仍然会受到上市公司基础资产价值的影响。

[2] 影响性质具体是指积极还是消极影响。内线交易行为对于信息效率具有积极影响的，则应当对内线交易违法犯罪进行去监管化；相应地，如果是消极影响，则验证了目前的法律制度在介入内线交易违法犯罪控制的方向上是正确的。但是，更应当深入剖析内线交易与信息效率之间影响与被影响关系的具体运作机制。这是刑事政策真正针对内线交易的经济属性进行有效监管、发挥保护市场效率的关键之所在。

第三节 内线交易犯罪规制政策的反思与建构

刑法制度应否设置内线交易犯罪、如何划定内线交易定罪界限、如何配置内线交易刑罚以及刑事司法如何介入内线交易监管,其前提在于证券法等有关资本市场与监管的法律规范禁止内线交易行为,且单纯依靠此类法律制度不足以控制内线交易行为对于资本市场机制的严重侵害。而资本市场与监管法律制度本身还需要解决内线交易应否监管以及如何界定法律禁止范围的问题。因此,内线交易管制程度的线性走向是以资本市场刑法为最强监管措施的政策设定与具体法律制度安排问题最基础的分析脉络。

如图 1 所示,内幕交易管制程度为 0% 时,即属于内幕交易零监管或者去监管化;管制程度低于 50%,大致属于低度监管;管制程度大于 50%,大致属于高度监管;法律制度 100% 介入内幕交易监管,意味着内幕交易"零容忍"。

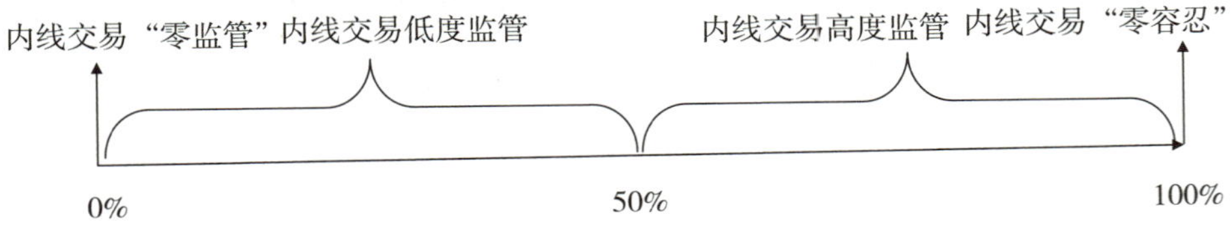

图 1 内线交易管制程度

尽管中国内线交易监管制度在初创时间上滞后于中国资本市场及其配套制度的建构,但相对于其他成熟资本市场内线交易监管制度沿革轨迹而言,仍然可以确认这样的历史解释观点,即中国在其资本市场发展的初期便以极其严厉的内线交易犯罪刑事立法以及以证券法中的内线交易行政责任条款试图控制内线交易行为[1]。2008 年全球金融危机之后肇始于 2010 年的中国资本市

---

[1] 财经评论、法律理论以及执法司法实践中比较常见的意见将中国资本市场内线交易泛滥归结为长期以来的法律控制不严厉、法律规范惩罚力度不强。谢杰:《完善证券法内幕交易防控制度的三项措施》,载《财经》2010 年 12 月 7 日;谢杰:《完善"老鼠仓"的司法应对》,载《财经》2011 年 11 月 7 日。这与本文关于中国资本市场内线交易法律控制强度的解释观点存在比较大的分歧。但是,中国资本市场刑法对内幕交易、泄露内幕信息罪、利用未公开信息交

场严厉打击内幕交易、内幕交易“零容忍”等政策导向更是将内线交易违法犯罪法律制度控制的形式力度或者规范强度推至历史顶点并由此形成了历时多年的内线交易犯罪判例集中爆发与延续。同时,一项从规范文本之外的主体视角分析中国资本市场对于内线交易监管态度的实证研究指出:监管(作为行政监管的证监会以及作为自律监管的交易所)、法律(法官、检察官、律师等)、学者(法学、经济学专家等)以及市场人士(金融从业人员、普通市场投资者以及财经媒体从业人员)强烈抵制内线交易行为,完全不能认同或者根本无法理解相关论证其对资本市场具有一定积极效应的观点,全面且高度支持严厉打击内线交易的法律制度与监管实践。但在上述受访者论及强化内线交易监管的理由时,基本上所有的意见均集中于“不公平优势”“市场公平性”“投资者信心”“保护中小投资者”“不道德”“不公正”“内线交易等于是市场中的舞弊行为”“净化市场”等各种关乎道德且无法进一步展开纵身性分析的论辩。[1]

但是,资本市场法律制度安排并非是单纯地对市场融资与投资的公平与效率进行价值平衡,或者线性式地通过对内线交易等违法犯罪行为进行强化监管保护投资者利益,而是优化资本市场公平与效率之间的结构性关系,基于不同经济问题的本质以及不同法律问题的根源有层次地建构资本市场法律刑事政策应对。[2]真实资本市场中的公平与效率不仅不是机械的价值平衡与内容兼顾,更是无时无刻的动态冲突,这就需要资本市场法律规范在制度安排上持续

易罪的刑事责任的规定在整体上处罚较重。中国刑法规定的最高刑为有期徒刑10年,排除美国内幕交易犯罪刑事责任条款之外,较其他国家和地区均为更重。可见,现有的法律制度已经体现出目前中国对犯罪规定的刑事责任一般均较重,在刑事政策上仍较多地坚持重刑思想。关于中国资本市场刑法内线交易犯罪法律控制强度的分析,参见刘宪权、谢杰:《证券期货犯罪刑法理论与实务》,上海人民出版社2012年版,第162~163页、第230~232页。

〔1〕 Hui Huang, *International Securities Market: Insider Trading Law in China*, Kluwer Law International, 2006, pp. 111－118.

〔2〕 线性思维模式或者制度介入模式表现为内线交易行为有效还是无效或者行为效率大于还是小于行为损害、内线交易违法犯罪行为监管还是去监管化、犯罪化还是非犯罪化、强化监管还是弱化监管——从政治治理、市场信心维护、社会公众道德等层面来看,所有的内线交易弱化管制线性分析模式之后的政策结论与导向都不可能被市场、公众、监管权力所有者接受。结构性思维模式或者制度介入模式表现为发现内线交易行为效率的实质内容、行为损害的本质根源、制度介入与限制介入的动态边界等,在真实的资本市场条件下分析效率与公平的调整方案,同时评估制度安排与改革本身对资本市场的影响。

强调结构性调整的重要意义,通过制度安排建构能够维护资本市场诚信并在此基础上促进市场效率的公平的竞争性政策与规则。由于缺乏足够宽泛的分析视角与足够力度的解释工具,现有的内线交易违法犯罪法律监管制度理论与实践总体上偏重于对资本市场制度公平性的评价与分析,在解释方法、内容与结论上无力洞察法律监管制度与资本市场效率之间互为影响的同时,又凸显出资本市场道德、伦理、公平正义等基本内容的阐释不足。作为资本市场法律监管制度中更为微观与具体构成的资本市场犯罪刑事法律制度,其介入内线交易犯罪监管的是非选择与程度控制,应当超越传统的公平性、道德危害性、纯粹的经济损害性等固有逻辑基础,从资本市场竞争、国家权力管制、资本市场犯罪行为本质、市场参与者自主协商竞争性规则、资本市场信息效率等各种互为关联的角度动态解释与发现资本市场法律监管制度对内线交易犯罪行为进行政策调控的合理方式与规范边界。这种内线交易犯罪法律刑事政策的反思性建构就是对传统依赖于单纯规范控制、强化监管、严厉刑事处罚的理念、知识以及实践经验的一种超越,并在此基础上形成与真实资本市场以及生成于其中的内线交易犯罪行为实际状况相契合的资本市场犯罪法律刑事政策应对方略。

一、行政管制与国有资本高度介入市场的合理限制

内线交易刑事政策问题并不局限于制度建构与优化,其更需要着眼于市场与制度的整体安排。资本市场是一架运作无常的机器,其固有的市场风险纵然可能导致市场参与者焦虑与不安,但这毕竟是市场的组成部分。资本市场从来没有向投资者(投机者)保证过其投入的资本资源会有确定的收益与回报。然而,如果是市场中的部分运作环节甚至整个市场制度安排是由国家权力及其代理人支配,则投资者(投机者)对于资本市场将不会具有积极的期待,同时也不存在市场与投资者(投机者)之间的关系问题——国家权力才是决定市场运作以及市场参与者能否获得公正对待的根本所在。投资者(投机者)没有必要对市场本身进行预期或者评估,只能期待国家权力及其代理人能够基于公平与平等的基础价值对待市场参与者。

完全的市场竞争与权力介入下的市场运作是两种截然不同的制度安排。充分竞争的市场固然存在高度的风险性,但其至少是遵循优胜劣汰、适者生存、强者发展的基本竞争法则。权力介入(尤其是权力高度介入)市场运作形式上

显然能够高效地控制市场固有的风险，但其本质上是将市场的真实性、完整性以及诚信整体依附于国家权力的公正行使以及国家权力代理人的廉洁性——权力腐败的天然性已经决定了这种制度安排的有效性是次于完全市场竞争机制的。基于权力授予与代理而掌控对于金融商品市场价格具有重大影响的监管信息、政策信息、国有资本运作决策信息的国家工作人员，可以在没有权与钱、受托与请托等直观的腐败性交易关系的情况下，通过资本市场交易获取权力滥用的对价——交易利润。国家权力及其代理权转化为资本市场重大未公开信息价值；国家权力以及国家工作人员的交易对手方由传统的请托人转化为资本市场；直接获取财物的受贿行为转化为在市场中投入资本获取回报与收益的市场行为。从腐败行为风险的角度分析，利用介入资本市场管理的国家权力从市场交易获取个人收益的违法犯罪风险显著低于传统、低端的贿赂等腐败犯罪。从资本市场机制损害的角度分析，基于市场中的权力腐败的影响，投资者（投机者）将从无视市场开始逐渐演变为对整个国家权力公正性的信心崩溃。

国家工作人员利用金融监管、宏观经济政策制定与管理、国有资本投资决策等职务便利获悉的重大未公开信息从事相关金融商品交易，是所有内线交易犯罪中制度破坏性最强、市场效率损害性最大、社会与经济负面影响性最为恶劣的行为类型，是内线交易刑事政策应当予以“优先”惩治、强化规制、重点监督的资本市场犯罪行为。权力腐败型内线交易犯罪规范控制的核心在于形成弱化国家权力直接介入市场运作的制度安排、强化重大未公开信息形成、制定、管理、执行等权力领域的渠道控制。权力型内线交易犯罪存在且规模较大的现实基础在于国家权力深度介入资本市场的信息控制与管理以及国有资本的配置与运作对于资本市场具有重大影响。监管权力不仅没有能够有效地控制资本市场中的内线交易行为，反而成为滋生内线交易的源头。国有资本在金融市场中占据控制性地位成为行使国有资本保值增值管理的权力代理人在市场中谋取交易利润的优势条件。因此，控制权力型内线交易犯罪的前提在于调整市场与权力的边界，同时在资本市场内部优化资本产权的结构。

既然监管信息、金融市场政策信息等基于国家权力介入市场管理而形成的价格敏感信息存在非常明确的、难以控制的滥用风险，内线交易监管最为有效的策略就是限制、减少、调整政府行为直接介入资本市场管理的程度、次数、措施。对于内线交易违法犯罪监管与资本市场信息控制问题，法律理论与实践中的代表性观点通常会强调针对重大未公开信息生成比较集中的环节进行严厉惩治与严格预防。[1]这种单纯在制度层面寻求突破空间的政策路径实际上无法取得监管效果与效率。在资本市场与权力边界没有进行重新调整的情况下,内线交易监管制度至多是一套对资本市场财富进行重新分配的僵硬机制。加强内线交易监管力度本身就存在很明显的可操作性疑问。全球资本市场中查处内线交易违法犯罪的责任机构名称各不相同,但基本上都是金融监管、证券期货监管机构,属于政府行政部门之一,在政治权力架构下只是众多行政权力的组成部分,权力强度有限。内线交易违法犯罪监管机构只能根据政治权力架构下的力量对比根据具体情况作出执法反应,这意味着强化内线监管的制度宣示效应强于实际市场保障效率、选择性执法空间大于制度化执法规范。强大的政府权限以及由于法律规定明确性较低与司法规则阐释力度不足所造成的广泛监管裁量空间容易造成监管权力滥用。内线交易在资本市场中广泛存在的现实意味着监管权限滥用在对象规模上牵涉甚至是危及庞大的资本市场参与者;在监管权限实际上不可能根据反内线交易制度整体控制所有违法犯罪行为的情况下,法律制度及其实践操作就会转化为存在权力滥用疑问[2]的选择性执法(司法)机制,或者没有实际效用的政策与法律宣传。并且,金融或者证券监管机构及其代理人本身存在滥用行政权力获取重大未公开信息从事金融交易谋取利润的腐败风险。即使内线交易监管权力主体在政治博弈中没有丧失

---

〔1〕 例如,2011 年之后,随着中国资本市场监管机构对内幕交易查处力度的加强,各级证券监管机构纷纷制定各种类型的加强国有控股上市公司内幕信息管理工作的实施意见,提出国有控股上市公司控股股东和实际控制人、上市公司要按照国家相关规定及意见要求,对内幕信息管理工作开展全面梳理与自查,抓紧完善制度、落实责任,并将本单位内幕信息管理制度、负责机构和联系人报地方国资委、证监局及所属国资监管机构。地方各级纪检、监察部门对地方所属各有关国有控股上市公司建立并执行涉及资本市场内幕信息保密制度和内幕信息知情人登记制度的情况进行监督检查;对泄露内幕信息或从事内幕交易的国家工作人员、国有控股企业工作人员进行严肃处理。周芬棉:《建联席会议机制打击内幕交易》,载《法制日报》2011 年 8 月 27 日,第 10 版;江苏省人民政府国有资产监督管理委员会、中国证券监督管理委员会江苏监管局《关于加强国有控股上市公司内幕信息管理工作的实施意见》(苏国资〔2012〕54 号)。

〔2〕 严格查处国家工作人员内线交易违法犯罪势必需要追查重大未公开信息的获取渠道与动态流向,不可避免地涉及对掌握金融监管信息、金融政策信息、国有资本运作决策信息的国家权力代理主体(甚至其近亲属、关系密切人)信息隐私的调查。在法律实践中,采取信息追踪等调查或者侦查措施本身存在被滥用的风险。

权力能力且具有有效抵御自身腐败的防控机制,资本市场法律制度严厉禁止行政权力、金融监管、国有资本管理人员等利用重大未公开信息从事相关交易,此类国家权力代理人直接实施或者其控制下操作的内线交易行为也只会在形式上限制权力型内线交易违法犯罪。基于国家权力而生成的重大未公开信息在金融市场现实运作中具有高度的流动性。严格限制国家权力及其代理人等特定主体基于重大未公开信息从事金融商品交易会诱发信息流动至与权力、市场结合度最为紧密的群体之中,例如,在大型金融机构、投资公司、上市公司等占据核心职务、岗位且不具有国家工作人员身份的高级管理人员。资本市场中的公众投资者仍然不可能在市场交易中获得平等的竞争条件。

所以,控制公务人员内线交易或者降低公务人员基于重大未公开信息兑现资本得利的最为有效的方式只能是限缩公共权力介入资本市场的深度与广度。政府权力逐渐退出对资本市场运作问题的直接介入,专注于预防与控制金融市场系统性风险而非具体的市场风险与特定经济、金融问题的管理,能够实质性截断政府机构及其工作人员获取或者在其实际控制下使用有价值市场信息的渠道。

国有资本控制的上市公司中具有国家工作人员身份的高级管理人员利用职务便利获悉的上市公司重大未公开信息从事相关证券交易行为,与国家工作人员利用行政管理信息、金融监管信息实施的内线交易行为,尽管都是国家权力滥用与腐败问题,却具有两种完全不同的信息价值攫取机制。滥用国家行政权力介入市场管理而形成监管信息,其权力腐败特征具有很强的直观性,本质上是国家工作人员在行使国家权力过程中不应当基于职务的便利而获取与实现资本市场信息价值(个人经济利益)的问题。而国有资本控制上市公司中或者上市公司母公司、国有资本投资主体(国资委、国有独资公司等)中的国家工作人员利用国有资本保值增值管理权限行使过程中涉及的重大未公开信息(例如,国有资产撤出或者注入上市公司等)从事相关证券交易,就内线交易所依赖信息的内容而言,完全属于前文所述的市场性信息中的内生信息,权力腐败特征并不直观。

但是,随着国有经济布局与结构战略性调整、国有企业改革持续推进,国有企业转制、改制、重组不断深入,各种形式的由国有资本控制的上市公司成为极为重要的市场主体。国有资本通过出资、实际控制等形式在资本市场中控制着相当数量的上市公司,在实践中被称为中国上市公司国有股"一股独大"。经国有单位提名、指派、推荐、任命、批准,在国有资本控股、参股上市公司中从事国有资产保值增值公务的人员,属于国家工作人员,具体的任命机构、授权程序不影响国家工作人员的认定;未经国有单位任命,但由国家出资上市公司中负有监管国有资产职责的组织结构(一般为国有资本控股、参股上市公司的党委、党政联席会、董事会以及各级分支机构党委等)批准或者研究决定,代表国有资本出资上市公司中负有国有资产监管职责的组织机构在国有资本控股、参股上市公司及其分支机构中从事公务的人员,也属于国家工作人员。

同时,国有资本参与资本市场中上市公司的经营活动,不仅可以通过直接的股权投资控股、参股相关上市公司,而且可以通过不成为相关上市公司股东的方式,通过股权关系、投资协议安排等实际支配相关上市公司行为。后者的主要形式就是国有投资主体(国资委、国有独资公司)通过其控股公司进一步控股相关上市公司。国有资本实际控制上市公司中的领导人员同样可能成为国有投资主体的股权利益代表。国有资本控股公司进一步出资控股的上市公司中的工作人员并非绝对地不具有从事公务的职责。因为国有资本虽然没有直接对上市公司进行持股,但能够通过其控股公司实现实际控制、负责管理、影响经营等。国有资本实际控制的上市公司所从事的公务,主要体现在对国有投资主体实际控制的资产进行保值增值。

实践中,国资委、国有独资企业控股公司,再通过注资控股相关上市公司,国有资本投资主体客观上对于相关上市公司具有绝对控制权,该上市公司完全属于国有资本布局市场的操作平台,无法否认其经营行为包含了履行国有资本保值增值职责的公务内容。当然,确认国有资本控股、参股公司出资的上市公司中相关人员是否具有国家工作人员主体身份,首先必须对上市公司经营行为是否包含公务内容进行确认,即有关人员的职责是否属于通过从事经营、管理、监督等公务活动实现国有资产的保值增值。这主要可以通过两方面进行考察:(1)经营、管理、监督等职务性活动应当限定在董事、经理、财务主管等国有资本控股公司出资控股的上市公司中的高级管理岗位。(2)国有资本与国有控股公司出资公司之间应当形成实际股权控制关系,即可以根据《公司法》第217条的规定,认定国有资本投资主体虽然不属于国有控股公司出资公司的股东(直接持股关系),但基于股权投资关系能够实际支配国有控股公司出资公司的行为

（间接股权控制关系）。在国有资本实际控制上市公司的情况下，在该公司履行高级管理人员职责，客观上就具备了经营、管理、监督国有资产保值增值的职务。通过国有资本实际控制这一资本运作环节，高级管理职务人员与国有资产之间形成主体与对象的连接，使得国有资本控股公司出资上市公司中的经营管理行为包括了公务内容。所以，国有资本掌控下的资本市场中的上市公司及其高级管理人员在从事与国有资产保值增值管理有关的公司事务过程中，其职务行为具备公务属性。相应地，在这种职务履行过程中形成、掌握重大未公开信息并基于此实施相关证券交易行为，就属于国有资本运作权力腐败问题。

中国资本市场上市公司国有股"一股独大"意味着国有资本是上市公司的控制股东，国有资本的投资主体是中央或者地方国资委、国有独资企业，但具体行使国有资本以及上市公司管理权限的是国有资本投资主体的代理人——国家工作人员以及相关从事国有资产保值增值管理业务的高级经理人员等。掌握国有资本管理权限的国家工作人员、高级经理人员并不是上市公司真正的控制股东，其个人利益与上市公司利益、国有资产安全往往存在利益冲突。上市公司国有股"一股独大"造成的股权与管理权脱离、上市公司高级管理人员不仅造成公司治理效率低下，[1]而且非常便于与政府官员联合实施包括掏空上市公司、侵占国有资产、内线交易等一系列资本市场腐败犯罪行为。其中，内线交易实施便利是国有资本过度介入资本市场上市公司运作、国有股"一股独大"最为典型的市场危害表现之一。尽管资本市场法律制度对上市公司制定了极为严格的信息披露制度，但上市公司国有投资主体委派、选任的高级管理人员可以通过多种手段进行财务造假并基于对上市公司信息的绝对控制制造业绩波动以及相应的证券市场价格起伏，从信息公开前后的证券交易价差中不断获取内线交易利润。[2]

因此，从根本上控制国有资本控制上市公司承担国有资产保值增值职责的

---

〔1〕 熊锦秋：《优先股制度有助于解决一股独大》，载《证券时报》2013年5月20日，第A3版。

〔2〕 例如，在财务造假的操作中，国有资本控制的上市公司高级管理人员虚报公司业绩。业绩提升对于上市公司所在的地方国有资本投资主体、地方政府政绩提振具有积极作用，导致行政监管机构没有规制财务造假行为的政治与经济利益驱动。此外，在国有资本控制上市公司业绩波动操作中，上市公司高级管理人员可以通过成本与收入的计入时间控制随意"做高"或者"做低"公司业绩，从而通过事先建构相应证券交易仓位反复谋取内线交易利润。

国家工作人员、高级管理人员内线交易行为,除了继续坚守以职务犯罪查处为核心的传统反腐败惩治政策之外,更应当从资本市场中的上市公司产权改革着手,解决国有资本在上市公司中的产权集中性、上市公司国有股权集中性、国有股"一股独大"问题,以市场化的产权结构调整策略控制资本市场中的权力腐败、内线交易犯罪行为。具体的政策路径在于上市公司股权分散化或者现有的国有资本控制上市公司退市。上市公司国有股产权去集中化有助于更多的市场参与者能够以符合国有资本真实价值的价格获取上市公司资产,通过多元化的外部投资者分散上市公司股权,弱化目前国有控制上市公司股权与管理权分裂严重、高级管理人员不受监管的程度。对于国有资本控制程度畸高的上市公司,实际上缺乏上市公司的公众公司属性。这只会支撑资本市场权力腐败而不具有正常的上市价值。解决路径可以是通过回购流通股成为纯粹的国有独资公司。国有资本控制上市公司退市之后相应铲除了国有资本投资主体代理人、国家工作人员滥用信息管理权在资本市场中从事内线交易的现实基础。也可以通过混合所有制改革分散股权进而弱化权力对于上市公司的排他性控制,从而削弱国家工作人员对重大未公开信息的权力独占。

二、信息产权归属的自主协商

禁止所有类型的内线交易对于资本市场法律制度建构而言是成本最低的政策选择。但是,持有重大未公开信息的行为主体是否选择实施内线交易行为,归根结底是风险与收益评估问题,在犯罪责任风险不确定且没有其他经济激励促使行为主体选择更优的经济收益获取渠道的情况下,通过资本市场中的交易行为实现重大未公开信息的经济价值始终是经济上最优的选择。行政监管、国有资本等国家权力代理关系中不允许对国家权力运作过程中形成信息的经济价值进行合约安排,但在国家权力代理之外的市场性代理关系中,以代理成本形式客观存在的内线交易违法犯罪行为不是绝对的法律禁止所能控制的。在不涉及资本市场整体效率损害的前提下,重大未公开信息经济价值的协商性安排能够有效地化解内线交易违法犯罪问题。

内线交易犯罪刑事控制法律制度对于规制作为代理成本的内线交易犯罪行为而言在制度效率上很难取得实质效果。刑事控制制度能够被实际评估的效果局限于个案惩罚与资本市场普通投资者安慰。就资产管理公司与经理人之间的代理关系而言，内线交易犯罪刑事法律制度的现实介入，只能控制极少数的所谓内线交易侵害行为，对于代理成本控制几乎没有影响。即使立法与司法体系有意识地提升个案处罚所能形成的震慑效果，法律实践也只能针对已经查处的内线交易犯罪个案中的犯罪人刑罚措施进行不断"加码"，以求在内线交易犯罪个案中强化惩罚力度与震慑效应。这不仅意味着个案中的内线交易行为人承担了因为制度失控而强加的、不公正的责任，而且完全无法从根本上解决如何让经理人不选择利益冲突行为、金融市场中的资产管理公司免受代理成本损失的问题。

在真实的资本市场法律制度运作中，制度安排与执行资源都是有限的。法律制度简单化地整体禁止内线交易，在立法成本上缩减了规范技术优化成本，在执法司法实践操作中又无法实现法律禁止的落实，会对制度与市场产生多重的损害。其一，资本市场法律权威的损害。一旦资本市场中形成内线交易犯罪在大多数情况下都没有被作为犯罪处理的认识，立法、执法、司法的权威性则会显著降低。其二，过度安慰效果的释放反而导致投资者利益损害。形式上严格的内线交易犯罪刑事控制规范在操作中事实上是无法涵盖绝大部分内线交易犯罪行为的，而法律强化控制内线交易犯罪的宣传会阶段性地传递至资本市场普通投资者，在短期提振市场参与者信心的同时，造成投资者风险意识落后与偏差。资本市场法律制度应当明确市场风险高、法律规范技术与监管实践的有限性，促进资本市场参与者通过各种自主性的合约安排规避风险。这才是保障资本市场投资者权利的现实路径。阶段性的强化立法与释放严打内线交易犯罪政策导向只会非理性地提升市场信心，投资者最终进入与面对的市场风险仍然不会出现实质的改变。其三，遏制制度创新与富有效率的市场化契约安排。以刑事法律制度为核心的内线交易规范控制制度名义上的规制范围极广，在实际效果存在疑问的同时，其更重要的制度性危害在于挤压了以其他非强制性、禁止性规范为核心内容的制度安排空间，并且导致各种市场机制无法发挥作用或者没有释放效率的现实路径。

以刑事立法与刑事司法为核心的资本市场违法犯罪行为规制或者资本市场保护实践，在面对资本市场侵害行为问题时，毋庸置疑地会集中思考应当如何阻止资本市场侵害行为，即如何通过资本市场刑事立法与刑事司法惩罚、预防这类侵害行为。如果仅仅局限在法律制度的范畴反思资本市场外部性问题——资本市场侵害行为,即使刑事立法不断完善资本市场刑法规范的明确性,刑事司法持续优化资本市场犯罪案件裁判规则的准确性,也只能尽可能地接近罪刑法定这一刑法制度内部的原则性要求以及孤立地维护资本市场的公平性,而无法通过刑法制度安排优化资本市场效率。刑事立法或者司法直接考虑禁止资本市场侵害行为,固然能够控在法律条文、类型化案件以及社会心理层面控制资本市场投资者免受侵害行为所产生的损失,但却有可能对所谓的资本市场侵害行为人乃至整个资本市场机制造成损失。

事实上,要使资本市场运行以及市场中的投资与融资行为效率最大化或者损耗最小化,合理的制度安排逻辑不应是思考是否有必要通过建构法律制度(显然更不应当是刑法制度)阻止资本市场侵害行为——而是应当考虑资本市场中的侵害行为实施者是否有权损害该侵害行为的承担者,或者该侵害行为的承担者是否有权要求实施者提供侵害行为的对价。对于作为代理成本问题的内线交易刑事政策而言,解决问题的核心路径并不在于通过资本市场法律制度强行禁止基金、信托、保险等各种行业类型的资产管理企业中参与投资信息设计、制定与决策的高级管理人员利用信息从事相关交易为个人谋取利润,而且在承认代理成本对企业效率现实损害的基础上思考最大限度控制代理成本的政策选择。

科斯在《社会成本问题》中指出,假设定价体系顺畅运作(定价体系运作成本为零),损害行为支付所有损失与损害行为无需承担责任,资源配置都将实现最优化。[1]这意味着在不考虑交易成本的情况下,无论产权如何界定,市场机制都会推动资源配置效率最大化。就解决内线交易代理成本问题而言,在交易成本为零的条件下,资产管理公司与内部人员可以通过磋商的方式对重大未公开信息产权分配问题达成符合双方利益诉求与意思表示的合约,没有必要依靠资本市场法律制度介入内线交易监管问题。资产管理公司是否许可内部人员基于尚未公开的投资决策信息从事金融交易并优化劳动合约与薪酬结构、内部人员通过让渡部分现金薪酬或者直接性收入换取实施内线交易的机会是否能够获取实际利益,取决于公司与内部人员之间哪一方经评估认为重大未公开信

---

〔1〕 Ronald H. Coase, "The Problem of Social Cost", *The Journal of Law and Economics* 3, 1960, pp. 1,2–8.

息产权及其使用价值对于其而言更具有经济价值。不管信息产权最终归属于哪一方,合约协商中的当事人都可以通过磋商与交易实现信息产权配置最优效率,从而最大程度地控制与解决代理成本。[1]但是,在真实的市场条件下,交易成本在某些情况下非常昂贵,这使“零交易”成本下的定价体系在介入交易成本之后无法完成交易。这就决定了市场交易对法律界定的产权进行重新安排只有在这种配置具有优化性,即产权分配之后的收益超过交易成本的情况下,参与该市场交易的主体才会促使其产生,同时产权的初始界定对于协商效率与交易成本具有重大影响。[2]

内线交易行为所依托的重大未公开信息在资本市场中具有价值实现的能力,应当构成信息财产。[3]特定的市场参与者能否以及如何利用重大未公开信息从事相关金融交易本质上就是信息产权配置问题。法律规制禁止内线交易同样也是一种信息产权的解决方案——向知情人员配置重大未公开信息消极产权。重大未公开信息消极产权旨在剥夺使用对于资本市场有价值的信息的权利,设定了禁止信息知情人员使用信息产权的消极权能。[4]但是,信息产权保护上具有明显的非排他性,即信息内容传导成本极低,即使法律对信息产权

[1] David D. Haddock and Jonathan R. Macey, “A Coasian Model of Insider Trading”, *Northwestern University Law Review* 80, 1986, pp. 1449 – 1450.

[2] Ronald H. Coase, “The Problem of Social Cost”, *The Journal of Law and Economics* 3, 1960, pp. 1, 15 – 16. 法律与金融理论中反对科斯式信息产权自主配置的观点认为,交易成本为零的假设是不成立的或者不切实际的,产权优化配置只可能在交易成本为零的非现实条件下才可能形成分配效率。张心涕:《从法律经济学与资讯财产权探讨内线交易理论:兼论内线交易内部人之范围》,载《台大法律学论丛》2008 年第 37 卷第 3 期;Zohar Goshen and Gideon Parchomovsky, “On Insider Trading, Markets, and ‘Negative’ Property Rights in Information”, *Virginia Law Review* 87, 2001, p. 1229. 但这实际上是对科斯定律相关性与逻辑性的误解。科斯分析交易成本为零环境下资源配置均能够经过市场交易达到最优化的价值在于强调产权初始界定的意义。科斯在《社会成本问题》的后续论述中明确提出交易成本高企的现实环境下,不同的产权界定制度对于交易成本的影响,且交易成本的提升或者降低是评价产权制度配置效率的核心。更为重要的是,科斯《社会成本问题》的价值并非局限于交易成本发现与产权制度改革,其宏观方法论意义在于解释问题的思维路径。真实的资本市场最大的问题是资源的有限性与成本的高耗费性。法律制度与市场效率之间的关系优化应当是根据资本市场的真实状况而非理论抽象解释制度选择与产权安排。

[3] Jonathan R. Macey, *Insider Trading: Economics, Politics, and Policy*, *American Enterprise Institute*, 1991, pp. 66 – 67.

[4] Zohar Goshen and Gideon Parchomovsky, “On Insider Trading, Markets, and ‘Negative’ Property Rights in Information”, *Virginia Law Review* 87, 2001, pp. 1229 – 1230.

进行了制度性的限定,排除他人使用该信息或者对信息进行封闭保护的难度与成本相当高。

同时,信息的生产、制造、分析、获取人员耗费相当规模的成本掌握有价市场信息,如果没有适当的方法转让或者通过交易行为在资本市场中实现信息价值,将会降低其创造信息的驱动力,不利于提升市场整体利益、创新动力与活跃程度。此外,信息产权使用上的非冲突性意味着特定行为主体使用信息的过程中其他市场参与者同样可以对信息进行使用,这为信息在不同市场参与者之间进行分配与流转提供了现实条件。当然,信息构成产权且存在配置可能的前提在于信息属于资本市场中的有价商品。如果信息完全不应当资本市场或者市场中的任何一方,而是政府在履行公共职能过程中形成的公共产品,则不能作为产权进行分配。[1]即使重大未公开信息生成于私有市场,信息产权亦并非能够直接进入相关市场参与者分配阶段。只有对于资本市场整体效率没有直接影响的重大未公开信息可以在关联主体之间研究产权分配问题。[2]

在法律制度层面认可重大未公开信息构成产权类型之一具有重大的价值。信息产权的确立意味着生成市场有价信息的行为主体能够基于市场化的合约安排实现信息价值。但是,现有的法律制度直接向市场中的信息知悉人员配置信息消极产权既不符合信息产权保护非排他性的特征,也没有在经济效率层面经过深入论证。重大未公开信息的消极产权初始配置意味着资产管理公司与高级管理人员之间无法通过市场交易与协商对信息产权做出分配,也就无法解决作为代理成本的内线交易。这对于资本市场中的整个资产管理行业、基金公司收益与资产管理规模、高级管理人员与金融人才个人收益回报、资产单元投资者利益最大化等一系列问题都构成了发展的巨大"瓶颈"。

所幸中国资本市场法律制度从一开始实际上就没有完全对利用未公开信息交易以及重大未公开信息产权问题作出绝对封闭的消极界定。《刑法》利用未公开信息交易罪条款中设置了"违反规定"这一违法性前置性判断要件。在

---

〔1〕 监管信息或者政府介入市场而主导生成的信息,是权力运作与介入市场的结果,未公开之前必须按照保密法律制度进行"存储",市场参与者、国家工作人员不得予以使用。

〔2〕 例如,基金公司与基金经理之间未公开信息产权分配问题。

我国刑法分则中，以“违反规定”形式出现的空白规范极少，[1]除了利用未公开信息交易罪之外，只有《刑法》第188条违规出具金融票证罪、第408条违法发放林木采伐许可证罪以及第442条擅自出卖、转让军队房地产罪采取相同的立法模式。有学者指出，违规出具金融票证罪中的“违反规定”，显然不限于国家法律、行政法规，还应当包括部门规章以及银行或其他金融机构制定的相关规章制度和重要业务规则等行为规范。[2]由于利用未公开信息交易罪与违规出具金融票证罪的刑法条文同属经济刑法规范体系，加之“违反规定”在法条文字表述上也确实明显区别于“违反国家规定”，按照上述经济刑法理论及逻辑展开的一种合理的解释是，利用未公开信息交易罪中的“违反规定”不应当局限于全国人大及其常委会制定的法律和决定、国务院制定的行政法规等规定，还应当覆盖国家有关部门规章、全国性行业协会规则以及相关金融机构、主管部门规章制度、规范指引等内部规范性文件。

然而，更应当强调的是，金融机构、资产管理公司、基金公司、私募投资机构等设置的内部规章制度或者合约等规定同样也能够作为判断相关利用未公开信息交易行为是否“违反规定”的依据，内线交易执法与司法实践部门在审查利用未公开信息交易行为违法性时，不能直接否定资本市场从事资产管理业务的金融机构的内部制度与规定。这并非因为正式的法律、行政法规、证监会等部委规章、行业协会管理文件等对基于重大未公开信息从事金融交易谋取个人利益的行为的违法性判断规定得比较原则与模糊，而是因为“违反规定”的本意就是为资产管理机构与实施内线交易的高级管理人员开启了信息产权配置协商

---

〔1〕 综观我国《刑法》分则的规定，大量个罪的成立以违反相关法律、法规等规范性法律文件为前提，其空白罪状的表述方式迥异——(1)有的概括地表述为“违反国家规定”(例如，《刑法》第137条工程重大安全事故罪)。由于《刑法》第96条在总则部分对国家规定的范围进行了确定性的解释，“国家规定”的最低法律位阶为国务院制定的法规、决定、命令等。(2)有的直接提示了具体的法律(例如，《刑法》第330条妨害传染病防治罪，“违反传染病防治法”)，司法机关可以直接对相关个罪违法性的前置规范进行定位。(3)有的归纳了规范性法律文件的类别与位阶(例如，《刑法》第325条非法出售、私赠文物藏品罪，“违反文物保护法规”)，司法机关同样可以相对明确地确定相关个罪违法性的前置规范。(4)有的则仅规定了前置性规范的类别，但没有明确其法律位阶(例如，《刑法》第126条违规制造、销售枪支罪，“违反枪支管理规定”)。由于法律位阶的明确是司法机关对相关个罪进行违法性判断的前提与依据，刑法即使规定了相关规范性文件从属的类别，也难以清晰界定相关规定的范围。但是，综观上述前置性判断依据，模糊性地表述为“违反规定”的极为少见。

〔2〕 顾肖荣：《论经济刑法中的几个基本问题》，载《法学》2008年第8期。

的刑法制度“窗口”。金融机构规章制度、合约条文对于资产管理、投资决策过程中形成的信息使用进行了规范化的设计,应当作为排除利用未公开信息交易行为犯罪性、赋予内部人员信息产权、许可基于重大未公开信息进行交易的“规定”依据。〔1〕

同时,中国《证券投资基金法》最新修正之后赋予了基金管理人员基于有价信息参与金融交易的制度空间。〔2〕这意味着私募基金可以允许基金经理在向本机构申报的情况下实施包括利用本机构投资决策信息在内的金融商品交易;公募基金在向证监会备案之后可以与基金经理就其从事证券交易问题进行合约安排。对于基金法明确创设资产管理机构与基金管理人员协商信息产权配置机制,法律、金融等理论与实务中出现了两种截然不同的意见——支持制度改革的观点认为,基金经理炒股合法化符合基金经理等从业人员意愿,能够通过放松管制的方式实现强化监管的目的,对基金经理金融交易行为进行透明化管理。〔3〕否定制度改革价值的观点认为,允许基金经理炒股是一个错误的制度开端,会加剧资本市场信息不对称,最终导致市场无法参与、没有投资者愿意参与。〔4〕

从资产管理机构运作基金过程中形成的投资决策、资产配置信息的产权属性与所有权归属的角度分析,中国基金法允许资产管理机构与基金经理协商基于重大未公开信息的金融交易行为具体实施规则,其合理性是非常明显的。中国《刑法》规定的利用未公开信息交易罪所禁止的基于重大未公开信息实施的相关金融交易,涉及代理成本问题的内线交易信息,主要是各种资产管理机构

〔1〕 刑法文本设计“违反规定”的“窗口”意味着内线交易执法与司法实践的审查行为安排亦应当进行相应调整。对于举报或者发现具有利用未公开信息交易线索的,法律实践部门应当首先要求机构提供关于信息产权配置与安排的规定文本,分析机构内部规定或者合约是否对于信息产权进行了事先安排并满足了信息披露要求。符合规定内容的利用未公开信息交易行为并不构成违法或者犯罪。

〔2〕 《证券投资基金法》第18条规定:公开募集基金的基金管理人的董事、监事、高级管理人员和其他从业人员,其本人、配偶、利害关系人进行证券投资,应当事先向基金管理人申报,并不得与基金份额持有人发生利益冲突。公开募集基金的基金管理人应当建立前款规定人员进行证券投资的申报、登记、审查、处置等管理制度,并报国务院证券监督管理机构备案。

〔3〕 皮海洲:《基金经理炒股要透明化》,载《证券时报》2013年6月3日,第A3版。

〔4〕 王明彬:《〈基金法〉允许基金经理炒股 这或许是个错误的开始》,载《重庆时报》2012年7月13日,第42版。

的投资决策、资本配置信息——例如，基金管理机构等将要利用客户资金进行巨额投资的决策信息。基金管理公司、全国性以及地方性社会保险基金管理机构、托管机构运作管理的基金数量巨大，其对于资本市场的影响深远，此类投资性决策信息，属于重大未公开信息。再如，商业银行、保险公司、信托公司等金融机构在从事与证券期货投资相关的经营活动中形成的投资决策、资金动向数据、投资咨询等综合性信息。商业银行中间业务包括了金融期货交易业务、证券投资分析业务、基金托管业务等与证券期货相关的业务，其中涵盖了大量影响证券期货交易价格的决策信息、数据信息、咨询信息；保险公司、信托公司从事的证券回购、基金投资、资产管理等业务涉及影响相关证券产品交易价格的投资信息。

在金融实务中，金融机构在证券期货交易过程中形成的未公开信息，其保密要求只是阶段性的，相当部分未公开信息最终向市场予以公开。例如，基金公司依法定期公布季报、半年报、年报，向基金投资者披露极为详尽的投资信息。[1]对于私募等资产管理机构而言，其持有相当数量的持续保密未公开信息，不存在按照规定进行披露与公开的问题。例如，保险公司、证券公司等金融机构以及利用自有资金进行证券投资，私募基金从事金融商品交易，此类投资经营性决策信息属于公司内部保密信息，在没有泄密的情况下，仅为公司特定人员所掌握，在保密期限内始终处于非公开状态。这些信息的产权均归属于资产管理机构，而不应当以全面禁止内线交易的法律规范为依据将重大未公开信息产权解释为一种消极产权。

对于上市公司从事经济行为过程中生成的重大未公开信息而言，现有的信息披露法律制度决定了上市公司内幕信息的产权归属于整个市场，应当由上市公司高级管理人员根据信息披露规则即使向资本市场公开发布。尽管上市公司与内部管理人员、外聘中介服务人员之间存在代理关系，但上市公司运营管

〔1〕《证券投资基金法》第76条规定：公开披露的基金信息包括：（一）基金招募说明书、基金合同、基金托管协议；（二）基金募集情况；（三）基金份额上市交易公告书；（四）基金资产净值、基金份额净值；（五）基金份额申购、赎回价格；（六）基金财产的资产组合季度报告、财务会计报告及中期和年度基金报告；（七）临时报告；（八）基金份额持有人大会决议；（九）基金管理人、基金托管人的专门基金托管部门的重大人事变动；（十）涉及基金财产、基金管理业务、基金托管业务的诉讼或者仲裁；（十一）国务院证券监督管理机构规定应予披露的其他信息。

理活动中生成的重大未公开信息不仅涉及上市公司、上市公司股东以及高级管理人员的利益，而且影响证券等金融商品的定价、资本市场整体流动性、市场信息探索与分析等信息效率，不能通过上市公司与高级管理人员之间的合约安排对信息产权做出自主性的配置。对于金融市场中的各种资产管理企业从事投资行为过程中生成的重大未公开信息而言，各种研究报告、投资意见、资本配置决策信息等都是为了企业所管理的资产运作利益最大化而耗费成本制造与获取的，信息产权在法律上归属于企业，信息的使用应当以投资于资产管理企业或者相关投资单元的投资者利益为导向。[1]

信息产权配置决定市场交易成本，同时形成不同效率程度的资源配置结果。重大未公开信息消极产权配置意味着内线交易代理成本无法控制与降低，而将法律将重大未公开信息产权分配给资产管理机构，则为整个资产管理行业提供了解决代理成本问题的机会与途径。这种制度安排是在确立资产管理机构具有法律赋予的信息产权的基础上，以鼓励资本市场中的参与者创制、生成、交易具有价值的全新市场信息、优化资本市场定价效率为导向思考信息产权配置问与代理成本控制。

重大未公开信息产权界定为资产管理机构所有之后，内线交易代理成本问题不是是否禁止内部人使用重大未公开信息，而是转化为如何通过制度安排使得资产管理机构获得更优的资产管理规模与管理费、向资产管理机构投入资本的投资者利益如何进行保障、基金管理人员个人薪酬如何实现优化等效率安排问题。当然，信息产权配置于资产管理机构也意味着产生相应的交易成本——信息产权与内线交易的合约安排至少存在协商与执行两种交易成本。[2]契约协商效率以及支付协商成本之后是否能够达成合约，取决于协商双方对于成本、

---

〔1〕 上市公司内幕信息与资产管理机构重大未公开信息形式上都是公司或者企业经营过程中形成的信息，似乎都应当将信息产权界定为公司或者公司全体股东所有。但是，内幕信息与重大未公开信息的属性是存在明显差异的。内幕信息属于上市公司重大事件的信息反射，其内容是应当向整个资本市场公开的，这意味着信息披露法律规范将这种事件性的信息产权界定给了市场。而重大未公开信息属于纯粹的经营信息产权，完全是以投资者利益最大化、资产管理公司收益最大化为导向，经公司员工研究、制造与分析而形成的，系归属于资产管理机构的信息产权。

〔2〕 Laura N. Beny, "Insider Trading Laws and Stock Markets around the World: An Empirical Contribution to the Theoretical Law and Economics Debate", *The Journal of Corporation Law* 32, 2007, pp. 237, 252 – 255.

收益、磋商信息、履约条件等问题的确定性。企业与代理人对于许可与接受内线交易的风险与收益实际上都处于相当不确定的状态，这种不确定性会造成信息产权与内线交易契约的协商成本较高甚至最终无法达成合意。同时，作为信息产权让渡方的企业考察代理人是否有效履行合约的成本相对较高。企业允许代理人从事内线交易的前提在于其能够披露并按照事先的约定规则实施内线交易，并以折损部分薪酬收益换取实施内线交易与信息产权使用的全力。但是，内线交易在实践中显然很难由监管机构之外的市场主体进行低成本的考察，加上代理人存在故意隐瞒内线交易的可能性，企业执行信息产权与内线交易合约必须支付高额成本。[1]据此，法律与经济理论中有观点认为，信息产权分配在磋商、监督、执行等各个环节的交易成本高企意味着资产管理机构与经理人员很难达成协议，"科斯自由协商模式"或者自主化与市场化的重大未公开信息产权协商机制在现实中无法操作。[2]

信息产权协商的内容无非是资产管理机构中的高级管理人员以降低固定薪酬为对价换取基于其开发、研究、领导、创造、分析的投资决策信息、资本配置信息从事相关金融商品交易的权利，资产管理机构降低薪酬成本，并以其与高级管理人员约定的信息披露规章、建仓时间与规模条件等合同条款完成信息产权分配与许可的知情交易计划。管理人员对于个人经济利益的不确定性主要在于其许可参与的知情交易所预期获取的利益是否能够超过放弃的部分固定薪酬利益。应当看到，信息产权分配给企业内部人员会影响企业创新能力。[3]允许资产管理机构经理人基于重大未公开信息进行相关证券、期货交易赋予其高度的探索信息、提高投资信息质量的确定性激励，[4]能够极大地激发经理人参与、投入有价值投资信息的挖掘与分析，不仅有助于企业投资盈利能力上升，

---

〔1〕 Frank H. Easterbrook, "Insider Trading as an Agency Problem", in John W. Pratt & Richard J. Zeckhauser eds., *Principals and Agents: The Structure of Business*, Harvard Business School Press, 1985, pp. 91 –93.

〔2〕 Laura N. Beny, "Insider Trading Laws and Stock Markets around the World: An Empirical Contribution to the Theoretical Law and Economics Debate", *The Journal of Corporation Law* 32, 2007, pp. 237, 260.

〔3〕 Robert Cooter and Thomas Ulen, *Law and Economics*, *Addison – Wesley*, 2003, p. 120.

〔4〕 Dennis W. Carlton and Daniel R. Fischel, "The Regulation of Insider Trading", *Stanford Law Review* 35, 1983, pp. 857, 885.

而且可以一并促进内部人员从信息价值中实现更高的获利水平。作为各种投资单元的实际管理人员,在资本市场中真正拥有强大专业研究水平、丰富投资经验的金融技术与领导素质兼备的复合型人才,其本身是有足够的能力为资产管理机构发现投资机会与创造资本财富的。

金融人才在传统法律制度架构中受到经济激励不足的束缚,并没有充分的利益驱动其创造信息价值,只能诉诸于需要承担违法犯罪风险的内线交易行为填补其现实生活中的实际利益需求。通过资产管理机构与高级管理人员之间的协商寻求信息产权的灵活配置与高级管理人员参与信息利益实现的途径,完全可以激发管理人员创造更高的信息效率,从而折抵甚至超越其获取知情交易资格所支出的薪酬折扣对价。〔1〕

正如前文分析作为代理成本问题的内线交易所述,中国现行资本市场法律制度禁止的利用未公开信息交易犯罪行为,涉及市场中的三方主体利益——具体负责基金运作的管理人员、基金公司等资产管理机构、将资本要素配置到金融商品图投资单元中的投资者。重大未公开信息产权分配或者是否允许管理人员基于投资决策信息实施知情交易的制度安排,只影响这三方的经济利益,代理成本的控制与资本运作效率的提升都应当在三方利益框架下进行分析。资产管理机构经理人员领导、组织、直接参与创造的有价投资决策信息不仅使企业为投资于资产管理单元的资金提供者获取了更高水平的收益、企业获取更多资产管理费用,而且能够让经理人员本人与投资单元的资金在同时建仓与平仓过程中获取相应的个人金融交易利润。这种经济利益丰厚的激励在更好地绑定了管理人员与资产管理企业以及投资者的利益,为资产管理机构与经理人员提供了稳定的收益预期。基于重大未公开信息而实施的知情交易对于管理人员而言获利空间很大,其参与创造的信息价值越高,获利数额越大,企业、投资者、管理人员个人的收益都比没有配置信息产权与知情交易约定之前高。

同时,允许管理人员知情交易降低了企业薪酬成本,相应地压缩了投资者需要支付的管理费。因此,创造具有较高收益价值的信息能力是确保信息产权

〔1〕 基于风险与收益评估不确定性而无法达成信息产权配置的高级管理人员确实也会在资产管理市场中大量存在。这部分行为主体仍然可以在传统的法律规范框架下禁止其基于企业重大投资决策信息实施相关金融交易。但显然不能因为这部分不选择信息产权的代理人的客观存在整体推论协商成本、收益不确定性过高导致不存在信息产权市场交易的可能性。

配置在实际操作中得以顺利运作并达成契约的现实基础。当然，在具体建构信息产权配置与知情交易契约的过程中，资产管理企业应当重点控制利益冲突风险。典型的利益冲突表现为信息价值创造手段过激。信息价值创造手段过激是指管理人员在参与投资决策信息生成与运作过程中，基于知情交易所绑定的个人利益最大化的考虑，本人愿意承担高风险，从而获得更高的收益预期。但资产管理企业的利益表现为管理资产收益的稳定增长，倾向于厌恶高度风险与过于激进的投资决策。这就会出现管理人员以其所管理的资产承担极高投资（投机）风险为代价追求过于激进收益。信息产权配置磋商过程中应当突出这种利益冲突风险的控制，并在日常资产管理业务中对此进行风险监控。

放弃信息产权配置市场交易并规避资产管理机构内线交易监管所承载的极高风险（尽管这种风险实际处罚责任与成本的概率并不大）与现实存在的免除这种风险的机会决定了信息产权配置执行成本在操作中并非完全无法控制进而影响市场交易的缔结、履行与完成。资产管理机构经理人员选择较高的固定报酬并承诺不利用投资决策等重大未公开信息实施内线交易，意味着其接受了消极信息产权的限制及其相应的刑事法律责任。即使利用未公开信息交易犯罪刑事追究在实践中数量有限，并不一定最终会导致规避内线交易监管的经理人员承担刑事责任，但相对于接受信息产权、主动披露知情交易、完全免除刑事犯罪责任风险的制度安排而言，经理人员所能获取的内线交易或者知情交易收益是基本相当的，前者的成本是高度不确定但个人损失极为惨重的刑事犯罪风险，后者的成本却只是有限的固定报酬折让——资产管理机构经理人实际上并没有必要为了“节省”相对有限的薪酬减损成本支出而放弃免责获取高额知情交易收益或者承担极高的刑事责任损失。同时还应当注意到，传统代理成本理论或者对信息产权分配的市场交易成本分析观点主要发生以及发展于信息网络与交易监测技术尚不发达的时期。就当前的金融交易监测技术而言，交易所实际上能够根据重大投资决策信息生成时间与账户交易动态数据监测或者锁定疑似利用未公开信息交易账户，资产管理机构与交易所完全可以通过信息联通的方式掌握高级管理人员规避戒绝内线交易承诺的现实情况。所以，信息产权分配之后的执行成本仍然处于可以控制的范围，并不会颠覆信息产权与内线交易代理成本市场交易的现实可能性。

理论上还有一种质疑信息产权配置自主协商模式的观点认为，即使作为被代理人的资产管理企业与高级管理人员所约定的信息产权使用契约能够有效控制内线交易行为所可能影响的重大未公开信息客观经济价值,企业事实上很难在事先的制度安排中评估允许内线交易行为对于企业在整个资产管理行业竞争中的信誉损害。[1]因为投资各类基金单元、资产管理池的市场参与者更倾向于不允许对信息产权进行自主配置的资产管理企业。资产管理机构与经理人之间的信息产权市场化交易会导致整个基金、金融资产投资市场缺乏持续的流动性注入、投资者信心不振。[2]这种看法的片面性仍然在于其分析问题的工具、方法、视角桎梏于内线交易绝对性地损害公平性、损害投资者利益以及法律应当强化内线交易监管的传统思维框架之中,没有从真实的资本市场现状出发探索解决核心问题的路径。

基金、资产管理等行业的市场信心高涨与资本资源的持续注入最主要的刺激因素是资产管理机构运作大额资金的盈利能力。以中国基金市场为例,在现有的利用未公开信息交易绝对禁止的法律实践架构下,2008 年至 2012 年中国基金行业资金运营收益为负 9589 亿元,而基金公司管理费收入达到 1442 亿元。[3]投资者巨额亏损且完全不影响基金公司营收意味着现有制度安排下的基金行业有价值信息创造效率显著低下、代理成本畸高是制约基金市场发展、打击投资者信心、抑制后续资本要素投入基金市场的核心问题。资产管理机构与经理人员之间就信息产权配置问题进行市场交易恰是激发有价值的投资决策信息创造、降低代理成本的重要制度创新而非损害市场流动性与投资者信心的一种改革探索。

曼勒提出,资本市场法律制度没有必要禁止任何形式的内线交易,公共性的监管制度应当让位于私营部门的合规制度并由后者监视生成于企业内部的未公开信息的流动。[4]纵然这种内线交易去监管化意见过于绝对化,但其合理性在于质疑内线交易监管制度的有效性,反思法律监管制度的效率水平是否一

---

〔1〕 Stephen M. Bainbridge, "Incorporating State Law Fiduciary Duties into the Federal Insider Trading Prohibition", *Washington and Lee Law Review* 52, 1995, pp. 1189, 1225.

〔2〕 中国大众媒体对基金法允许基金经理炒股通俗的质疑表述是"股市今后还该怎样玩?谁来玩?"王明彬:《〈基金法〉允许基金经理炒股　这或许是个错误的开始》,载《重庆时报》2012 年 7 月 13 日,第 42 版。

〔3〕 李玲:《基金管理费改革将破冰》,载《深圳商报》2013 年 5 月 16 日,第 B3 版。

〔4〕 Henry G. Manne, *Insider Trading and the Stock Market*, Free Press, 1966, pp. 59 – 75.

定优于市场化的制度与合约安排。当代金融市场中的内线交易监管法律制度只是一种现实的存在,其并没有提供充分的证据表明法律制度及其执法、司法实践能够有效地控制内线交易。资本市场中绝大多数的尚未披露的重大未公开信息实际上都在影响金融商品交易价格。与其盲目或者虚伪地坚守法律监管制度足以防控重大未公开信息在尚未披露之前不会被相关知情交易者使用的幻想,不如在制度上向具有信息产权使用意向的市场参与者放开具有责任风险的内线交易,使其成为仅具有经济评价意义的知情交易,在不涉及权力腐败与损害金融商品发行与交易市场整体效率的前提下允许作为代理成本的内线交易经过企业与代理人协商之后成为一种固定的薪酬制度或者其他经济利益安排。基于降低或者剔除代理成本的知情交易合约磋商机制能够向市场传达更为真实的信号:制度的价值在于维护市场的竞争性、信息的效率性、定价的准确性,公开与未公开的信息都通过各种交易行为反应在价格之中,投资(投机)者应当直接根据资本市场整体以及特定金融商品价格参与竞争、寻找利益实现机会。

三、信息披露规则优化与信息效率保护

绝大多数经济学理论认可内线交易能够推动金融工具市场交易价格,只是无法确认其是否有助于优化定价效率,[1]但也有相当数量的观点主张内线交易无法调整错误定价[2]或者根本不会推动价格变动。[3]从中国资本市场中发生的内幕交易犯罪案例来看,部分内线交易行为确实起到了促进证券交易市场价格逐渐反应重大未公开信息的实际效果。

以李启红等内幕交易、泄露内幕信息案为例,中山公用科技股份公司(以下简称"公用科技")重大资产重组信息自 2007 年 6 月 11 日形成直至 7 月 4 日以公告方式披露并停牌。原中山市市长李启红将该内幕信息泄露并在 7 月 2 日

---

〔1〕 Hayne E. Leland, "Insider Trading: Should It Be Prohibited?", *The Journal of Political Economy* 100, 1992, p. 859.

〔2〕 Morris Mendelson, "The Economics of Insider Trading Reconsidered", *University of Pennsylvania Law Review* 117, 1969, pp. 470, 475.

〔3〕 Sugato Chakravarty, John J. McConnell, "Does Insider Trading Really Move Stock Prices?", *The Journal of Financial and Quantitative Analysis* 191 (1999).

至3日,利用该信息累计买入公用科技(现名:中山公用;证券代码:000685)股票近90万股。[1]如图2所示,公用科技8月20日复牌后直接涨停至9元,直至9月11日,公用科技股票价格连续14个交易日涨停,随后在30元左右震荡,信息价值被市场消耗完毕。但实际上公用科技股票价格连续上涨始于7月2日,当日开盘价为6.7元,当日涨停;李启红控制的账户与资金买入公用科技的行为于7月3日终了时,收盘价为8.18元,接近涨停。

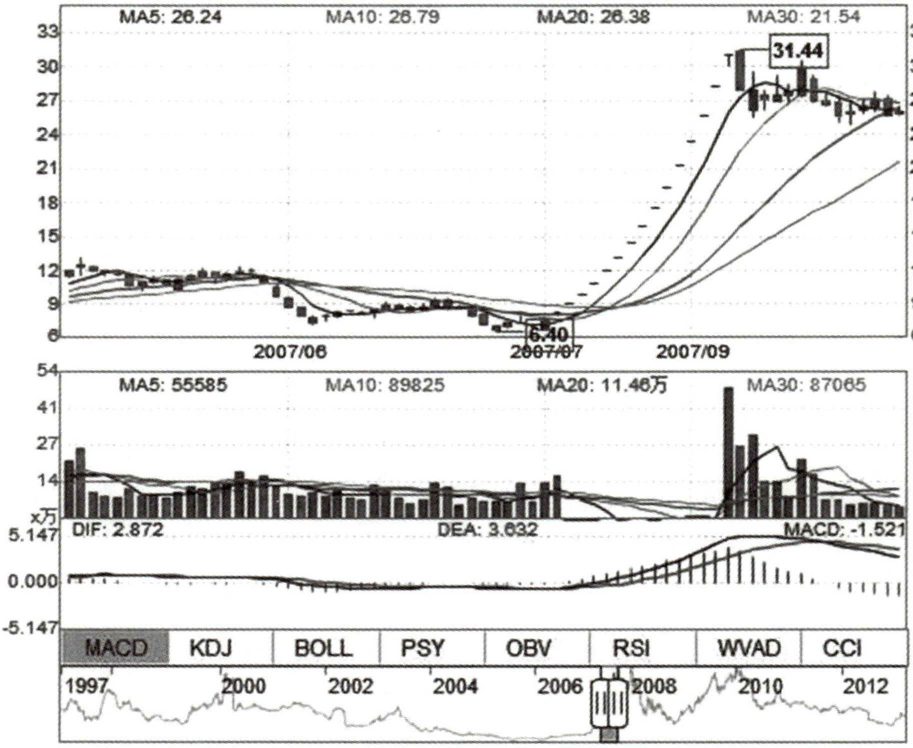

图2 公用科技2007年5月28日至7月28日股价走势(日K线)

可见,基于知悉重大未公开重组信息而实施的内线交易行为释放了一定的价格信号,加上资本市场中重组谣言、专业金融信息分析人员针对价格变动提出的买入意见等所助推的流动性介入,在重组信息披露之前,证券交易价格已

[1] 黄建屏、梁美:《李启红等内幕交易、泄露内幕信息案》,载《刑事审判参考》(2011年第6集·总第83集),法律出版社2012年版,第2页。

经(基本)出现了两次连续涨停。这意味着内线交易客观上能够促进证券定价调整与优化,使特定证券的市场交易价格在信息披露之前就进一步接近信息所指向的、该证券所应当具备的真实价值。在上市公司内部经营状况与外部市场环境没有明显变动的情况下,如果在因果链条中抽离内线交易行为,与之相伴的价格信号、市场谣言、信息分析等也将相应地在市场中消失,证券交易价格在信息披露之前就不会进行实质性的调整。对于在7月2日、3日卖出公用科技股票的资本市场参与者而言,如果没有内线交易行为催生的证券交易市场价格朝着证券真实价值接近的发展趋势,其股票出售价格显然会低于当时的实际成交价格,故内线交易在优化证券定价的同时,还提升了资本市场参与者的实际收益。

内线交易行为推进证券交易市场价格趋近重大未公开信息所内涵的证券实际价值的现象在肖时庆内幕交易案中表现得更为明显。原中国证监会上市公司监管部副主任肖时庆从光大证券财务总监胡世明处获取光大证券正在与"中石化"就拟借壳其下属上市公司北京化二股份有限公司(以下简称"北京化二")事宜进行谈判的信息后,于2006年9月21日至29日指使肖爱英、邹国夫利用其控制的多个账户动用3500余万元买入430余万股北京化二股票,并于2007年10月至2008年5月陆续清仓获利1亿余元。[1]在肖时庆实施内幕交易期间,北京化二股价从每股6.28元连续上涨至9.57元。后"中石化"与国元证券股份有限公司(以下简称"国元证券")达成资产重组运成协议,北京化二更名为国元证券,其于2007年10月复牌股价冲高至51.88元后,至2008年1月,股价基本上在30元至45元区间波动(见图3)。

[1] 刘晓虎:《肖时庆受贿、内幕交易案》,载《刑事审判参考》(2012年第2集·总第85集),法律出版社2012年版,第1~2页。

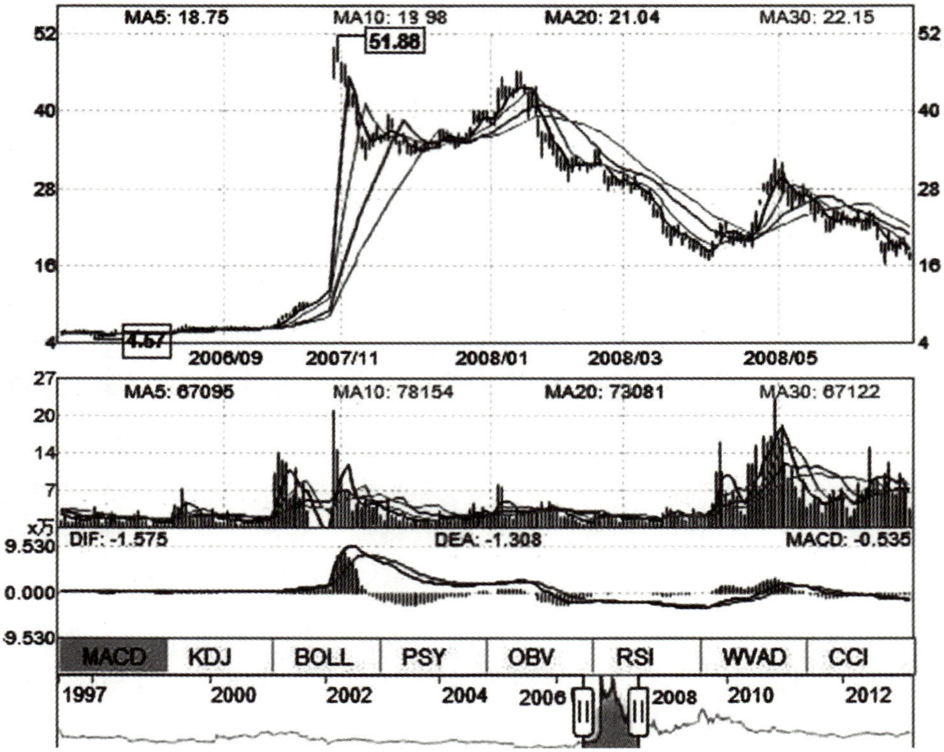

图3　北京化二(国元证券)2006年7月3日至2008年6月30日股价走势(日K线)

尽管前文作为效率问题的内线交易部分已经提出了内线交易行为与资本市场定价效率之间无法在法律与金融分析理论以及实证研究层面形成确定性意见的基本结论,但不能完全否定的是,理论推断与实例验证都能在一定程度上[1]确认曼勒最先提出的观点,即内线交易可以在不耗费披露尚未成熟信息成本的情况下促进资本市场有效地对金融商品定价,推动市场价格接近真实价值。在内线交易介入市场且不存在误导性信息披露的情况下,市场价格尽管不

〔1〕 实践中不能排除市场中的专业信息分析人员或者投资者难以辨识由内线交易行为所释放的信息与价格信号。因为即使在合法的内部人交易的场合,买卖本公司证券及其衍生品的内部人员也可能基于确保信息利益垄断的经济考量而刻意隐藏其交易行为或者控制其对市场的影响。退一步分析,即使重大未公开信息的知情人员并不刻意对交易事实进行掩盖,内线交易也可能难以向市场传递或者充分传递全新的信息内容。毕竟实践中相当部分的内线交易在数量上并未在同期市场交易量中占据显著地位,加之噪声交易对于证券价格对新信息进行充分反映的干扰,内线交易的信息提示价值会有所局限。

可能随之充分、完整、立即反映重大未公开信息所对应的金融商品的真实价值区间，但内线交易行为本身及其引发的市场信息分析机构或者专业人员探测并发布的信息动向，以及噪声交易中与内线交易方向相同的买卖行为，至少能够共同推进市场价格朝着价值的方向运行。并且，信息披露工作的资源耗费、对披露义务主体商业利益的损害、披露信息与最后事件结果的偏离及其引发的虚假陈述法律责任等都是内线交易驱动信息释放所无须承担的成本。[1]

以即时或者早期信息披露的法律责任成本为例，特定时间节点所披露的信息内容与最后发生的事实之间大致存在完全相反、显著偏离、偏离、略微偏离、基本一致、高度一致、完全一致等多种反映与被反映程度的关系。这种反映程度上的差异或者多种可能是由信息本身所具备的不确定性决定的。一旦信息表达与事实内容的偏离程度超过市场预期或者投资者认为信息披露主体存在虚构或者隐瞒真相，承担信息披露义务的上市公司就将面对大规模的潜在法律责任追究风险。披露信息可能导致的虚假陈述责任决定了信息披露义务主体倾向于不披露尚未完全或者相对成熟的信息（对最后发生事实反映程度相对较低的信息），并在事实发生相对确定的时间节点披露信息。再以信息披露对上市公司潜在的商业利益损耗为例，信息披露是由上市公司承担个体成本的方式实现资本市场整体利益，但资本市场是一个覆盖上市公司及其投资者和大量的上市公司竞争对手及其投资者的融资与投资平台。上市公司信息披露内容越全面、时间越迅速，竞争者对于上市公司的信息掌控也就越充分。这意味着上市公司信息披露在一定程度上提升了其竞争对手的利益。[2]因此，新信息形成之后直至披露之前的价格信号似乎可以由内线交易向市场进行替代性传递，从而有效控制即时或者早期披露信息的成本。

内线交易促进金融商品定价准确性还具有一定积极的、衍生的市场效率提升效应——在重大未公开信息形成直至披露的时间区间内，内线交易行为的介入能够有效控制外部人员实施的市场操纵。市场操纵行为的基本行为样态表现为通过交易行为或信息欺诈等方式，制造虚假的价格信号，控制金融商品交

---

〔1〕 Dennis W. Carlton, Daniel R. Fischel, "The Regulation of Insider Trading", *Stanford Law Review* 35, 1983, pp. 857, 868.

〔2〕 Hal R. Varian, *Microeconomic Analysis* (Third Edition), Norton International, 1992, pp. 415 – 428.

易量或交易价格,或者控制资本投资者对特定金融商品的资本配置,从而使操纵者本人建构的金融交易能够金融商品价格波动中获取利润。在排除知悉未公开信息的内部人员参与市场操纵的情况下,内线交易的存在将导致市场操纵成本激增。如果操纵者的交易方向与重大未公开信息所指向的价格变动方向相反,例如,外部市场操纵者意图制造虚假的利空信号并通过做空特定证券谋取交易利润,但在该特定时间区间内,上市公司内部形成了尚未公开的重大利好信息,那么,操纵者实施的做空交易行为及其释放的价格信号或者其散布的利空信息,将会与内线交易者实施的做多交易行为及其释放的价格信号进行竞争与对抗。相对于不存在内线交易的市场环境而言,操纵行为要战胜内线交易显然要支出额外的成本。

然而,即使法律与经济分析理论假设与法律实践中发生的真实案例能够主张内线交易具有推进定价效率的趋势性效果,但内线交易与资本市场定价效率之间的真实关系并非是内线交易促进市场价格接近真实价值能够全面概括的。[1]因为内线交易不仅是能够通过非信息披露的方式传递重大信息的渠道、推动价格与价值接轨的动因,而且可以是阻碍信息及时披露,导致虚假陈述,进而间接损害资本市场定价效率的一种非常重要的利益驱动。外部投资者损失与市场效率损害的直接根源不能归咎于内线交易,但内线交易利润导致了不正常的信息披露。[2]基于重大未公开利好信息而实施的内线交易(买入行为)推动了证券交易市场价格上升,无论价格变动幅度有多大以及信息披露之后资本市场对证券的最终定价是多少,内线交易进行期间的市场价格确实朝着真实价值的方向行进,与之方向相反的交易行为得以在相对(不存在内线交易时)更高的价位卖出证券,内线交易的对手方非但没有受损反而获利;基于重大未公开利空信息而开展的内线交易亦然——但这都只是交易行为与市场定价效率因果链条中的一个片段。一种现实存在的可能性是,真正导致特定时间阶段资本市场对金融商品的定价没有充分反映其真实价值的原因是信息没有及时且充分地被披露,而导致信息无法有效公开的原因正是内线交易及其所承载的潜在利润。这

[1] 当然更不可能就此推论应当通过放开内线交易的管制填补信息披露推动定价效率的不足。

[2] James D. Cox, "Insider Trading and Contracting: A Critical Response to the 'Chicago School'", *Duke Law Journal* 35, 1986, pp. 628, 630.

意味着与内线交易实施从事相反方向交易的资本市场投资者造成损失的直接原因是上市公司在该期间内选择不披露已经形成的重大未公开重组信息，但上市公司该项决定背后的实质利益导向是配合内线交易完成建仓。

信息披露的透明性与及时性直接决定了资本市场投资者利益的保护水平，上市公司控制信息披露节奏对于投资者可能造成的重大影响。但信息披露的节奏牵涉的公司利益评估、信息披露市场影响等需要具体裁量并且很难形成定论的问题。例如，上市公司在内线交易实施之前就快速披露正在进行的重组信息，可能会引发资产交易失败进而损害上市公司利益；在内线交易实施完毕且市场交易价格剧烈波动之后披露信息，客观上又造成投资者在信息不对称的情况下与内线交易者实施了方向相反的证券交易。

如果这只是法律强制性信息披露与义务主体自愿性信息披露无法实现信息披露在时间与内容上最优化状态的问题，[1]则投资者由于资本市场的证券定价偏离实际价值及其自身的信息劣势而出现的经济损失显然与其交易方向相反的内线交易并无关联。如果是内线交易扭曲了上市公司按照强制性规则与自主评估及时披露信息的资本市场信息传递机制，则内线交易及其潜在的获利机会毫无疑问是危害资本市场金融商品定价准确性的原因。内线交易者是否能够获取利润以及获取多少利润的经济基础在于其拥有的信息接触优势，其对于信息的控制力越强，获取利润的概率与数额就越高。这种基于重大未公开信息知情人员主观意志足以整体排除外部投资者或者投机者信息竞争能力的优势，只有在持续掌握、囤积、利用重大未公开信息时才得以实现利益最大化。如果重大未公开信息转移至公开市场，内线交易的利益将会出现折损。即使存在内线交易获利与资本市场定价效率优化的双赢空间，但是，在知情交易利益最大化与资本市场效率最大化的终极层面，这两种利益诉求是存在冲突的。重大未公开知情人员可能基于利益最大化的利己诉求而损害资本市场定价效率，其中，最有利于内线交易利益最大化的方式就是操控信息披露时间与内容。

信息披露时间操控主要表现为重大未公开信息的违规延迟披露与不披露，从而为内线交易在利好信息发布前"抢筹"或者在利空信息发布前减持或者做

[1] Merritt B. Fox, "Retaining Mandatory Securities Disclosure: Why Issuer Choice is Not Investor Empowerment", *VA. L. REV.* 85, 1999, p. 1335.

空谋取时间优势。信息披露内容操控就是法律与金融理论实践中广泛研究的披露重大虚假性或者误导性信息。虚假陈述或者信息误导将在第 3 章信息操纵、第 4 章内线交易规范拓展解释以及第 5 章市场操纵技术规则分析进行重点分析，此处强调的是信息披露时间操控与内线交易行为的配合及其对市场效率的影响问题。

对于信息披露时间操控，理论上有观点认为，由于资本市场中的金融交易行为非常迅捷，知悉重大未公开信息的行为人只需要通过电话、网络等方式就可以快速进行交易并获利，故实践中操控重大信息披露时间、故意延迟信息披露的情形应当是非常少见的。[1]这种意见只观察到了事实的一个侧面，即内线交易中执行金融商品买卖行为的方式确实能够在时间上体现出高度迅捷性，但其忽略了基于利好信息提前在市场中“吸筹”（买入大量证券）或者基于利空信息抢先“甩筹”（卖出大量证券）行为仍然需要和普通投资者一样遵循时间优先、价格优先的竞价交易规则。[2]内线交易者要吸收足够或者抛售预期数量的“筹码”且尽量避免引发市场关注，通常仍然是需要一段相对充沛的时间。而内线交易者建仓、减持等前期布局时间的充沛性显然与信息形成之间的披露节点密切关联，正是延迟信息披露导致了资本市场中的其他参与者在利好或者利空信息已经实际生成时没有相应做多或者做空金融商品，也正是以获取内线交易利润为导向的信息披露操控导致了市场信息效率降低以及投资者产生实际损失。

2011 年年末上市公司重庆啤酒股份有限公司（以下简称“重庆啤酒”）（600132. SH）“疫苗门”事件因疑似信息操控引起资本市场与社会各界高度关注。[3]市场公开信息显示，2011 年 11 月 23 日晚（周三，以下出现的时间节点均发生于 2011 年），重庆啤酒公告称，公司控股的重庆佳辰生物工程公司研发将近 13 年的治疗用（合成肽）乙型肝炎疫苗将于 11 月 27 日（周日）召开实验数据揭盲工作会议，公司股票将于 11 月 28 日（周一）至 12 月 2 日（周五）停牌，在 12 月 5 日公告揭盲工作会相关信息后复牌。受此消息刺激，重庆啤酒股价 11 月

---

〔1〕 Stephen M. Bainbridge, “Incorporating State Law Fiduciary Duties into the Federal Insider Trading Prohibition”, *Wash. & Lee L. Rev.* 52, 1995, pp. 1189, 1236.

〔2〕 此处分析时排除高频交易的介入因素。

〔3〕 张珈：《重庆啤酒流通股东质疑信息操纵》，载《证券时报》2011 年 12 月 15 日，第 B1 版。

24 日涨停,11 月 25 日上涨 7.28%,两日累计涨幅达 18%,卖单基本出自机构席位。12 月 7 日晚,重庆啤酒发布揭盲信息:安慰剂组有效反应率为 28.2%;治疗用(合成肽)乙型肝炎疫苗 600μg 组有效反应率为 30.0%;治疗用(合成肽)乙型肝炎疫苗 900μg 有效反应率 29.1%。这组数据意味着疫苗研发几乎等于失败。12 月 8 日重庆啤酒复牌后连续 11 个交易日跌停,市值蒸发逾 260 亿元,包括证券投资基金在内的部分机构者以及个人投资者均造成重大损失。(上述时间内的股价波动参见图 4)

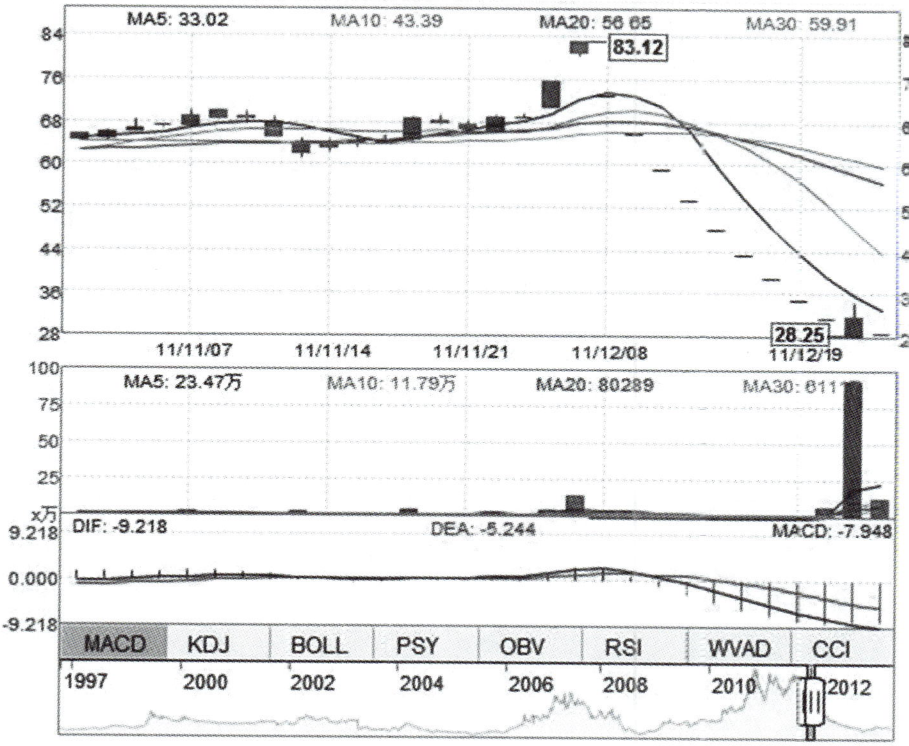

图 4　重庆啤酒 2011 年 11 月 1 日至 12 月 22 日股价走势(日 K 线)

从上述重庆啤酒重大信息披露以及停牌的时间节点来看,11 月 27 日(周日)揭盲工作会议是对乙肝疫苗研发情况的分析和讨论,而上市公司重大研发项目信息的具体内容实际上已经客观形成,没有直接公布实验数据信息为潜在的知情交易提供了实施相应买卖行为的时间机会。在没有停牌机制对于潜在的内幕交易行为进行限制的情况下,11 月 24 日至 25 日两个交易日出现巨幅上涨,难免引发市场对于乙肝疫苗研发信息可能泄露并引发内幕交易的怀疑。[1]同时,上市公司重庆啤酒在11月23日晚间公开的疫苗研发数据揭盲工作会议将于12月5日召开,实际上是将一个高度不确定、不完整且极易引发市场猜想的信息留给市场,加之根据之前的市场惯性,在相关研发数据公开之后均会有一个股价的上升性波动,故这种模糊、不确定、不完整的信息披露对证券市场中的投资者将会产生重大影响,事实上也确实在两天内连续推高了证券交易量和交易价格。整个信息披露过程实际上结合了信息披露时间节点的控制与利用不完整、不确定信息影响投资者决策这两种信息披露行为特征。信息披露之前短期重大未公开信息的绝对控制确保了潜在的内线交易行为能够在利空信息发布之前完成所需要实施的卖出交易,信息披露之后的证券交易价格暴跌验证了之前未披露信息对市场影响的重大性以及模糊信息对于投资决策的干扰程度,间接体现了信息操控在内线交易过程中隐性却核心的作用力及其对资本市场的影响力。

从上述内线交易潜在传递市场信息效应、信息操控与内线交易配合行动、信息违规对市场信息效率以及投资者利益的重大影响等一系列分析中可以得出比较明确的政策启示——内线交易确实存在通过价量"解码"机制传递市场信息的效率供给能力,内线交易对市场以及投资者的影响并不直接表现为这种基于未公开信息优势实施交易行为本身的损害,而是内线交易利润驱动的信息披露操控直接影响资本市场信息效率以及损害投资者实际经济利益。因此,控制损害市场信息效率的内线交易行为的政策重点应当定位于信息披露时间与内容监管规则的优化,而非(在实际监管操作中也不可能)直接惩治内线交易违法犯罪行为。对于一般情况下的上市公司利益与重大信息强制性披露权衡问题而言,由于其本身就涉及信息披露公正性与市场运作效率性的价值平衡,在没有证据证明打破原有制度安排与信息产权配置能够改进原有市场效率水平的条件下,没有必要对信息披露制度进行变革性修正。但是,针对结构性的信息披露操控与内线交易交织行为而言,这种以内线交易利润为导向的信息操控行为严重阻碍市场信息效率,以信息控制为纽带嫁接了内线交易谋利与投资者

---

〔1〕 从11月24日至25日两个交易日的交易量数据也能看出重庆啤酒股票交易出现了短期放量行情。

损失之间的因果关系，应当成为资本市场内线交易犯罪防控政策的规制重点。

需要进一步强调的是，简单地提出强化信息披露规则是武断与倒退的。因为在资本市场制度建构本身就是通过信息披露的折让提升市场效率。资本市场信息披露理论上最完美的状态是具有信息披露义务的融资者、金融商品发行人（如上市公司等）将所有与金融商品定价有关的信息即时性地向市场公开。因为市场价格反映与金融商品基础资产真实价值有关信息的程度决定了市场效率。

所有的信息都在资本市场中流动，则市场价格与金融商品价值完全统一，实现理论上的效率最大化。但由于信息披露需要支付相当的成本，资本市场法律制度只能要求对部分重大未公开信息进行强制性披露，其他信息则由信息披露义务主体根据经济效益与商业判断进行自主性披露。同时，完全强制性信息披露制度成本过高会导致的资本市场中的融资与投资交易在实际操作中无法完成或者难以有效运作，资本市场法律制度在建构信息披露制度过程中通过部分重大未公开信息强制性信息披露与选择性信息披露结合实现资本市场定价效率、透明度、流动性以及制度成本之间的平衡。

强制性信息披露与自愿性信息披露边界模糊地带本身就是制度平衡的结果。这意味着法律预留了部分选择保障与提高市场效率之后必须承担的信息不对称问题由市场自行解决。正是这部分强制性与自愿性信息披露边界地带的内部人信息控制行为客观上能够成为配合内部人利用未公开重大信息从事知情交易谋取个体利润的现实条件与私有优势。影响资本市场信息效率的内线交易问题实际上从一开始便是法律制度通过折损部分信息披露义务要求确保与提升市场效率的衍生性结果。内线交易尽管损害市场信息效率，但同时又是制度选择市场效率之后必须付出的社会成本。所以，控制影响信息效率的内线交易不能简单地提出强化信息披露，否则就等于颠覆了资本市场法律制度初始安排对效率价值的追求并陷入无意义的循环论证——合理的政策改革路径应当是结构性地优化信息披露制度对基于内线交易利益追逐而同步实施的信息披露操控监管，在确保强制性与自愿性信息披露平衡与市场效率的基础上有针对性地重点控制联动操作的内线交易与信息操控行为。

发现并锁定以内线交易利润为导向的信息披露操控对资本市场信息效率以及投资者利益损害的价值在于引导资本市场法律制度安排跳出传统内线交

易直接控制的政策框架,集中制度成本与执行资源预防与控制市场中对效率损害最为严重的内线交易违法犯罪行为类型与操作模式。同时需要看到,集中力量规制内线交易与信息披露操控配合操作的市场滥用行为是从外部解构内线交易与信息效率关系得出的政策性结论——更有必要进一步从内线交易行为与信息市场效率之间的内部关系探索内线交易对于信息效率损害的实质并准确把握真实的信息竞争与交易竞争市场环境下滋生内线交易行为的现实根源。

从金融商品交易行为与市场信息之间内部关系分析,交易行为可以被结构性地划分为知情交易、信息交易、流动性交易以及噪声交易。[1]其中,知情交易是有能力接触未公开信息、评估该信息经济价值的上市公司大股东、实际控制人、高级管理人员、财务或者法律顾问等内部人员从事的相关证券及衍生品交易。信息交易是通过调查研究或者向他人购买金融服务的方式发现、分析、解释资本市场中尚未公开且具有价格敏感性的信息,并以此为基础做出金融投资决策的交易行为类型。从事信息交易的市场参与者缺少直接接触未公开信息的渠道,但其具有投资与分析市场信息资源的意愿与能力。

资本市场中的信息交易者的主要是机构投资者、专业投资者或者具有信息投资能力的成熟个人投资者,其通过下设投资研究部门或者购买金融分析服务,发现相关并未在金融工具交易价格中予以反映的信息。流动性交易是指实施金融商品交易的市场参与者并不收集与评估市场信息,其投资行为是个体资本配置的集中体现,金融交易主体在信息获取与分析层面并不进行资源配置,而是通过持有证券等金融工具组合实施其资本保值增值的策略。流动性交易主要是一种战略性投资或者价值投资行为,流动性交易者通常具有长线投资偏好而排斥短线交易。噪声交易是在误认其知悉市场有用信息或者对信息进行误判的情况下实施的金融投资行为。噪声交易者既不具有信息优势,也没有长线持有金融工具投资组合的计划,在噪声交易数量规模较大的资本市场中,其投资行为往往影响定价效率并造成市场价格困惑。

特定类型的金融交易行为对于流动性交易的影响程度较小。知情交易与信息交易都是通过金融交易兑现其信息优势所内涵的价值,即依靠其发现并持

[1] Zohar Goshen and Gideon Parchomovsky, "On Insider Trading, Markets, and 'Negative' Property Rights in Information", *Virginia Law Review* 87, 2001, p. 1229.

有的新信息追踪金融商品价值与市场价格之间的价差。[1]当知情交易者与信息交易者持有的信息显示金融商品价格被低估时,均会选择买入金融商品,从而导致市场价格上升;反之,当信息显示金融商品价格被高估时,其卖出金融商品,导致市场价格下跌。流动性交易不考虑资本市场中的新信息,其基于获取现金流动性而卖出金融商品,基于储蓄等保值增值目的而购买金融商品。这种交易价值诉求决定了其不受知情交易或者信息交易的影响,即使在法律上构成内线交易的行为也并不会损害流动性交易者的实际利益。流动性交易立足于其持有金融商品的期限获取平均市场收益,实施流动性交易的市场参与者实质上并不预期能够活着需要平等或者与知情交易、信息交易者同时接触市场信息,因为流动性交易的获利机制决定了短期信息劣势对于其长期受益并没有实质性影响。所以,资本市场法律制度通过限制短期性的内线交易行为实现公平交易或者市场诚信等价值理念对于流动性交易这样的市场投资者而言并不会产生有效的制度收益。

大量不具有专业金融知识与交易技术的个人投资者的存在决定了噪声交易是资本市场中一股相对活跃的经济力量。噪声交易行为中内含的理性成分较少,其投资(投机)行为并不以特定市场信息与理性认识为基础。理论上,如果噪声交易整体性、随机性地进行资本配置,噪声交易会出现互为抵销的效应——无论资本市场中的金融商品定价如何波动,在概率平均层面所有噪声交易的获利与损失抵消,相对于具有一定损失风险的知情交易或者信息交易而言,有可能在净收益层面战胜知情交易或者信息交易。但是,真实资本市场中的噪声交易不可能以平均分布的形态实施相关金融交易,而是经常作为一个整体以欠缺理性的方式进行相同或者相似的资本配置,即同时作为一个非理性整体做空或做多特定金融商品或者看空或看多整个市场。噪声交易是否在市场竞争中落败于知情交易或者信息交易,其关键在于金融商品市场价格是否按照知情交易或者信息交易者基于信息优势预先估计的方向运行。例如,知情交易者或者信息交易者根据掌握的重大未公开信息预期特定金融商品市场价格被高估,卖出该金融商品,如果金融商品市场价格最终下跌,在该时间区间购买该

---

[1] 经济学理论将这个行为描述为信息整合于价格的过程。Eugene F. Fama, "Random Walks in Stock Market Prices", *Fin. Analysts J.* 21, September – October, 1965, p. 55.

金融商品的噪声交易者就产生了经济损失。当然也不能排除在价格变动的全过程中噪声交易者获取阶段性的正收益——知情交易者或者信息交易者抛售金融商品时金融商品市场价格继续向上攀升,同时期买入金融商品的噪声交易者就会出现账面浮盈。但是,从长期收益的角度来看,噪声交易作为一个整体投资(投机)行为类型会在资本市场竞争中落败于知情交易与信息交易。因此,噪声交易在未公开信息具备价格敏感性期间从事与知情交易、信息交易方向相反的金融交易时会出现相当程度的经济损失,但这种利益折损并非知情交易与信息交易行为的法律结果,同时更为重要的是,噪声交易对于资本市场效率造成的现实干扰意味着这种类型的交易行为因为其本身与市场信息的关系而决定了实际上没有必要从制度上对其进行特别的保护,即资本市场法律制度为了保护噪声交易者免受重大经济损失而设计一定的法律规范禁止内线交易并赋予与内线交易从事相反方向金融商品买卖的噪声交易求偿权无助于提升资本市场效率。

资本市场中具备信息获取与分析专业技术与能力的参与者或者投资者(主要是机构投资者)通过金融交易获利、发布具有价值的研究报告等方式体现其投入成本所获取的信息优势。信息分析或者信息交易中的一部分专业金融技术人员向其特定的客户披露信息;另一部分则向市场公开一部分信息从而进行金融分析服务推广、提升市场影响等。资本市场及其参与者不仅可以根据信息专业人员披露的信息评价其专业能力,更可以使用各种金融专业机构或者人员提供的信息进行资本资源配置。

作为资本市场重要内容与构成之一的信息市场便应运而生。财经报刊、电视、电台、金融网站等属于向市场提供免费或者费用较低的金融信息的渠道、媒介或者网络。金融分析师通过访问、专栏、评论、有价转让等信息传播渠道与市场参与者分享其掌握的信息。金融专业机构与人员的信息竞争支撑与促进了信息市场的发展与完善,进而提高了资本市场效率。金融分析师披露的信息为其他专业人员或者机构投资者提供了资本配置的附加信息,能够帮助其进一步优化定价。信息市场强化了资本市场中各类投资行为的水平,使更为广泛的市场公众能够接触财经或者金融信息,了解金融事件并对金融市场形成直观意见与获得熟悉环境。资本市场参与者投资水平的提升与金融信息知识的增加提振了市场信心与信任。完全不基于信息而实施金融商品买卖的噪声交易数量会逐步减少,越来越多的市场参与者作为流动性交易者(将资本市场作为储蓄的替代渠道)与信息交易者(通过采纳或者购买信息服务从事金融交易)介入资本市场。稳定且不断增长的投资行为提升了对金融信息及其分析的需求,优化了信息市场与金融信息行业竞争,以丰富的市场信息降低金融商品发行等各类融资成本。

知情交易者对于未公开信息及其获取优势具有天然的独占倾向,在缺乏竞争的市场条件下,上市公司重大未公开信息的知情人员缺少立即或者及时披露未公开信息的激励,同时又无法直接将其信息优势进行合法转让并获取收益,其只能从上市公司业绩增长中仅仅以职务或者工作报酬的形式获取上市公司发展过程中的间接利益或者附带收益。如果资本市场法律制度无法合理控制知情交易继而突破法律限制所构成的内线交易,内线交易将持续地战胜信息交易。因为信息交易分析市场价格、对市场信息进行商业反应,而内线交易创造并控制内生性市场信息——后者始终处于信息控制的优势地位,信息交易一直会处于劣势地位或者成为失败一方。[1]

内线交易的信息无(低)成本与信息交易的信息客观成本耗费决定了在内线交易盛行的市场环境下,信息交易很难从信息成本投入中获取利益,从而导致市场中的信息交易逐步减少或者退出。内线交易损害资本市场效率的内部表征就集中聚焦于其对信息市场存在与发展的破坏。如果资本市场法律监管制度有效限制内线交易,市场效率会因为信息交易的大量存在而得以有效提升。以披露或者戒绝交易规则作为对内线交易的限制规定为例,上市公司内部管理人员,必须将其持有的重大未公开信息向市场披露,然后根据该信息,同资本市场中的其他参与者一样进行价格竞争,或者必须戒绝交易,直到相关法律规定对其提出信息披露义务,一旦信息披露,内部人员与信息交易者共同在市场中竞争,共同获取信息价值。在重大信息向市场传递或者被市场吸收的初期,只有一部分信息交易者能够获取信息成本投入之后的高额回报。在这个全新信息介入市场的转轨过程中,相对于内线交易者能够直接基于重大未公开信

[1] 例如,金融分析师基于其能够获取与验证的市场信息,认为特定金融商品的市场价格被低估而逐步买入,而此时内线交易者基于重大未公开的利空信息做出卖出该金融商品的交易行为,并引起金融商品市场价格下降。在利空信息公开之后,金融分析师才会意识到其买入的金融商品实际上被高估。利好信息时情况相同。

息交易而言,市场效率并不高。然而,随着信息交易者增加,市场竞争会降低从信息投入中获取收益的数额,达到一个高度竞争的水平,进而创造一个有效的、具备充分流动性的市场。信息交易者所具备的信息优势决定了其会战胜流动性交易者,但流动性交易者会认可信息交易的信息优势而购买其专业的金融交易服务,信息交易者之间通过价格与技术竞争进一步深化市场的竞争深度,降低金融市场服务费用水平。〔1〕

因此,在具备实体经济支撑的市场条件下,流动性交易本质上不会因为知情交易或者内线交易的客观存在而产生重大经济损失,因为流动性交易能够在平均收益层面战胜内线交易。噪声交易因为其本身对资本市场效率造成的干扰而决定了其没有必要得到资本市场法律制度的特别保护。内线交易设定了信息交易的市场空间并进而影响信息市场效率。当内线交易被控制在一定水平时,信息市场能够通过合理竞争得以有序发展,不仅保证信息交易者在信息竞争中获取合理收益,而且促进资本市场的信息传递与透明度提升。反之,当内线交易处于相对高发态势时,信息市场受到损害、信息交易利益受到挤压,最终导致资本市场信息效率下降。

信息交易之间高度竞争支持下的信息市场促进市场中的流动性交易与噪声交易以更合理的成本获取更为准确的市场信息——价值投资者购买市场信息优化长期投资利益,噪声交易者在发现持续落败于市场平均水平的情况下部分转投信息交易群体并向其购买信息服务,或者将资金投向信息交易群体并由其进行管理——资本市场逐步发展为高度竞争的信息分析市场。从市场交易者结构及其与市场信息之间的内部关系分析,内线交易法律监管制度直接保护的实际上就是信息交易利益以及以机构投资者为代表的信息交易者利益,并且这种制度安排本身确实能够通过提升信息市场效率而优化资本市场整体效率。得出这一结论的价值并不在于简单地肯定内线交易法律监管制度的正当性价值,其更为重要的意义在于清晰且中肯地发现推进内线交易监管制度最现实、最有力、最直接的动力或者市场力量实际上并不在于虚幻且空泛的中小

〔1〕 如果市场中只有一部分、有限的内线交易,信息交易仍然能够有效运作。有限的内线交易一定程度上减少了信息交易的获利,但信息交易仍然具有足够的运作空间,同时一定数量的内线交易本身也是流动性供给的重要组成部分。

投资者保护、市场公平性等宣示性、口号性的政策呼吁,而是由信息交易利益群体实际支撑并见机强化推动改革。这个利益博弈过程中并不存在纯粹的公正与否的问题,而只是信息质量、市场运作成本、资源配置是否合理的经济选择。[1]

更需要强调的是,上述内线交易对流动性交易、噪声交易、信息交易的影响以及由此造成的对整个资本市场效率损害的分析,仍然停留于静态的理论阐释层面。在法律制度介入对内线交易的规范控制之后,真实的资本市场运作中会出现动态的交易行为调试——信息交易与知情交易在资本市场中具有天然联系与自然合作的利益驱动。如果内线交易监管制度缺失或者介入效率没有保障信息交易的利益,信息交易会选择与知情交易进行联合或者接触,通过选择性信息披露的渠道降低信息成本投入,提升金融交易利润。信息交易流动至知情交易或者两者互为契合之后,市场直接简化为知情交易者与非知情交易者,信息生产、分析、公布的成本投入与信息市场竞争强度随之降低。在信息交易与知情交易的联合关系体中,并不一定是掌握重大未公开信息的上市公司或者其他金融商品发行主体的内部人员处于绝对的主导或者控制地位,原来的信息交易者基于其在金融交易技术、市场操作手法、专业知识能力上的优势,同样可以激发、引导、积极推进知情交易的整体进程、核心环节以及关键细节。信息交易与知情交易天然的联系在资本市场法律规范介入内线交易监管的制度条件下,集中体现为选择性信息披露。

资本市场中并非所有的上市公司都受到机构投资者、金融分析师等具有专

---

[1] 以美国资本市场现实为例,华尔街各大金融机构始终强力支持 SEC 严厉打击内线交易。从 20 世纪 80 年代 SEC 开始严厉打击内线交易违法犯罪开始,美国机构投资者就构成了反内线交易的重要支持性力量。David D. Haddock and Jonathan R. Macey, "Regulation on Demand: A Private Interest Model, with an Application to Insider Trading Regulation", *Journal of law and economics* 30, 1987, p. 311. 但是。实际上很难相信诸如华尔街"金融巨鳄"等这样的资本市场参与者是因为坚守市场诚信或者公平争议的价值理念而拥护内线交易违法犯罪惩治与防范制度。资本市场中阶段性出现的严打内线交易制度改革或者执法司法实践是政治博弈之后的法律行为表现,本质上仍然是由背后的经济动因所决定与驱使的。金融机构、机构投资者等是具有信息攫取与分析专业技术优势的信息交易者,法律制度控制内线交易意味着实质性地限制了上市公司内部人员利用职务所获取的信息优势在交易竞争中战胜信息交易者、挤压信息交易者获利空间。这种经济利益才是以金融机构为代表的信息交易者支持严打内线交易的根本原因。

业信息分析能力的市场参与者的关注。上市公司规模、行业、所处地域等均有可能成为信息分析人员对其缺乏关注的原因。市场关注度直接决定了特定上市公司证券等金融商品的交投活跃度——市场关注度低的证券流动性一般较低。市场中的专业信息分析人员或者信息交易者收集与处理此类上市公司的信息并据此从事相关金融交易,往往会消散在资本市场中而无法引发投资者关注并从事有针对性的交易行为,导致无法对投入信息成本的信息专业分析人员足够的经济回报。上市公司出于提升本公司市场关注度或者金融商品流动性的经济考量,会主动向券商、投资咨询机构、对冲基金等机构投资者专门就公司业绩等问题进行信息披露。选择性信息披露本质上是市场关注度、流动性等经济需求驱使下的信息披露行为,在经济上并不存在合规疑问,但如果上市公司高级管理人员在尚未向市场披露之前向特定金融信息分析机构及其工作人员传递重大信息,就涉及内线交易违法犯罪问题。

在不考虑内线交易制度成本与违法犯罪风险成本的抽象市场条件下,包括内线交易在内的所有知情交易直接损害的是市场中信息交易者的经济利益乃至整个信息市场的运作效率,资本市场不再通过信息竞争优化金融商品定价效率并维持稳定的市场流动性,而是表现为知情交易者利用职务或者市场地位等既有的非市场竞争性优势结果所积聚的信息力量挤压市场中最富效率供给能力的信息交易者的获利空间与机会。在上市公司中知悉重大未公开信息的内部管理人员禁止从事相关金融交易的真实市场制度环境下,内部人员会基于违法犯罪风险控制与分散、资金支持、技术协助等现实需求而向资本市场中特定的信息分析人员进行选择性信息披露,谋求风险规避、成本缩减以及通过相对间接的市场操作持续获取内线交易利润,信息交易群体亦会寻求选择性信息披露渠道弱化信息交易与知情交易之间的直接竞争,在市场操作中借助利益捆绑机制控制内部人员直接交易对信息交易的利益损害、稳定信息交易的市场地位。

选择性信息披露是内线交易与信息交易在市场竞争过程中进行利益权衡的博弈结果,也是资本市场法律制度介入内线交易监管的信息自适性选择行为。从掌握信息优势的内部人员获得未公开信信息的金融信息分析人员提前于市场初步掌握了市场定价与真实金融商品价值之间的潜在价差,配合专业的信息解释能力对该潜在价差进行验证,[1]自然能够通过本人从事相关交易获取利润或者建议客户从事相关金融交易中获取高额信息服务报酬。作为对上市公司及其管理人员的回报,掌握选择性披露信息的特定市场分析人员利益群体会对上市公司进行充分关注与持续信息分析,从而为公司证券提供相对充沛的流动性与有效率的定价。在选择性信息披露与专业信息分析人员关注度提高的过程中,金融信息专业分析人员会为上市公司提供更富有效率的外部评估意见,从而促进公司治理与商业决策。更为重要的是,在选择性信息披露涉及重大未公开信息流转的情况下,知情交易与信息交易组成了形式上更为间接与模糊、查处难度更为困难的内线交易利益联合体,能够通过复杂的信息流转与利益交换在金融交易中排他性地获取重大未公开信息的市场价值。

内线交易违法犯罪法律监管制度是一种资本市场财富重新分配机制。既有的资本市场违法犯罪防控体系禁止上市公司内部管理人员等利用重大未公开信息从事相关金融交易只能在形式上或者规范层面设定行为规范,资本市场中的重大信息肯定会流动至在现行制度框架下使用风险最低的市场参与者。真实的资本市场是信息竞争性、自适性流动的世界,具有价值的市场信息会根据制度环境的变化以消耗部分成本为代价从上市公司内部人员流转到机构投资者、金融分析专业人员等信息交易者。

内线交易者与信息交易者依然排他性地构成了在公众投资者之前接触并掌控着重大未公开信息的信息优势群体的绝对多数。就中国资本市场现实而言,目前被查出的内幕交易案件基本上是上市公司管理人员或者券商中参与并购重组的专业人员等内幕交易,亟须有效控制利用选择性信息披露机制将内部重大未公开信息系统化地传递至证券公司、基金公司等专业投资机构,[2]选择

[1] Daniel R. Fischel, "Insider Trading and Investment Analysts: An Economic Analysis of Dirks v. Securities and Exchange Commission", *Hofstra Law Review* 13, 1984, pp. 127, 142.

[2] 熊锦秋:《堵住上市公司信息选择性披露大漏洞》,载《上海证券报》2012 年 7 月 26 日,第 F11 版。

性信息披露禁止主要停留在规范条文层面。[1] 而事实上机构投资者、券商等通过所谓的调研掌握上市公司重大未公开信息并进而在二级市场谋利的情况比较普遍。因此,资本市场法律制度不仅需要在规范建构层面设置禁止内线交易的行为规范,而且应当在政策实践上根据市场重大未公开信息自适性流动的特点确立监管选择性信息披露的执法与司法重点方向,在维持与优化信息市场竞争效率的基础上防控知情交易与信息交易联合为内线交易利益共同体阻碍信息效率。

内线交易犯罪刑事政策应当超越传统的公平性、道德危害性、纯粹的经济损害性等固有逻辑基础,从资本市场竞争、国家权力管制、资本市场行为本质、市场参与者自主协商竞争性规则、信息市场效率等各种互为关联的角度动态解释与发现法律制度对内线交易犯罪进行政策调控的合理方式与规范边界。这既是对传统依赖于单纯规范控制、强化监管、严厉处罚的理念、知识以及实践经验的一种超越,更是形成与真实资本市场以及生成于其中的内线交易犯罪实际状况相契合的监管方略。

资本市场交易技术、策略、资本等方面的竞争程度不断深化、竞争态势愈发激烈,既淘汰了大部分孤立使用传统模式的内幕交易行为,又决定了传统内内幕交易本身会形成相对较强的自我遏制性,通过制度安排推进市场化机制的不断完善是控制内线交易犯罪的核心政策。内线交易犯罪刑事政策应当以保护市场与信息效率为导向,容忍资本市场的固有风险与投机行为,重点监控市场信息风险,遏制权力滥用、允许信息产权协商、保障公平的信息竞争。

使用重大未公开监管性信息从事金融交易行为的实质是权力腐败。控制公务人员内幕交易或者降低公务人员基于重大未公开信息兑现资本得利,最为有效的方式就是限制权力介入资本市场的深度与广度。政府权力逐渐退出对

---

[1] 中国证监会《上市公司信息披露管理办法》第 2 条规定:信息披露义务人应当真实、准确、完整、及时地披露信息,不得有虚假记载、误导性陈述或者重大遗漏。信息披露义务人应当同时向所有投资者公开披露信息。在境内、外市场发行证券及其衍生品种并上市的公司在境外市场披露的信息,应当同时在境内市场披露。该办法第 41 条规定:上市公司通过业绩说明会、分析师会议、路演、接受投资者调研等形式就公司的经营情况、财务状况及其他事件与任何机构和个人进行沟通的,不得提供内幕信息。

资本市场运作问题的直接介入，专注于预防与控制金融市场系统性风险而非具体的市场风险与特定经济、金融问题的管理，能够实质性截断政府机构及其工作人员获取或者在其实际控制下使用有价值市场信息的渠道。所以，行政监管权力应当逐步减少对资本市场及其信息生产的干预与介入，从而预防因权力腐败导致的公务人员内线交易犯罪。

使用重大未公开市场化信息从事金融交易的权利行为构成作为经济行为的内线交易犯罪，对其全面禁止是最为简单的政策选择。但是，持有重大未公开信息的行为主体是否选择实施内线交易，实际上还是风险与收益评估问题，即使证券监管措施进一步强化、处罚案件的绝对数量持续上升，内线交易犯罪责任风险仍然是高度不确定的。并且，在没有其他经济激励促使行为主体选择更优的经济收益获取渠道的情况下，通过资本市场中的交易行为实现重大未公开信息的经济价值始终是经济上最优的选择。这就决定了有必要对于市场化的重大未公开信息价值分配与内线交易犯罪监管进行全新的价值权衡与制度安排。

资产管理行业中的利用未公开信息交易与部分公司治理中的内线交易行为归根到底是代理成本问题，完全依靠法律绝对禁止基金经理不得炒股、绝对禁止利用基金投资决策等重大未公开信息从事知情交易、绝对否定上市公司内部人员交易的合法性，并非最为有效的内线交易犯罪监管策略。因为行政监管、国有资本等国家权力代理关系中固然不允许对国家权力运作过程中形成信息的经济价值进行合约安排，但是，在国家权力代理之外的市场性代理关系中，以代理成本形式客观存在的内幕交易不是绝对的法律禁止所能控制的。在不涉及资本市场整体效率损害的前提下，重大未公开信息经济价值的协商性安排不仅能够有效地化解内线交易对资本市场与投资者权益的损害，更有助于提升资本市场的信息效率。

内线交易犯罪是否能够获取利润以及获取多少利润的经济基础在于其拥有的信息接触优势，其对于信息的控制力愈强，获取利润的概率与数额就愈高。这种基于重大未公开信息知情人员主观意志足以整体排除外部投资者或者投机者信息竞争能力的优势，只有在持续掌握、囤积、利用重大未公开信息时才得以实现利益最大化。重大未公开知情人员可能基于利益最大化的利己诉求而损害资本市场定价效率，其中，最有利于内线交易利益最大化的方式就是操控信息披露时间与内容。合理的刑事政策改革路径应当是优化信息披露制度对基于内线交易利益追逐而同步实施的信息披露操控监管,在确保强制性与自愿性信息披露平衡与市场效率的基础上重点规制联动操作的内线交易与信息操控行为。

第七章

内幕交易犯罪核心构成要件的司法认定

内幕交易犯罪在司法实务中存在一系列的司法认定疑难问题。尤其是在近几年司法实践中出现的内幕交易犯罪案件中,对于如何认定内幕信息的形成时间,如何判断内幕交易犯罪的行为主体,如何认定内幕信息知情人员建议他人实施相关证券、期货交易行为,如何把握本罪的主观故意等众多难点问题,刑法理论与实践中存在相当大的争议与分歧。有必要综合运用证券期货犯罪刑法原理与金融知识论证上述疑难问题的司法判断规则,为本罪的司法认定提供理论支撑。

第一节 内幕交易行为违法性的认定

一、违法性判断实践争议问题

证券期货犯罪是法定犯,构成证券期货犯罪的前提是相关行为违反行政法律法规,内幕交易犯罪显然不能例外。因此,在内幕交易犯罪的司法认定中,首要的问题就是要判断涉案的交易行为是否违法。内幕交易罪刑事违法性的司法认定不能仅仅是对证券法相关规定的静态援引,而是必须对整个内幕交易过程中行为的刑事违法性进行全面的证明,即司法实务部门通过严格的司法审查,论证内幕交易行为的违法事实及其规范依据。

然而,在当前的证券期货犯罪刑事司法实践中,司法实务部门自主性地对内幕交易罪刑事违法性问题进行论证与分析的能动性作用受到了明显的限制。并且,该种限制并非源于外部性力量的压制,而是司法实务部门面对证券期货专业性问题主动采取"司法克制"的态度,转而依托专业性证券期货行政监管部门的力量判断内幕交易罪的刑事违法性。在以内幕交易罪为典型代表的涉及证券期货专业知识的刑事案件中,对于涉案行为违法性判断的依据,主要是中国证监会的行政处罚决定书、违法行为认定函以等行政法律文书以及证监会在行政程序中收集的书证、物证、证言等证据。例如,在非法经营类证券期货犯罪案件中,司法机关通常将证监会对非法经营证券期货业务的性质所出具的书面结论、复函等作为认定行政违法性的核心依据甚至是唯一依据。

二、违法性认定规则

刑法理论上有观点认为,以证监会行政程序中形成的处罚决定、书面复函、调查笔录、认定函等文件材料,在刑事司法程序中不具有司法效力,不应当以此为依据认定内幕交易等证券期货犯罪行为的违法性。[1]在近期的司法实践中,相当数量内幕交易犯罪案件中的辩护意见就直接反对控方将行政机构违法认定函等文件材料作为指控涉案行为违法的依据。例如,在前文所述的上海祖龙公司、陈榕生内幕交易案中,辩方提出证监会出具的《认定函》不具有证据可采性。[2]但是,审判实践中一般不予采纳这样的辩护意见。

笔者认为,对于内幕交易罪等证券期货犯罪案件中相关行为的刑事违法性认定问题,司法实务部门必须进行独立且全面的司法审查与判断。证券期货监管部门制作的行政处罚决定书、行政复函等可以作为司法审查的证据,但不能直接作为定案依据,而应当对此类证据的合法性、关联性等进行刑事转化、综合论证、分析以及司法释理。

首先,证券期货监管部门提供的书面文件可以作为公文书证纳入全案的证据体系,具有可采性。国家机关在法定职权范围内行使职权所制作的书面文件,包括各种命令、决定、通告、指示、信函、证明文书等,属于公文书证,可以作为刑事案件的证据。证监会作为国务院证券监督管理机构,依照我国《证券法》有关规定,具有认定内幕信息的法定职权。证监会根据稽查的事实、证据,并结合《证券法》的有关规定出具《认定函》,对涉案行为的违法性进行说明,符合法律规定。

其次,证监会在行政程序中形成的相关证据及其在刑事程序中出具的文书具有证据可采性,并不意味着司法机关可以直接按照公文书证中的结论性意见认定案件事实与相关行为的刑事违法性。证监会认定内幕信息的法定职权限

〔1〕 吕蕾:《资产注入遭遇"暗礁"行政认定函能否推定其罪——专家热议证券内幕交易的"罪与非罪"》,载《上海法治报》2010 年 7 月 9 日,第 A8 版。

〔2〕 参见(2009)厦刑初字第 109 号判决书。

于行政程序,其对内幕交易行为违法性进行确认的行政法律文件具有的既定效力仅覆盖行政程序环节,证监会无权对涉案内幕交易行为的刑事违法性进行认定。所以,在证监会出具认定函件等公文书证的情况下,司法机关必须对其所阐释的理由与结论进行独立分析,不能直接按照证监会提供的意见认定案件事实与法律性质。司法机关不得以节省司法资源、金融技术性知识能力低于证券期货执法部门等理由直接将行政法律文件作为认定内幕交易行为刑事违法性的依据。

最后,证券期货行政监管部门在查处内幕交易违法案件过程中形成的证据材料,经过合法性认定与转化之后,可以作为刑事案件的证据使用。司法实践中,证券期货犯罪案件通常由行政执法部门在调查结束后移送司法机关。内幕交易罪的司法审查必然滞后于行政调查。大量的能够证明证券期货犯罪行为刑事违法性的证据势必都由证监会等行政执法部门先行调取、采集、固定、制作。[1]内幕交易等证券期货犯罪涉及大量交易数据、资金流动、账户信息等证据材料,司法机关只能在经过审查认可这些证据合法性的基础上,对涉案行为的违法性进行判断,不可能作为取证主体重新采集证券期货犯罪的证据。因此,认定内幕交易行为刑事违法性的具体依据只能是证券期货执法部门移送公安机关的证据。此类能够证明内幕交易行为刑事违法性的依据进一步可以区分为直接依据与间接依据:(1)证券期货执法机构向证券期货公司、证券期货交易所等机构调取的记录证券期货交易流水数据、资金走向、账户资料等信息的书证、物证、电子证据等客观性材料,经司法机关确认具备证据合法性的,可以直接作为司法机关判断内幕交易行为刑事违法性的依据。(2)证券期货执法机构在办案过程中形成的涉案人员供述、证人证言、调查笔录等主观性材料,在刑事司法中不具有证据合法性,必须经过司法机关依法转换为刑事诉讼证据,从而成为判断利用内幕交易行为是否刑事违法的间接依据。

综上所述,在内幕交易犯罪案件中,涉案行为的违法性是一个必须通过证据予以证明的问题,这也是构成内幕交易犯罪的违法性基础。在行为违法性具

---

〔1〕 例如,在朱耀明操纵证券市场犯罪案件中,涉案的交易行为涉及全国48家证券营业部、273个资金账户、6509个证券账户,证监会总共制定了58卷证据材料移送公安机关,办案工作量极大。吴卫军:《操纵证券市场罪的理论与实务难点分析》,载陈瑞宽主编:《金融证券期货犯罪疑难问题解析》,中国检察出版社2009年版,第22页。

体认定层面,司法实务部门应当进行独立的司法分析,而不能直接依据内幕交易行政处罚过程中的行政法律文件直接认定涉嫌内幕交易行为的违法性。

第二节 内幕信息的认定

内幕信息的认定一直是内幕交易、泄露内幕信息罪司法实践中的疑难问题,其难点集中于内幕信息未公开性与价格敏感性这两大特征的具体认定。刑法理论有必要结合法律规定与相关案例,在细致地分析内幕信息信息特征的基础上,针对内幕信息认定疑难问题提出司法适用规则与建议。

一、内幕信息未公开性的判断

内幕信息未公开性是指该信息尚未公开,尚未为证券期货市场上的有关证券、期货投资者所获悉。根据《刑法》第 180 条的规定,内幕信息知情人员、非法获取内幕信息的人员只有在涉及证券的发行,证券、期货交易或者其他对证券、期货交易价格有重大影响的信息尚未公开这一时间节点之前本人、建议他人从事相关证券期货交易或者泄露内幕信息,才构成内幕交易、泄露内幕信息罪。可见,任何信息一旦被公开披露,便由内幕走向公开,内幕人员利用这种信息进行证券、期货交易就成为法律所容许的行为。因此,明确一个信息是否属于未公开的信息就成为界定内幕信息的关键所在,而内幕信息是否公开的认定问题又直接决定着相关行为是否构成犯罪的判断结果。

对于如何判断相关内幕信息是否实际公开,国外学者提出了一种非常重要的理论,即有效证券期货市场理论(Efficient Capital Markets Theory)。根据有效证券期货市场理论的观点,在一个有效的证券期货市场中,价格充分地反映了与上市公司有关的市场上的可获取信息。[1]由于证券期货市场中所有的有价值信息都体现在证券价格上,因此,以最快的速度对这些价格反映信息进行

---

〔1〕 Eugene F. Fama, "Efficient Capital Markets: A Review of Theory and Empirical Work", *Journal of Finance* 25, 1970, pp. 383 – 384.

操作，可以实现利润最大化。[1]特定证券价格等同于投资者对信息的观察结果。[2]某项消息一旦被相当数量的投资者知悉时，相关公司的证券、期货价格便会很快地发生变动，或涨或跌，从而来反映证券、期货公司对市场这种消息的感受与反应。也就是说，当某项消息对证券期货市场能产生有效影响时，该消息便被认为已经属于公开的消息。反之，则仍属于尚未公开。可见，有效证券期货市场理论强调从市场信息实际公开的角度判断内幕信息是否仍旧处于秘密状态，将这种理论应用于内幕交易犯罪的司法实践，必须建筑在对涉案证券特定时间段内的交易价格、交易量以及历史交易数据进行统计与比对。美国证券期货法律实践中比较倾向于运用有效证券期货市场理论，有的联邦巡回上诉法院的判例中明确采用经济学分析方法，对涉案的证券进行数据分析，从证券价格反应的角度判断涉案内幕信息是否实际公开。[3]由于我国证券期货犯罪理论与实践对于有效证券期货市场理论的理解尚不深入，同时，对于该理论所依托的经济分析，金融理论上仍然存在一定的认识分歧，直接应用于司法实践并不稳妥，所以，我国法律规定以及司法解释并没有采纳有效证券期货市场理论的观点判断内幕信息是否实际公开。

我国证券法理论中有观点认为，信息公开的标准有3个：其一，全国性的新闻媒介上公布该信息；其二，通过新闻发布会公布信息；其三，市场消化了该信息，即市场对该信息已作出反应。[4]在上述时间节点之前的内幕信息始终处于尚未公开的状态。我国证券期货犯罪理论中有较多观点指出，从信息公布时起到市场传播、消化、分析，从而引起证券期货市场价格变动的一段时间，都应属于信息尚未达到公开化的程度。内幕人员在此期间利用该信息进行相关证券、期货合约买卖或建议未知该信息的他人买卖相关证券、期货合约，也应当认定

[1] Eugene F. Fama, "Foundations of Finance: Portfolio Decisions and Securities Prices", *Basic Books*, 1976, p. 136.

[2] Ronald J. Gilson, Reinier H. Kraakman, "The Mechanisms of Market Efficiency", *Virginia Law Review* 70, 1984, pp. 549－552.

[3] United States v. Nacchio, 573 F.3d 1062, (10th Cir. 2009).

[4] 陈晓：《论对内幕交易的法律规制》，载梁慧星主编：《民商法论丛》(第3卷)，法律出版社1996年版，第89页。

为内幕交易罪。[1]实际上，我国《证券法》对于信息公开进行了明确规定。《证券法》第70条规定："依法必须披露的信息，应当在国务院证券监督管理机构指定的媒体发布，同时将其置备于公司住所、证券交易所，供社会公众查阅。"可见，内幕信息的公布和公开应以有关信息和文件刊登在中国证监会指定的报刊上为准。显然，我国法律对于证券二级市场信息公开的标准采取的是形式公开的标准，即信息公开的标准是在报刊或其他形式的公报上公布之日。未经合法途径向公众披露的仅为内幕人员知悉的信息，均为内幕信息。所以，只要证实行为人的交割单所载日期先于其交易行为所利用的信息的合法公开日期，就认定为利用的信息属于"未公开"的信息。

当然，采用形式公开的标准在公平性存在确实存在一定的疑问。因为，证券期货市场上的内幕信息一旦公布于众后，一般的投资者事实上需要一定的时间进行消化和理解，而在此之前，掌握内幕信息的人员可能已经早已提前消化和理解了信息的内容。如果有关信息一公布就允许知情人员进行证券、期货交易的话，对措手不及的广大投资者而言，同样也是极不公平的。[2]这里存在的问题便是，内幕信息公开之后多久才算是实际公开？对此，美国司法实践提出了一些具体标准，比如，"新闻发布会后十分钟内""股票行情信息出现在股票行情显示器上之后两分钟内"等。目前我国有关证券法律中对此没有专门规定。我国刑法理论上有观点认为，应当根据本地社会实际情况作出相应的规定。凡是发行人内部人员或者其他知悉内幕信息的内幕人员，必须在重大信息通过传媒公布后的一定时段以后才被允许进入该种股票的交易，否则，或者其利润归公司所有，或者构成内幕交易。[3]也有学者认为，可以5日为限，即规定当消息公布后经过5日，就认为市场已消化了该信息。[4]

---

[1] 董丽静、垄卫：《证券内幕交易、泄露内幕信息罪的司法认定》，载赵秉志主编：《新千年刑法热点问题研究与适用》，中国检察出版社2001年版，第868页；孙昌军、易建华：《关于内幕交易罪几个问题的研究》，载赵秉志主编：《新千年刑法热点问题研究与适用》，中国检察出版社2001年版，第842~844页；张军主编：《破坏金融管理秩序罪》，中国人民公安大学出版社1999年版，第267页。

[2] 刘宪权：《金融犯罪刑法学专论》，北京大学出版社2010年版，第346页。

[3] 张军主编：《破坏金融管理秩序罪》，中国人民公安大学出版社1999年版，第270页。

[4] 魏东：《关于内幕交易、泄露内幕信息罪司法认定的若干问题再研究》，载赵秉志主编：《新千年刑法热点问题研究与适用》，中国检察出版社2001年版，第852页。

相对而言,后一种观点在一定程度上具有证券期货法律法规的规范性基础。例如,《证券法》第 42 条规定,为上市公司出具审计报告、资产评估报告或者法律意见书等文件的证券服务机构和人员,自接受上市公司委托之日起至上述文件公开后 5 日内,不得买卖该种股票。可见,在证券期货法律法规的规范逻辑体系内,相关审计报告在形式公开 5 日之后,可以认为市场充分了解了相关信息。当然,以此推论内幕信息公开 5 日之后应当认定为市场已经消化该信息确实比较牵强。所以,法律应对此作出一定的规定,以使知情人员在参加交易前让广大投资者有一定的时间对信息加以消化和理解。这样最起码可以在形式上能保证证券、期货交易中对信息利用的公平。

二、内幕信息价格敏感性的判断

内幕信息价格敏感性(Price Sensitivity)的判断问题一直是中外内幕交易犯罪司法实践中一个相当疑难的问题。从国外关于内幕信息价格敏感性的判断实践来看,比较有代表性的是欧盟与美国的法律标准。根据欧盟《市场滥用指令》的规定,价格敏感性是指信息一旦公开将对金融工具交易价格或者交易量造成重大影响。[1]在美国的判例法实践将内幕信息价格敏感性称为实质性(Material)。在内幕信息实质性的具体判断上,美国联邦最高法院是以理智投资者作为认定标准,即如果一个理智的投资者,在他作出投资时,可能认为这个被忽略的事实是重要的,那么它就是重要的。换句话说,这个被忽略的事实公开后,极有可能被理智的投资者看成是改变了自己所掌握的信息的性质,那么,这些事实也就是重要的。如果投资人知道这些消息时,非常可能会认为该信息对他们作出投资决定有重要影响。从投资人的角度看,如果他们将这条消息,与他们已经获知的其他消息合并在一起,便会对相关股票的价格,给予重新评价。美国法院经常就是以这种理智投资者的可能决定为标准来判断某项消息是否属于“重要消息”。[2]

在我国,有关法律中均规定了内幕信息价格敏感性要素。刑法内幕交易、

---

[1] Directive 2003/6/EC of The European Parliament and of The Council of 28 January 2003 on Insider Dealing and Market Manipulation (Market Abuse), Article 1.

[2] Basic, Inc. v. Levinson, 485 U. S. 224 (1988).

泄露内幕信息罪的法律规定将之具体表述为"对证券、期货交易价格有重大影响"。在证券内幕信息方面,《证券法》第75条的规范表述为"涉及发行人的经营、财务或者对该发行人证券的市场价格有重大影响的尚未公开的信息";《上市公司信息披露管理办法》第30条规定为"可能对上市公司证券及其衍生品种交易价格产生较大影响"。在期货内幕信息方面,《期货交易管理条例》第85条的规定为"可能对期货交易价格产生重大影响"。可见,我国法律明确将价格敏感性作为内幕信息的法律要素。

除了《证券法》《公司法》《期货交易管理条例》等法律法规规定了一些对证券期货市场价格有重大影响的信息类型之外,《上市公司信息披露管理办法》第30条更是重申并细化列举了21种重大事件的类型,具体包括:公司的经营方针和经营范围的重大变化;公司的重大投资行为和重大的购置财产的决定;公司订立重要合同,可能对公司的资产、负债、权益和经营成果产生重要影响;公司发生重大债务和未能清偿到期重大债务的违约情况,或者发生大额赔偿责任;公司发生重大亏损或者重大损失;公司生产经营的外部条件发生的重大变化;公司的董事、1/3以上监事或者经理发生变动;董事长或者经理无法履行职责;持有公司5%以上股份的股东或者实际控制人,其持有股份或者控制公司的情况发生较大变化;公司减资、合并、分立、解散及申请破产的决定;或者依法进入破产程序、被责令关闭;涉及公司的重大诉讼、仲裁,股东大会、董事会决议被依法撤销或者宣告无效;公司涉嫌违法违规被有权机关调查,或者受到刑事处罚、重大行政处罚;公司董事、监事、高级管理人员涉嫌违法违纪被有权机关调查或者采取强制措施;新公布的法律、法规、规章、行业政策可能对公司产生重大影响;董事会就发行新股或者其他再融资方案、股权激励方案形成相关决议;法院裁决禁止控股股东转让其所持股份;任一股东所持公司5%以上股份被质押、冻结、司法拍卖、托管、设定信托或者被依法限制表决权;主要资产被查封、扣押、冻结或者被抵押、质押;主要或者全部业务陷入停顿;对外提供重大担保;获得大额政府补贴等可能对公司资产、负债、权益或者经营成果产生重大影响的额外收益;变更会计政策、会计估计;因前期已披露的信息存在差错、未按规定披露或者虚假记载,被有关机关责令改正或者经董事会决定进行更正;中国证监会规定的其他情形。

笔者认为,上述《上市公司信息披露管理办法》所规定的21种重大事件无疑属于具有价格敏感性的信息,在未公开前显然属于内幕信息。我国采用列举的方式具体规定价格敏感性信息的内容,具有明确性与相当的可操作性,符合罪刑法定原则的要求,但是,这种列举不可能穷尽一切,尽管《证券法》《期货交易管理条例》《上市公司信息披露管理办法》都设置了兜底条款,但由于缺乏"对证券、期货交易价格有重大影响"中"重大影响"的实质定义,反而又造成内幕信息价格敏感型缺乏一定的可操作性。对此,笔者建议,法律有必要对"重大影响"的信息进行实质界定,辅之以列举形式规定的价格敏感性信息类型,从而保证对内幕信息价格敏感性进行科学与准确的认定。

然而,我们更应当注意的是,内幕信息不是单纯的静态内容,而是一个从信息萌芽、发展、形成、持续影响证券、期货交易价格直至最后公开的动态过程。如何具体地认定内幕信息形成时间与公开时间,即如何确定内幕信息价格敏感期,在司法实践中存在极大难度。从理论上对规范文本进行分析,内幕信息价格敏感性就是信息对价格的重大影响性,即能够影响理性投资者的投资行为,从而影响证券、期货交易价格。但是,从实践角度对内幕交易行为进行动态分析可知,证券期货法律法规所规定的各种类型的内幕信息是上市公司在业务经营、公司治理等企业实践活动以及期货交易、监管、政策制定过程中形成的重大信息,其本身具有从可能性向现实性转化的特点,这种处于变动中的不确定状态决定了在发展过程中的信息是否影响证券、期货交易价格也处于可能性状态。内幕信息价格敏感期时间范围判断的难点在于内幕信息形成时间的确定。对此,笔者认为,由于内幕信息具有复杂性与发展性,司法实践中无法静态地确定一个内幕信息形成时间的判断规则,只能在充分掌握内幕交易法律原理的基础上,采取类型化认定的思路予以具体分析。

第一,只有真实的信息才可能形成内幕信息,但内幕信息的形成并不要求达到确定性的程度。

证券市场是信息市场,信息是投资决策的基本依据。谣传、猜测和无根据的信息都不是内幕信息,据此进行的交易也不能认定为内幕交易。处于发展中的真实且确切的信息,尽管尚未实现或构成事实,都应认定其具有真实性。以我国证券市场内幕交易最为多发的资产重组环节[1]为例,上市公司接受资产

---

〔1〕 李竞:《我国A股市场资产重组中的内幕交易》,载《经济论坛》2010年第10期。

注入或进行股权重组,相关信息成为内幕信息的前提在于有证据予以证实。一般而言,资产重组涉及上市公司与资产交易对手方,其运作过程包括资产重组交易对手方的重组设想形成、咨询财务顾问、形成可行性方案、上市公司与交易对手方初步接洽与沟通、形成初步重组方案、就重组协议进行反复协商、形成一致性意见、向证监会进行初步报告、提交正式的资产重组报告、公开重组协议等一系列环节。只要上市公司与资产重组交易对手方就资产重组计划进行实施与推进,就能够证明该信息所指向的重组事项是确实存在的,具备了内幕信息的真实性条件。资产重组推进最终能否确定地转化为事实,实际上还需要视交易双方的谈判与监管层的审核情况而定,但资产重组最终未能实现或者正处于发展阶段,并不影响此前内幕信息的确切存在。因此,在证券内幕信息价格敏感期的认定中,不能根据相关信息未能实现,或相关信息始终处于不确定状态,推论内幕信息始终没有形成。

第二,有关信息发展到可能对证券交易价格产生重大影响的程度实际上就属于法律规定的"有重大影响",即可成立内幕信息,证券交易价格现实的关联性变动可以作为相关信息重大影响的一种有效验证但非必要条件。

影响证券交易价格的可能性是指根据证券市场理性投资者与基本证券常识的判断,有关信息一旦公开,上市公司证券的交易价格在一段时期内与市场指数或相关分类指数会发生显著偏离。例如,有关上市公司收购问题的未公开信息属于内幕信息,相关投资者拟通过定向增发、现金购买股权、股权置换等方式收购上市公司资产,涉及上市公司股权结构、资产的重大变化,未公开之前显然是与公司重大财务活动有关的内幕信息。根据基本证券常识足以判断相关投资方拟收购上市公司这一信息可能影响该上市公司股票交易价格,属于内幕信息,该信息一旦公开或者泄露,上市公司市值波动势必明显异于同期市场指数波动。

刑法理论上的不同观点认为,内幕信息不能以对证券期货市场价格有重大影响为构成要件,就如内幕交易并不以交易者是否达到了牟利或避损的目的或在多大程度上达到了该目的为构成条件一样。利用某一尚未公开的重大信息进行证券交易时,该信息是否会对证券价格产生重大影响,除了该消息本身外,还取决于许多因素,而且其影响往往要经过一段时间才能显示出来。如果将"对证券期货市场价格有重大影响"作为认定内幕信息并进而作为认定内幕交易的前提条件或必要条件,那么内幕信息只有在内幕交易行为发生一段时间以后才能认定,并且还会出现这种情况,即某一重大信息在这项交易中可认定为内幕信息,而在另一次交易中则不能被认定为内幕信息,因为它没有对价格产生重大影响。这样,利用尚未公开的重大信息,只要价格未发生重大变化,将不构成内幕交易,禁止证券内幕交易的法律制度,对内幕人员交易行为的限制以及作为这些制度依据的公开、公平、公正原则将难以存在或失去存在的意义。[1]有的学者则认为,对证券、期货价格有重大影响的信息必定是重大信息,而重大信息由于其他因素的作用并不都会对证券、期货价格产生重大影响。刑法之所以规定内幕信息必须以对证券期货市场价格有重大影响为构成要件,正是为了强调内幕交易违法行为与内幕交易犯罪行为的区别。也即对于内幕交易违法行为只要利用了《证券法》第 75 条所列的内幕信息买卖证券、期货即可构成违法;而对于内幕交易犯罪行为则要求较高,必须以对证券、期货价格有重大影响为必要要件,如果行为人只是利用了内幕信息进行证券、期货交易,但并未对证券、期货价格有重大影响,就不能构成犯罪而只能作为违法处理。对于违法行为与犯罪行为的构成要件作出不同的要求,且构成犯罪的要求严于构成违法的要求,是完全必要的。特别是对于证券期货犯罪的规定更应该如此,如果不强调一些较严格的构成要件要素,实践中就很可能扩大打击面,这样当然不会有利于市场经济的发展。[2]

然而,笔者认为,我国刑法认定某个内幕交易行为是否构成本罪主要采用的是行为无价值论,并以情节严重作为构成犯罪的条件,也就是说只要行为人基于内幕信息进行交易,并符合刑法规定的"情节严重"标准,即可构成内幕交易罪。因此,只要行为人实施的内幕交易行为符合上述追诉标准,即使内幕信息最终并没有对证券或期货价格产生重大影响,也可以对行为人以内幕交易罪定罪处罚,而并不会出现"利用尚未公开的重大信息,只要价格未发生重大变化,将不构成内幕交易"的情况。内幕交易、泄露内幕信息罪并不以相关内幕信息对证券、期货价格实际出现重大影响为必要要件。因为对价格是否产生影响

---

〔1〕 穆津:《我国禁止证券内幕交易立法与执法的若干问题》,载《深圳大学学报》(人文社会科学版)1997 年第 3 期。

〔2〕 刘宪权:《金融犯罪刑法学专论》,北京大学出版社 2010 年版,第 350 页。

取决于证券市场而不取决于这种信息的本身。所以,相关重大事件发展到可能影响证券、期货交易价格的程度,就应当认定内幕信息已经形成。

第三,内幕信息本身所具有的类型复杂性特点决定了司法实践中无法设定统一的内幕信息形成时间判断规则,应当根据判例总结各种典型类型的内幕信息形成时间判断经验,合理判断内幕信息是否形成。

在“杭萧钢构”内幕交易案中,内幕信息表现为上市公司签订重大合同,该种内幕信息属于双方的法律行为。司法机关以谈判双方就项目的价格、数量、工期等内容基本达成一致意见之日作为内幕信息形成时间。[1]这应当是一种合理的认定结论。因为交易双方就合同基本要素形成共识决定了合同成立与生效已经具备了现实的基础,如果将该项可能签订重大合同的信息披露,足以引发上市公司股价波动。虽然无法绝对性地排除谈判双方最终无法签订合同的可能,但信息能否转化为事实并不影响内幕信息的形成时间认定。

在“广发证券”内幕交易案中,内幕信息指向借壳上市,即非上市公司通过将资产注入市值较低的上市公司,得到该上市公司一定程度的控股权,利用其上市公司地位,使非上市公司的资产得以上市。根据证券市场常识与理性投资者标准进行分析,非上市公司确定借壳上市方案之日意味着资产运作行动即将全面展开,可能影响目标上市公司的证券交易价格。司法机关以广发证券内部制作《广发证券股份有限公司借壳上市》方案,确定以辽宁时代、延边公路为备选壳的借壳上市方案之日为内幕信息形成时间,[2]同样也是合理的。

在“天山纺织”内幕交易案中,内幕信息指向上市公司资产重组,即由被告人姚荣江担任总经理的凯迪投资公司重组上市公司天山纺织。司法机关以新疆维吾尔自治区、自治区国资委、金融办、凯迪投资等召开非正式会议拟定天上纺织重组之日为内幕信息形成之日。[3]该项资产重组安排系国有资本主导、引入民营资本,因此,无论会议形式是否正式,会议是否形成重组具体方案,国有资本认可的具体民营资本确定且介入重组之时实际上就可以认为重大资产重组信息已经形成。在“高淳陶瓷”内幕交易案中,内幕信息同样指向上市公司资

[1] 陈海鹰、朱卫明、叶建平:《泄露内幕信息罪、内幕交易罪的若干问题探析——由“杭萧钢构案”展开》,载《法治研究》2008 年第 3 期。

[2] 詹志强:《中国“券商内幕交易第一案”内幕》,载《检察日报》2009 年 1 月 22 日,第 6 版。

[3] 周浙玲:《天山纺织重组内幕交易详情曝光》,载《中国证券报》2011 年 1 月 18 日,第 8 版。

产重组，即由中国电子科技集团第十四研究所（以下简称十四所）通过资产置换及非公开发行等方式对上市公司高淳陶瓷进行重大资产重组。司法机关将资产重组合作框架第一次书面化的时间认定为内幕信息形成时间。[1]虽然重组上市公司高淳陶瓷并非国有资本主导，而是各类市场资本通过交易、安排等措施完成资产重组，但仍然应当以资产交易方的实质性确定这一节点作为内幕信息的形成时间。从高淳陶瓷的重组情况分析，重组框架文件在第一次书面化之后即使经历了不断的修改与完善，但作为重组交易方的十四所的内幕自始自终予以保留。故十四所重组高淳陶瓷的资产交易总思路一经确定，重组信息事实上就已形成。

从上述对证券内幕交易判例的分析可知，内幕信息类型多样，不同的内幕信息有其特定化的形成逻辑。上市公司重大合同的成立具有双方性与博弈性，只有在合同双方就核心要素达成共识时，才能够认定内幕信息形成。非公众公司借壳上市的主动性集中于今后可能控制上市公司的母公司，非公众公司选定壳意味着其后续采取的措施单方面即可影响上市公司股价，故确定壳公司就代表此类内幕信息形成。上市公司资产重组实际上是上市公司控股股东或实际控制人选择特定对手及其提出的方案，退出上市公司并获取对价的交易过程。上市公司控股股东或实际控制人对于是否进行资产重组具有选择性，因此，只有在其确定交易对手时才能认定内幕信息业已形成。任何脱离上市公司内幕信息的具体类型、发展特点、公司业务实践等判断内幕信息形成时间的意见均不能为司法实践所采纳。

第四，内幕信息价格敏感期截止于信息实际公开之日，即有关信息被证券市场的所有投资者以及社会公众了解与知悉之时。

证券发行人、上市公司必须严格按照《证券法》、证监会《上市公司信息披露管理办法》等规定依法真实、准确、完整地披露信息，所以，在证券发行、交易过程中对证券价格有重大影响的内幕信息的披露规则具有明确的法律规定性。根据《证券法》第67条、第70条、第75条的规定，对上市公司股票交易价格产生较大影响的内幕信息，上市公司应当按照规定将有关该重大事件的情况向国务院证券监督管理机构和证券交易所报送临时报告，并予公告，说明事件的起

---

[1] 苏江：《涨停王高淳陶瓷内幕交易真相》，载《21世纪经济报道》2011年1月15日，第13版。

因、目前的状态和可能产生的法律后果。信息公告应当在国务院证券监督管理机构指定的媒体发布,同时将其置备于公司住所、证券交易所,供社会公众查阅。

基于《证券法》关于信息披露的规定,理论上一般主张适用内幕信息的形式公开标准,即尚未被公众知晓的重大信息在证券监管机构制定的媒体予以发布之时,应当认定内幕信息业已公开。[1]但也有观点认为应当采纳实质公开标准,即内幕信息按照法定形式披露之后,必须经过一定时间被市场消化,才能认定为内幕信息已经公开。[2]笔者认为,一般情况下,应以上市公司按照规定的时间与约定的方式通过公众媒体(新闻发布会、网络、报纸、期刊等)向社会公开或者向证监会、证券交易所报告作为内幕信息公开的时间。但是,内幕信息形成之后、尚未通过正式形式公开之前,相关证券交易价格明显异常波动,已被市场消化公开,或者证券专业分析人员通过技术分析推断相关信息,向客户或者公众公开分析结论等,应以市场价格异常波动、公布分析结论等实际公开之日作为内幕信息公开时间。

第三节　泄露内幕信息行为的认定

一、泄密与再泄密行为

刑法理论上一般认为,泄露内幕信息的行为是指行为人将处于保密状态的内幕信息公开化,通过明示、暗示、书面或口头等方式,透露、提供给不应知悉该信息的人员,使信息受领人据此而进行证券、期货买卖。泄露内幕信息的行为既包括公开范围上的泄露,即将内幕信息告知不应或无权知道该信息的人员;也包括时间范围上的泄露,即在保密期届满前解密,让可以知悉或有权知悉的人员提前知悉。泄露的内容是使受领人得知可以作为证券、期货交易依据的内幕信息的全部或主要事实,如果只是透露一点风声,不能作为受领人进行证券、

[1] 顾肖荣、张国炎:《证券期货犯罪比较研究》,法律出版社 2003 年版,第 403 页。
[2] 刘宪权:《内幕交易、泄露内幕信息罪若干疑难问题探析》,载《犯罪研究》2003 年第 2 期。

期货交易依据的，就不构成泄露行为。泄露内幕信息行为通常有“泄密”和“再泄密”之分。

“泄密”是指内幕人员直接将其掌握的内幕信息泄露给他人。对于泄露内幕信息行为应从法律上加以惩治其中严重者应按犯罪处理，这已经成为世界各国和地区的共识。之所以将泄露内幕信息作为犯罪处理，原因在于与掌握内幕信息者直接进行证券、期货交易相比，虽然泄露内幕信息者本人不一定有直接的证券、期货买卖行为，但通过为他人提供内幕信息，完全可能间接地参与了证券、期货交易，并从中获得利益或避免损失。另外，与掌握内幕信息者直接进行证券、期货交易相比，泄露内幕信息的行为对证券期货市场、投资者及发行人所造成的损害往往更为严重。因为，内幕信息的知悉人员一般范围较小，不仅人数较少而且财力有限，他们买卖证券、期货的数量不会太大；而泄露内幕信息则可能在受领人之间辗转告知，使参与证券买卖的人数和交易量剧增，从而引起严重后果。同时，只要相关证据能够进行合法且准确的固定，“泄密”行为在司法实践中一般不存在认定上的疑难。

“再泄密”是指非内幕人员在获取内幕信息后，又将该内幕信息泄露给他人。应该看到，在传播面广泛的内幕交易中，“再泄密”往往扮演相当重要的角色。美国“IBM 收购莲花公司内幕交易案”是全球内幕交易判例史上“再泄密”最“经典”的案例。1995 年，IBM 是当时全球最大的 IT 公司，而莲花公司（LOTUS）是美国最优秀的软件公司之一，其在办公软件市场占据统治地位。IBM 看中了莲花公司的技术优势，于 1995 年 3 月向莲花公司提出友好兼并的建议。不过莲花公司 CEO 吉姆·曼兹坚信莲花的困难是暂时，不必出售公司，故证券期货市场对此一直无法作出判断，在合并消息公布前，莲花股价一直徘徊在 30 美元至 35 美元。

经过 IBM 与莲花公司的谈判，最后双方对合并达成了共识，1995 年 6 月 5 日，IBM 宣布正式收购莲花公司，收购价高达每股 60 美元。6 月 11 日，IBM 最终以每股 64 美元收购了莲花公司 97% 以上的股票，总金额 35.2 亿美元，消息令人震惊。

但在收购的过程中，内幕信息实际上一直处于泄露的状态。

1995 年 4 月底，IBM 公司的一位女秘书劳瑞娅·卡萨诺在复印材料时，得知 IBM 正考虑收购莲花公司，于是她一直关注着事态的进展。IBM 与莲花公司达成原则协议后,劳瑞娅知道收购项目已成功,IBM 公司将于 6 月 5 日左右对外宣布。劳瑞娅便将此信息告诉了丈夫罗伯特·卡萨诺。但是,夫妇俩此前从未进行证券交易,没有股票账户,便将消息告诉好友格林,由格林购买一些莲花公司股票和期权,在消息公布后抛出,共获利 1.7 万美元,并付给女秘书夫妇 3500 美元作为提供内幕消息的报答。

与此同时,罗伯特曾打电话给其另一好友杰瑞·曼佐尼,后者根据内幕信息购买了莲花公司的股票和看涨期权,净赚 2.75 万美元,并以 4000 美元作为回报。杰瑞·曼佐尼又将该内幕信息告知其表弟彼德·曼佐尼和两位同事理查德·科夫兰斯克与约翰·麦伟利。理查德·科夫兰斯克又将内幕信息告知其亲属多梅尼克·阿尔巴和三个商业伙伴詹姆斯·里贝里诺、杰拉德·威尔斯以及拉尔夫·塞佩。其中,多梅尼克·阿尔巴再将信息告知朋友约瑟夫·德斯科以及商业伙伴斯皮涅利;斯皮涅利进一步将信息告知其哥哥克劳迪奥。

这一内幕信息通过上述人员进行的信息传递共有 6 层之多,相关人员都购买了一定数量的莲花公司股票或看涨期权。美国证监会最终发现,共有 25 人根据 IBM 公司女秘书的内幕消息在 6 月 2 日购买了莲花股票和期权,共获利超过 100 万美元。这起内幕交易案件中涉及的 25 名被告,只有一人是内幕信息的直接来源者,即劳瑞娅·卡萨诺,其他均通过再泄密获得内幕信息。最终,上述被告全部被法院判决构成证券欺诈或者以证券欺诈与美国证券交易委员会达成和解。[1]

二、泄露内幕信息的判断规则

我国刑法理论对于非内幕人员获取内幕信息后建议他人买卖或“再泄密”的行为如何处理的问题颇有争议。有观点认为,对非内幕人员获取内幕信息后建议他人买卖和再泄密不作区分,只要有建议他人买卖或再泄密的行为都有可能构成犯罪,区分是否构成犯罪的标准是非内幕人员获取内幕信息究竟是主动的还是被动的。如果非内幕人员自己积极、主动地获取内幕信息,不论行为人采取的具体手段是自己盗取,还是设法从内幕人员那里探听(例如通过向内幕

---

[1] Securities and Exchange Commission v. Lorraine K. Cassano, et al., Civil Action No. 99 – CV – 3822 (S. D. N. Y.).

人员行贿而获取内幕信息)，不管行为人事后根据该信息是建议他人买卖证券、期货合约，还是向他人泄露该内幕信息从而使他人利用该信息买卖证券、期货合约，都一律按内幕交易认定。如果证实非内幕人员是被动的信息接受者，不论后来实施了建议行为还是泄露内幕信息行为，就不宜认定为内幕交易罪。这是因为，在主动获取的情况下，非内幕人员对获取的内幕信息负有不得利用该信息并保密的义务。不论事后建议还是泄露内幕信息，都是对该义务的违反，承担责任理所应当。在被动知悉的情况下，非内幕人员因为是消极的内幕信息的知情者，不存在承担保密的义务，因而即使第三人根据该信息进行了交易，也不应当认定为内幕交易。[1]

但也有不同意见认为，对非内幕人员获取内幕信息后建议他人买卖证券、期货合约与再泄密进行区分，认为非内幕人员获取内幕信息罪后建议他人买卖证券、期货合约的构成犯罪，但再泄密的，不应作为犯罪。因为，根据我国《刑法》第180条的规定，内幕信息知情人员的范围，依照法律、行政法规的规定确定。由此可以推出，法律、行政法规没有限制的行为，即使行为具有社会危害性，也不应用刑罚加以制裁。[2]

理论上还有观点认为，非内幕人员获取内幕信息的手段，有的很难说到底是合法获取还是非法获取。因为在合法获取和非法获取中间可以有一个中性行为——既不合法也不非法的情形。对这种行为也应犯罪化。因为内幕交易、泄露内幕信息的可责性表现在这种行为对市场和投资者危害，这种危害是从交易行为中体现出来。不论什么人，只要从事这样的利用、泄露行为，特定的社会危害性就业已体现出来。[3]

笔者认为，非内幕人员在获取内幕信息后建议他人买卖或再泄密的行为是否有可能构成犯罪，应该严格根据刑法规定具体问题具体分析。对于非内幕人员在获取内幕信息后再泄密的情况，有可能构成犯罪。理由是，《刑法》第180条规定，非法获取证券、期货交易内幕信息的人员(非内幕信息之情人员)……泄露该信息，情节严重的，应构成泄露内幕信息罪。可见，刑法条文并未将非内幕

[1] 张军主编:《破坏金融管理秩序罪》，中国人民公安大学出版社1999年版，第277~278页。
[2] 薛瑞麟主编:《金融犯罪研究》，中国政法大学出版社2000年版，第259页。
[3] 郦毓贝:《内幕交易、泄露内幕信息罪主体特征研析》，载赵秉志主编:《新千年刑法热点问题研究与适用》，中国检察出版社2001年版，第821~822页。

人员再泄密行为排除在犯罪之外。非内幕人员再泄密行为之所以可以构成泄露内幕信息罪,最重要的3点理由在于:其一,不应知悉内幕信息的人员从获取内幕信息的那时起就应承担保密的义务。因为不管其获取内幕信息的途径怎样,最终的结果是得知了内幕信息的内容。当得知了内幕信息后,相关人员也就具有了承担保密的义务。其二,从行为人的主观故意来看,当行为人在明知自己通过非法手段获得的是证券、期货交易内幕信息之后,还故意泄露给他人,其主观恶性程度与证券、期货交易内幕信息的知情人员的泄露行为并无不同。其三,从泄露内幕信息罪的后果来看,这一犯罪的后果主要是由泄密行为引起的,没有行为人的泄密行为,也就不可能产生其后的内幕交易后果。

第四节　建议行为的认定

一、建议行为入罪的规范基础

《刑法》原第180条内幕交易、泄露内幕信息罪明确规定了两种行为方式:其一,内幕交易行为;其二,泄露内幕信息行为。《刑法修正案(七)》为《刑法》第180条增加了一种行为模式:建议行为,即行为人在其获知内幕信息的基础上,通过明示或暗示的方式建议他人进行证券、期货交易的行为。例如,提出交易时机、交易证券、期货合约的种类、交易证券、期货的价位、交易量的大小等。

在《刑法修正案(七)》修改内幕交易、泄露内幕信息罪构成要件之前,对于内幕人员根据内幕信息建议他人进行证券、期货买卖是否应当属于本罪的行为方式的问题,刑法理论与司法实践中颇有争议。这主要是因为,我国《刑法》原第180条虽然没有将建议行为规定在内幕交易犯罪行为之中,但是,《证券法》第53条规定:证券交易内幕信息的知情人和非法获取内幕信息的人,在内幕信息公开前,不得买卖该公司的证券,或者泄露该信息,或者建议他人买卖该证券。可见,颁布于刑法之后的我国证券法明确将"建议他人买卖证券"的行为归入内幕交易行为的范畴之中。

基于此,刑法理论上有观点认为,建议行为属于内幕交易、泄露内幕信息罪的行为方式。本罪的客观行为应该表现为3个方面:一是行为人利用内幕信息进行证券、期货买卖。二是行为人泄露内幕信息。三是行为人根据内幕信息建议他人进行证券、期货买卖。即内幕信息的知悉者根据内幕信息对他人的证券、期货交易提出倾向性的意见。[1]还有意见认为,将建议他人买卖证券不作为犯罪处理的观点是不妥的。因为从理论上讲,内幕交易中的买卖证券、期货合约应该包括知情人员自己买卖证券、期货合约和建议他人买卖证券、期货两种情况;从实践中看,这种行为具有社会危害性,对于情节严重的,应以犯罪论处。[2]当然,理论上也有意见指出,对建议行为需要区别对待。若接受建议者不知情也没有依据该建议进行证券、期货交易,则建议者不构成内幕交易、泄露内幕信息罪。除此之外,行为人明确将内幕信息告知他人,并建议他人买卖该种证券、期货合约;或者行为人虽未明确将内幕信息告知他人,但其建议他人买卖证券、期货合约的方式却能使他人心领神会该建议与内幕信息有关,则属于泄露内幕信息罪。[3]

然而,对此持否定意见的学者认为,作为行政处罚对象的内幕交易行为并非都可能成为犯罪行为。《刑法》第180条规定的作为犯罪的内幕交易行为,并没有包括行政法规所指的所有内幕交易行为,而只是部分行为。即只是限于内幕人员利用内幕信息自己买卖证券、期货合约或者非法获取内幕信息的人员自己买卖证券、期货合约。其中并没有包含行政法规中的其他内幕交易行为。如内幕人员根据内幕信息建议他人买卖证券、期货合约及非内幕人员通过其他途径获得内幕信息,并根据该信息买卖证券、期货合约或者建议他人买卖证券、期货合约的行为,不能作为犯罪认定,只能作行政处罚。内幕人员向他人泄露内幕信息,使他人利用该信息进行内幕交易的行为,只能以泄露内幕信息罪认定。[4]

应该看到,在《刑法修正案(七)》实施之前,尽管我国《证券法》明确将建议

---

〔1〕 张军主编:《破坏金融管理秩序罪》,中国人民公安大学出版社1999年版,第264页。

〔2〕 魏东:《关于内幕交易、泄露内幕信息罪司法认定的若干问题再研究》,载赵秉志主编:《新千年刑法热点问题研究与适用》,中国检察出版社2001年版,第854页。

〔3〕 董丽静、垄卫:《证券内幕交易、泄露内幕信息罪的司法认定》,载赵秉志主编:《新千年刑法热点问题研究与适用》,中国检察出版社2001年版,第866页。

〔4〕 胡启忠等:《金融犯罪论》,西南财经大学出版社2001年版,第268页。

他人买卖证券的行为纳入内幕交易罪中,但是,当时的《刑法》中并未将建议行为纳入犯罪范围,虽然《刑法》颁布在先而《证券法》颁布在后,但是在有关刑事责任的问题上,《刑法》当然要比《证券法》效力大。可见,将建议他人买卖证券的行为纳入内幕交易罪中并非是刑事立法的原意,没有将建议行为纳入内幕交易罪也并非是刑事立法的疏漏。在当时的证券期货市场现实条件下,我国刑法之所以作如此规定,究其原因无非是:如果将建议行为纳入犯罪范围,可能涉及面太广,同时,由于建议行为本身较为复杂,当时的司法实践尚未积累起一定程度的反内幕交易犯罪经验,立即将建议行为纳入内幕交易、泄露内幕信息罪的规制体系并不符合当时的司法实务现实。

然而,不容质疑的是,建议行为利用的是行为人掌握的未公开的内幕信息,这在客观上完全应当成为一种纵使或促使他人利用内幕信息进行相关证券、期货交易,在通常情况下,由于实施建议行为者是在掌握内幕信息的情况下建议他人进行证券、期货交易的,因此,行为人的建议往往起到鼓励、推动和指导的作用。这种情况中虽然行为人可能自己并没有直接从事证券、期货交易,有些甚至可能没有直接从中获利,但是,从实质上分析,建议者客观上是借他人之手进行相关证券、期货交易,这必然导致利用内幕信息进行证券、期货交易范围的扩大并对证券期货市场造成更加严重的破坏,其社会危害性是显而易见的。因此,《刑法修正案(七)》将建议行为作为内幕交易、泄露内幕信息罪的一种行为方式,具有合理性。当然,从动态的刑法规范适用层面考察,《刑法修正案(七)》增加了明示、暗示他人从事内幕交易的行为要件,确实容易导致司法认定困难与混乱。这主要是由于内幕信息知情人员或非法获取人员明示、暗示他人从事相关交易的行为本身具有特殊性,并不像内幕交易罪中典型的内幕信息知情人员或者非法获取者直接进行的证券期货交易行为一般容易认定。

二、建议行为的判断规则

根据司法实践中的情况来看,通过明示、暗示的方式建议他人从事相关交易的行为具有多种表现形式:(1)信息获悉者明示、暗示他人从事相关交易,被对方采纳并实施;(2)信息获悉者进行明示、暗示,没有被他人采纳并实施;(3)在透露内幕信息内容的基础上,信息获悉者明示、暗示他人从事交易;(4)在没有透露信息内容的情况下,信息获悉者建议他人从事交易,他人基于其专业金融知识及具有相关从业背景等原因，无须信息获悉者提供进一步的信息内容与交易理由等。

正是由于明示、暗示他人从事相关交易行为及其后续结果的复杂性，以及行为与结果排列组合后样态的进一步复杂化，决定了在判断内幕交易罪明示、暗示他人进行相关交易这一行为要件的同时，必须查实并明确以下问题是否影响建议他人从事相关交易行为要件的认定：(1)在内幕信息知情人员、非法获取人员仅仅提出建议，被建议者没有采纳信息获悉者的意见进而从事相关证券期货交易，能否成为阻却内幕交易、泄露内幕信息罪成立的事由？(2)明示、暗示他人从事相关交易构成犯罪是否以透露内幕信息为必要，即建议者没有透露内幕信息，被建议者接受其明示或者暗示而从事相关证券期货交易，能否成为阻却内幕交易、泄露内幕信息罪成立的事由？

对于上述第1个问题，即被建议者是否从事相关证券、期货交易行为是否阻却纯粹建议行为的犯罪性，笔者持肯定的观点。因为单纯的明示、暗示行为既没有泄露内幕信息本身的内容，也没有进一步产生后续的内幕交易行为，与内幕交易打击利用内幕信息从事非法证券期货交易行为的本质存在较大距离，不应当作为本罪打击的对象。主要理由是：其一，他人没有依据内幕信息获悉者的明示或者暗示从事相关交易的，已经缺失了内幕交易罪语境下行为的“交易性”，不应当认为其符合内幕交易罪的行为要件；其二，内幕信息知情人员、非法获取人员没有透漏任何内幕信息的内容，显然也不构成泄露内幕信息罪。

对于上述第2个问题，即内幕信息的知情人员或非法获取人员是否必须将内幕信息告知被建议者，才能构成《刑法》第180条规定的明示、暗示他人从事相关交易，刑法理论上的一种具有代表性的观点认为，构成建议行为不以告知被建议者内幕信息为前提。因为在现实生活中，内幕信息知情人员往往受过严格的法律、金融等专业知识的培训，对自己所实施的行为性质以及由此所可能造成的后果，一般都是明知的。而相当一部分内幕人员，为规避法律，在知悉某一证券、期货交易的内幕信息后，不是将内幕信息直接告知其亲朋好友，而仅仅对其亲友所进行的证券、期货交易提出倾向性的意见。由于行为人职务或者地位的特殊性，使其根本无须说明提出这一建议的理由，其亲友也是心领神会的。依此建议行事，虽然其亲友不知道内幕信息，但在其所进行的证券、期货交易中所处的地位与其知道内幕信息进行的证券、期货交易几无二致,而后一种情况显然是典型的内幕交易行为,既然如此,与后一种情形神似而仅仅形不同的前一种情形,有何理由不将其认定为内幕交易呢? 如果认为,内幕人员仅有建议买卖而并未将内幕信息的具体内容告知被建议者可以不作为内幕交易、泄露内幕信息罪,无疑给犯罪分子留下相当大的隙漏,使相当数量的内幕交易行为难以纳入到刑事制裁的视野,从而在一定程度上宽纵了犯罪分子,不利于证券市场的健康发展。[1]对此,笔者认为,在透露内幕信息的基础上建议他人从事相关证券、期货交易的行为是否具有刑事可罚性,刑法规范本身实际上已经给出了答案。《刑法》第180条已经规定了泄露内幕信息的行为属于犯罪,完全可以结合被建议者是否实际从事相关证券、期货交易的事实提出定性规则:(1)告知他人内幕信息,并明示或者暗示其从事相关交易行为,被建议者没有进行相关证券、期货交易的,应当认定为泄露内幕信息罪;(2)被建议者实际进行相关证券、期货交易的,其行为同时符合泄露内幕信息、内幕交易的构成特征,直接认定行为人构成内幕交易、泄露内幕信息罪。

第五节 信息挖掘行为的认定

一、信息挖掘行为的特征

金融市场中存在的一种现象与行为是,在内幕信息未公开前,有些投资者(投机者),尤其是机构投资者中的金融分析师,利用证券期货市场公开的信息、资料、对上市公司或其管理人员进行调查所获知的信息等,对证券期货市场作出分析预测,或者以这种预测结果为依据进行交易,而相关分析结果与未公开的内幕信息相一致,从而使相关人员在证券、期货交易中获取了巨额利润。国外证券期货市场通常将这种行为称之为信息挖掘(Information Snatching)。

对于信息挖掘行为能否构成内幕交易或者泄露内幕信息,理论上存在一些

---

[1] 张军主编:《破坏金融管理秩序罪》,中国人民公安大学出版社1999年版,第276页。

不同的看法。肯定的观点认为,行为人运用公开的信息和资料,对证券市场作出的预测和分析,如果这种预测一向被证实非常准确,并且对市场价格造成严重的影响或者危害,按内幕交易处理不无道理。[1]相反意见认为,内幕交易、泄露内幕信息行为之所以为世界各国法律所禁止,其根本原因就在于,这种行为使得内幕交易的行为人与普通投资者所进行的交易不是建立在平等的基础上,而是处于“一明一暗”的交易状态。内幕交易的行为人对于某种股票价格的走势因其对内幕信息的知悉而“心中有数”,而普通投资者则只能借助于一般的技术分析和财务分析乃至于自己的猜测进行交易。借助没有确切消息的猜测显然是投机行为,而这也正是证券期货市场危机四伏的原因所在。而无论基于这种猜测进行交易所导致的结局如何,这种行为显然是不能论之以内幕交易、泄露内幕信息罪的。

而实际上,股评文章的性质也同样如此。股评文章究其实质而言,也是一种猜测,只不过由于这种猜测是由具有丰富证券专业知识,熟悉证券市场运行规律的证券专家,运用科学的分析手段对分开的信息资料进行分析研究所得出的结论,因而,其正确性一般远高于普通人所做出的猜测。但无论这种预测的准确度多高,都改变不了“猜测”的实质。显然,法律不能因为一个人的预言相当精确就可以剥夺其发表意见的权利,这是现代法治社会公民享有言论自由的必然结论。[2]

在现实生活中,具有一定社会危害性的行为是很多的,法律没有必要、也不可能将所有具有社会危害性的行为,都用法律尤其用刑法加以调整。对于股评文章,尽管它可能对证券交易价格有一定的影响,但这种影响和法律规定的内幕信息比较,它的影响较小。因为它所依据的材料、信息已经公开。这种已经公开化的材料、信息对证券价格已经施加了影响,因此,通过这种信息作出的股评实质上就是对已公开的信息进行消化和再消化的过程,已不符合内幕信息的特征。另外,如果将类似的信息都作为内幕信息,势必扩大了内幕信息的范围和内幕人员的范围,不符合刑法的立法本意。[3]

---

[1] 白建军:《证券欺诈及对策》,中国法制出版社 1996 年版,第 29~30 页。
[2] 张军主编:《破坏金融管理秩序罪》,中国人民公安大学出版社 1999 年版,第 269~270 页。
[3] 薛瑞麟主编:《金融犯罪研究》,中国政法大学出版社 2000 年版,第 263 页。

二、信息挖掘行为的判断规则

对于内幕信息未公开前,利用已经公开的信息资料对市场作出分析和预测,并从事有关证券、期货交易的行为,不应该纳入刑法调整的范围之内,但也不应当完全忽视以信息搜集、攫取为名义实际非法获取内幕信息行为存在的可能。首先应当明确的是,市场投资者(投机者)的分析和预测行为,无论对市场有多大的影响,无论与内幕信息本身的内容如何接近甚至完全相同,这毕竟是利用已经公开的市场信息、资料得出的预期,而不是利用尚未公开的内幕信息得出的结果。内幕交易的前提条件是必须有内幕信息存在。如果对利用并非是内幕信息进行交易的行为加以惩治显然违背了刑法立法的原意。其次,证券期货市场本身需要有人对市场的发展等作出一定的分析和预测,这些分析和预测纯粹是个人的见解,在某种意义上说,只要有证券期货市场存在,就必然有人们对证券期货市场的分析和预测存在。而且,在证券期货市场上交易者不可能不对市场进行分析和预测,尤其是机构投资者,基于其专业能力与信息搜集实力,其对市场进行分析和预测往往能够为一般投资者提供重要的决策参考。应该承认,有关的分析和预测当然会对市场和人们的交易行为产生一定的影响,这是不可避免的,如果对作出分析和预测并进行交易的行为也要加以惩治不符合市场发展的客观要求和规律。最后,需要高度重视的是,信息挖掘行为与内幕交易、泄露内幕信息行为之间的界限存在一定的模糊。在当前的证券期货市场操作中,包括证券公司、公募基金以及私募在内的很多投资机构或者个人投资者,无视内幕交易、泄露内幕信息的违法性,部分机构投资以上市公司调研为名,实际则是将市场公开信息挖掘行为异化为非法获取内幕信息行为。对于市场分析人员、投资者等主体通过各种手段从上市公司及其内部人员处“拉”“搞”“套”内幕信息的行为,司法实践中应当引起关注,对于以信息调研为形式而实质上属于非法获取内幕信息的行为,应当认定为内幕交易或泄露内幕信息。

需要注意的是,《刑法》第180条内幕交易、泄露内幕信息罪并没有直接使用“建议”的表述,而是将建议行为更为明确地规定为“明示、暗示”。“明示、暗示”也就是向他人作出提示或建议,“明示”和“暗示”的行为其实就是对不同表现形式的“建议”行为的表述，两者并无本质区别。[1]其本质上都是指行为人提示或者建议他人从事证券、期货交易活动，具体是指提示或建议他人买入或者卖出该证券，或者从事与该内幕信息有关的期货交易。[2]在早前的司法实践中，有关内幕交易和泄露内幕信息的犯罪都很难取证，而且，内幕人员一般具有较强的反侦察能力，往往自己不从事交易，而是以明示或暗示的方式让他人操作，之后参与分成，而《刑法修正案（七）》修改后的《刑法》第 180 条规定“明示、暗示他人从事上述交易活动”构成内幕交易犯罪行为，相对来说降低了司法取证的难度，有利于提高执法效率，加强了刑法对证券期货市场的保护力度。[3]

从明示与暗示具体的行为内容上分析，所谓“明示”，就是清楚明白的指示，即通过书面或口头的方式明确告知他人买入或者卖出与该内幕信息有关的证券或者期货合约，指示的手段没有限制，可以是命令，也可以是利诱，还可能是胁迫，总之是通过直接表意的方式唆使对方从事交易；所谓“暗示”，就是不明确表示意思，而用含蓄的言语或示意的举动使人领会，这里主要是指行为人以使对方能够推知的方式间接指示，既包括以积极的行为暗示，也包括通过消极的不作为甚至是沉默来暗示。只要该言行能让相对人领会到该交易具有内幕信息背景且能够通过交易相关标的获得利益即可构成“暗示”。因为从事金融交易，尤其是短线交易的市场主体对于此类信息往往十分敏感，对一些含蓄的言行也能够心领神会，产生与明示同样的效果。至于如何确定对方能否领会，则应当根据一般市场主体的理解和判断能力衡量。如内幕信息知情人不明确说明内幕信息的具体内容，只是含蓄地向他人透露“某支股票有重大利空或者利好消息，可以重点关注”，这样的说法就能让人领会到内幕信息的存在，应当认定为“暗示他人从事交易”。但如果只是笼统地说“我觉得买点也没有太大风险”等类似的言语，就难以让人感知到存在重要的、敏感的内幕消息，不应当认定为“暗示他人从事交易”。

此外，正如前文所述，还需要进一步分析接受信息的一方是否实际实施了有关的内幕交易行为。正如有的学者所言，如果被建议者没有实施内幕交易，

---

[1] 刘宪权：《金融犯罪刑法学专论》，北京大学出版社 2010 年版，第 352～353 页。

[2] 谢望原：《简评〈刑法修正案（七）〉》，载《法学杂志》2009 年第 6 期。

[3] 葛磊著：《新修罪名诠释〈刑法修正案（七）〉深度解读与实务》，中国法制出版社 2009 年版，第 27～28 页。

建议者显然不构成内幕交易犯罪，就不存在甄别是否构成“暗示他人从事交易”的必要。[1]还有必要强调的是，无论是明示还是暗示他人从事相关交易活动，实际上都使对方在某种程度上知悉了相关经营信息，因此，当对方向自己提出咨询意见，行为人只是单纯被动提供不确定的相关交易建议，对方根本无从察觉相关经营信息的，即使行为人在提供建议时事先已经知悉相关经营信息，也并不能被认定为明示或暗示他人从事相关交易。[2]

〔1〕 刘衍明：《内幕交易罪的理解与适用》，载《中国检察官》2009年第6期。

〔2〕 缑泽昆：《〈刑法修正案（七）〉中“老鼠仓”犯罪的疑难问题》，载《政治与法律》2009年第12期。

第八章

内幕交易犯罪司法解释实践应用疑难问题

最高人民法院、最高人民检察院于2012年5月22日联合发布《关于办理内幕交易、泄露内幕信息刑事案件具体应用法律若干问题的解释》(以下简称《内幕交易犯罪解释》)。作为我国首部证券期货犯罪司法解释,《内幕交易犯罪解释》对内幕信息知情人员、非法获取内幕信息人员、内幕信息敏感期、内幕交易、泄露内幕信息定罪处罚标准等证券期货犯罪刑法理论与实践中长期存在争议的刑法适用疑难问题进行了规定。[1]《内幕交易犯罪解释》的实施对于指导司法实务部门办理证券期货犯罪案件,强化证券期货市场法律监管力度,有效维护证券期货市场秩序,保护广大投资者合法权益,具有重大且深远的影响。[2]《内幕交易犯罪解释》目前是解决我国内幕交易犯罪案件疑难问题的唯一刑法解释,不仅对于参与我国证券期货市场的金融交易者起到了重要的规范指引作用,而且由于其规定的内幕交易犯罪刑法适用规则具有突出的创新性,在全球金融市场一体化的背景下,研究《内幕交易犯罪解释》对于丰富全球的证券期货犯罪刑法理论亦有重大意义。

但是,由于内幕交易犯罪相关实践问题具有高度复杂性,《内幕交易犯罪解释》在内幕信息知情人员与非法获取内幕信息人员认定、内幕信息重大性判断、内幕交易犯罪行为指控与抗辩、内幕交易犯罪情节认定等重大且疑难实践问题上仍然存在很多争议与困惑。对最新内幕交易犯罪司法解释进行深刻与细致的解析,能够推动证券期货犯罪刑法理论与实践更为冷静地对内幕交易犯罪问题进行审视,持续探索内幕交易犯罪刑法解释不断优化的理论支撑与发展路径。基于此,本章尝试深度剖析最新内幕交易犯罪司法解释实践运作中的疑难问题并提出司法规则优化建议,以期对惩治与防控内幕交易犯罪的理论探索与司法实践有所裨益。

---

〔1〕杨维汉、崔清新:《惩治内幕交易犯罪　维护证券期货市场秩序——最高人民法院有关负责人就首部证券期货犯罪司法解释答记者问》,载《检察日报》2012年5月23日,第2版。

〔2〕张先明:《"两高"联合出台司法解释　指导司法机关正确办理内幕交易犯罪案件》,载《人民法院报》2012年5月23日,第1版。

第一节 内幕信息非法获取人员认定问题

根据《刑法》第 180 条的规定,内幕信息非法获取人员是内幕交易犯罪的另一种犯罪主体类型。对于非法获取内幕信息人员的认定,证券期货犯罪刑法理论与实务中长期存在 3 种不同的观点:“非法手段论”认为,非法获取内幕信息人员只能是利用骗取、套取、偷听、监听或者私下交易等非法手段或者通过非法途径获取证券内幕信息的人员。〔1〕“不当获取论”认为,对“非法获取”的理解不能过于狭窄,“非法获得”应指“不该获得而获得”,其中“不该获得”是指行为人与内幕信息之间并无职务或业务上的信赖关系,也即行为人属于禁止接触或获取内幕信息的人员。〔2〕“混同认定论”采取淡化非法获取内幕信息人员独立类型特征与模糊上述意见分歧的方式,统一使用“内幕人”的概念将内幕信息知情人员及其近亲属、通过非法手段获取内幕信息的人员以及通过其他途径获取内幕信息的人都纳入内幕犯罪行为主体范围。〔3〕

《内幕交易犯罪解释》第 2 条与第 3 条通过联动规定非法获取内幕信息人员类型及其异常交易行为特征的创新性刑法解释技术解决上述争议:利用窃取、骗取、套取、窃听、利诱、刺探或者私下交易等手段获取内幕信息的,显然属于非法获取内幕信息人员;内幕信息知情人员的近亲属或者其他与内幕信息知情人员关系密切的人员,或者在内幕信息敏感期内与内幕信息知情人员联络、

〔1〕 王作富主编:《刑法分则实务研究》(上),中国方正出版社 2003 年版,第 546 页。

〔2〕 刘宪权:《金融犯罪刑法学专论》,北京大学出版社 2010 年版,第 365 页。

〔3〕 2007 年中国证券监督管理委员会《证券市场内幕交易行为认定指引(试行)》第 2 章第 6 条规定:符合下列情形之一的,为证券交易的内幕人:(一)《证券法》第七十四条第(一)项至第(六)项规定的证券交易内幕信息的知情人;(二)中国证监会根据《证券法》第七十四条第(七)项授权而规定的其他证券交易内幕信息知情人,包括:1. 发行人、上市公司;2. 发行人、上市公司的控股股东、实际控制人控制的其他公司及其董事、监事、高级管理人员;3. 上市公司并购重组参与方及其有关人员;4. 因履行工作职责获取内幕信息的人;5. 本条第(一)项及本项所规定的自然人的配偶;(三)本条第(一)项、第(二)项所规定的自然人的父母、子女以及其他因亲属关系获取内幕信息的人;(四)利用骗取、套取、偷听、监听或者私下交易等非法手段获取内幕信息的人;(五)通过其他途径获取内幕信息的人。

接触的人员，从事或者明示、暗示他人从事，或者泄露内幕信息导致他人从事与该内幕信息有关的证券、期货交易，相关交易行为明显异常，且无正当理由或者正当信息来源的，应当认定非法获取内幕信息人员。

之所以将其评价为创新性解释，是因为《内幕交易犯罪解释》极为精巧地解释并未通过非法手段获取内幕信息人员的行为“非法性”，即根据交易行为事实（从事、建议从事、泄露信息导致他人从事）与交易行为评价（明显异常且无当性事由）逆向证明内幕信息知情人员的近亲属、关系密切人、敏感期的联络、接触人等非法获取内幕信息。《内幕交易犯罪解释》第2条不仅通过限制行为主体类型的方式将偶然、无意地听闻内幕信息人员排除在内幕交易犯罪行为主体之外，[1]而且在第3条极为详尽地列举了“相关交易行为明显异常”的核心判断指标，[2]实质性地提升了非法获取内幕信息人员基于内幕信息从事内幕交易

---

〔1〕颜斐：《无意听到内幕信息不是犯罪》，载《北京晨报》2012年5月23日，第A7版。无意听到内幕信息从而实施相关证券交易在国外判例中通常也不认为构成内幕交易犯罪。例如，美国证券交易委员会诉巴里·斯威策尔案。在该案中，美国证监会指控，斯威策尔在1981年6月举行的俄克拉荷马州高中运动会上无意中听到他认识的一位上市公司董事及其妻子在谈论将要进行的并购事宜。斯威策尔基于该尚未公开的上市公司并购信息从事证券交易并获利5万美元。联邦地区法院判决斯威策尔的行为不构成内幕交易。因为无意听闻内幕信息的行为主体既非内幕信息知情人员，亦非非法获取内幕信息人员，其对于内幕信息的来源并不承担任何形式的信赖（不基于信息从事交易或者泄露信息）义务，不受到披露或者戒绝交易规则的限制，故不应当将偶然听闻的内幕信息并据此从事相关证券交易的行为认定为内幕交易。See SEC v Switzer, 590 F Supp 756 (WD Okla 1984).

〔2〕《内幕交易犯罪解释》第3条规定：本解释第二条第二项、第三项规定的“相关交易行为明显异常”，要综合以下情形，从时间吻合程度、交易背离程度和利益关联程度等方面予以认定：（一）开户、销户、激活资金账户或者指定交易（托管）、撤销指定交易（转托管）的时间与该内幕信息形成、变化、公开时间基本一致的；（二）资金变化与该内幕信息形成、变化、公开时间基本一致的；（三）买入或者卖出与内幕信息有关的证券、期货合约时间与内幕信息的形成、变化和公开时间基本一致的；（四）买入或者卖出与内幕信息有关的证券、期货合约时间与获悉内幕信息的时间基本一致的；（五）买入或者卖出证券、期货合约行为明显与平时交易习惯不同的；（六）买入或者卖出证券、期货合约行为，或者集中持有证券、期货合约行为与该证券、期货公开信息反映的基本面明显背离的；（七）账户交易资金进出与该内幕信息知情人员或者非法获取人员有关联或者利害关系的；（八）其他交易行为明显异常情形。应当看到，在美国内幕交易案件司法实践中，交易模式是判断行为人是否基于内幕信息从事相关证券交易的重要指标。如果控方证明涉案证券交易行为所体现出的模式化特征比较异常，则可以推论从事证券交易的行为主体持有内幕信息或者说相关证券交易依托于内幕信息。从异常交易判断规则上来看，美国联邦第九巡回上诉法院的判例规则比较有代表性：内幕交易案件中的异常证券交易是指行为人从事的证券交易行为显著地区别于其以前的交易模式，在具体判断上应当结合行为人交易相关证券的总量以及比例、交易的时间、相关交易是否与其历

犯罪行为证明规则的明确性。

对于《内幕交易犯罪解释》第 2 条第 1 项规定的以非法手段获取内幕信息人员,实践中并不存在认定障碍,关键问题在于内幕信息知情人员的近亲属、关系密切人、内幕信息敏感期内的联络、接触人等内幕交易犯罪行为主体的判断。《内幕交易犯罪解释》第 2 条使用了两个非常重要的概念,即近亲属和关系密切的人员。由于刑法上的近亲属概念并不明确,首创于利用影响力受贿罪的关系密切的人员的内涵与外延在刑法理论与实务中存在较大的认识分歧,内幕信息知情人员近亲属、关系密切人认定问题显然受制于这样的现状而容易在内幕交易犯罪司法实践中产生争议。因此,亟须在理论上准确界定内幕信息知情人员近亲属、关系密切人的范围,否则《内幕交易犯罪解释》第 2 条第 2 项将难以在实践中得以有效执行。同时,司法实践中还需要结合现有的证券期货法律解释性文件与反内幕交易实践经验,进一步深度考察《内幕交易犯罪解释》第 2 条与第 3 条规定的"相关交易行为明显异常"的判断标准。

一、内幕信息知情人员近亲属的认定

关于近亲属范围问题,我国《刑法》并没有专门的规定,三大诉讼法及其司法解释的界定也并不一致。[1]法律及相关司法解释对于近亲属的范围界定不一致,必然会导致刑法理论与实务部门对于如何认定内幕信息知情人员近亲属产生较大争议。笔者认为,在我国《刑法》以及刑法司法解释对近亲属概念未作规定的情况下,从诉讼法关于近亲属的规范界定论证刑法上的近亲属范围是无法获取合理解释的。因为诉讼法定义近亲属是为了解决诉讼上的代理、证据效力等程序性问题,刑事诉讼法基于程序严苛性更强的现实要求,设定了相对狭

史交易记录或者交易习惯吻合等相关要素进行分析。In re Silicon Graphics Inc. Securities Litigation, 183 F. 3d 970, 986 (9th Cir. 1999); Provenz v. Miller, 102 F. 3d 1478, 1491 (9th Cir. 1996). 对照上述《内幕交易犯罪司法解释》,我国内幕交易案件中的异常交易判断标准显然更为细致。

〔1〕 根据《刑事诉讼法》第 82 条第 6 项规定,近亲属是指夫、妻、父、母、子、女、同胞兄弟姊妹。最高人民法院《关于贯彻执行〈中华人民共和国民法通则〉若干问题的意见》第 12 条则将近亲属的范围确定为:配偶、父母、子女、兄弟姐妹、祖父母、外祖父母、孙子女、外孙子女。在行政诉讼中,根据 2000 年最高人民法院《关于执行〈中华人民共和国行政诉讼法〉若干问题的解释》第 11 条的规定,《行政诉讼法》第 24 条规定的近亲属,包括配偶、父母、子女、兄弟姐妹、祖父母、外祖父母、孙子女、外孙子女和其他具有抚养、赡养关系的亲属。

窄的近亲属范围,《行政诉讼法》与《民事诉讼法》基于便利诉讼的实用性考量,对近亲属的范围界定更为宽泛。而内幕信息知情人员近亲属是内幕交易犯罪主体要素,其范围界定应当受到近亲属这一法律概念实体法属性的制约,同时更应当与内幕交易犯罪实质相契合。所以,无论是从与刑法关系最为密切的《刑事诉讼法》中援引近亲属法律概念的内涵与外延,还是从《行政诉讼法》与《民事诉讼法》相关规范中进行推断,都会陷入近亲属概念刑法解释上的方向性误区。

笔者认为,社会生活中的近亲属概念要在刑法上探索其合理范围,必须以财产关系作为限制标准对近亲属进行范围限定。财产关系标准不仅具有实体法上的规范性,而且与内幕交易犯罪利用内幕信息从证券期货市场交易中非法获取利润的行为实质最为契合。因为近亲与远亲之间的界限是模糊与主观的,最为客观的判断标准应当是财产关系上的远近亲疏,即财产继承关系。从《继承法》第 10 条至第 12 条有关财产法定继承的规定来看,除了夫妻、父母、子女、同胞兄弟姊妹等之外,继承法上的第一顺序、第二顺序和代位继承中具有法律继承权的主体,也应当视为近亲属。

以财产继承关系为核心确定近亲属范围,不仅整体涵盖了三代以内直系血亲,而且根据亲缘结构与家庭财产归属的实际情况出发,将非婚生子女、养子女和有扶养关系的继子女,养父母和有扶养关系的继父母,同父异母或者同母异父的兄弟姐妹、养兄弟姐妹、有扶养关系的继兄弟姐妹,以及承担主要赡养义务的丧偶儿媳、女婿等纳入近亲属范围,更能实现内幕交易犯罪主体界定与内幕交易犯罪实质之间的高度契合。因为近亲属之所以能够从内幕信息知情人员处获取内幕信息,根本原因在于其不仅能够基于"近"的家属关系影响内幕信息知情人员对于内幕信息的保密程度,而且能够在内幕信息所可能产生的财产利益方面与内幕信息知情人员形成利益共同体。

二、内幕信息知情人员关系密切人的认定

其他与内幕信息知情人员关系密切的人员这一概念显然源于《刑法》第 388 条利用影响力受贿罪中的"其他与该国家工作人员关系密切的人"。然而,《刑法》并没有对此类关系密切人进行定义。笔者认为,内幕信息知情人员的关系密切人着眼于该种类型的行为主体与内幕信息知情人员之间的人际关系、强

调的是两者之间的人际关系超越普通层面,达到了紧密的联系、粘合、影响程度。这种紧密联系既可以是友好关系,也可以是客观中性的利益、利害关系,还可以是并非基于职权而生成的控制、胁迫、制约关系。因此,内幕交易犯罪司法解释既然使用了关系密切人的概念,实际上就应当将其实质内涵明确界定为与内幕信息知情人员人际关系紧密的人。

对于内幕信息知情人员关系密切人的具体范围问题,应当根据人际关系的不同侧面予以具体展开:(1)亲属层面的人际关系,主要是指近亲属以外的与内幕信息知情人员关系密切的亲属;(2)利益层面的人际关系,主要是指与内幕信息知情人员有共同利益关系、利害关系的人;(3)情感层面的人际关系,主要是指内幕信息知情人员的情妇(夫)或者其他有情感依恋关系的人;(4)社交层面的人际关系,主要是指与内幕信息知情人员紧密交往的同乡、同事(包括现在和以前的平级和上下级同事)、同学、战友、朋友、商业伙伴、常规工作联系人等。

三、内幕信息知情人员联络人、接触人的认定

内幕信息的传递一般多发于近亲属以及其他关系密切人之间,但这并不意味着没有证据表明行为人与内幕信息知情人员之间关系密切,就可以直接排除行为人获取内幕信息的可能。内幕信息完全可以在社会关系一般的主体之间进行传递。内幕信息知悉人员基于故意、口风不严、疏忽大意、意图使信息受领者利用内幕信息牟利、炫耀等各种因素,都可能使行为人获取内幕信息。正是因为认识到上述内幕信息传递的实践特征,《内幕交易犯罪解释》第2条第3项规定,在内幕信息敏感期内,与内幕信息知情人员联络、接触,从事或者明示、暗示他人从事,或者泄露内幕信息导致他人从事与该内幕信息有关的证券、期货交易,相关交易行为明显异常,且无正当理由或者正当信息来源的,构成非法获取内幕信息人员。上述规定不仅将内幕信息知情人员近亲属、关系密切人之外的内幕信息敏感期内的联络、接触人纳入内幕交易犯罪主体范围,而且合理地将偶然、无意地听闻内幕信息人员排除在内幕交易犯罪行为主体之外。[1]行为人实施证券交易之前与内幕信息知悉人员之间的联络和接触是一个沟通联系与内幕信息传递的言语互动过程。这种联络和接触可以是面谈,也可以是电

---

〔1〕 颜斐:《无意听到内幕信息不是犯罪》,载《北京晨报》2012年5月23日,第A7版。

话、短信沟通,更可以是邮件联系;有的是“一语中的”直接点出内幕信息,也有的是“三言两语”传递内幕信息,还有的是在较长时间里的讨论内幕信息,更有的是谈论了多个事项过程中包含或者夹杂内幕信息。

四、交易行为明显异常的认定

内幕信息知情人员的近亲属、关系密切人相对于内幕信息敏感期内知情人员的联络、接触人而言,其社会联系的现实强度与内幕信息内容的知悉程度明显更高,逻辑上合理的推论应当是前者实施的相关交易行为的异常性程度应当明显低于后者,这样才能保证内幕交易犯罪行为静态构成标准与动态证明过程的平衡并最终刑事归责的平衡。而《内幕交易犯罪解释》第 3 条对于上述两种不同的行为主体类型却设置了程度完全相同的“明显异常”指标,即从时间吻合程度、交易背离程度和利益关联程度等方面来看,内幕信息知情人员的近亲属、关系密切人、信息敏感期内的联络、接触人在账户使用、资金配置、交易时间、交易习惯、证券、期货产品基本面等综合要素上与内幕信息的形成、变化和公开时间“基本一致”,都应认定为非法获取内幕信息人员从而承担内幕交易犯罪的刑事责任。

事实上,2011 年最高人民法院《关于审理证券行政处罚案件证据若干问题的座谈会纪要》(以下简称《证券行政处罚纪要》)对上述两种不同类型的主体设置了完全不同的判断标准。根据《证券行政处罚纪要》第 5 条[1]的规定,内幕交易行为成立的基础在于,内幕信息知情人员的近亲属、关系密切人的证券交易活动与该内幕信息“基本吻合”,而内幕信息公开前与内幕信息知情人或知晓该内幕信息的人联络、接触,其证券交易活动应当与内幕信息“高度吻合”。对照《内幕交易犯罪解释》第 3 条与《证券行政处罚纪要》第 5 条,敏感期内内幕

---

〔1〕《证券行政处罚纪要》第 5 条“关于内幕交易行为的认定问题”规定:会议认为 监管机构提供的证据能够证明以下情形之一,且被处罚人不能作出合理说明或者提供证据排除其存在利用内幕信息从事相关证券交易活动的,人民法院可以确认被诉处罚决定认定的内幕交易行为成立:(一)证券法第七十四条规定的证券交易内幕信息知情人,进行了与该内幕信息有关的证券交易活动;(二)证券法第七十四条规定的内幕信息知情人的配偶、父母、子女以及其他有密切关系的人,其证券交易活动与该内幕信息基本吻合;(三)因履行工作职责知悉上述内幕信息并进行了与该信息有关的证券交易活动;(四)非法获取内幕信息,并进行了与该内幕信息有关的证券交易活动;(五)内幕信息公开前与内幕信息知情人或知晓该内幕信息的人联络、接触,其证券交易活动与内幕信息高度吻合。

信息知情人员的联络、接触人的交易行为与内幕信息基本一致可以构成刑事犯罪,但构成证券行政违法却要达到"高度吻合"的程度——内幕交易违法与犯罪的法律规格出现明显倒挂。

一种在理论上存在解释空间的理解是,作为最新司法解释的《内幕交易犯罪解释》放弃了《证券行政处罚纪要》规定的区分化处理规则,根据新司法解释效力优先原则,刑事司法实践中应当坚持《内幕交易犯罪解释》第3条的规定。同时,《证券行政处罚纪要》本身以及权威性解读文本确实也没有完成"基本吻合"与"高度吻合"标准的实质性区分,[1]即《证券行政处罚纪要》没有明确回答何种程度的资金、账户、交易时间、交易模式等指标构成基本吻合或者高度吻合。但是,交易行为明显异常是否确实不具有基本一致(吻合)与高度一致(吻合)的实质可区分性?

笔者对此持否定意见并提出以下建议性规则供司法解释参考——高度一致(吻合)的信息指标表现为:(1)资金流向上,行为人及其控制的证券账户交易记录显示其不惜大额亏损卖出其他股票,然后满仓买入内幕信息涉及的股票;行为人在内幕信息形成之后且尚未公开之前,快速集中明显超过其以往交易记录的操作资金或者以高额资本成本获取融资,买卖内幕信息涉及的证券、期货。(2)交易风格上,行为人以往证券、期货交易风格表现为分散持股(持仓),而在相关内幕信息尚未公开之前集中绝对数量和相对比例显著超过其交易风格的资金配置模式,操作内幕信息涉及的证券、期货合约。(3)交易时间上,行为人在重大利空信息即将公开之前的精准减持,或者在重大利好信息形成之后的突击增持。与之对应,基本一致(吻合)的信息表征是:(1)行为人在其控制账户之间进行无亏损或亏损度一般的调仓;行为人调拨大量自有资金或者以合理成本借贷资金进入证券账户用于买卖与内幕信息有关的证券、期货。(2)在与内幕信息相关的证券、期货合约基本面没有明显变动的情况下,将集中持股(持仓)转换为集中持有内幕信息对应的证券、期货合约。(3)行为人实施的相关证券、期货交易时间完全处于内幕信息形成与公开的范围之内,但买入或者卖出时间节点并非紧接于利好信息形成之后或者利空信息公开之前。

---

[1] 赵大光、杨临萍、蔡小雪、李涛:《〈关于审理证券行政处罚案件证据若干问题的座谈会纪要〉解析》,载《人民法院报》2011年8月31日,第6版。

第二节 正当交易抗辩认定问题

在排除内幕交易犯罪行为属性的正当化事由层面,《内幕交易犯罪解释》第4条规定了不属于从事与内幕信息有关的证券、期货交易的情形:一是持有或者通过协议、其他安排与他人共同持有上市公司5%以上股份的自然人、法人或者其他组织收购该上市公司股份的;二是按照事先订立的书面合同、指令、计划从事相关证券、期货交易的;三是依据已被他人披露的信息而交易的;四是交易具有其他正当理由或者正当信息来源的。[1]其中最需要进一步细化论证的是第2种情形。根据《内幕交易犯罪解释》第4条第2项的规定,按照事先订立的书面合同、指令、计划从事相关证券、期货交易的,不属于内幕交易犯罪行为。这实际上是内幕交易违法犯罪案件中的一种典型抗辩事由,即预设交易计划抗辩。例如,在岳远斌保荐代表人内幕交易案中,岳远斌及其代理人就提出,其买入上市公司三爱富股票是执行事先预定的交易计划,故岳远斌实施的相关证券交易行为不具有违法性,不应当认定为内幕交易。[2]

作为内幕交易违法犯罪的一种肯定性辩护,预设交易计划最早规定于SEC 2000年监管规则《选择性披露与内幕交易》:控方推定持有重大未公开信息的行为人在从事相关证券交易时使用该未公开信息,但行为人可以提出以下反驳推定的事由:(1)事先存在从事该项交易的有约束力的合同;(2)执行事先存在的第三方交易指令;(3)事先存在的书面计划预先详细说明了该项交易。[3]该项预设交易计划抗辩在实践中又被称为10b5-1避风港规则,即如果行为人预先计划(包括证券数量、交易价格、交易日期等要素)从事相关证券交易时没有获悉重大未公开信息,随后执行该计划中规定的交易行为,即使届时掌握了该

---

〔1〕 张先明:《"两高"联合出台司法解释 指导司法机关正确办理内幕交易犯罪案件》,载《人民法院报》2012年5月23日,第1版。

〔2〕 许志峰:《证监会查处券商人员内幕交易》,载《人民日报》2012年1月20日,第10版。

〔3〕 17 C.F.R. § 240.10b5-1.

重大未公开信息,亦不能对其提出内幕交易指控。[1]

从规则内容上分析,我国《内幕交易犯罪解释》第4条第2项规定的预设交易计划抗辩与美国《选择性披露与内幕交易》的10b5-1避风港规则基本一致。《内幕交易犯罪解释》基于保障被告人抗辩权,防止内幕交易适用不当扩大,借鉴成熟证券期货市场做法,[2]直接规定预设交易计划可以排除内幕交易犯罪性质,不仅在实体标准与证明程序上对持有内幕信息但并未实际使用该信息从事证券交易的市场主体提供了合法且合理的内幕交易免责空间,而且能够在很大程度上分散内幕交易执法与司法的压力,同时又可以通过允许合法的内部人交易丰富证券期货市场的流动性。但在内幕交易案件司法实践中还应当注意以下两个问题:

一、预设交易计划抗辩的实践判断

《内幕交易犯罪解释》仅仅原则性规定了预设交易计划抗辩事由,并没有对如何具体操作这种避风港规则作出进一步明确的指引。同时,我国《证券法》《期货交易管理条例》等行政法律法规均未对预定交易计划的适用范围与运作程序进行明确与系统的规定。而预设交易计划这种内幕交易抗辩事由的本质在于,在允许上市公司内部人员或者内幕信息实际持有人员实施必要的交易行为的同时排除其他基于内幕信息的违规交易。故预设交易计划的法律规则应当是非常复杂的一个规范结构,亟须设置完备的程序规范与实体条件等配套制度才能在实践中得以有效执行。

所以,笔者建议,预设交易计划纵然应当成为排除内幕交易刑事违法性的正当化事由,但在具体适用时应当明确构成该种抗辩事由应当符合以下法律要素:交易计划在时间上制定于内幕信息形成之前;预定交易计划必须委托证券中介机构进行操作;交易计划应当对证券交易方式、数量、价格、时间等要素,或者计算上述交易数量、价格和时间等要素的具体公式,进行明确约定;针对相关证券设定的交易计划应当向证券监管机构或者交易所备案;个人或者机构在知

[1] Stanley Veliotis, "Rule 10b5-1 Trading Plans and Insiders' Incentive to Misrepresent", *American Business Law Journal* 47, 2010, pp. 313-314.

[2] 张先明:《"两高"联合出台司法解释 指导司法机关正确办理内幕交易犯罪案件》,载《人民法院报》2012年5月23日,第1版。

悉重大未公开信息之后，其本人或者受其委托的未知悉重大未公开信息的个人或者机构，不得对如何、何时、是否执行该交易计划施加后续影响。此外，相关证券、期货行政法律法规应当对证券期货市场中的预设交易计划问题进行系统性与规范化的界定，为司法实践提供坚实的前置性法律规范基础。

二、预设交易计划抗辩的滥用风险

作为一种安全港规则，预设交易计划实质上就是为内部人交易提供免责事由，在实践应用中有必要细致评估内部人滥用该项抗辩事由规避内幕交易责任的风险，并提出针对性的规则应对。

在美国证券期货市场中，基于预先设定的交易计划实施相关证券交易的盈利普遍高于一般证券交易，据此，美国证券监管机构以及证券期货市场中的有意见认为，这样的数据足以证明实践中普遍存在滥用预先设定的交易计划从事内幕交易的可能，并且 10b5 - 1 规则并不能有效地防止内部人通过预先设定的交易计划谋取不正当的利润。[1]但是，单纯根据上市公司内部人交易计划收益高于市场一般收益水平只能说明上市公司内部人交易水平高于外部投资者，这显然与上市公司内部人能够获取更为充分的内部信息紧密相关。在没有证据证明此类内部信息具有重大性的情况下，上市公司内部人基于信息能力的优势获取高于证券期货市场平均水平的收益显然是基于信息差异而产生价格分歧的市场自然现象。因此，评估滥用预设交易计划抗辩的风险还需要更为明确的实证基础。

在一项更为全面且具有针对性的实证研究中，艾伦・加格林泽尔教授对12,500 家上市公司进行有关内部人交易的调查，其中共有 3000 余名内部人实施了 10 万余次内部人交易。调查结果显示：上述内部人交易中，基于 10b5 - 1 规则展开的事先预定的交易计划的收益高于市场平均收益水平 6 个百分点，而其中没有按照 10b5 - 1 规则展开的内部人交易收益仅高于市场平均收益 1.9 个百分点；上市公司内部人根据事先预定交易计划中的减持行为通常有条不紊地在上市公司发布利空信息之前以及利好信息之后进行，相对于没有基于 10b5 - 1 规则进行相关交易的上市公司内部人而言，这种减持行为体现出预期的异常准确

---

〔1〕 Jane Sasseen, "The SEC is Eyeing Insider Stock Sales", *Business Week*, March 19, 2007, p. 41.

性;在部分上市公司内部人终止事先预定的卖出证券计划的案例中,上市公司证券交易价格在原计划卖出证券的时间之后出现了明显的上涨。[1]

尽管这项实证研究仍旧无法确定滥用交易计划是否已经成规避内幕交易责任且现实地造成证券交易收益差异的直接原因,但其调查结果所反映的问题确实值得我国内幕交易司法实践进行反思——上市公司内部人在相对早期的时间范围内预先设定证券交易计划,在获悉重大未公开信息之后,一旦发现交易计划与重大未公开信息所显示的交易方向不吻合便取消交易计划;上市公司内部人在交易计划设定完毕后,利用其管理职权通过控制上市公司重大事件发展过程的节奏控制重大未公开信息形成与发展的时间,或者控制信息披露的节奏——交易计划流程中的此类操作手法确实可以达到滥用避风港规则从而规避内幕交易责任的效果。

因此,笔者认为,反内幕交易司法规则在规定预先设定的交易计划可以排除内幕交易责任的基础上,应当进一步细化这种抗辩事由的具体适用条件,同时,司法机关在个案中应当加强对交易计划内容与现实交易情况的审查。上市公司内部人尚未掌握重大未公开信息之前,固然随时可以对交易计划进行任何形式的调整。但是,在已经建构交易计划且获悉重大未公开信息之后,上市公司内部人必须按照合同、指令或者计划执行相关交易,即不能改变交易计划、在交易计划中增加或者新建与特定证券匹配的对冲交易,否则不能适用预设交易计划抗辩。[2]

---

[1] Alan D. Jagolinzer, "SEC Rule 10b5 - 1 and Insiders' Strategic Trade", *Management Science* 55, 2009, p. 224.

[2] 监管机构应当同步完善强制性信息披露规则,防止上市公司内部人通过控制上市公司重大事件进程来操控重大未公开信息的发展。例如,在上市公司重大合同签订过程中,一般认为交易双方对合同价格要素达成一致时,上市公司重大未公开信息形成,故上市公司内部人在价格要素尚未达成的一致意见的情况下购买上市公司证券,通常可以基于未公开信息尚不具备重大性而认为其不构成内幕交易。但这种对于重大合同交易价格尚未达成一致意见的情形实际上完全可以由上市公司内部人在谈判过程中进行人为控制,比如,负责商谈的高管在对方提出符合上市公司利益预期的价格或者价格幅度时,故意拖延商谈进程,人为造成价格要素未达成一致的状态,并利用这一时间差从事内部人交易,在随后的磋商过程中及时认可之前交易对方提出的价格或者价格幅度。所以,监管机构有必要对上市公司重大信息强制性披露进行更为细致的要求与动态的监管,不断根据实践中的新情况调整监管规则。就上述示例而言,在信息披露监管上应当要求上市公司重大合同首次报价与最终商定价格一致的,以首次报价时间作为重大信息的形成时间,上市公司应当进行披露;基于商业利益考虑延迟披露的,应当予以保密。在首次报价且信息尚未披露时从事证券交易的,构成内幕交易;泄露该首次报价信息的,构成泄露内幕信息。

第三节　内幕信息价格敏感期认定问题

根据《刑法》第180条的规定，证券、期货交易内幕信息的知情人员或者非法获取证券、期货交易内幕信息的人员，在涉及证券的发行，证券、期货交易或者其他对证券、期货交易价格有重大影响的信息尚未公开前，从事、建议他人从事、泄露内幕信息导致他人从事相关证券、期货交易，情节严重的，构成内幕交易、泄露内幕信息罪；内幕信息的范围，依照法律、行政法规的规定确定。我国《证券法》第67条及第75条、《期货交易管理条例》第85条第12项对内幕信息的概念和范围进行了界定。可见，法律禁止特定行为主体在内幕信息形成之后至公开之前从事相关证券、期货交易，故内幕信息的司法判断是准确认定内幕交易犯罪的首要问题。

但内幕信息上市公司重大事件等内容单纯且静态的表达，而是一个从信息萌芽、发展、形成、持续影响证券、期货交易价格直至最后公开的动态过程。如何判断内幕信息价格对证券、期货合约交易价格的重大影响性，即价格敏感性，是内幕信息司法实践判断的最大难题。由于《刑法》《证券法》等均以内幕信息形成与公开作为禁止内幕交易行为的时间节点，故实践中分析相关信息是否具有影响理性投资者的投资行为进而影响证券、期货合约交易价格的特性，实际上就是内幕信息价格敏感期判断问题。《内幕交易犯罪解释》第5条第1款与第4款分别以司法解释的形式正式将“内幕信息敏感期”的概念界定为内幕信息自形成至公开的期间，并明确将内幕信息公开标准规定为内幕信息在国务院证券、期货监督管理机构指定的报刊、网站等媒体披露，在一定程度上解决了部分与内幕信息认定有关的理论分歧与实践争议。[1]

---

〔1〕在《内幕交易犯罪解释》发布前，理论与实践中对内幕信息公开标准的意见并不一直。有的观点主张适用形式公开标准，即尚未被公众知晓的重大信息在证券监管机构制定的媒体予以发布之时，应当认定内幕信息业已公开。张小宁：《论内幕交易罪中“内幕信息”的界定》，载《昆明理工大学学报》（社会科学版）2009年第3期；顾肖荣、张国炎：《证券期货犯罪比较研究》，法律出版社2003年版，第403～404页。但也有观点认为应当采纳实质公

然而,《内幕交易犯罪解释》第5条第2款与第3款[1]规定的内幕信息形成时间司法认定规则在实践适用中仍然存在较多争议与困惑。笔者认为,未公开信息是对与证券、期货交易价格具有重大影响的事件或者行为发展过程与程度的反应,其动态地展现重大事件或者行为逐步从高度不确定性向可能性乃至现实性的转化。内幕信息是上市公司在业务经营、公司治理等市场活动中或者期货市场政策调整、交易监管中形成的重大未公开信息,内幕信息形成时间认定本质上是对尚未公开信息何时对证券、期货交易价格产生重大影响的量化判断问题。所以,有必要通过基本原理与类型化阐释相结合的方式建构司法判断规则,并通过发布指导性案例细致阐释例外情况补充司法规则本文解释个案中内幕信息形成时间问题时所必然会出现的空缺与不足。

一、内幕信息形成时间司法判断的基本原理

内幕信息形成时间的司法判断应当秉持分析问题贯通全面性与兼容性的理念,既要根据证券期货市场现实对内幕信息形成时间进行适度的提前认定,又要在准确评估高风险信息基础上排除其具有重大性的可能。

首先,在判断信息是否对证券、期货交易产生重大影响时,应避免内幕信息重大性认定标准成为保障证券期货市场投资者权益的障碍。

尚未公开的信息发展到对证券、期货交易价格产生重大影响的程度即可形成内幕信息,信息所对应的事件是否发生以及交易价格现实的关联性变动可以作为信息重大影响的有效验证但非必要条件。例如,有关上市公司收购的未公开信息并不需要等到收购方案成型或者收购交易实施才能认定内幕信息形成,在上市公司收购交易双方启动磋商时,根据基本证券常识足以判

开标准,即内幕信息按照法定形式披露之后,必须经过一定时间被市场消化,才能认定为内幕信息已经公开。陈海鹰、朱卫明、叶建平:《泄露内幕信息罪、内幕交易罪的若干问题探析——由"杭萧钢构案"展开》,载《法治研究》2008年第3期;刘宪权:《内幕交易、泄露内幕信息罪若干疑难问题探析》,载《犯罪研究》2003年第2期。《内幕交易犯罪解释》采取了形式公开标准,避免了实质公开标准的不确定性。

[1] 根据《内幕交易犯罪解释》第4条第2款与第3款的规定,一般情况下,内幕信息形成时间与可能对证券、期货价格产生重大影响的上市公司"重大事件""计划""方案"以及期货市场"政策"、"决定"的形成时间是一致的;特殊情况下,由于影响内幕信息形成的动议、筹划、决策或者执行人员对其行为所带来的市场影响具有较高的确信度,其动议、筹划、决策或者执行的初始时间,应认定为内幕信息形成之时。

断相关投资方拟收购上市公司这一信息可能影响该上市公司股票交易价格,该信息一旦公开或者泄露,上市公司市值势必明显波动,故早在收购磋商初期之前,完全可以得出内幕信息形成的判断。所以,与证券、期货发行与交易有关的事实所蕴含的信息是否具备重大性,应当就该事实的现实发展情况进行分析,而不能机械地将信息具有重大性的时点固定在证券期货法律规范规定的特定重大事件、事实确定发生之时。

其次,内幕交易中未公开信息重大性判断原则上不能与虚假陈述中的未公开信息重大性判断问题进行混同理解。

全球证券期货市场法律规范对证券欺诈监管设置了一项相同的标准:利用上市公司内部信息从事证券交易,或者违规披露、不披露上市公司信息,只有在该信息具有重大性时,才可能构成内幕交易或虚假陈述。理论上有观点认为,虚假陈述与内幕交易中的信息重大性判断问题适用相同法律规则。[1]但在实践中,虚假陈述与内幕交易往往又适用不同的信息重大性判断规则。例如,理性投资者规则与市场影响规则是美国联邦法院系统判断虚假陈述案件中信息是否具有重大性的两大重要标准。根据理性投资者规则,信息重大性应当考察虚假陈述的事实对于理性投资者的价值。理性投资者会认为相关事实对于决定如何实施投资行为是重要的,或者对于理性投资者而言,披露相关事实非常可能会显著地改变中所能够获取的信息总和所反映的市场认知,则构成重大信息。[2]相关信息具备重大性并不意味着理性投资者必定会基于该信息的介入而改变投资决策,[3]而是指上市公司内部人控制的与证券投资有关的重大信息,如果被证券期货市场中的其他理性投资者掌握,并结合市场中其他与该上市公司有关的信息,该理性投资者可能对证券进行

---

〔1〕 Thomas Lee Hazen, "The Law of Securities Regulation" (5th ed.), *West Group*, 2005, p. 284.

〔2〕 TSC Industries, Inc v. Northway, Inc. ,426 U. S. 438, 449 (1976). 我国台湾地区判例适用相同的规则:相关信息是否构成对股票价格具有重大影响的信息,除了可以参考信息公开后相关公司股票价格变动之外,作为判断该信息是否构成重大信息的依据,应当是某一事件对公司的影响,该未经公开的信息是否在合理投资人于知晓该信息后,非常可能会重大地改变其投资决定,或者改未经公开的信息,与合理投资者已获悉的信息合并观察之后,合理投资人便会对股票价格或者投资与否进行重新评估。参见我国台湾地区"高等法院"95 年度上诉字第 2706 号刑事判决。

〔3〕 SEC v. Mayhew. ,121 F. 3d 44 (2d Cir. 1997).

重新估价。[1]

根据市场影响规则,重大性是判断虚假陈述违法犯罪案件是否成立的首要条件,信息重大性应根据信息披露之后上市公司证券交易价格的即时变动或合理时间范围内的变动予以分析。[2]尽管这两大信息重大性判断标准在司法判断客观性尺度把握层面存在内在冲突,但其均强调构成虚假陈述的前提,即未公开信息的重大性,应当着眼于信息之于市场或者市场参与者的现实或者可预期的效果。而在美国内幕交易判例实践中,尚未公开的信息重大性(也就是内幕信息形成时间)判断主要适用"发生概率—影响程度"规则:相关信息是否具有重大性取决于对特定时间该信息所反映的事件的发生概率以及该事件发生对于上市公司的预期影响程度的具体权衡。即某项尚未披露的信息与法律规定的重大事件等相关,则该信息在特定的时间节点是否对于证券交易价格具有重要影响,应该结合该项事实的发生概率与重大事件实际发生时对上市公司经营活动的影响程度这两个因素进行判断。[3]可见,内幕交易案件信息重大性判断明显突出信息所对应的事实的质[4]与量[5]对于信息是否具有价格敏感性的直接影响,并且这种影响性的判断更侧重于从市场经验与投资心理的主观角度进行衡量。

笔者认为,上市公司重大事件、重大经营行为等是一个持续演进与不断发展的过程,相关信息在反应事件或者行为进程时具有多个发展阶段。在信息发展过程中,禁止从事内幕交易的时间起点,即信息具备重大性的时间,与应依法披露的信息具备重大性的时间,应适用不同司法判断标准——内幕信息形成时间应当早于开始具有披露重大信息义务的时间。因为较早地认定信息具有重大性而强制上市公司进行披露可能会损害上市公司利益(例如,

---

〔1〕 Stefan Padfield, "Who Should Do the Math? Materiality Issues in Disclosures that Require Investors to Calculate the Bottom Line", *Pepperdine Law Review* 34, 2007, pp. 927 – 933.

〔2〕 In re Merck & Co. Inc., Securities Litigation, 432 F. 3d 261 (3d Cir. 2005). 基本案情:原告对默克制药公司及其高管提起证券欺诈集团诉讼,声称被告在2002年首次公开发行过程中通过不恰当的财务手段对子公司资产剥离问题进行误导性陈述。美国联邦第三巡回上诉法院认为,默克制药公司重新披露子公司资产问题后证券交易价格并未立即或者及时变动,故不能认定该项信息具有重大性。

〔3〕 SEC v. Texas Gulf Sulphur Co., 401 F. 2d 833, 849 (2d Cir. 1968).

〔4〕 例如,事实的具体性质是并购重组还是财务变化。

〔5〕 例如,事实的发生概率是25%、50%还是75%。

在并购交易初期就要求对磋商情况进行披露，会刺激市场反应，导致投资者或投机者大量购买目标公司证券，从而推高收购成本，甚至造成交易价格所依赖的证券市场价格畸高而取消并购计划），或者误导投资者（例如，披露并购初期信息后，市场预期并购最终将会发生从而大量做多目标公司证券，但由于并购初期磋商远未涉及并购交易核心问题，在后续谈判中由于双方无法达成一致意见、执行困难等原因而出现并购失败，目标公司证券价格暴跌，投资者产生重大损失）。而在上市公司重大事件、经营行为发展阶段的早期就将反映事件内容的信息界定为重大信息，不仅与市场交易行为总是对信息进行提前反映的现实相契合，而且能够通过内幕信息形成时间的提前认定压缩内部人交易时间，相对有效地提升知情人员在未公开信息性质模糊的存续时间进行内部人交易的成本。因此，内幕交易中的重大性标准显然低于虚假陈述，实践中应确立内幕信息形成时间显著早于重大信息披露义务生成时间的基本原理。

最后，与上市公司重大事件、期货交易政策等有关的信息确实处于高度不确定状态的，基于该信息而实施的金融交易具有高度风险，知情人员从事的此类高风险投机交易不应构成内幕交易。

实践中，上市公司可能从事的重大行为或者可能发生的重大事件，早在内幕信息形成之前，通常就已经处于信息保密的范畴，只有一定范围的内部人才有可能接触，市场外部投资者对并购最前期的信息无从知晓。这固然是信息掌控上的客观不平等。但是，反内幕交易法律规范与司法实践没有必要过度放大上市公司内部人与外部投资者之间的信息获取与判断能力落差，从而忽视了内部人员利用高度不确定信息进行交易本身所具有的风险性。证券期货市场应允许、甚至必须坚持信息能力的差异，否则，如果市场信息评估结论完全一样，就不存在价格分歧，证券期货市场资源优化配置的功能也就受到了根本性冲击。反内幕交易制度规制的应当是利用理性投资者认为会影响证券价格的未公开信息从事交易的行为，因为这种交易被广泛认定为没有风险或风险极低且不公平地局限于内部人才能进行操作。信息尽管与会引发证券价格波动的重大事件相关，但若其处于前期高度不确定状态，这意味着基于此类信息所从事的交易同样蕴含着高度风险，不应认定此类尚未公开的信息已经发展为内幕信息。因此，不应规制证券期货市场中基于此类信息实施的高风险投资或投机。

二、内幕信息形成时间的类型化判断规则

内幕信息本身所具有的类型复杂性特点决定了必须选择典型内幕信息归纳类型化内幕信息形成时间判断规则。信息重大性应根据个案中交易行为的特征以及相关事实的进展模式进行具体分析,判断上市公司运作过程中的相关信息何时具备重大性事实上并不存在一元化的法律标准。[1]这种意见正确地强调了信息重大性判断必须建筑在大量事实分析的基础之上,但在内幕信息形成时间判断实践中,并非不能选择特定的内幕信息类型化特征抽象出一些核心规则。相反,在并购重组、财务信息披露等典型、高发、市场共识较为集中的环节,完全可以对内幕信息形成时间的规律进行类型化阐释。

(一)并购重组内幕信息形成时间判断

并购重组环节是我国内幕交易犯罪案件的重灾区。[2]2008 年至 2011 年,在证监会调查或者移送公安机关的内幕交易案件中,近一半为并购重组过程中的内幕交易。由于一些并购重组项目决策环节多,直接涉及的知情人员多,内幕信息保密具有相当难度。[3]故当前实践中行为人主要是利用并购重组过程中形成的内幕信息进行非法交易。在美国证券期货市场中,SEC 早期查处的比较著名的内幕交易案件[4]基本上都是在并购环节发生的。在近几十年的金融实务中,由于并购交易中的收购方通常会向目标公司股东支付较高的溢价,并购信息对于目标公司证券交易价格上升预期具有极为重要的价值,从中实施内幕交易的利益极为可观,故并购环节的内幕交易是全球证券期货市场以及司法实践极为关注的主要违法犯罪类型。所以,有必要重点分析并购重组中内幕信息形成的现实规律与判例经验,建构类型化规则,并以此为经验与逻辑基础,逐步研究与重大合同、业绩发布、经营变化等有关的其他内幕信息类型的司法规则。

---

〔1〕 Radiation Dynamics, Inc v. Goldmuntz. ,464 F. 2d 876, 888(2d Cir 1972).

〔2〕 郑晓波:《内幕交易势头得到一定程度遏制》,载《证券时报》2011 年 4 月 6 日,第 A1 版。

〔3〕 许志峰:《内幕交易颠覆股市根基》,载《人民日报》2012 年 5 月 25 日,第 10 版。

〔4〕 当时比较有影响的案件是 Ward La France 卡车公司内幕交易案。Ward La France 公司在没有披露其正在进行的公司股权转让磋商的情况下,于磋商首日直至并购双方就交易价格达成口头一致性意见,在场外市场购买本公司证券。SEC 认定上市公司未公开的控制性股权溢价转让或者重大资产交易磋商信息构成内幕信息。See Ward La France Truck Corp. ,13 SEC 373 (1943).

我国上市公司并购重组环节内幕交易案件判例基本上将上市公司及相关并购重组方等拟交易主体确定的时间认定为内幕信息形成之时：(1)在“延边公路”内幕交易案中，非上市公司广发证券拟通过资产注入的方式控股上市公司。广发证券确定收购对象意味着上市公司收购计划即将全面展开，会对收购对象的股票运行价格产生重要影响。该案内幕信息形成时间被认定为广发证券制作借壳上市方案并拟定以辽宁时代、延边公路为备选收购对象之日。[1](2)在“天山纺织”内幕交易案中，被告人姚荣江任总经理的凯迪投资拟对上市公司天山纺织进行资产重组。新疆维吾尔自治区、自治区国资委、金融办、凯迪投资等召开非正式会议拟定天上纺织重组之日被认定为内幕信息形成之日。[2]以国有投资主体为主导的引入民营资本重组上市公司，国有资本确认上市公司交易对手方之时，意味着上市公司重大资产重组即将展开。(3)在“高淳陶瓷”内幕交易案中，中国电子科技集团第十四研究所(以下简称研究所)拟通过资产置换及非公开发行等方式对上市公司高淳陶瓷进行重大资产重组。资产重组合作框架第一次以书面化的形式确认研究所作为上市公司资产重组交易方之日被认定为内幕信息形成时间。[3](4)在“创新科技”内幕交易案中，上市公司创新科技实际控制人上海祖龙公司董事长陈榕生计划将其控制的上海振龙房产公司有关资产注入创兴科技。由于上市公司资产重组交易双方都处于单一行为主体的实际控制之中，重组是否进行完全取决于实际控制人的意志，故被告人陈榕生会同创兴科技高管以及证券中介商讨资产注入方案之日被认定为内幕信息的形成时间。[4](5)在“中山公用”内幕交易案中，上市公司中山公用科技股份公司(以下简称科技公司)的控股股东中山公用事业集团股份公司(以下简称集团公司)计划将集团公司整体资产注入科技公司从而实现集团公司整体上市。由于集团公司系国有资本控股，集团公司重大资产处置需要经过行政审批程序，故集团公司董事长向原中山市委书记陈根楷汇报集团公司资产注入科技

---

〔1〕 詹志强：《中国“券商内幕交易第一案”内幕》，载《检察日报》2009年1月22日，第6版。

〔2〕 周浙玲：《天山纺织重组内幕交易详情曝光》，载《中国证券报》2011年1月18日，第8版。

〔3〕 苏江：《涨停王高淳陶瓷内幕交易真相》，载《21世纪经济报道》2011年1月15日，第13版。

〔4〕 吕蕾：《资产注入遭遇“暗礁”行政认定函能否推定其罪——专家热议证券内幕交易的“罪与非罪”》，载《上海法治报》2010年7月9日，第A8版。

公司计划之时被认定为内幕信息的形成时间。[1]

可见,并购本质上是上市公司股东或其实际控制人与特定交易对手之间的资产交易,股东或实际控制人出让部分股份或者整体退出上市公司,交易对手方支付对价,故并购拟交易双方到位或确定之时,可认定为内幕信息形成。[2]司法实践在理解该类型化规则时,应注意以下要点:

其一,具有并购意向的公司一般只有在互相直接接触或者通过投行等中介机构协助接触的基础上才有可能确定拟交易对象并进行初步磋商。

从逻辑上分析并购交易的行为过程,接触事实发生在前,交易主体确定在后。因此,原则上不能认为处于"过于初始阶段的接触信息"[3]具有重大性。因为目标公司与收购方的管理层均极有可能在接触之后直接否定展开初步磋商必要,即排除对方成为拟交易对手。并购的自然过程通常最先表现为寻求收购或者被收购的行为,即收购方(被收购方)或者其委托的公司官员主动接触被收购方(收购方),在基本排除接触环节相关事实所形成的信息具有重大性的前提下,后续环节中的被接触方的反应对信息重大性认定显得极为关键。一旦被接触方开始对主动接触方的收购提议表现出部分认同倾向时,可认定交易主体已经确定。

其二,结合阶段性市场热点、潜在并购双方股东的持股情况、上市公司股价波动、内部人交易行为等要素,在部分情况下,即使没有证据显示并购重组意向的公司之间有过直接接触,也可根据收购方确定目标公司的事实判断并购重组交易双方已经到位,进而认定内幕信息已经形成。

证券期货市场不时会出现阶段性的并购交易热点行业或者公司。在对并购重组充满欲望的证券期货市场或者阶段性市场背景下,任何单方面的并购重组计划都极有可能成为市场关注焦点,并购意向或者规划方案中确定潜在交易对手即使处于交易流程的初步阶段,也不能阻碍该信息具有重大性的判定。[4]

---

〔1〕 黄建屏、梁美:《李启红等内幕交易、泄露内幕信息案》,载《刑事审判参考》(2011 年第 6 集 · 总第 83 集),法律出版社 2012 年版,第 2 页。

〔2〕 谢杰:《内幕交易罪若干疑难问题的实践认定》,载《吉林公安高等专科学校学报》2011 年第 5 期。

〔3〕 Mill Bridge V, Inc v. Benton., 2010 W. L. 5186078 (E. D. Pa. 2010). 该案所涉及的信息由于处在过于初始的并购接触阶段而被法院认定为不具有重大性。

〔4〕 分析证券期货市场阶段性地高度关注并购交易这一市场环境对于认定内幕信息形成时间影响问题的判例,参见 U. S. v. Teicher., 987 F. 2d 112 (2d Cir. 1993)。

即使潜在的并购交易双方尚未进行明显的或者有证据表明的接触，上市公司证券价格可能已经出现显著波动。同时，潜在并购双方具有同一股东或实际控制人，并且内部人员已经开始从事内部人交易的，尚未公开的并购信息即使处于早期阶段，仍可基于知情人员的态度以及交易行为，推论该信息具有重大性。因为“如果信息知情人员纷纷从事内部人交易并导致证券价格产生异动，意味着内部人已经认识到了信息重大性，这显然可以作为推论信息具有重大性的关键要素”。[1]在这种市场环境、证券价格、股权关系、内部人交易情况等各项指标已经显示并购重组迹象的情况下，并购交易中具有主动权的一方锁定一个或者多个交易对手方时，可以认为交易双方已经到位或者确定。[2]

对于由上市公司启动的并购重组而言，这种资产交易实际上是上市公司控股股东或实际控制人选择特定对手及其提出的方案，退出上市公司并获取对价的交易过程。上市公司控股股东或实际控制人对于是否进行资产重组具有主动性与选择性。在其通过并购可行性论证等确定主要交易对手的方案时，并购对手方已经处于相对确定状态，可以认为拟交易主体就位。相应地，非公众公司收购上市公司的，其主动性集中于今后可能控制上市公司的母公司，非公众公司通过方案论证等选定借壳上市的壳资源，意味着其后续采取的措施单方面即可影响上市公司股价，故确定壳公司就代表并购重组的交易双方已经确定。

其三，在上市公司与并购交易对手方为同一主体实际控制的情况下，所谓的并购交易双方的接触、确定、启动初步磋商等都是实际控制人的主观意志，客观上难以分理出明显且独立的选择、确定交易对手的事实，只能将内幕信息形成时间顺位推移至与之相隔最近的时间节点——实际控制人、上市公司及相关

---

〔1〕 SEC v. Geon Industries, Inc. ,531 F. 2d 39, 47, 48 (2d Cir. 1976).

〔2〕 在上述“延边公路”内幕交易案中，广发证券于2006年5月10日形成《广发证券股份有限公司借壳上市》这一内部方案，明确将辽宁时代和延边公路作为备选的借壳上市目标公司且制定了详尽的借壳上市推进计划。尽管上市公司延边公路于当日晚间公告称其主要股东和管理层未与广发证券就借壳上市事项有过任何接触；股改工作尚处前期筹备阶段。但从股权关系来看，吉林敖东药业集团股份公司分别为广发证券的股东与上市公司延边公路的控股股东。当时正值券商借壳上市这一市场热点的阶段性爆发阶段。延边公路自2006年4月25日至5月10日收盘，7个交易日累计涨幅达74%；其中，4月26日尾盘触摸涨停之后，4月27日至5月10日连拉五个涨停板。余风：《延边公路暴涨谜团深交所彻查广发证券》，载《第一财经日报》2006年8月2日，第A1版。

资产管理人员、证券交易中介等初步磋商的开始时间。[1]

根据《内幕交易犯罪解释》第 5 条第 3 款的规定，影响内幕信息形成的动议、筹划、决策或者执行人员，其动议、筹划、决策或者执行初始时间，应当认定为内幕信息的形成之时。但对于完全由实际控制人操控的并购重组项目而言，实际控制人是影响且参与整个内幕信息发展过程的最终决策者，并购程序中的未公开重大信息是否形成，只能着眼于实际控制人的行为而非其他动议者、筹划者或者执行者的行为。

美国纽约南区法院[2]在新近的内幕交易判例中指出，当参与计划进行并购的公司管理者本身是公司实际控制人的情况下，由于其有权决定是否使交易程序继续进行、是否推进交易计划等，其实际态度及行动对于判断并购概率具有直接的效果。[3]然而，具体如何判断实际控制人的“实际态度及行动”，该判例并未给出更为细致的规则。笔者认为，实际控制人全局主持下的并购重组本质上是将其本人实际控制的其他资产与上市公司资产之间进行再度配置，实际控制人之外的行为主体进行动议或者筹划，其确定性存在很大的疑问，而实际控制人本人的动议或者筹划，很大程度上是一种主观性的思考，一般不具有外部的、直观的表征。因此，只有在客观化的初步磋商启动时才能确认实际控制人控制下的上市公司的交易对手方。这种认定结论的规则依据仍然是并购重组的交易主体到位，并且是《内幕交易犯罪解释》上述原则性条款的具体化。

（二）财务类内幕信息形成时间判断

与证券发行人有关的财务信息对于证券交易价格均具有影响，财务报告等信息披露事项是证券期货市场投资者最为关注的资讯，而财务预期则是在财务信息尚不完全确定时投资者进行资本配置决策的核心参考要素。在财务报告尚未制作完毕之前，基于财务资料形成的上市公司财务预期具有现实的不确定性，但由于财务预期与上市公司盈利与亏损具有直接联系，财务预期对于证券定价而言具有重要参考价值。因此，涉及财务的未公开信息形成时间判断同样

---

〔1〕 在实际控制人为国有资本投资主体的情况下，所谓的初步磋商实际上等同于并购计划向行政负责人汇报。

〔2〕 美国纽约南区法院是联邦一审法院中最活跃与最重要的单位，其审理的金融案件通常具有标杆价值。主要是由于其管辖范围覆盖了纽约的主要金融中心。

〔3〕 SEC v. Wyly.，788 F. Supp. 2d 92（S. D. N. Y. 2011）.

是需要重点研究的类型化规则。

我国《证券法》规定了证券交易活动中涉及公司财务的重大未公开信息构成内幕信息,列举了各种构成内幕信息的重大事件以及其他对证券交易价格具有重大影响的信息类型,但并未就涉及公司财务的内幕信息进行内涵界定与类型归纳。对于涉财务内幕信息界定问题,理论上有观点认为,与证券发行公司资产、获利有关的发行公司本身内部变化或者营运情形的未公开信息属于涉及公司财务的内幕信息,上市公司内部人在此类信息未公开时在相关证券交易中加以利用的,构成内幕交易。[1]这种广义的界定模式将除上市公司重大人事变动之外的、包括公司经营、资产、股权变动等在内的几乎所有重大信息均归类为涉财务内幕信息,对财务信息进行了过于宽泛的理解,即将以非财务资料形式呈现的与上市公司经营业绩有关的非财务信息纳入财务信息的范畴。而上市公司财务信息实际上是以货币性数据资料为核心的、呈现公司资本动态运动的信息,主要包括资产负债表、全面收益表、股东权益变动表、现金流量表。[2]

因此,笔者认为,涉及财务的内幕信息应当是与上市公司经营业务的收益与亏损直接关联的、以财务资料形式呈现的重大未公开财务信息。结合《证券法》有关内幕信息范围界定的规定、证监会或证券交易所关于财务信息披露的规章与规则以及反内幕交易法律实践[3],中国大陆证券期货市场中的上市公司涉财务内幕信息类型具体包括:(1)上市公司年度报告、中期报告、季度报告以及业绩预告[4];(2)重大收益、亏损;(3)债务担保、资产抵押、报废的重大变更;(4)重大债务以及违约未能清偿到期重大债务。

---

[1] 林俊宏、黄鈉淳、许碧真:《从讯谍案谈内线交易民事赔偿责任之相关问题》,载《法官协会杂志》2012年(第7卷)第2期。

[2] International Accounting Standard 1 (ISA 1), Presentation of Financial Statements, International Accounting Standards Board.

[3] 应当看到,上市公司资产出售、股权变更、收购以及重大合同签订等均与上市公司资产负债表直接关联,此类信息在尚未公开时显然应当属于涉财务内幕信息,但由于反内幕交易法律实践对涉及并购重组、重大合同的内幕信息认定问题已经积累了长期、相对稳定、类型化的法律经验与规则逻辑,基于证券期货市场监管现实的考量,需要对此类内幕信息类型进行独立分析。

[4] 我国《证券法》《公司法》并未就上市公司季度报告与业绩预告问题做出规定。有关上市公司季报与业绩预告信息披露的规定,参见中国证券监督管理委员会《上市公司信息披露管理办法》《公开发行证券的公司信息披露编报规则第13号〈季度报告内容与格式特别规定〉》以及深圳证券交易所《上市公司信息披露工作指引第1号——业绩预告和业绩快报》等。

利用与证券或者证券发行人财务有关的重大未公开信息从事内幕交易主要表现为两种行为模式:一是通过财务信息造假的方式违规披露重大信息,利用该信息从事相关证券交易。例如,在财务报告中虚构营收等,在财务利好信息发布后卖出相关证券。二是通过不披露重大财务信息或者滥用已知的未公开重大财务信息,从事相关证券交易。例如,明知上市公司月度营收显著降低、明显减产、库存激增、重大亏损,在季报公开前卖出证券避损或者卖空证券获利。对于前一种行为模式而言,虚假、伪造的财务信息生成时间实际上就是内幕信息形成时间,在法律适用上并不存在过多障碍。在后一种行为模式中,由于各种财务资料逐渐累积为财务报告或者重大盈利、亏损结论是一个量变到质变动态发展进程,判断特定时间节点的财务资料或者信息集合具备重大性存在相当困难,需要进行具体分析:

其一,根据我国证券法律、法规、规章以及交易所规则的规定,上市公司定期报告(年度、中期、季度报告)应当披露对证券投资决策具有重大影响的信息,〔1〕财务信息披露范围〔2〕基本覆盖了与上市公司经营与财务有关的所有资讯。相关报告制作完成之时即为内幕信息形成时间,直至报告披露,均应当禁止泄露或者基于该信息从事相关证券交易。应当强调的是,定期财务信息强制性披露只是在特定的时间节点上对已经客观存在的财务事实所进行的事后揭

〔1〕《上市公司信息披露管理办法》第19条规定:上市公司应当披露的定期报告包括年度报告、中期报告和季度报告。凡是对投资者作出投资决策有重大影响的信息,均应当披露。年度报告中的财务会计报告应当经具有证券、期货相关业务资格的会计师事务所审计。第20条规定:年度报告应当在每个会计年度结束之日起4个月内,中期报告应当在每个会计年度的上半年结束之日起2个月内,季度报告应当在每个会计年度第3个月、第9个月结束后的1个月内编制完成并披露。

〔2〕《上市公司信息披露管理办法》第21条规定:年度报告应当记载以下内容:(一)公司基本情况;(二)主要会计数据和财务指标;(三)公司股票、债券发行及变动情况,报告期末股票、债券总额、股东总数,公司前10大股东持股情况;(四)持股5%以上股东、控股股东及实际控制人情况;(五)董事、监事、高级管理人员的任职情况、持股变动情况、年度报酬情况;(六)董事会报告;(七)管理层讨论与分析;(八)报告期内重大事件及对公司的影响;(九)财务会计报告和审计报告全文;(十)中国证监会规定的其他事项。该法第22条规定:中期报告应当记载以下内容:(一)公司基本情况;(二)主要会计数据和财务指标;(三)公司股票、债券发行及变动情况、股东总数、公司前10大股东持股情况,控股股东及实际控制人发生变化的情况;(四)管理层讨论与分析;(五)报告期内重大诉讼、仲裁等重大事件及对公司的影响;(六)财务会计报告;(七)中国证监会规定的其他事项。该法第23条规定:季度报告应当记载以下内容:(一)公司基本情况;(二)主要会计数据和财务指标;(三)中国证监会规定的其他事项。

示，无法监管发生在各个定期财务报告公布日期间[1]发生的重大财务信息披露与内幕交易问题。根据相关信息披露法律规范要求，定期报告空档期出现财务情况重大变动，应当通过业绩预告[2]、临时报告[3]等方式进行财务信息披露，但对于财务信息知悉人员何时应当禁止从事相关证券交易问题，在认定规则层面仍是空白。[4]

笔者认为，在所有涉及财务的内幕信息类型中，上市公司债务(违约)、担保等重大财务变动情况信息具有明显的事件指向性，即系列事实以一元化的线性态势按照时间顺序逐步发展为特定事件。故实践中完全可以直接根据事实进程时间轴上的特定节点确定内幕信息形成时间与重大信息披露时间——此类重大财务事件发生后，上市公司应当立即披露；出现明显的债务违约、承担担保义务、担保责任等事实(如被担保人资不抵债等)之时，应当认定为内幕信息形成时间，在信息披露之前禁止知悉该信息的人员从事相关证券交易。

---

[1] 例如，上市公司上年度财报披露之后、本年度季报制作完成之前；中期报告披露之后、第三季度报告制作完成之前；本会计年度结束、年度财报制作完成之前等。

[2] 《上市公司信息披露管理办法》第25条规定：上市公司预计经营业绩发生亏损或者发生大幅变动的，应当及时进行业绩预告。该法第26条规定：定期报告披露前出现业绩泄露，或者出现业绩传闻且公司证券及其衍生品种交易出现异常波动的，上市公司应当及时披露本报告期相关财务数据。

[3] 《上市公司信息披露管理办法》第30条规定：发生可能对上市公司证券及其衍生品种交易价格产生较大影响的重大事件，投资者尚未得知时，上市公司应当立即披露，说明事件的起因、目前的状态和可能产生的影响。该法第31条规定：上市公司应当在最先发生的以下任一时点，及时履行重大事件的信息披露义务：(一)董事会或者监事会就该重大事件形成决议时；(二)有关各方就该重大事件签署意向书或者协议时；(三)董事、监事或者高级管理人员知悉该重大事件发生并报告时。在前款规定的时点之前出现下列情形之一的，上市公司应当及时披露相关事项的现状、可能影响事件进展的风险因素：(一)该重大事件难以保密；(二)该重大事件已经泄露或者市场出现传闻；(三)公司证券及其衍生品种出现异常交易情况。

[4] 典型情形表现为：2011年3月18日，汉王科技发布2010年年报，全年总收入突破12亿元，较2009年增长112.71%，实现净利润8790.16万元；汉王股价当日最高涨幅逼近6%。在紧随其后的1个交易日(3月21日)，汉王科技9名高管合计减持120万股该公司股票，股价在75元左右。然而，4月18日，汉王股价暴跌6%，收盘66.61元。汉王科技随即公布利空信息，一季报预亏4千至5千万元；4月19日，汉王科技逼近跌停。4月28日汉王科技10转增10股后，股价下跌4.78%，收盘25.7元。4月30日，汉王科技发布第二季度业绩报告，半年预亏9千万元，股价最低跌至23.90元。截至5月20日收盘，汉王科技股价跌至19.89元。在靓丽的2010年报公布之后、第一季度巨亏以及中报预期预亏之前，汉王科技高管紧急且精准减持，证券期货市场哗然以及法律人士指出汉王高管涉嫌虚假陈述、内幕交易之余，并未及时出现针对上市公司及其高管的虚假陈述民事诉讼以及内幕交易行政调查。孙勇杰：《内幕交易撞枪口　汉王科技退市疑云》，载《时代周报》2011年第51期。

其二,对于上市公司重大担保、债务违约之外的其他未公开财务信息,例如,上市公司出现重大亏损或者相对于上一次定期报告出现大幅度盈利增长,由于其并不具有事件指向性或者特定性,而是各种交易累计基础上的经营数据信息,确实难以勾勒出信息初步生成、具备重大性、最终确定发生的线性发展流程。故只能将信息披露义务与内幕交易禁止中的信息重大性实质标准进行同一化处理,即未公开的财务资料或者经营数据反映出上市公司重大财务变动时为内幕信息形成时间或者信息披露义务生成时间。[1]对于如何具体把握“重大”财务变动,内幕交易司法实践中有观点认为,由于上市公司内部人能够掌握销售业绩、月度营收、市场动态、税前损益等信息,就上市公司内部对于其证券交易价格具有影响的财务变动情况而言,上市公司内部人主观上处于确知或者应知的状态。在诸如月度营收等财务信息变化之后、财务报告定期发布之前,信息知悉人员从事相关证券交易的,应当以内幕交易进行定罪处罚。[2]这种观点实际上忽略了财务情况变动“重大性”的量化尺度。

笔者认为,上市公司出现对财务有一定影响的信息(如订单数量下降、营收减少),信息知悉人员便不能买卖相关证券,或者上市公司应当立即披露该信息,这显然会过度突出信息对于证券定价的价值或者引起证券期货市场中的投资者对财务信息进行过度反应。

同时,上市公司盈利或者亏损是一个财务数据的累积过程而非事件发展进程,盈利增长或者出现亏损完全可能是暂时的(如月度亏损),难以涵盖上市公司阶段性的财务结论(如季度、半年财务报告),在财务信息定期披露时可能被其他经营数据所稀释。

此外,出于维护上市公司商业利益的需要,过于严格地限制内部人交易或者积极地披露短期经营数据,可能导致上市公司在业务开展上出现不利的连锁反应。(例如,上市公司披露本月订单数量大幅下降是因为某重要采购商不再续订,可能会引起其他采购商紧张、恐慌甚至直接撤单等。)所以,仅仅出现订单撤销、营收减少等财务动向并不能认为相关信息已经具备了重大性,对于证券

---

〔1〕 由于上市公司出现重大亏损、扭亏为盈、盈利增速等并不具有事件性,故上市公司应当以业绩预告的形式“及时”(而不需要“立即”)披露该重大信息。内幕交易禁止期间为该预期形成时至披露时。

〔2〕 我国台湾地区“最高法院”94年度台上字第1433号刑事判决。

交易价格具有重大影响的财务信息应当是重大亏损或者重大盈利信息。而亏损与盈利都是以数据形式出现的财务发展趋势或者财务结论,故关键在于设定一个合理的趋势指标或者数值范围,以此为基础并结合当时证券期货市场中有关该证券定价的具体认识,确认亏损或盈利信息对于证券交易价格的影响是重大的。

笔者建议,经营数据反映出上市公司财务出现以下情形的,应当认定该数据信息具有重大性,应当禁止知悉人员从事相关证券交易,并及时披露该重大信息:预计本期财务报告期实现扭亏为盈;上期财务报告期盈利,预计本期财务报告期亏损;预计较上年同期相比利润出现超过50%的大幅变动。同时,应注意分析当时的证券交易价格动向、市场预期等因素具体验证财务变动信息对股价的具体影响。如果证券价格等已经在上一轮行情中对盈利或者亏损趋势进行了提前或者超涨(跌)反应,实际上已经形成了利多(空)出尽的市场格局,则原本能够影响证券交易价格上涨或者下跌的未公开财务信息实际上已经钝化,即使达到上述量化标准,也不应认定其具备重大性。

三、内幕信息形成时间司法判断例外情形的个案论证

内幕信息形成时间司法判断的基本原理与类型化规则并不具有绝对的排他效力,应允许在个案中适用例外情形。因为内幕信息形成时间原则性的判断原理较难针对个案特点进行直观分析。同时,即使是实践中比较成熟的类型化规则,例如并购重组型内幕信息,也不可能绝对地适用于所有与上市公司收购、资产重组有关的内幕信息形成时间判断问题。实践中应正视基本原理与类型化规则的局限性,以更为接近个案情形与专属特征的指导性案例呈现例外性适用规则。[1]

仍以并购重组以及生成于该环节的内幕交易为例,并购一般表现为具有收

〔1〕“两高”在联合发布《内幕交易犯罪解释》的同时,还公布了黄光裕、杜兰库两起内幕交易犯罪典型案例。张先明:《最高人民法院公布两起内幕交易犯罪典型案例》,载《人民法院报》2012年5月23日,第3版。这种具有创新性质的证券期货犯罪指导性案例探索,有必要通过制度化运作将之明确化、固定化、常规化。在具体操作上,不仅仅是整体公布案件事实与法律适用意见,更应当凸显个案中具体疑难问题的司法规则;不仅仅是完整地发布内幕交易犯罪指导性案例,还可以是归纳司法解释文本无法覆盖但个案判决意见有效解决的疑难问题及其相应规则,并将多个此类案件以“组案”的形式进行发布,强化对司法实践中特别疑难问题的权威论证与分析。

购或者出售资产的意向方在市场中寻找交易对手,而从事内幕交易的基本上是并购双方公司中的内部人。然而,部分并购项目并非由交易方为主进行前期接洽,而是由财务顾问牵线搭桥、撮合配对、协助磋商等。以颇受关注的谢风华、安雪梅内幕交易犯罪案[1]为例,尽管属于并购重组中的内幕交易,却因主体身份及其与上市公司的关系而具有显著的差异性特征——实施交易的行为主体是知悉该信息的财务顾问而非并购公司内部人。但证监会向法院提交的认定函并未关注到该项差异而仍将内幕信息形成时间界定为重组交易双方主体确定之时。[2]

由财务顾问作为证券中介协调并购各方接洽,虽然在形式上出现了确定的并购交易主体,但上市公司或其实际控制人以及交易对手方对于是否以及与何方进行收购、资产重组等问题,具有单方面选择权,不应直接认定经过财务顾问协调确定交易主体的信息会对上市公司证券价格产生重大影响。[3]就并购重组环节内幕信息形成时间判断而言,在个案认定中必须区分资产交易主体不同的确定途径予以具体分析。

在以财务顾问为主导确定并购重组交易主体的资本操作启动阶段,通常先由财务顾问牵头,撮合具有收购或者出售上市公司股份意见的交易双方并约定初步商谈时间,随后由资产交易双方工作人员进行初步接洽,最终由上市公司控股股东或者实际控制人与资产交易方负责人就并购重组事宜展开初步磋商。

在这种证券交易模式中,资产交易双方是完全独立或者不受任何外部资本力量控制的证券期货市场行为主体,并购重组存在诸多不确定因素。财务顾问拟定资产交易双方时,只能认识到相关公司存在并购重组意向,或者根据经验判断相关公司的财务状况与重组意愿比较契合,具有实施并购的现实条件。至于是否启动初步磋商程序、何时进行磋商、磋商规格、谈判框架结构等内容,则完全处于不明朗状态。资产交易双方实现合作的可能性尽管可以基于专业能

---

[1] (2011)浦刑初字第2738号刑事判决书;许峰:《保代"神叨侠侣"内幕交易第一案吹响民赔号角》,载《证券时报》2012年2月4日,第A4版。

[2] 谢风华、安雪梅内幕交易犯罪案中的一节事实是谢风华利用财务顾问职权获取的与上市公司并购重组(天宝矿业借壳万好万家)有关的信息实施相关证券交易。(2011)浦刑初字第2738号刑事判决书。

[3] 谢杰:《最新内幕交易犯罪司法解释的缺陷与规则优化》,载《法学》2012年第10期。

力与经验进行预期，但财务顾问对于这种可能性的掌控程度较弱，不确定性较大。故不能将经过证券中介引荐并确定上市公司并购重组交易主体之时认定为内幕信息形成，而应将信息具备重大性的时间节点适当延后，界定在并购重组意向双方在证券中介撮合下进入初步磋商阶段之时。财务顾问等证券中介掌握上市公司并购重组有关信息的职务便利，在其引荐资产交易双方之后、相关主体尚未开展初步磋商之前从事相关上市公司股票交易的，由于无法合理预期该阶段的信息对证券交易价格会产生重大影响，内幕信息尚未形成，不能认定其构成内幕交易。

我国证券期货市场中并购重组环节的内幕交易行为，一般表现为知悉重大未公开信息的行为主体大量买入目标公司证券，在并购信息公开进而引发目标公司证券交易价格大幅上涨之后卖出谋取巨额利润。这和典型的并购环节内幕交易行为在交易模式上可以归纳为做多目标公司股票。但是，全球证券期货市场中还广泛存在其他类型的并购环节内部人交易：其一，做多收购方公司股票。行为人在获悉与并购有关的未公开信息之后，看好收购方公司的预期收益，买入收购方公司的股票。其二，做空收购方公司股票。行为人在获悉与并购有关的未公开信息之后，看空收购方公司的预期收益，融券卖空收购方公司的股票。

由于收购方向目标公司股东支付溢价获取股权在全球证券期货市场中极为普遍，作为资产交易主体的收购方与目标公司一旦确定，此类信息的公开显然会引起目标公司证券价格的上升。因此，并购交易主体确定这一未公开信息对于目标公司证券交易价格具有重大影响，应当认定内幕信息形成。并购交易主体确定时，目标公司证券交易价格上涨固然具有显著的可预期性，但收购公司的证券价格并不能据此推论将会上涨，实践中并购声明发布后收购公司的证券价格出现显著下跌的情形比较常见。[1]在确定的并购信息公开后市场仍然

〔1〕证券期货市场通常对收购方的预期比较谨慎。因为收购意味着扩张，在积极谋求扩张的情况下，收购势必会给收购方带来包括财务风险、公司治理等多方面的更多不确定因素。如果市场认为收购之后没有协调效应或者收购价格过高，收购方股价就会下跌。例如，2012 年 7 月 23 日，中信证券宣布其全资子公司中信证券国际拟以 12.52 亿美元收购里昂证券 100% 股权，其中 19.9% 股权收购已完成交割，双方有意于 2013 年 6 月 30 日前完成所有资产交易程序。当天中信证券港股跌 5.23%，在日本上市的中信股价更是暴跌 20% 左右。刘畅：《中信证券：收购里昂反而暴跌》，载《北京晨报》2012 年 7 月 24 日，第 B7 版。

会出现收购方公司证券涨跌分歧的情况下,更难以认定并购双方初步接触与磋商信息会对收购方公司证券交易价格产生重大影响。

我国内幕交易司法实践中尚未出现知情人员利用并购环节未公开信息买卖收购方公司证券的案例。美国具有代表性的联邦法院判例意见是:证券市场价格对未公开信息所对应的重大事件潜在反应的不确定性,并非判断未公开信息重大性的必要指标。并购交易中的未公开信息应当在初步磋商这种早前环节就具备重大性。〔1〕可见,美国内幕交易判例规则并不认同并购交易主体确定这类早期信息对于收购方公司证券交易价格可能不具有重大影响的观点,或者说不认为收购方证券交易价格在并购初期信息发展过程中的极度不确定性应当影响信息重大性的判断。对此,笔者持不同意见,具体理由是:

其一,将并购交易主体确定这类早期并购信息认定为具有重大性的市场前提不成立。对于发生在并购重组中的内幕交易案件,在信息发生阶段初期就认定其具有重大性,主要是基于证券期货市场对于并购信息典型的积极反应。并且,证券期货市场中广泛存在的"噪声交易者"基于对并购信息过度反应而实施的"噪声交易"会进一步炒作或者放大市场交易价格与实际价值之间的短期偏离。〔2〕但这种积极或者过度反应的对象实际上只限定于目标公司的证券价格。就收购方公司证券交易价格而言,市场对于并购交易与收购方证券价格之间的关系客观上存在的认识分歧,造成初步磋商阶段存在着各种投机性的做空或者做多的市场反应,并购信息对于收购方公司证券交易价格的影响会湮没在各种市场分歧或者方向相反的投机交易之中,从而弱化了并购初期信息与收购方证券价格的关联性。

因此,之所以将并购交易中的内幕信息形成时间节点提前确定在交易双方确定之时,就是考虑到这一初期信息对于目标公司证券价格影响的重要性,既然这个市场前提对于收购方公司证券价格并不成立,就有必要针对知情人员买

〔1〕 U.S. v. Mooney.,425 F.3d 1093 (8th Cir. 2005).

〔2〕 金融市场中的"噪声交易(者)"是指基于各种不稳定的、非理性的投资决策而实施交易的行为(人)。金融市场中的"噪声交易(者)"造成交易或者风险水平与理性投资者预期的价值产生偏差。在市场非重要事件较多的情况下,噪声交易(者)对于价格的因果影响性远远大于少量的重大事件本身。Fischer Black, Noise, 41 Journal of Finance 529 (1985); J. Bradford De Long, Andrei Shleifer, Lawrence H. Summers & Robert J. Waldmann, Noise Trader Risk in Financial Markets, 98 Journal of Political Economy 703 (1990).

卖收购方公司证券的行为确定独立的内幕信息形成时间判断标准。

其二，基于并购交易主体等早期未公开并购信息从事收购方公司证券交易具有高度风险，属于向市场提供流行性的投机行为而非应承担责任的内幕交易行为。未公开信息只有在对证券交易价格具有重大影响时，才能认定内幕信息。在并购交易双方均为上市公司的情况下，判断内幕信息是否形成应当坚持相对性，即应分别分析相关信息对收购方或者目标公司证券的影响。与并购有关的未公开信息的重大性对于收购方与被收购公司而言各有不同。收购方以明显高于市场的价格收购目标公司，对于目标公司的股价具有重大意义，但对于收购方公司的证券价格并必然具有重大性，反而应当强调此类早期并购信息对于收购方公司证券价格判断的风险性。由于无法预期并购交易主体确定、相关公司官员接触、启动初步磋商等信息对于收购方公司证券交易价格的影响，基于此类未公开信息做多或者做空收购方公司股票承载着显而易见的风险，不能认为与并购有关的初期信息相对于收购方公司证券具有重大性，因而也不能认定内幕信息在上述阶段已经形成。

可见，在个案中判断并购重组环节内幕信息的形成时间，除了应当考察并购交易过程中是否存在证券中介的实质参与外，还应进一步分析知悉未公开并购信息的行为主体所具体从事的金融交易行为，针对的是目标公司证券还是收购方公司证券。如果个案中的交易行为表现为做多或者做空收购方公司证券或相关金融衍生产品，则分析内幕信息是否形成不能以并购交易主体是否确定为标准，而应当显著地延后至初步磋商结果形成之时，即并购交易双方就交易价格与交易结构两大要素[1]达成原则性共识(合约)。尽管并购交易具体情况千差万别，但交易价格和交易结构始终是任何并购项目中的本质性内容。价格与结构上的共识是并购交易磋商双方互为理解的确定性证据。并购交易磋商双方就价格和结构达成原则性共识固然并非对目标公司证券交易价格产生重

---

〔1〕 其中，交易价格要素具体是指并购所需要支付的现金或者股权价值。实践中，如果不存在固定数字化的价格时，价格的计算一般是基于目标公司证券预期时间的市场价格、收益、净资产进行测算。交易结构主要是指并购交易的法律形式(例如，双方公司合并、三公司合并、资产买卖、现金收购、换股等)以及收购方支付对价的类型(现金、普通股、优先股、权证、信用债券等)。有关并购重组项目磋商中价格与结构要素的详细判例判断，参见 Greenfield v. Heublein, Inc., 742 F. 2d 751, 757(3d Cir. 1984)。

大影响的起始时间,却为判断该信息是否开始对收购方公司证券交易价格产生重大影响提供了一个具体的适用标准。在交易价格和交易结构业已确定的情况下,有关并购交易的信息量已经充分且明确,并购交易最终宣布撤销或者误导投资者进行投资决策的可能性都比较小,可以对收购方公司的证券交易价格进行稳定的预期。在信息未公开的条件下,知情人员相对市场外部投资者在交易风险控制上具有明显的优势。因此,并购双方就交易价格与结构达成共识时,可以认定对收购方公司证券具有重大影响的内幕信息形成,知情人员据此做多或做空收购方公司证券的,构成内幕交易。

所以,内幕交易犯罪个案中的核心事实差异实质上影响着未公开信息是否具备重大性的判断,在进行内幕信息形成时间司法判断时,应运用指导性案例填补基本原理与类型化规则无法覆盖的例外情形。

第四节 内幕交易犯罪情节认定问题

由于内幕信息知情人员、非法获取内幕信息人员从事内幕交易、泄露内幕信息行为,符合"情节严重"标准的,才构成犯罪,只有达到"情节特别严重"的程度,才能适用第二档法定刑,所以,犯罪情节对内幕交易犯罪的定罪量刑实践具有深远的意义。基于对内幕交易犯罪情节问题的高度重视,《内幕交易犯罪解释》通过多达 5 个条文对此问题甚至了细致的司法判断规则:《内幕交易犯罪解释》第 6 条与第 7 条对内幕交易犯罪"情节严重""特别严重"的量化标准进行了规定;《内幕交易犯罪解释》第 8 条与第 10 条对犯罪数额认定这一内幕交易犯罪情节中的核心难题做出了规定。由于犯罪情节直接影响内幕交易的定罪与量刑,故有必要对相关问题展开深入探讨。

一、内幕交易犯罪情节标准实践适用障碍与难点

由于我国证券期货犯罪司法实践长期以来对内幕交易犯罪"情节严重"标准设置不甚合理,"情节特别严重"标准持续缺位,没有突出从宽情节对于惩治疑难证券期货犯罪案件的重要性,更没有对作为犯罪情节评价核心指标的内幕

交易犯罪数额认定规则进行深入分析与论证，导致内幕交易犯罪情节司法认定存在很大的障碍。“两高”最新内幕交易犯罪司法解释尝试对内幕交易犯罪情节相关重要问题进行解决。

根据《内幕交易犯罪解释》第 6 条的规定，内幕交易犯罪情节严重包括以下情形之一：证券交易成交额在 50 万元以上的；期货交易占用保证金数额在 30 万元以上的；获利或者避免损失数额在 15 万元以上的；内幕交易或者泄露内幕信息 3 次以上的；具有其他严重情节的。对照 2010 年 5 月 7 日最高人民检察院、公安部《关于公安机关管辖的刑事案件立案追诉标准的规定（二）》（以下简称《经济犯罪追诉标准（二）》）第 35 条的规定，《内幕交易犯罪解释》仅将《经济犯罪追诉标准（二）》中的“多次”内幕交易行为具体化为“3 次”，并没有对内幕交易犯罪情节严重的各项指标进行实质性优化。

笔者认为，上述内幕交易犯罪“情节严重”标准较难实现刑法规范对证券期货市场金融产品交易秩序的保障，内幕交易犯罪“情节严重”标准仍旧处于虚置状态，从而容易产生弱化司法权威的负面效果。从内幕交易犯罪刑法理论研究情况分析，“情节严重”标准过低长期以来颇为理论界质疑。[1]实践中，中国证监会查处的内幕交易行政处罚案件数额远远超过内幕交易犯罪情节严重标准，但大多都没有进入刑事追诉程序——根据笔者对中国证监会网站公布的 2010 年、2011 年内幕交易违法案件进行的统计分析，证监会网站公布的 2010 年内幕交易行政违法案件为 5 件，涉及证券交易成交额累计分别为 70 万元、88 万元、110 万元、135 万元、210 万余元，超过内幕交易犯罪情节严重标准 2 倍至 7 倍；2011 年内幕交易违法案件为 9 件，其中 4 起案件的内幕交易成交额低于 50 万元，5 起案件成交额累计为 79 万元、104 万元、312 万元、380 万元、416 万余元，最高超过情节严重标准 8 倍多。可见，刑事司法实践客观上也难以按照如此低的数额标准追究涉案人员的刑事责任。

从司法解释具体规定与证券期货市场现实对比的层面进行分析，由于不符合证券期货市场发展的社会现实，内幕交易犯罪“情节严重”的数额标准与细化解释较难得以适用。证券成交额 50 万元以上、期货保证金 30 万元以上、获利或避损额 15 万元以上等情节严重的数额标准严重偏离我国证券期货交易实

[1] 顾肖荣、张国炎：《证券期货犯罪比较研究》，法律出版社 2003 年版，第 416 页。

践。例如，根据中国金融期货交易所《股指期货投资者适当性制度实施办法（试行）》的规定，自然人申请开户时保证金账户可用资金余额不低于人民币 50 万元的，期货公司会员才能为其申请开立股指期货交易编码。同时，根据中国金融期货交易所《股指期货投资者适当性制度操作指引（试行）》的规定，一般法人投资者申请开户，净资产应当不低于人民币 100 万元。将期货内幕交易情节严重标准与股指期货投资者基本财务条件数额标准进行对比，我们可以清晰地看到，内幕交易犯罪"情节严重"中期货交易占用保证金累计 30 万元以上的标准竟然低于股指期货最低的开户保证金数额要求，且远远低于法人参与金融期货交易的一般净资产要求。

同时，"3 次交易"、其他情节严重等标准在实践中较难执行。以"3 次交易"为例，基于证据获取与证明责任上的现实难度，证券期货犯罪司法实践中证明涉案人员针对特定的证券或者期货交易品种实施一次或者两次内幕交易行为已经异常困难，证明"3 次内幕交易"行为则近乎不现实。再以"具有其他严重情节"为例，这种"兜底规定"实际上根本没有指导实践的司法规范指引功能，没有必要在司法解释中继续建构这种没有具体规范内涵的兜底性司法规则。

更值得重点分析的是，犯罪情节的标准设定应当针对内幕交易这一发生在证券期货市场的证券期货犯罪行为的特点创造性地探索既能充分反映内幕交易行为危害又能紧密联系内幕交易行为实质特征的严重情节评估标准。内幕交易行为实质上表现为基于内幕信息而实施的相关证券、期货交易，除了与交易行为相关的数额、次数等危害性量化指标之外，内幕信息本身实际上也存在程度上的差异或者可区分性。从这个意义上分析，基于市场反应更为强烈的内幕信息从事相关证券、期货交易的犯罪行为，在情节上应当相对于市场反应一般的内幕交易行为更为严重，司法解释理应将涉案内幕信息对证券期货市场的实际影响要素纳入情节严重的评价范围。

二、内幕交易犯罪情节司法判断规则的优化路径

内幕交易犯罪"散户式"的司法解释标准导致"情节严重"无法筛出具有严重社会危害性的非法证券期货交易行为，也会使最高司法机关制定的解释文件束之高阁，最终丧失权威。内幕交易犯罪情节量化指标无法体现出这种证券期货犯罪的行为特质，很大程度上体现出司法解释对于证券期货犯罪缺乏深度与

专业化的认知。内幕交易犯罪的主体、行为、对象等要件经由司法解释，实际上已经使其犯罪构成极具张力，故特别需要“情节严重”这一综合性入罪要素通过司法解释的填充有效控制内幕交易犯罪的刑事法网。“情节严重”标准的准确定位，既是盘活内幕交易犯罪刑法规范的实践要求，也是证券期货犯罪刑事司法的政策选择。

由于我国证券期货犯罪普遍存在“情节严重”等定罪标准设置过低、没有针对证券期货交易特点建构实践标准等问题，内幕交易犯罪“情节严重”标准优化应当纳入证券期货犯罪体系进行结构性完善。对此，笔者建议，有必要优化证券期货犯罪司法解释，通过对内幕交易、操纵证券期货市场等行政处罚案件进行数据统计，分析此类非法证券期货交易中成交资金额、占用保证金数额、获利数额、避损数额等数据信息，将各个主要项目的数额平均值设定为犯罪情节严重的下限。

当然，有必要指出的是，对于提高内幕交易犯罪等证券期货犯罪“情节严重”标准（核心显然是提高定罪数额标准）的建议，实践中可能出现的质疑是，提高定罪标准会向公众传递出对证券期货犯罪的打击力度趋于减弱的信息。这种隐忧也是我国长期以来将证券期货犯罪刑事追诉数额标准设定在一个较低水平的重要原因。但是，从上述“情节严重”标准虚置及其危害的分析中可知，过低的追诉标准势必导致“法不责众”。证券期货市场投资者空守着严厉的较低标准的刑事追诉标准这一所谓的坚强后盾，实质上却由于追诉标准的不切实际造成了更严重的后果——较少适用证券期货犯罪刑法规范。因此，适当提高内幕交易犯罪“情节严重”入罪标准，有利于廓清违法与犯罪的界限，在同步提升证券期货违法案件行政执法能力的情况下，能够实质性地减少刑事司法实践的随意性，本质上是强化了证券期货犯罪的惩治力度与刑法规范的执行力。

同时，司法解释有必要将“其他情节严重的情形”等指标剔除“情节严重”的认定标准之外，转而将内幕交易犯罪行为对证券期货市场秩序、投资者权益所产生的可量化恶劣影响（例如，内幕交易犯罪行为侵犯股民权益导致大规模证券集团诉讼、引发群体性事件等）、内幕信息公开后证券、期货合约的交易价格产生剧烈波动（例如，内幕信息公开之后连续五个交易日涨停、跌停或者连续十个交易日涨幅或者跌幅超过 70%）等作为“情节严重”司法认定的标准。

以涉案内幕信息对证券期货市场实际影响效果量化指标为例，内幕信息是内幕交易犯罪的核心构成要素,以内幕信息为中心对内幕交易犯罪行为的危害性程度进行评价显然契合内幕交易犯罪在客观行为方面的独立性特征。内幕信息的重要法律特征表现为重大性或者价格敏感性,即内幕信息一旦公开将会对证券、期货合约的交易价格产生显著影响。但在证券期货市场实践中,尽管各类不同的内幕信息对于证券期货市场均会产生显著影响,但这种显著影响的具体程度是存在很大明显差别的。

证券期货市场实践中,有的内幕信息属于短期性的重大事件或者重要情况。例如,上市公司重大诉讼,其对于上市公司经营利润的影响是阶段性或者相对确定的,在上市公司股票交易价格上通常表现为阶段性的下跌。有的内幕信息则属于长期性的重大事件或者重要情况,例如,上市公司经营业绩在经历高速增长之后由于业务限制开始出现巨额亏损且将公司财务状况长期难以改善,上市公司股票交易价格在公司业绩亏损披露之后长时间大幅下挫。

同时,内幕信息公开后对证券期货市场的实际效果也存在明显的差异。有的内幕信息公开后导致当日涨停、跌停或者较大幅度的涨跌。有的内幕信息虽然确实具有价格敏感性,但公开后市场反应并不十分激烈,相关证券交易价格只出现了一定幅度的上涨或者下跌。这种内幕信息公开后的证券期货市场交易实际效果虽然并非内幕交易犯罪的构成要件,但如果将每一个案件中的同类市场反应指标纳入评估体系进行分析,确实能够从直观的价格指标上区分出何种或者哪一个内幕信息对于证券期货市场公平竞争机制的侵害程度更为显著。

从欧盟这样的成熟证券期货市场反内幕交易犯罪司法实践经验角度分析,欧盟法院在内幕交易法律制裁强度评估环节,高度重视与内幕信息有关的金融工具交易价格事实上的变动情况,并将该要素作为判断内幕交易法律制裁比例性的重要尺度。[1]我国内幕交易犯罪司法解释应当重视此类成熟证券期货市场司法实践经验。总之,只有经过实证分析、客观论证或者针对内幕交易行为特征而设置的内幕交易犯罪“情节严重”司法解释标准,才能经受刑事司法实践考验。

---

〔1〕 Case C-45/08: Judgment of the Court (Third Chamber) of 23 December 2009 Spector Photo Group NV, Chris Van Raemdonck v. Commissie voor het Bank-, Financie-en Assurantiewezen (CBFA)-Directive 2003/6-Insider dealing-Use of inside information-Sanctions-Conditions.

实践中还应注意的是，证券期货犯罪司法实践已经证明，取证难是内幕交易犯罪案件查处中的重大难题。[1]所以，单纯从入罪或者强化惩罚的角度设置内幕交易犯罪的司法规则，其实际效果并不一定能够完全发挥。笔者认为，证券期货犯罪司法解释有必要针对内幕交易案发隐蔽性、封闭性、内部性的特征，植入二元化的情节认定规则，即合理设置从宽情节，对于积极配合调查或者提供相关信息的内幕交易违法犯罪参与者，设置一定的从轻、减轻、免除处罚，从而实现缓释内幕交易犯罪查处压力的目标价值与宽严相济刑事政策在证券期货犯罪案件中的具体适用。

笔者建议司法解释可以增加此类规则：内幕交易、泄露内幕信息，具有下列情形之一的，可以依法从轻或者减轻处罚：(1)配合证券期货监管部门或者公安机关调查的；(2)受金融机构高层管理人员逼迫从事内幕交易的；(3)主动消除或者减轻内幕交易行为危害结果的；(4)提供内幕交易违法犯罪行为的策略、方案、违法交易数据、账户信息、资金来源信息等线索材料的。内幕交易、泄露内幕信息犯罪情节略微超过规定标准的，主动投案自首的，可以免除处罚。

三、内幕交易犯罪数额司法认定规则的实践探索

内幕交易犯罪数额集中表现了此类证券期货犯罪行为的规模及其对证券期货市场交易秩序的危害性，故准确计算内幕交易犯罪数额是内幕交易犯罪情节认定中极为重要的问题。根据《内幕交易犯罪解释》第6条与第7条的规定，内幕交易犯罪数额表现为证券交易成交额、期货交易占用保证金数额、获利或者避免损失数额3种类型。其中，证券交易成交额与期货交易占用保证金数额可以直接根据从事内幕交易犯罪行为的账户交易数据予以计算，在司法实践中并不存在疑难。而获利或者避免损失数额不仅涉及到内幕交易犯罪刑法适用与金融实务中的不少疑难问题，而且对于内幕交易犯罪罚金数额裁量具有直接影响。根据《刑法》第180条的规定，实施内幕交易犯罪行为，情节严重的，处5年以下有期徒刑或者拘役，并处或者单处违法所得1倍以上5倍以下罚金；情节特别严重的，处5年以上10年以下有期徒刑，并处违法所得1倍以上5倍以

[1] 苏江：《世界级难题："内幕交易"取证难倒监管层》，载《21世纪经济报道》2007年4月6日，第12版。

下罚金。故内幕交易犯罪罚金完全以内幕交易行为的违法所得为依据。同时,《内幕交易犯罪解释》第 10 条规定:《刑法》第 180 条第 1 款规定的“违法所得”,是指通过内幕交易行为所获利益或者避免的损失。可见,内幕交易获利或者避损数额是罚金刑的直接裁量依据。但是,对于内幕交易获利数额与避损数额认定问题,《内幕交易犯罪解释》并没有制定针对性的数额计算方法,该问题极有可能在实践过程中出现较多争议与分歧。

笔者建议,内幕交易犯罪司法解释有必要优化与细化违法所得数额司法判断规则,以“正收益”为核心设计内幕交易犯罪数额认定方法。具体而言,在内幕交易犯罪案件中,涉案内幕信息公开会引起证券、期货交易价格上涨或者下跌的,行为人在该信息公开之前建仓谋取价格上涨利益或者平仓规避价格下跌风险的,应当直接根据价格上涨收益与规避风险收益认定违法所得。同时还应当看到,证券期货市场实践操作中,有的内幕交易者在重大信息未公开之前抢先建仓后并没有全部平仓;出了将实际套现收益认定为违法所得之外,对于未平仓的浮动收益也应当进行刑法评价。所以,内幕交易违法所得“实际正收益”认定规则在实务中应当重视以下细节与重点:

(一)获利型正收益的认定

对于内幕信息公开后会引发证券、期货交易价格上涨或者下降的,由于相应的做多或者做空交易都可以使行为人谋取实际利润,故其具体的交易方向并不影响违法数额的认定。关键在于判断建仓数额与平仓数额之间的价差。在内幕信息引起价格上涨的情况下,行为人掌握内幕信息直到该内幕信息公开之后的时间里,其建仓买入证券、期货合约且全部平仓卖出的,相关获利价差都是正收益,直接认定为违法所得;如果存在部分没有平仓卖出的证券或者期货合约,由于不存在实际获取的正收益,应当在以下评估正收益环节另行认定。在内幕信息引起价格下跌的情况下,行为人建仓卖空相关证券、期货合约且全部平仓买入了解仓位的,相关获利差价均认定为违法所得;未平仓买入回补部分同样根据评估正收益数额规则另行判定。

(二)避损型正收益认定

内幕交易正收益显然并不局限于实际获取交易利润,持有的证券或者期货合约应当出现亏损而基于内幕信息抢先交易规避损失,实际规避损失数额也是一种正收益。在内幕信息公开对证券、期货合约交易价格产生下跌影响的情况下，行为人基于内幕信息提前平仓卖出证券或者了解期货头寸的，应当首先计算内幕信息公开之后引发证券、期货合约交易价格下降期间的平均价格，然后计算行为人在信息公开前平仓的平均价格，最后将两者的价差认定为内幕交易规避损失的正收益。没有全部平仓的，不存在规避损失的问题，故不能作为内幕交易违法所得处理。

(三)评估正收益的认定

评估正收益是内幕信息持有人基于内幕信息从事证券、期货交易但在案发后仍未平仓部分应当通过评估规则认定为违法所得的犯罪数额。由于没有平仓的证券、期货合约仅存在账面价值，没有实际转化为行为人的现实收益，需要通过评估规则准确评价为可归责的内幕交易违法所得数额。内幕信息引起价格上涨的，未平仓正收益应当是内幕信息对市场产生影响期间的证券、期货合约的平均交易价格与行为人实际建仓平均成本价格之间的价差。内幕信息公开引发价格下降，行为人在内幕信息公开前建仓卖空，尚未平仓部分应当在案发后强行平仓，但该未平仓部分的正收益不能根据平仓数额进行评估，而仍然应当根据内幕信息对市场影响期间内平均价格与行为人建仓评价价格之间的价格进行认定。获利正收益与评估正收益相加为内幕交易违法所得总量。

此外，在内幕交易犯罪案件中，内幕信息来源、交易资金供给、证券账户安排、交易实际操作等往往由数个行为人共同实施，内幕交易共犯结构存在很大的差异，有必要建构具有针对性的共犯数额判断规则。根据证券期货犯罪共犯原理，两个以上行为人基于获利目的共同利用内幕信息从事相关证券、期货交易，构成内幕交易共犯。然而，由于金融犯罪共犯数额认定在理论上存在分赃数额、分担数额、参与数额、犯罪总额等不同判断规则，[1]如何根据内幕交易犯罪行为特点确定共犯数额，刑法理论与司法实践中存在极大的认识分歧。

《内幕交易犯罪解释》第9条实际上采用了“微调的”犯罪总额规则，即内幕交易犯罪构成共犯的，按照共同犯罪行为的成交总额、占用保证金总额、获利或者避免损失总额定罪处罚，但罚金刑处罚上，判处各被告人罚金的总额应掌握

---

[1] 刘宪权：《金融犯罪数额问题的刑法分析》，载《法学》1998年第11期。

在获利或者避免损失总额的1倍以上5倍以下。这意味着内幕交易犯罪案件中的每个共犯在定罪与自由刑裁量层面对内幕交易犯罪总额承担责任，仅在适用罚金刑时，将内幕交易共犯违法所得总额作为所有共犯罚金数额的基准，而非对每个共犯判处罚金的基准。

对此，笔者认为，有必要将"修正的"犯罪总额规则作为内幕交易共犯数额的认定依据，即原则上将内幕交易犯罪总额认定为共犯数额，例外情况下以参与数额或者个体违法所得数额作为共犯数额。实践中，内幕交易共犯一般共同谋划内幕交易策略、共同分配违法所得、共同抵抗行政调查与刑事侦查，内幕交易共犯结构中的部分行为人及其行为在整体中不具有可区分性，应当以内幕交易犯罪总额认定共犯数额。有的内幕交易共犯尽管存在明确的事先共谋，但行为主体分别出资、独立交易、自负盈亏，在这种情况下，主犯显然仍然应当对总额承担责任，但从犯的行为及其实际作用具有明显的可区分性，即从犯实施的内幕交易行为在总体数额中可以作为一个独立的部分区分出来进行评价，且对于内幕交易共犯社会危害性的增加与强化并不明显，应当以实际参与数额（证券交易成交额或者期货交易占用保证金额）或者个体违法所得认定共犯罪数额。

第九章

利用未公开信息交易犯罪疑难问题的司法认定

财经媒体早在2000年就以“基金黑幕”为题对基金公司滥用资金管理权与信息优势操纵市场、“老鼠仓”交易等进行专题报道,引发市场、学者、监管层强烈关注。[1]实际上,不仅是基金管理公司,证券、期货公司、信托公司、保险公司等同样具有大量自营交易业务与资产管理业务,其从业人员基于职务便利也掌握大量未公开的证券、期货投资决策信息。证券、期货交易所、行业协会甚至是相关监管机构人员,其在履行交易服务、行业自律、行政执法等管理性职务过程中同样掌握大量未公开重要信息。但是,对于内幕信息之外的未公开信息的法律监管没有上升到刑法强度,导致利用未公开信息进行违规交易行为惩防效率较低。

《刑法修正案(七)》增设利用未公开信息交易罪,与内幕交易罪一起组成了我国证券、期货内线交易犯罪刑法规范体系,进一步严密了打击利用未公开信息违规从事金融交易的刑事法网。《刑法》第180条第4款规定的内幕信息之外的其他重大未公开信息,是与金融商品内在价值无直接关联的、由特定市场资金流动变化而影响金融商品市场价格的外发性信息(如基金公司管理的客户资金、保险公司管理的年金账户等买入、卖出股票的信息等),其经济价值在于发现特定金融商品短期供求关系变动影响下的预期市场价格与当前供求关系影响下的市场价格之间的价差。利用未公开信息是基于资产管理中应当由权益人独享的重大信息谋取交易利润,行为人违法所得的代价是其所供职的机构或者客户的经济利益损害与市场特定信息利益冲突的违反。利用未公开信息交易犯罪刑法规制的价值在于防控证券、期货市场信息利益冲突,保护投资者合法权益。

利用未公开信息交易罪在司法实务中存在一系列疑难问题。例如,如何辨识未公开信息的特点及其与内幕信息的区别?利用未公开信息交易行为是否“违反规定”?行为人是否基于职务便利获取未公开信息?从事的证券、期货交易是否与未公开信息相关?有必要综合运用证券期货犯罪刑法原理与金融知识论证上述疑难问题的司法判断规则,使利用未公开信息交易罪不只是停留在理论评价层面,而是在实践中真正得以充分适用。

---

[1] 平湖、李箐:《基金黑幕——基于基金行为的研究报告解析》,载《财经》2000年第19期。

第一节　未公开信息的认定

未公开信息的认定无疑是利用未公开信息交易罪中最为重要的问题之一。“内幕信息以外的其他未公开的信息”这一刑法语言文字表述在规范解释层面存在明显的不确定性,导致司法实务较难精准地认定行为人从事相关证券、期货交易所利用的是否属于未公开信息。因此,在刑法理论上极有必要细致地分析未公开信息的特征,为司法实务部门认定未公开信息提供标准参考。同时,刑法司法解释亦应当尽快对未公开信息的内容与范围进行明确规定。

一、未公开信息的特征

从《刑法》第 180 条第 4 款的规定来看,“未公开信息”应具备以下基本特性:一是差别性,即未公开信息必须是内幕信息之外的其他信息;二是未公开性,即“未公开信息”尚未通过法定渠道或其他以公众熟知方式向社会大众和广大投资者公布;三是关联性,即未公开信息必须是与证券、期货合约的市场价格有关的重大信息,而不能是其他一切信息;四是价格敏感性,即未公开信息对于证券、期货合约的价格具有重要影响;五是可利用性,即未公开信息被行为人所掌握后,行为人或其亲友可从中受益之信息。在上述“未公开信息”的 5 个特性中,尤为值得探讨的是未公开性与价格敏感性。

(一)未公开性

未公开性是指,金融机构、监管部门以及行业协会按照规定采取规范管理的投资经营、技术分析、监督管理、行业资讯等信息未在公开市场上被公布或者尚未被证券、期货投资者知悉。未公开信息处于秘密状态时,该信息的使用、管理等必须按照规定进行操作。此类信息一旦按照规定进行公布或者被市场人士通过技术分析合法公开,相关人员利用该信息从事相关的证券、期货交易并不为法律所禁止,没有戒绝交易的法律义务。

未公开性实际上意味着相关信息处于一种秘密状态,此种状态具体可以分为依法保密与内控保密。

依法保密主要是指金融监管部门、行业协会按照法律、法规等规定必须保证相关信息的未公开性,未经许可不得使用、披露相关信息。例如,根据《中国证监会工作人员行为准则》第18条、第21条的规定,证监会工作人员公开发表言论和文字材料时,不得涉及证券、期货监管未公开信息;内容涉及证券、期货市场信息的,应当真实、客观。非因工作需要,不得与他人谈论证券、期货监管未公开信息。证监会工作人员应当遵守国家关于证券、期货监管机构工作人员不得买卖股票和从事期货交易的规定。可见,金融监管机构、行业协会等单位在执法过程中形成的金融监管未公开信息依法处于保密状态。

内控保密主要是指证券公司、期货公司、基金公司、保险公司等金融机构按照证监会内部风险控制指引、保守秘密规定等文件的规定保证公司相关经营信息处于秘密状态。例如,中诚信证券评估有限公司是经中国人民银行上海分行核准从事信用评级等业务的非银行金融机构,该公司的《信息保密制度》规定,公司或公司职员在开展证券评级业务活动中获取的国家秘密、关于项目或与项目有关的、关于客户或与客户业务相关的不被公众领域所知的信息、资料、文件,或客户声明必须保密的信息、资料、文件,无论是纸面形式、磁记录形式、光学记录形式、电子记录形式还是其他记录形式都属于保密对象。公司附属组织和分支机构以及职员都有保守前述秘密的义务。接触到前述秘密的员工,例如:管理人员、技术人员、财务人员、销售人员、秘书、保安人员等对保守前述秘密均负有责任。[1]可见,证券公司、期货公司、保险公司等金融机构在开展业务、经营管理过程中形成的经营性信息按照内控规范处于保密状态。

(二)价格敏感性

价格敏感性是指,金融机构、监管部门以及行业协会按照规定采取规范管理的投资经营、技术分析、监督管理、行业资讯等信息对证券、期货交易价格有重大影响。对于未公开信息价格敏感性的判断与分析,实践中存在疑问的主要有以下问题:

---

〔1〕《中诚信证券评估有限公司信息保密制度》,载 http://www. sac. net. cn/newcn/home/info_detail. jsp? info_id = 1198548770100&info_type = CMS. STD&cate_id = 1198222163100,最后访问日期:2019 年 11 月 5 日。

一是价格敏感性的必备性问题。《证券法》《刑法》均明确规定对证券、期货交易价格有重大影响的信息才能认定为内幕信息,而《刑法》第 180 条第 4 款并没有明确规定未公开信息必须具备价格敏感性的特征。但是,这显然并不意味着未公开信息不必具有价格敏感性。因为如果某金融机构工作人员利用职务便利非法利用不可能对证券、期货交易价格产生重要影响或者影响极为有限的未公开信息从事相关交易,其不仅无法实现谋取利益或者规避损失的行为目的,而且也不会对其所在金融机构以及相关客户的利益产生实际损害。此类行为的社会危害性不足以构成利用未公开信息交易罪。

因此,在利用未公开信息交易罪中,价格敏感性是认定未公开信息的重要客观标准。行为人只有在其利用的未公开信息信息达到可能对证券、期货交易价格具有重大影响的客观标准才承担刑事责任。未公开信息可能会影响相关的证券、期货的市场价格,进而对证券、期货市场上的投资者是否愿意以当前的价格购买或者出售相关金融资产产生重要影响,并且,投资者的对应性行为会再次反作用于证券、期货交易价格。利用符合价格敏感性特征的未公开信息非法从事证券、期货交易,才能适用利用未公开信息罪追究非法交易者的刑事责任。

二是价格敏感性的确定性问题。未公开信息对于相关证券、期货交易价格的重要影响存在可能性重要影响与确定性重要影响的区别。有的未公开信息对于有关证券、期货交易价格的重要影响表现为一种合理预期,但这种预期会因为其他因素的介入导致对于证券、期货交易价格没有产生重要影响;有的未公开信息的证券、期货交易价格的重要影响通过客观交易数据确定地予以显现。这里存在的问题是,利用未公开信息交易罪中的"其他未公开的信息"是否以该信息对证券、期货交易价格具有确定性的重要影响为必要?《刑法》第 180 条第 4 款对此问题显然没有进行规定,这就需要通过刑法解释理论予以明确。笔者认为,行为人利用的信息只有对相关证券、期货交易价格产生确定性的重要影响,才能认定为本罪中的未公开信息。

从刑法体系解释的角度分析,内幕信息与未公开信息在基本特征层面具有等同性,既然构成内幕信息以该信息对证券、期货价格有重大影响为必要,则未公开信息应当与其保持一致。由于内幕交易罪与利用未公开信交易罪归属于刑法同一法条内部,两罪的社会危害性相当,内幕交易与利用未公开信息交易犯罪的行为样态、构成要件配置、法定刑设定等均相同，故在内幕信息与未公开信息的基本特征层面，不应当有超越刑法证券期货犯罪中内线交易类犯罪体系一致性的明显差异。在《刑法》第 180 条第 1 款已经明确规定内幕信息是"对证券、期货交易价格有重大影响的信息"的情况下，构成未公开信息亦应以对证券、期货交易价格产生确定性影响为必要。

从证券期货犯罪违法与犯罪界限的角度分析，利用未公开信息交易违法行为与犯罪行为之间应当有所区别。行为人利用可能对证券、期货交易价格产生重要影响的未公开信息从事证券、期货交易，可以构成违法，但不能认定为犯罪。构成未公开信息的前提是该信息对于证券、期货交易价格具有确定性影响，这不仅是利用未公开信息违法与犯罪之间合理边界的重要体现，而且有利于有效控制利用未公开信息交易罪的刑事法网，避免本罪打击范围过大。

二、未公开信息与内幕信息

证券期货犯罪刑法理论以及证券法理论通说将内幕信息核心特征概括为秘密性与重大性。[1]由于秘密性即指内幕信息未公开，重大性是指内幕信息对于证券、期货价格有重大影响，故内幕信息的基本特征本质上与未公开信息的未公开性与价格敏感性并无二致。虽然未公开性与价格敏感性在概括的层面属于未公开信息与内幕信息共同具备的基本特征，但必须厘清两者的界限。

首先，未公开信息与内幕信息基本特征上的共性只是处于抽象、静止的概括层面，在司法实践具体、动态的分析判断层面，未公开信息与内幕信息在未公开性、价格敏感性问题上的判断标准与法律依据截然不同。其次，未公开信息具有明显区别于内幕信息的独立性特征与差异化标志。在刑法理论上清晰地划定未公开信息与内幕信息之间的边界具有重大意义，其不仅能够精细化地解释"内幕信息以外的其他未公开的信息"的刑法规范含义，梳理未公开信息的外延，而且有利于在司法实务中丰富与深化未公开信息的认定标准。

---

[1] 刘宪权：《证券期货犯罪理论与实务》，商务印书馆 2005 年版，第 320～328 页；刘宪权：《内幕交易、泄露内幕信息罪若干疑难问题探析》，载《犯罪研究》2003 年第 2 期；刘宪权、卢勤忠：《金融犯罪理论专题研究》，复旦大学出版社 2002 年版，第 436～441 页；范健、王建文：《证券法》（第 2 版），法律出版社 2010 年版，第 358～360 页。

(一)信息具体内容的差异化表现

内幕信息以外的对证券、期货交易价格有重要影响且不为公开市场知悉的信息才属于未公开信息,这就决定了未公开信息与内幕信息在具体内容上具有非此即彼的逻辑关系。

内幕信息的具体内容及其范围具有明确的前置性行政法律、法规、规章、行业规则等作为规范依据,司法机关在实践中可以根据相对确定的行政法律、法规、规章、行业规则等规范所设定的具体要求填充刑法中内幕信息的具体内容。我国《证券法》、《公司法》、《期货交易管理条例》、证监会发布的《上市公司信息披露办法》、《上市公司重大资产重组管理办法》以及上海、深圳证券交易所发布的最新版的《股票上市交易规则》等一系列法律、法规、规章、行业文件等,对各类法定内幕信息、有关公司分配股利或者增资的信息、有关公司债务担保、相关资产重大变动的信息、有关公司收购的信息等不同种类的内幕信息进行了具体规定。

上述内幕信息范围之外的其他对对证券、期货交易价格具有重大影响且不为公开市场所知悉的信息均为未公开信息。可见,利用未公开信息罪中的未公开信息与内幕交易罪中的内幕信息在具体内容上形成的非此即彼的逻辑关系,在刑法证券期货犯罪体系内共同搭建了互为补充的“未公开的信息”的逻辑范畴与概念结构,使原本在解释上不甚明确内幕信息兜底性规定“对证券交易价格有显著影响的其他重要信息”[1]能够用未公开信息进行填充,强化了证券期货犯罪核心概念刑法解释的明确性。

与内幕信息的具体内容具有规范明确界定性截然相反的是,未公开信息的具体内容基本没有前置性法律、法规、规章等规范性文件进行明确规定。因此,具体哪些内容可以划入刑法规定的未公开信息的范畴,是一个需要通过对主要信息内容进行列举的开放性问题。

笔者认为,以下对于证券、期货交易价格有重要影响的信息可以被纳入刑法未公开信息的范围:一是证券、期货交易所、证券、期货公司的非公开交易业务数据信息。例如,在证券交易中,证券交易所将行情信息、证券指数、成交概况、证券交易排名、会员交易排名等基本数据信息予以公开;但是,对于机构投

---

〔1〕《证券法》第75条第2款第8项。

资者的持仓量、新近建仓量、加仓减仓量、资金进出量等具体交易数据以及相关清算数据按照严格的信息数据管理制度进行保密。此类未公开交易业务数据中对证券、期货交易价格有重大影响的信息，属于刑法中的未公开信息。

二是证券公司、期货公司在从事自营业务、资产管理业务、投资咨询业务等过程中形成的经营性信息。例如，证券公司在利用自有资金从事自营业务时，证券公司自营业务账户动态、交易席位情况、自营业务规模、资产配置决策等经营过程中形成的信息，实际上对于该信息所指向的证券、期货供求关系具有实质性影响，此类信息按照证监会有关证券、期货公司业务风险管理指引的规定必须采取信息保密措施进行信息风险控制，属于刑法中的未公开信息。

三是基金管理机构等将要利用客户资金进行巨额投资的决策信息。基金管理公司、全国性以及地方性社会保险基金管理机构、托管机构运作管理的基金数量巨大，其对于证券、期货市场的影响深远，此类投资性决策信息，属于刑法中的未公开信息。

四是商业银行、保险公司、信托公司等金融机构在从事与证券、期货投资相关的经营活动中形成的投资决策、资金动向数据、投资咨询等综合性信息。例如，商业银行中间业务包括了金融期货交易业务、证券投资分析业务、基金托管业务等与证券、期货相关的业务，其中涵盖了大量影响证券、期货交易价格的决策信息、数据信息、咨询信息；保险公司、信托公司从事的证券回购、基金投资、资产管理等业务涉及影响相关证券产品交易价格的投资信息。

五是证券业、基金业、期货业、保险业、银行业等监管部门以及相关行业协会在行政执法与行业管理中形成的执法监管信息、政策信息、经济态势数据信息以及行业管理信息等。例如，中国人民银行调整利率、存款准备金率，或者统计局每月公布物价指数信息等，此类对证券、期货交易价格具有极为重要影响的行政部门政策信息与数据信息在公布之前均严格按照国家保密法律规定执行信息数据保密，属于刑法中的未公开信息。

（二）信息是否公开的区别化判断

利用未公开信息交易罪侵犯法律所保护利益的手段本质上是一种证券、期货市场信息的非法获取与使用——行为人利用职务便利获取内幕交易以外的其他“未公开的信息”从而在证券、期货市场中形成不正当信息优势，在信息配置不公平的情况下通过相关证券、期货交易攫取巨额利益。故信息是否公开直接决定了利用相关信息从事交易行为是否具有犯罪性。在如何认定证券、期货交易价格具有重要影响的信息是否公开的问题上,利用未公开信息罪与内幕信息罪具有不同的司法判断规则。

证券发行人、上市公司必须严格按照《证券法》、证监会《上市公司信息披露管理办法》等规定依法真实、准确、完整地披露信息,所以,在证券发行、交易过程中对证券价格有重大影响的内幕信息的披露规则具有明确的法律规定性。根据《证券法》第67条、第70条、第75条的规定,对上市公司股票交易价格产生较大影响的内幕信息,上市公司应当按照规定将有关该重大事件的情况向国务院证券监督管理机构和证券交易所报送临时报告,并予公告,说明事件的起因、目前的状态和可能产生的法律后果。信息公告应当在国务院证券监督管理机构指定的媒体发布,同时将其置备于公司住所、证券交易所,供社会公众查阅。

基于《证券法》关于信息披露的规定,刑法理论上一般主张适用内幕信息的形式公开标准,即尚未被公众知晓的重大信息在证券监管机构制定的媒体予以发布之时,应当认定内幕信息业已公开。[1]实践中也有观点认为应当采纳实质公开标准,即内幕信息按照法定形式披露之后,必须经过一定时间被市场消化,才能认定为内幕信息已经公开。[2]但是,无论是形式公开还是实质公开,判断内幕信息是否公开必须严格围绕重大信息披露的法定时间节点进行法律分析。

相对于内幕信息具有明确的法定披露时间节点而言,未公开信息没有持续信息公开的法定要求,甚至关于未公开信息本身能否公开问题,刑法理论上仍然存在较大争议。有学者认为:“内幕信息是应该到时公开的,而基金从业人员掌握的投资信息则是自始至终都不能公开的,相当于商业秘密,这是两者的根本区别。”[3]不同意见认为:“在金融市场中,根据相关法律法规,经相关机构采

---

〔1〕 张小宁:《论内幕交易罪中“内幕信息”的界定》,载《昆明理工大学学报》(社会科学版)2009年第3期;顾肖荣、张国炎著:《证券期货犯罪比较研究》,法律出版社2003年版,第403~404页。

〔2〕 陈海鹰、朱卫明、叶建平:《泄露内幕信息罪、内幕交易罪的若干问题探析——由“杭萧钢构案”展开》,载《法治研究》2008年第3期;刘宪权:《内幕交易、泄露内幕信息罪若干疑难问题探析》,载《犯罪研究》2003年第2期。

〔3〕 卢勤忠:《利用未公开信息交易罪的认定》,载《政法论丛》2010年第1期。

取保密措施的各种信息，有的要求必须对外公布，而有的则要求定期或定时对外披露。”[1]

笔者认为，未公开信息本身具体内容的复杂性意味着其披露规则具有不同的法律要求，这也决定了司法实务中判断未公开信息是否公开必须综合不同的分析标准并结合不同的信息特点予以认定。

首先，对于按规定进行披露的未公开信息，应以其公布时间作为未公开信息业已公开的初步判断基点。未公开信息显然具有披露的要求。虽然在刑法条文结构与文字表述上，《刑法》第 180 条第 4 款并没有采取与该条第 1 款相同的方式明确规定在信息“尚未公开前”从事相关证券、期货交易的行为构成本罪，但这并不代表未公开信息不存在公开的问题。在金融实务中，金融机构以及相关监管部门在证券、期货交易以及执法过程中形成的未公开信息，其保密要求只是阶段性的，相当部分未公开信息最终向市场予以公开。典型适例：基金公司依法定期公布季报、半年报、年报，向基金投资者披露详尽的投资信息；[2]国家统计局定期公布宏观经济数据；央行宣布调整利率、存款准备金率等。此类信息对于证券、期货交易价格具有显著影响，超过保密期限后即向市场公开。故未公开信息的正式公布日期可以作为判断该信息是否公开的时间基准。

其次，在正式公布之前未公开信息已经实际公开的，应当将实际公开日期认定为公开时间。未公开信息并不仅是静态的概念表达与资讯堆砌，其具有明显的动态执行性。未公开信息被执行后所产生的实际效果很可能已经深刻地对证券、期货市场的交易价格产生影响。价格的显著变动会引起市场分析人士的关注，从而将信息概括地传递至整个证券、期货市场。例如，2010 年第二季度，各大基金调仓后新近大量购入的股票中，中天科技、远兴能源和 S 仪化于

---

[1] 缑泽昆：《〈刑法修正案（七）〉中“老鼠仓”犯罪的疑难问题》，载《政治与法律》2009 年第 12 期。

[2] 《证券投资基金法》第 62 条：“公开披露的基金信息包括：（一）基金招募说明书、基金合同、基金托管协议；（二）基金募集情况；（三）基金份额上市交易公告书；（四）基金资产净值、基金份额净值；（五）基金份额申购、赎回价格；（六）基金财产的资产组合季度报告、财务会计报告及中期和年度基金报告；（七）临时报告；（八）基金份额持有人大会决议；（九）基金管理人、基金托管人的专门基金托管部门的重大人事变动；（十）涉及基金管理人、基金财产、基金托管业务的诉讼；（十一）依照法律、行政法规有关规定，由国务院证券监督管理机构规定应予披露的其他信息。”

2010年7月19日分别大涨6.13%、4.96%和4.61%。同时,基金大幅加仓的浙江龙盛、东方航空和信达地产的当日涨幅也分别达到5.76%、4.85%和3.59%。各大证券媒体对此投资讯息进行了广泛的报道。[1]基金新建仓位的信息经由媒体传播已经被公众所知晓。因此,如果相关信息在有关金融机构、金融监管部门按照法律规定的形式正式公布之前,已经通过价格波动规律被市场分析人士以及投资者所消化,不能以信息正式公布之日作为公开时间,而应当将实质公开时间认定为未公开信息也已公开。

最后,对于金融机构持续保密的未公开信息,不存在按照规定进行披露与公开的问题。保险公司、证券公司等金融机构利用自有资金进行证券、期货投资,此类投资经营性决策信息属于公司内部保密信息,在没有泄密的情况下,仅为公司特定人员所掌握,在保密期限内始终处于非公开状态。

综上所述,判断未公开信息是否已经公开,应当根据未公开信息的不同性质及其披露要求,综合以下标准进行认定:定期按照规定的时间与约定的方式通过公众媒体(新闻发布会、网络、报纸、期刊等)向社会公开;未公开信息执行之后相关证券、期货交易价格明显异常波动,已被市场消化公开;证券、期货专业分析人员通过技术分析推断相关信息,向客户或者公众公开分析结论的等。在未公开信息公开之后从事相关证券、期货交易的,不构成利用未公开信息交易罪。对于自始自终不公开的未公开信息,不存在信息正当公开问题,除了未公开信息非法泄露并公开之外,利用此类信息从事证券、期货交易的,符合利用未公开信息交易罪的构成要件。

第二节　利用未公开信息从事金融交易的认定

金融机构从业人员、有关监管部门工作人员等利用因职务便利获取的未公开信息,自己从事相关证券、期货交易,是利用未公开信息交易罪典型的实行行为。实践性难点问题集中体现为利用未公开信息与本人从事证券、期货交易的

---

〔1〕 吴倩:《基金骑“牛股” 散户慎追捧》,载《广州日报》2010年7月24日,第A17版。

认定。

一、利用未公开信息的推定与反驳

由于《刑法》第180条第1款内幕交易罪只规定了证券、期货交易行为必须发生在内幕信息公开之前，证券期货犯罪理论对于利用内幕信息这一要素的必备性问题存在争议。[1]《刑法修正案（七）（草案）》征求意见时，理论上就有观点建议取消“利用”要件。[2]但最后《刑法》第180条第4款利用未公开信息交易罪仍明确规定构成本罪必须“利用”未公开信息。实践中普遍性的观点是，在证券、期货内线交易犯罪案件中，直接证明行为人利用未公开信息、内幕信息具有相当难度，应当通过推定方式进行认定。[3]内幕交易刑事案件审判实践已经对推定行为人利用内幕信息的有效性予以确认，但司法实务中不乏反对推定的意见。[4]在利用未公开信息交易罪的语境下，能否对“利用”这一要素进行推定？

笔者认为，在行为人始终不承认利用未公开信息从事相关证券、期货交易的情况下，根据一系列形成证据链条的环境证据推定其实际上利用了未公开信息是合法且合理的。

根据证据法原理，“刑事推定本身就是一种证明规则”[5]。在基础事实客观确实的情况下，可以据此作出推定。推定行为人基于未公开信息实施证券、期货交易并不意味着在利用未公开信息交易刑事案件中放弃了无罪推定原则。在没有明显的否定性解释、经验所认可的范围内，司法机关可以通过推定对刑事案件的相关事实作出留有余地的保守估计。[6]

根据利用未公开信息交易违法犯罪的实际情况分析，具有接触未公开信息

---

〔1〕 卢勤忠：《基金犯罪研究》，北京大学出版社2010年版，第262～265页；刘宪权：《证券期货犯罪理论与实务》，商务印书馆2005年版，第333～338页。

〔2〕 顾肖荣：《对〈刑法修正案（七）〉（草案）的建言与求证》，载《政治与法律》2009年第1期。

〔3〕 赵斌、曹云清：《利用未公开信息交易罪若干问题研究》，载《江西公安专科学校学报》2009年第4期；最高人民检察院法律政策研究室、中国证券监督管理委员会法律部编著：《证券期货犯罪司法认定指南》，中国人民公安大学出版社2009年版，第54页。

〔4〕 苏江：《涨停王高淳陶瓷内幕交易真相》，载《21世纪经济报道》2011年1月5日，第13版。

〔5〕 Michael H. Graham, Burden of Proof and Presumptions in Criminal Cases, 45 Criminal Law Bulletin 6 (2009).

〔6〕 邓子滨：《刑事法中的推定》，中国人民公安大学出版社2003年版，第115～118页。

职务便利的金融机构从业人员以及监管部门工作人员本身就具有禁止买卖与未公开信息相关的证券、期货的戒绝交易义务,故完全可以基于其违背法定义务的交易事实推定其利用未公开信息。

以证券从业人员、证券监管部门工作人员为例——根据《证券法》第 43 条的规定,证券交易所、证券公司和证券登记结算机构的从业人员、证券监督管理机构的工作人员以及法律、行政法规禁止参与股票交易的其他人员,在任期或者法定限期内,不得直接或者以化名、借他人名义持有、买卖股票,也不得收受他人赠送的股票;根据 2011 年 1 月 1 日实施的《证券公司信息隔离墙制度指引》的规定,在业务经营过程中掌握或知悉内幕信息或者可能对投资决策产生重大影响的尚未公开的其他信息的人员,禁止违规买卖列入观察名单、限制名单的投资产品。可见,证券行业从业人员与证券监管工作人员具有绝对的证券交易戒绝义务;对于其他投资产品的买卖,必须严格按照内控规定进行操作。所以,在证券从业人员、证券监管工作人员掌握未公开信息、从事相关证券、期货交易的基础上,推定其交易行为系利用未公开信息实施的结论,不仅处于常理范围之内,而且能够得到合规管理制度的验证。

因此,笔者认为,控方提供证据证明存在符合下列要素的证券、期货交易行为,可以推定行为人实际利用了未公开信息:(1)行为主体依职责或者经授权,掌握或知悉可能对证券、期货交易价格产生重大影响的尚未公开的信息;(2)行为主体在掌握或知悉上述信息期间、该信息公开之前买卖相关证券、期货。必须重视的是,推定可以反驳,当反驳的合理性强度超越推定强度时,可以认定行为主体并非基于未公开信息从事相关证券、期货交易。

行为人有足够证据证明存在以下情形之一的,推定其利用未公开信息的意见不能成立:(1)在掌握或者知悉未公开信息之前,已经凭借对市场公开资料、数据等信息的分析作出相关投资判断与交易策略;(2)有正当理由相信行为人虽然依职责或经授权能够掌握但客观上确实没有接触未公开信息;(3)根据证券、期货市场有关状况、操作规律、发展趋势,按照经验法则与证券、期货知识,结合证券、期货监管部门组织的专家委员会或者证券、期货交易所的专业认定意见,能够得出行为人从事的证券、期货投资品种与未公开信息无关等。

二、本人从事相关证券、期货交易行为的判断

金融机构从业人员、有关主管部门、行业协会工作人员以其个人的证券、期货交易账户、资金账户自行或者委托经纪人实施金融交易,或者以其近亲属、情妇(夫)等具有共同利益关系人员的交易账户、资金账户从事相关证券、期货买卖,当然应当认定为本人从事相关证券、期货交易。但是,上述交易样态通过直观判断就能够加以认定,显然属于"低端"的利用未公开信息交易违法犯罪形式,在金融从业人员或者监管工作人员违规案例中较为罕见。

实际上,利用职务便利获取未公开信息的行为主体本人实施相关金融交易,本质上是对与未公开信息有关的证券、期货交易行为的一种控制,其不仅是形式控制(以本人名义直接或者委托他人买卖证券、期货合约),而且表现为实质控制(控制他人或者利用他人账户从事相关交易)。以实质控制形态表征的利用未公开信息交易行为多发且较难认定,更有必要研究判断标准。

笔者建议,具有以下情形之一的,可以认定相关证券、期货交易受到行为人的实际控制:(1)向他人提供购买证券、期货合约的资金,且他人买卖证券、期货合约的利益或者损失,全部或者部分由本人占有或者承担;(2)对他人的证券、期货交易账户、资金账户或者他人所持有的证券、期货合约具有使用、管理、收益、处分等权限;(3)本人的近亲属、情妇(夫)等具有共同利益关系的人从事相关证券、期货交易。上述认定标准决定了实务部门在查处利用未公开信息交易案件时,绝不能遗漏任何有关资金走向、人际关系、异动账户等要点的分析。

三、利用未公开证券市场信息从事金融期货交易行为的判断

2010年4月起,随着上海证券交易所推出沪深300股指期货合约,我国证券、期货市场正式进入了金融期货时代。但是,股指期货交易在丰富金融交易品种的同时,对利用未公开信息交易的规范应对提出了全新挑战。由于《证券法》《证券投资基金法》及相关配套行政法规、规章等文件明确禁止证券公司、基金公司等从业人员从事证券交易,相关从业人员本人或者利用他人名义从事证券交易必须承担相应的法律责任。同时,根据《期货交易管理条例》《期货从业人员资格管理办法》等法律文件的规定,期货公司管理人员和技术人员等从业人员不得参与期货交易。但是,现有的法律、法规、规章等文件均没有规定证券

公司、基金公司从业人员能否从事股指期货交易。由于沪深300指数期货涨跌直接与证券市场多空信息挂钩,证券公司、基金公司等直接接触证券交易市场的从业人员显然有条件利用其所在公司职务行为掌握的未公开信息,判断沪深300指数期货的涨跌走向,通过多空选择进行套利。尤其是规模极为庞大的基金公司管理人员,其利用投资者基金从事大盘股的操作,对于股指具有实质性影响,其利用基金公司未公开的证券投资信息,在股指期货市场上建仓谋取个人利益,在金融实践中是完全存在实现可能的。

对于利用证券市场未公开信息从事金融期货交易的行为是否构成利用未公开信息交易违法犯罪,实践中有的观点持肯定的态度,但也有不少反对意见认为,沪深300指数期货合约指数标的的广泛性实际上已经在技术上控制了部分证券公司、基金公司等从业人员利用未公开信息从事股指期货交易的非公平性交易风险,利用证券现货市场的未公开投资信息在股指期货市场进行跨市场的交易,虽然具有利用未公开信息交易的行为特征,但基于证券现货市场与股指期货市场的关联度难以论证,这种行为不宜作为犯罪处理。

笔者认为,证券、基金公司、证券交易所等从业人员存在利用未公开信息从事股指期货交易谋取个人利益的行为风险,有必要通过刑法规范进行震慑与规制。在股市呈单边下挫状态下,这种利用未公开信息交易的行为具有严重的社会危害性,容易引发系统性风险。在市场行情不利时,券商、基金公司等从业人员,特别是主要负责人员利用证券现货市场的抛售信息,选择在股指期货交易中做空,容易获取巨额利益。其主要原因在于,此类证券市场从业人员的职务行为决定了其具有交易信息优势,在证券市场通过职务行为抛售股票,同时自己在股指期货做空套利,交易的公平性荡然无存。所以,坚持股指期货指数标的广泛性能够消解证券从业人员利用未公开信息从事股指期货交易套利风险有待商榷。

同时,我们应当看到,在金融期货交易领域,应当完善相关交易制度,对利用未公开信息交易行为形成完备且一致的法律规制体系。《刑法修正案(七)》新增了利用未公开信息交易罪,证券交易所、期货交易所、证券公司、期货经纪公司、基金管理公司、商业银行、保险公司等金融机构的从业人员以及有关监管部门或者行业协会的工作人员,利用因职务便利获取的内幕信息以外的其他未公开的信息,违反规定,从事与该信息相关的证券、期货交易活动,或者明示、暗示他人从事相关交易活动,情节严重的,构成犯罪。对于利用未公开信息从事股指期货交易情节严重的行为,显然构成利用未公开信息交易罪。在刑法已经明确规定利用未公开信息交易罪的情况下,有必要对于此类利用未公开信息交易行为进行规范震慑。当然,由于前置性行政法律、法规、规章等文件没有对股指期货市场中证券公司、基金公司、证券交易所等从业人员利用职务行为获取的未公开信息从事交易行为作出具体的禁止性规定,实际上造成了法律体系一致性阙如。这也是证券、期货法律规范应当进行完善的方向。

在明确利用未公开证券市场信息从事金融期货交易行为具有刑事可罚性的基础上,我们也应当注意到,证券现货市场与股指期货市场毕竟只是关联市场而非同一市场,对于跨市场的利用未公开信息交易行为,在司法认定上,显然应当与同一市场的利用未公开信息交易行为有所区别。刑法重在震慑而非积极介入证券、期货市场的监管。关键在于要求证券公司、基金公司、证券交易所等建立有效的内控机制,切实阻断证券从业人员利用未公开信息从事股指期货交易谋取个人利益的风险。在监管部门尚未出台规范从业人员从事股指期货交易的具体细则之前,相关证券业机构应当率先建立严格的内部交易报告制度,要求核心业务部门人员以及技术人员全面向本单位披露其从事的股指期货交易内容;对于高级管理人员,其从事股指期货交易应当接受合规部门的审查,在核准之后才能进行股指期货交易。特别是基金公司,应当通过严格的内控机制防止从业人员违背信义义务利用交易权限,无视基金投资者利益,通过相关股指期货交易谋取私利的行为。

第三节 建议他人从事金融交易的认定

在原来的内幕交易罪刑法规范架构内,并没有规定利用内幕信息建议他人从事相关金融交易的行为构成犯罪,这主要是考虑到建议行为在实践中认定难度很大,建议行为入罪打击面过大。[1]《刑法修正案(七)》则在利用未公开信息交易罪、内幕交易罪中同步增设了建议行为这种内线交易犯罪新类型。根据

[1] 刘宪权:《金融犯罪刑法理论与实践》,北京大学出版社2008年版,第331页。

《刑法》第 180 条第 4 款的规定,行为人利用基于职务便利获取的未公开信息明示、暗示他人从事相关金融交易,同样构成利用未公开信息交易罪。

然而,建议他人从事相关金融交易本质上是一种言语的表达,根据维特根斯坦的“语言游戏”理论,同样的言语完全可以形成截然不同的用法与意义,故必须通过静态语言符号发现背后动态人类活动的建设性内容;[1]建议他人从事相关证券、期货交易不可避免地牵涉金融技术性判断问题;刑法规范没有对泄露未公开信息、被建议者实际从事相关交易的必要性问题进行明确规定。这都对实务部门精准认定建议行为制造了障碍,有必要在厘定相关疑难问题的过程中明确“明示、暗示他人从事相关交易活动”的内涵。

一、被建议者是否实际从事相关证券、期货交易的认定

行为人建议他人从事相关证券、期货交易之后,有的被建议者按照意见对相关证券、期货品种进行了买卖,有的被建议者却没有实际从事相关金融交易。对于后一种情况,能否认定未公开信息知悉人符合利用未公开信息交易罪“明示、暗示他人从事相关交易活动”的行为标准?

笔者认为,利用职务便利获取未公开信息的行为人明示、暗示他人从事相关金融交易,他人没有从事相关交易的,一般情况下不能认定其构成利用未公开信息交易罪。因为不管是利用未公开信息交易罪,还是内幕交易罪,本质上都属于证券、期货市场中的内线交易犯罪,既然在整个案件的犯罪行为体系中没有客观体现交易属性,就不能认为相关行为符合了利用未公开信息交易罪的罪质。同时,由于利用未公开信息交易罪的成立必须符合“情节严重”的标准,而知悉未公开信息的行为人建议他人从事相关交易,他人没有实施证券、期货交易行为,客观上不会扰乱证券、期货市场的交易秩序。如果建议行为没有造成未公开信息泄露,建议他人交易行为所产生的恶劣影响处于可控状态,不符合利用未公开信息交易罪“情节严重”的实质标准;如果造成未公开信息泄露甚至大规模泄露,对于利用职务便利获取未公开信息并建议他人从事相关金融交易的行为主体,可以按照侵犯商业秘密罪、故意泄露国家秘密罪等泄密类犯罪进行定罪处罚,没有必要强行通过利用未公开信息交易罪处理。

---

[1] [德]维特根斯坦:《哲学研究》,汤潮、范光棣译,三联书店 1992 年版,第 75 页。

二、泄露未公开信息的认定

行为人在获知未公开信息的情况下，明示或者暗示他人买卖相关证券、期货合约构成利用未公开信息交易罪，是否以实际向对方泄露未公开信息为必要？

刑法理论上有观点认为，明示或者暗示他人买卖相关证券、期货合约，本质上均使他人在一定程度上了解了有关未公开信息；如果金融机构从业人员、监管部门工作人员单纯提供不确定的交易意见，他人没有知悉未公开信息的，也不能认定其行为属于明示或者暗示他人买卖相关证券、期货合约。[1]可见，上述意见主张没有透露未公开信息具体内容的建议行为就意味着证券、期货交易意见并不确定，故明示或者暗示他人买卖相关证券、期货合约必须以向他人透漏未公开信息为前提。

但是，笔者认为，明示或暗示他人买卖相关证券、期货合约构成利用未公开信息交易罪，不以向对方泄露未公开信息为必要。因为刑法体系解释可以证明透漏未公开信息的非必要性。利用未公开信息交易罪行为要件体系中包含了两种实行行为，一是本人利用未公开信息从事相关金融该交易，二是本人在知悉未公开信息的基础上建议他人从事相关金融交易。既然两种行为同属于利用未公开信息交易罪的实行行为，其在要素配置上应当具有等量性——“知悉未公开信息 + 基于未公开信息”发生的相关金融交易；在危害结果层面也具有等量性——基于未公开信息产生的内线交易扰乱了相关证券、期货交易市场的公平秩序。两种行为模式的差异性仅仅在于，前一种实行行为中违规交易的原因是未公开信息知悉人自己直接实施，后一种实行行为中违规交易的原因是未公开信息知悉人建议他人实施。因此，未公开信息是否透漏并不具有构成要件要素的实体意义，充其量只能作为进一步判断行为人通过何种具体方式建议他人从事相关交易活动的客观情形。

行为人向特定对象透漏未公开信息，应当将其认定为明示行为，还是暗示行为，抑或单纯的透漏未公开信息不符合利用未公开信息交易罪建议行为的特征？

---

[1] 缑泽昆：《〈刑法修正案（七）〉中“老鼠仓”犯罪的疑难问题》，载《政治与法律》2009 年第 12 期。

有学者指出,内幕交易罪中的明示就是内幕信息知情人员在知悉内幕信息后直接明确将内幕信息告诉交易者,提示其从事相关证券、期货交易;利用未公开信息交易罪中的明示具有相同的含义。[1]不同意见认为,金融从业人员、监管机构工作人员等故意告知特定对象未公开信息,此种行为本质上属于暗示他人从事相关交易。[2]更有意见认为,只要具备建议他人从事相关证券、期货交易的目的,向他人透漏未公开信息不区分明示与暗示,均构成利用未公开信息交易罪。[3]

笔者认为,在利用未公开信息交易罪的语境下,知悉未公开信息的行为人向特定对象透漏未公开信息,属于明示还是暗示抑或两者皆非,无法设置一个封闭性的认定标准,必须根据个案中未公开信息的特质进行具体判断。

利用未公开信息交易罪不同于内幕交易罪,在后者的刑法规范与犯罪行为框架中,绝大部分内幕信息都属于上市公司并购重组、资产增减、利润走向等影响特定证券交易价格的重大消息,内幕人员告知特定对象内幕信息的内容,直接等同于提供一个确定且可信的交易策略。因此,在内幕交易罪中,告知特定内幕信息就是明示他人从事相关证券、期货交易。

利用未公开信息交易罪则不然。有的未公开信息能够直接锁定对应的证券、期货交易对象与方法。例如,基金公司对某只特定股票大量建仓或者加仓。有的未公开信息无法明确框定证券、期货交易品种,甚至连操作方向都无法确定。例如,金融机构一年期存贷款基准利率上调若干百分点,可能引起股价齐跌,完全也可能属于"利空出尽"反而引发股价齐涨。行为人即使将此信息明确告知特定对象,如果没有告知其在股指期货市场中的操作方向(买还是卖),实际上无法认定其行为属于明示;同时,由于此类金融政策性信息没有对应的证券交易品种,更不可能认定其明示他人从事相关证券交易。

因此,判断行为人向特定对象透漏未公开信息的行为性质,应当在一个原则性与开放性的基本尺度下结合个案情形与当时的证券市场状况作具体分

---

[1] 卢勤忠:《基金犯罪研究》,北京大学出版社 2010 年版,第 260 页、第 279 页。

[2] 缑泽昆:《〈刑法修正案(七)〉中"老鼠仓"犯罪的疑难问题》,载《政治与法律》2009 年第 12 期。

[3] 赵斌、曹云清:《利用未公开信息交易罪若干问题研究》,载《江西公安专科学校学报》2009 年第 4 期。

析——未公开信息具有确定的证券、期货交易品种指向与操作方向的，向特定对象透漏未公开信息可以认定为明示；根据未公开信息结合证券、期货市场知识，基本能够确定交易品种与操作方向的，向特定对象透漏未公开信息可以认定为暗示；向特定对象透漏未公开信息之后，根据证券、期货市场一般投资者知识标准无法确定证券、期货交易策略的，不能认为其透漏行为符合利用未公开信息交易罪“明示、暗示他人从事相关交易活动”的特征。

三、明示、暗示的认定

在明确被建议者实际从事相关交易、透漏未公开信息等因素如何影响“明示、暗示他人从事相关交易活动”司法判断的基础上，论述明示、暗示司法认定标准问题则相对顺畅。

明示他人从事相关证券、期货交易是指，未公开信息知悉者明确告知相关证券交易品种及操作方向，或透漏未公开信息内容且该信息能够明确指向相关证券交易品种及操作方向，或既告知未公开信息又提示相关证券交易品种及操作方向。

暗示他人从事相关证券、期货交易具有间接性与互动性，前者表现为未公开信息持有人没有直白地告知确定的证券、期货交易策略，后者决定了需要被建议者通过主观能动性的一定发挥来理解如何从事相关证券、期货交易。因此，司法实践中认定暗示行为具有一定难度。笔者认为，暗示行为的本质在于心照不宣。根据当时证券、期货市场的实际状况与发展规律、证券、期货常识以及经验法则进行判断，未公开信息知悉人间接提出的倾向性意见（“不宣”）能够使证券、期货市场正常投资者领悟相关证券、期货交易活动（“心照”），可以认定为未公开信息窒息者暗示他人从事相关证券、期货交易。

第四节　利用未公开信息交易行为的认定

根据《刑法》第180条第4款的规定，金融机构及有关主管部门工作人员利用通过职务便利获取的未公开信息从事证券、期货交易或者建议他人从事证券、期货交易,只有在“违反规定”的前提下才构成利用未公开信息交易罪。刑法为利用未公开信息交易罪明确设置“违反规定”的构成要件,决定了违法性分析是司法机关判断涉案行为是否构成本罪极为重要的工作。利用未公开信息交易的违法性判断主要涉及“违反规定”的范围界定、前置性规范的内容分析以及“违反规定”的判断依据等具体问题。

一、“违反规定”的范围

综观我国《刑法》分则的规定,大量个罪的成立以违反相关法律、法规等规范性法律文件为前提,但其空白罪状的表述方式迥异:(1)有的概括地表述为“违反国家规定”(例如,《刑法》第137条工程重大安全事故罪)。由于《刑法》第96条在总则部分对国家规定的范围进行了确定性的解释,“国家规定”的最低法律位阶为国务院制定的法规、决定、命令等。(2)有的直接提示了具体的法律(例如,《刑法》第330条妨害传染病防治罪,“违反传染病防治法”),司法机关可以直接对相关个罪违法性的前置规范进行定位。(3)有的归纳了规范性法律文件的类别与位阶(例如,《刑法》第325条非法出售、私赠文物藏品罪,“违反文物保护法规”),司法机关同样可以相对明确地确定相关个罪违法性的前置规范。(4)有的则仅规定了前置性规范的类别,但没有明确其法律位阶(例如,《刑法》第126条违规制造、销售枪支罪,“违反枪支管理规定”)。由于法律位阶的明确是司法机关对相关个罪进行违法性判断的前提与依据,刑法即使规定了相关规范性文件从属的类别,也难以清晰界定相关规定的范围。

构成利用未公开信息交易罪的前提是“违反规定”。在我国《刑法》分则中,以“违反规定”形式出现的空白规范极少,除了利用未公开信息交易罪之外,只有《刑法》第188条违规出具金融票证罪、第408条违法发放林木采代许可证罪以及第442条擅自出卖、转让军队房地产罪采取相同的立法模式。

有学者指出,违规出具金融票证罪中的“违反规定”,显然不限于国家法律、行政法规,还应当包括部门规章以及银行或其他金融机构制定的相关规章制度和重要业务规则等行为规范。[1]由于利用未公开信息交易罪与违规出具金融票证罪的刑法条文同属经济刑法规范体系,加之“违反规定”在法条文字表述上

---

〔1〕 顾肖荣:《论经济刑法中的几个基本问题》,载《法学》2008年第8期。

也确实明显区别于“违反国家规定”，按照上述经济刑法理论及逻辑展开的一种合理的解释是，利用未公开信息交易罪中的“违反规定”不应当局限于全国人大及其常委会制定的法律和决定、国务院制定的行政法规等规定，还应当覆盖国家有关部门规章、全国性行业协会规则以及相关金融机构、三管部门规章制度、规范指引等内部规范性文件。

根据2019年最高人民法院、最高人民检察院《关于办理利用未公开信息交易刑事案件适用法律若干问题的解释》第3条的规定，《刑法》第180条第4款规定的“违反规定”，是指违反法律、行政法规、部门规章、全国性行业规范有关证券、期货未公开信息保护的规定，以及行为人所在的金融机构有关信息保密、禁止交易、禁止利益输送等规定。可见，司法解释将利用未公开信息交易罪中的“违反规定”的范围，界定为法律、法规、部门规章、全国性行业规范。

犯罪的违法性始终被认为是理所当然的特征。[1]“违反规定”只是对利用未公开信息交易罪客观违法行为判断的一种特别提示，而并非刻意强调本罪只须以具有一定规范形式的文件而不需要规范性法律文件对涉案行为进行违法性判断。由于证券期货犯罪合法与违法的界限认定非常困难，必须通过对“违反规定”的细致分析实现利用未公开信息交易违法与犯罪界限的清晰界分。犯罪的成立应当具有统一性，故法律、法规、部门规章等国家统一性规范性法律文件显然可以是认定利用未公开信息交易罪的前置性规范。国家关于证券、期货等金融行业的政策是制定相关法律、法规、规章的指导基础，也可以作为判断相关利用未公开信息交易行为是否违反规定的规范依据。证券、期货、基金、信托、保险、银行等全国性行业协会，是相关法律、法规、规章授权对行业进行管理与业务指导的组织，其指定的行业规范具有指导效力，同样应当作为判断利用未公开信息交易行为是否违反规定的基础。

刑法只允许保护法律所预先设定的利益。[2]对于利用未公开信息交易罪等证券期货犯罪而言，其违法性判断依据必须通过明显的方式被吸收到犯罪构成的罪状表述之中，故利用未公开信息交易罪必须具有明确的形式违法性。

---

〔1〕［德］李斯特：《德国刑法教科书》（修订译本），徐久生译，法律出版社2006年版，第202页。

〔2〕［德］克劳斯·罗克辛：《德国刑法学总论（第1卷）：犯罪原理的基础构造》，王世洲译，法律出版社2005年版，第12页。

“违反规定”就不可能是一种违规性的、宽泛的、松散的范围指向,而应当是一个违法性的判断问题。根据犯罪二次违法性理论,刑法具有二次性规范的属性,犯罪具有二次性违法的基本特征。[1]在认定犯罪的过程中,涉案行为的违法性依据根植于前置性规范,违法行为只有在超越其他法律规范的情况下,才能通过刑法规范进行二次评价与检讨。这种违法性判断应当是一种根据广义的法进行的法律评价,而非根据各式各样的规定进行的违规性分析。违法性判断的依据应当具有明显的外部性,单位的内部规章制度不能作为违法性判断的前置性规范基础。因此,利用未公开信息交易罪中“违反规定”的范围不能延展至金融机构、有关主管部门的内部规章制度。

虽然金融机构、相关主管部门、行业协会的内部规章制度不能作为判断相关利用未公开信息交易行为是否“违反规定”的依据,但这并不意味着司法机关在对涉案行为进行违法性分析的过程中可以完全忽略内部规章制度。因为法律、法规、规章等对于金融机构、主管部门、行业协会工作人员利用未公开信息提前进行证券、期货交易牟利行为的违法性规定,通常是一种原则性、概括性、宣示性的禁止,司法机关很大程度上只能根据此类前置性法律规范对行为的违法性进行一般化的把握。而单位内部规章制度或者合同约定,是一种具体化的规则设计,可以成为司法机关在办案过程中细致分析利用未公开信息交易行为违法性的重要参考资料。在具体适用过程中,司法机关可以先行分析单位内部规章以及合同约定是否与前置性法律规范相抵触。如果单位内部规章及合同约定是前置性法律文件框架下的细化解释与应用,不属于对法律没有明确禁止的违法交易行为设置内部约束,则司法机关可以充分运用内部规定具体性的优势更加精确地分析涉案交易行为的违法性,从而实现利用未公开信息交易罪违法性司法审查的精确化。

二、前置性法律规范的具体内容

在明确了“违反规定”的范围之后,应当进一步考察“规定”的具体内容。

---

[1] 杨兴培:《“许霆案”的技术分析及其法理思考》,载《法学》2008 年第 3 期;杨兴培:《犯罪构成的三个层面分析》,载《法学》2005 年第 5 期;杨兴培:《一起夫妻争吵引起自杀案的刑法思考和伦理思考》,载《华东政法学院学报》2004 年第 6 期;杨兴培:《犯罪的二次性违法理论探究》,载本书编辑委员会主编:《社会转型时期的刑事法理论》,法律出版社 2004 年版,第 415 页。

司法机关只有在搜索到"规定"具体内容的基础上，才能根据前置性规范判断利用未公开信息交易行为的违法性。然而，证券、期货、银行、保险、基金等领域的法律、法规、规章、行业规则等前置性规范对于利用未公开信息交易行为的违法性规定实际上处于极度不完善的状态。

在法律这一位阶层面，《证券法》《保险法》《社会保险法》《商业银行法》都没有对证券公司、证券交易所、保险公司、商业银行、社保基金投资管理机构等工作人员利用未公开信息从事证券、期货交易的违法性作出明确规定，完全没有相关的禁止性条款，甚至根本没有"未公开信息"的法律概念。《证券投资基金法》《信托法》只是从禁止背信行为的角度规定基金管理人、受托人不得利用基金财产或者信托财产为基金份额持有人或者信托人之外的其他主体谋取利益，没有明确禁止利用未公开信息交易行为。[1]

在法规这一位阶层面，《期货交易管理条例》只规定了禁止内幕交易，没有设置未公开信息的法律概念，没有禁止利用未公开信息交易行为的任何规定。在部门规章这一位阶层面，证券、期货、保险、基金、银行等金融部门规章对于各类金融机构及其工作人员的行为规范进行了细致的规定，却在利用未公开信息交易禁止性规定的内容设置上，仍然存在严重的规范缺位问题。尽管修订后的证监会《基金管理公司投资管理人员管理指导意见》第21条明确规定，投资管理人员应当严格遵守公司信息管理的有关规定以及聘用合同中的保密条款，不得利用未公开信息为自己或者他人谋取利益。这为司法机关根据行政部门规章认定基金公司管理人员利用未公开信息交易行为是否违反规定提供了重要的规范依据。但是，其他金融领域的部门规章存在大面积的空白。例如，在保险规章领域，中国保险监督管理委员会制定的《保险资金运用管理暂行办法》《保险公司董事、监事和高级管理人员任职资格管理规定》《保险公司管理规定》《保险资产管理公司管理暂行规定》等一系列涉及保险资金投资信息管理的规定均未明确提及保险公司工作人员禁止利用未公开信息交易谋取利益的

---

〔1〕《证券投资基金法》第20条规定，基金管理人不得利用基金财产为基金份额持有人以外的第三人牟取利益。《证券投资基金法》第59条规定，基金财产不得用于从事内幕交易、操纵证券交易价格及其他不正当的证券交易活动。《信托法》第26条规定，受托人除依照本法规定取得报酬外，不得利用信托财产为自己谋取利益。受托人违反前款规定，利用信托财产为自己谋取利益的，所得利益归入信托财产。

行为。[1]

可见,现阶段司法机关不可能根据法律、法规、规章等前置性规范设置的相关内容来判断涉嫌利用未公开信息交易的行为是否"违反规定",因为此类前置性法律规范处于集体性阙如状态。利用未公开信息交易罪违法性判断的前置性规范内容真空的原因在于:《刑法修正案(七)》采取能动的立法进路应对证券、期货市场中具有严重社会危害性的行为——金融机构、金融主管部门工作人员利用职务地位优势及其产生的未公开信息优势攫取证券、期货市场投资者利益行为。而刑法能动的结果便是:在行政性法律、法规、规章等规范性法律文件没有就利用未公开信息交易行为的违法性设置具体的内容规定之前,利用未公开信息交易罪很大程度上只具有刑法规范的宣示意义,处于无法进行司法适用的法条虚置状态。

前置性规范具体内容真空问题反映了利用未公开信息交易罪存在逆向立法问题。对于一般证券期货犯罪等经济刑法立法而言,前置性行政法律法规的具体规范先行设置证券、期货违法行为的禁止性规定,刑法将其中最为严重的部分行为纳入犯罪圈。刑法理论上将这种证券期货犯罪立法模式归纳为"以证券、期货法律法规为刑事立法基础原则"[2]

按照这种正向的刑事立法思路,前置性行政法律法规应当在禁止性规定中明确利用未公开信息交易行为的违法性,或者在罚则中规定利用未公开信息交易行为行政责任与刑事责任的基本条款,刑法随后跟进,配置利用未公开信息交易罪的构成要件。但是,在利用未公开信息交易罪中,《刑法修正案(七)》先行提出证券、期货交易中的未公开信息的概念,并设置利用未公开信息交易犯罪行为的罪状,而相关的行政法律法规在《刑法修正案(七)》施行后的较长时间内没有及时进行调整。"刑法先行"与"行政未变"的立法现状使得利用未公开信息交易罪具有明显的逆向立法特征。由于《刑法修正案(七)》增设的出售、非法提供公民个人信息罪和非法获取公民个人信息罪也具有刑法反逼行政法律法规设置前置性规范的特点,[3]故以利用未公开信息交易罪逆向立法为

---

[1] 只有《保险资金运用管理暂行办法》第21条概括性地规定,托管机构从事保险资金托管,不得利用托管资金及其相关信息谋取非法利益。

[2] 刘宪权:《证券期货犯罪的刑事立法及其完善》,载《法学》2004年第5期。

[3] 陈晓英:《刑法亮剑"倒逼"个人信息保护法出台》,载《法制日报》2008年9月8日,第5版。

代表的非典型经济犯罪立法模式实际上已经成为一种不容忽视的趋势。

在传统刑法理论中，无论是大陆刑法理论强调的法益保护的“辅助性”[1]，还是英美刑法认可的刑法的“最后手段性”[2]，都一致性地主张刑法只能在民法、行政法等损伤性较弱的制裁手段不足以保护法益的情况下才能够予以适用。[3]利用未公开信息交易罪逆向立法、倒逼前置性法律规范保护法益的刑法能动现象似乎在合理性层面存在极大的疑问。

但是，笔者认为，刑法在前置性规范具体内容缺位的情况下，先行设置利用未公开信息交易罪，是刑法在风险社会中对传统刑法谦抑性原则的一种微调，是在合理的限制中对于经济生活中的出现的严重危害证券、期货市场秩序行为的能动反应。这不仅是理性的呼唤，而且是在更高的层次上符合传统刑法理论的实践性思考。随着经济迅猛发展，金融市场与金融创新已经成为经济社会生活中极为重要的组成部分。风险刑法的政策重心，正从原来的危害公共安全犯罪带来的危险应对，逐渐转置为证券期货犯罪等金融犯罪带来的风险反应。金融创新的指数级增长模式决定了金融违法犯罪行为千变万化。面对金融违法犯罪行为推陈出新及其对证券、期货市场产生的严重风险，刑法在民法、行政法没有及时跟进的情况下迫不得已进行提前反应，促使法律体系全面保护证券、期货市场安全稳定，对具有严重社会危害性的金融违法犯罪行为进行整体性的规范控制。

同时，根据李斯特的违法性理论[4]，作为不法的犯罪是一种违法行为，对犯罪的法律评价包括形式违法与实质违法。形式违法指向违反法律的禁止性规定；实质违法意味着一种社会危害性或者反社会性。形式违法与实质违法之间可能出现矛盾，即有关行为没有违反现有法制的要求却具有严重的反社会性。对于司法适用而言，司法机关必须严格按照现有的规定认定其是否构成犯罪，包括严格审查前置性规范判断犯罪行为的违法性，没有违反前置性法律法

---

〔1〕［德］克劳斯·罗克辛：《德国刑法学总论（第1卷）：犯罪原理的基础构造》，王世洲译，法律出版社2005年版，第23～24页。

〔2〕Douglas Husak, “The Criminal Law as Last Resort”, *Oxford Journal of Legal Studies*, 2004, Vol. 24, pp. 207－235.

〔3〕［德］约翰内斯·韦塞尔斯：《德国刑法总论》，李昌珂译，法律出版社2008年版，第6页。

〔4〕［德］李斯特：《德国刑法教科书》（修订译本），徐久生译，法律出版社2006年版，第200～201页。

规，就不存在构成相关证券期货犯罪的基础。对于刑法修改而言，完全可以超越现有民法、行政法的制裁范围对危害社会的行为进行理性应对。

经过上述理论分析可知，虽然刑法在前置性规范尚未对利用未公开信息交易行为的违法性进行明确禁止的情况下提前设置了利用未公开信息交易罪的罪状，但其本质上符合风险刑法应对证券、期货市场危害社会行为的现实要求与传统刑法的违法性理论。利用未公开信息交易罪超前立法，同时，采用“违反规定”的空白罪状，强调利用未公开信息交易罪的犯罪性仍然应当以前置性法律规范规定的违法性为前提。这与金融犯罪具有行政违法与刑事违法双重性特征相吻合，也符合经济法律法规与经济刑法之间规范协调性与一致性的要求。[1]以利用未公开信息交易罪为代表的金融犯罪逆向立法为今后刑法修正应对实践挑战树立了具有重要意义的标杆。

对于司法实践而言，《证券投资基金法》《信托法》等法律已经对背信行为设定概括性禁止规定，证监会《基金管理公司投资管理人员管理指导意见》在基金部门规章层面明确禁止利用未公开信息交易行为，司法机关可以将此类前置性规范的具体内容作为考察其违法性的依据。故基金公司、信托公司工作人员利用本单位投资信息从事相关证券、期货交易谋取利益的，可以认定为利用未公开信息交易罪。但是，对于《证券法》《期货管理条例》《商业银行法》《保险法》等大部分没有对“违反规定”的具体内容进行填充的金融法律、法规等规范领域，必须尽快制定禁止利用未公开信息交易行为的规定。

三、“违反规定”的判断依据

利用未公开信息交易罪中的“违反规定”并不是一个孤立的构成要件要素，其本质上是对利用未公开信息交易行为违法性问题设定一个整体性的法律规格。故“违反规定”的司法认定不能仅仅是对相关规定的援引，而是必须对整个利用未公开信息交易过程中行为的违法性进行全面的证明，即通过严格的司法审查论证利用未公开信息交易行为的违法事实及其规范依据。

在当前的证券期货犯罪司法实践中，对于涉案行为违法性判断的依据主要

---

[1] 关于证券、期货行政规范与证券、期货刑法规范之间关系的详细论述，参见刘宪权：《证券期货犯罪的刑事立法及其完善》，载《法学》2004 年第 5 期。

是证监会的行政处罚决定书、违法行为认定函以等行政法律文书以及证监会在行政程序中搜集的书证、物证、证言等证据。例如，在非法经营类证券期货犯罪案件中，司法机关通常将证监会对非法经营证券、期货业务的性质所出具的书面结论、复函等作为认定行政违法性的核心依据甚至是唯一依据。但是，理论界普遍认为，以证监会行政程序中形成的处罚决定、书面复函、调查笔录等文件材料，在刑事司法程序中不具有司法效力，不应当以此为依据认定证券期货犯罪行为的违法性。[1]

实际上，"违反规定"是利用未公开信息交易罪的构成要件，这就决定了司法机关必须对金融机构、相关主管部门等单位的工作人员利用未公开信息从事金融交易行为的违法性进行独立且全面的司法审查与判断，行政处罚决定书、行政复函等只能作为司法审查的参考材料而非判断依据。证监会对利用未公开信息交易行为违法性进行确认的行政法律文件具有的既定效力仅覆盖行政程序环节。这意味着司法机关不得以节省司法资源、金融技术性知识能力低于证券、期货执法部门等理由直接将行政法律文件作为认定相关利用未公开信息交易行为"违反规定"的依据。

司法实践中，证券期货犯罪案件通常由行政执法部门在调查结束后移送司法机关。利用未公开信息交易罪的司法审查必然滞后于行政调查。大量的能够证明利用未公开信息交易行为违法性的证据势必都由证监会等行政执法部门先行调取、采集、固定、制作。[2]证券期货犯罪涉及大量交易数据、资金流动、账户信息等证据材料，司法机关只能在经过审查认可这些证据合法性的基础上，对涉案行为的违法性进行判断，不可能作为取证主体重新采集证券期货犯罪的证据。因此，认定利用未公开信息交易罪"违反规定"的具体依据应当是证券、期货执法部门移送公安机关的证据。此类能够证明利用未公开信息交易行为违法性的依据进一步可以区分为直接依据与间接依据——(1)证券、期货执

[1] 吕蕾：《资产注入遭遇"暗礁"行政认定函能否推定其罪——专家热议证券内幕交易的"罪与非罪"》，载《上海法治报》2010年7月9日，第A8版。

[2] 例如，在朱耀明操纵证券市场犯罪案件中，涉案的交易行为涉及全国48家证券营业部、273个资金账户、6509个证券账户，证监会总共制定了58卷证据材料移送公安机关，办案工作量极大。吴卫军：《操纵证券市场罪的理论与实务难点分析》，载陈辐宽主编：《金融证券犯罪疑难问题解析》，中国检察出版社2009年版，第22页。

法机构向证券、期货公司、证券、期货交易所等机构调取的记录证券、期货交易流水数据、资金走向、账户资料等信息的书证、物证、电子证据等客观性材料,经司法机关确认具备证据合法性的,可以直接作为判断利用未公开信息交易行为违法性的依据。(2)证券、期货执法机构在办案过程中形成的涉案人员供述、证人证言、调查笔录等主观性材料,在刑事司法中不具有证据合法性,必须经过司法机关依法转换为刑事诉讼证据,从而成为判断利用未公开信息交易行为是否违法的间接依据。

四、"违反规定"的规范填充

要求前置性金融法律规范在短时间内系统性地增设利用未公开信息交易行为违法性的具体内容显然是不切实际的。因此,以《证券法》《保险法》《信托法》《证券投资基金法》等为代表的法律应当最先进行原则性修改,[1]为行政法规、部门规章、行业规范等规范性文件的逐步修改提供明确的规范设立依据,进而对利用未公开信息交易行为设置体系性的违法性判断依据。

以《证券法》为例,具体的立法建议是:(1)在总则中概括性地规定禁止利用未公开信息交易行为。将《证券法》第 5 条修改为,证券的发行、交易活动,必须遵守法律、行政法规;禁止欺诈、内幕交易、利用未公开信息交易和操纵证券市场的行为。(2)在第 3 章"证券交易"第 4 节"禁止的交易行为"中规定禁止利用未公开信息交易行为的具体内容。在《证券法》第 76 条"内幕交易行为"与第 77 条"操纵市场行为"之间增设 1 条:禁止证券监督管理机构、证券交易所、证券公司、证券交易结算机构等单位工作人员利用内幕信息之外的其他未公开信息从事证券交易活动。证券监督管理机构、证券业协会、证券交易所、证券公司、证券交易结算机构中,涉及证券供求关系、投资经营决策、证券监管等对证券市场价格有重大影响且尚未公开的信息,是内幕信息之外的其他未公开信息。(3)在法律责任部分规定利用未公开信息交易行为的行政违法责任与刑事犯罪责任。

---

〔1〕 相关立法修订工作已经渐次展开。例如,《证券投资基金法》的修订草案业已形成,拟将利用巨额基金资金投资信息牟取证券交易利益的行为明确纳入违法行为的范畴。曲艳丽:《基金法修订进行时》,载《财经》2010 年第 26 期。

其他金融领域的法律可以参照上述标准与思路增设利用未公开信息交易行为的禁止性规定,从而相对完整地填充利用未公开信息交易罪"违反规定"的具体内容,保证司法机关准确根据前置性规范认定相关利用未公开信息交易行为的违法性。

第五节　利用未公开信息交易行为关联性的认定

关联性判断是利用未公开信息交易罪司法实践中极为重要的问题。因为,如果行为人利用不是通过职务便利获取的未公开信息从事相关交易活动,或者违规从事的证券、期货交易与未公开信息没有关联,则不能成为利用未公开信息交易罪。所以,明确利用未公开信息交易行为的关联性判断规则对于本罪而言具有重大意义。

一、职务便利与未公开信息的关联性

根据《刑法》第180条第4款的规定,行为人从事违规交易所利用的未公开信息,必须"因职务便利获取"。对于如何理解"因职务便利获取",刑法理论上有观点提出如下认定规则:一是利用工作地点、工作环境的便利条件获取的内幕信息以外的其他未公开的信息,如基金管理公司的工作人员趁总经理办公室无人之机看到的公司拟建仓的证券品种的决定;二是利用职务身份、影响的便利条件获取的内幕信息以外的其他未公开的信息,如某甲基金管理公司的经理和某乙基金管理公司的经理通过告知对方自己所在基金管理公司拟建仓的证券品种,从而获悉对方公司拟建仓的证券品种。[1]

应该看到,上述观点侧重对利用职务便利的两种方式即"直接利用"和"间接利用"的论述,并没有揭示"职务便利"与"未公开信息"的关系。为了更好地打击和预防犯罪,笔者认为,利用未公开信息交易罪中的职务便利,应当是指证

〔1〕 赵斌、曹云清:《利用未公开信息交易罪若干问题研究》,载《江西公安专科学校学报》2009年第4期。

券交易所、期货交易所、证券公司、期货经纪公司、基金管理公司、商业银行、保险公司等金融机构的从业人员以及有关监管部门或者行业协会的工作人员,主管、管理、从事、履行本职工作、义务或者其他一切与职务有关的便利条件。在此基础上,"职务便利"与"未公开信息"之间必须具有因果关系,也就是说行为人获取"未公开信息"必须是利用"职务便利"获取。这意味着未公开信息的获取路径具有严格限定性,必须与职务便利具有因果关系。职务便利与未公开信息之间的因果关联性要求决定了金融机构从业人员、有关监管部门或行业协会工作人员利用基于工作便利等原因而获取未公开信息从事违规交易,不受利用未公开信息交易罪的法律规制。

之所以强调两者之间必须具备因果关系是因为司法实践中存在无意获取"未公开信息"的情形,如在某基金公司职员饭馆会客时,无意中听到自己公司的领导谈论本公司将重仓持有某支股票的信息并加以利用的情形。笔者认为,在此种情形下,行为人并不是利用职务便利而获取到信息的,两者之间没有因果关系,故应该被排除在刑法规制范围之外。强调"职务便利"与"未公开信息"之间的因果关系,也是罪刑法定原则的精神要旨所向。

应当注意到,刑法理论业已对职务便利的规范内涵进行深度解读,相关贪污贿赂犯罪司法解释也为实务部门提供了职务便利的判断标准。目前刑法理论对利用未公开信息交易罪"职务便利"的解读基本沿用了传统职务犯罪理论的内容与结构。[1]实际上,在利用未公开信息交易罪中,无须继续静止性地诠释何谓职务便利,但仍有必要结合证券、期货交易、金融业务、金融监管、未公开信息及本罪行为主体等特点,梳理职务便利与未公开信息的因果关联。

金融机构、有关监管部门及行业协会中的职务范围具有广泛性。刑法规范明确规定"因职务便利获取的内幕信息以外的其他未公开的信息",这意味着职务便利必须具有管理未公开信息的属性。根据金融机构与金融监管的实践特点,未公开信息管理主要涵盖以下内容:

(1)金融单位、有关监管部门、行业协会及其相关派出、分支机构高级管理

---

〔1〕 徐春:《利用未公开信息交易罪的司法认定》,载《南昌大学学报》(人文社会科学版)2010年第6期;赵斌、曹云清:《利用未公开信息交易罪若干问题研究》,载《江西公安专科学校学报》2009年第4期。

职务。金融机构中的董事、经理、监事以及监管部门、行业协会中的主要负责岗位承担金融单位中的整体管理任务，在主管、分管范围内对于未公开信息进行管理，显然属于获取未公开信息的职务便利途径。(2)金融机构中负责证券、期货交易经纪、自营、投资管理、研究咨询、证券承销、交易结算等具体金融业务的职务。上述职务便利在各自负责的金融业务环节对生成的未公开信息承担管理职能，应当属于获取未公开信息的职务便利途径。(3)金融机构中负责合规管理、信息隔离、跨墙监督、金融信息技术管理等综合性金融业务的职务。虽然上述职务运作过程中不会主动生成未公开信息，但职责内容是对金融机构中的未公开信息进行监管管理，其履行职务的前提必然是知悉未公开信息。(4)有关监管部门、行业协会中履行监管职责、行业管理职责过程中接触未公开信息的管理岗位。基于不具有未公开信息管理属性的工作便利获取未公开信息进而从事相关证券、期货交易的，由于不存在职务便利与未公开信息的因果关联，不能构成利用未公开信息交易罪，可以通过侵犯商业秘密罪等刑法规范进行评价。

二、交易活动与未公开信息的关联性

根据《刑法》第180条第4款的规定，行为人构成利用未公开信息交易罪，必须是从事与该信息“相关”的证券、期货交易活动，或者明示、暗示他人从事“相关”交易活动。实践中如何认定交易活动与未公开信息之间的关联性？刑法理论尚未对未公开信息与交易行为的相关性问题进行论证，故有必要综合金融实务与刑法理论设定相关性判断规则。

行为人买卖与未公开信息直接对应的证券、期货交易品种的，可以认定为交易行为与未公开信息具有关联性。例如，证券公司自营业务负责人员利用公司拟卖空A股票的未公开决策信息建议他人提前卖出A股票；再如，成品油定价政策制定部门工作人员在成品油涨价信息公布之前做多燃料油期货合约。未公开信息内容的覆盖面与影响力各不相同，交易品种与未公开信息之间的直接关联性并不局限于“一对一”的对应关系。一条未公开信息可以形成多项与之直接关联的金融交易。例如，房产调控政策信息对于证券、期货交易具有广泛影响，行为人利用此类未公开信息买卖地产行业股票、螺纹钢期货合约、沪深300股指期货均可认定为与未公开信息直接关联。

由于证券、期货市场中的资金、交易品种、信息等要素之间具有高度的交互性,行为人完全可以规避与未公开信息具有直接关联的交易品种,转而选取直接或者形式上关联性不明显却实质相关的交易品种进行买卖谋利。例如,基金管理公司经理基于职务便利知悉公司计划使用基金资金大量买入中国石油H股。如果其抢先使用自己控制的账户买入中国石油H股,则该交易行为与未公开信息直接相关。如果其抢先使用控制账户购买中国石油A股,或做多沪深300股指期货,虽然交易行为指向的证券、期货产品与未公开信息指向的证券标的仅具有间接关联,但由于H股与A股联动,中国石油权重股的定位决定了其股票价格攀升带动股指期货上升,故其仍可以获取巨额利益。

美国证券犯罪理论将此类行为称作"替代性交易"(substitute trading)。[1]但并不是所有的替代性交易均具有刑事可责性,这就需要实务部门在交易行为与未公开信息间接关系中准确筛选出具有刑事犯罪性质的关联性情形。笔者认为,司法机关无法按照一个固定的原则对间接关联是否具有犯罪性进行判断,而应根据证券、期货市场正常投资者所具备的证券、期货常识以及经验法则进行个案分析。如果根据证券、期货常识能够认为行为人所从事或者建议他人从事的证券、期货交易与未公开信息实质相关且所获利益明显违背证券、期货交易公平性准则,可以认定该交易活动与未公开信息"相关"。

〔1〕 Ian Ayres and Joe Bankman, "Substitutes for Insider Trading", *Stanford Law Review* 54, 2001, p. 235.

第十章

期货市场内幕交易的法律规制

2019年2月22日,中共中央政治局就完善金融服务、防范金融风险举行第13次集体学习。中共中央总书记习近平在此次学习中强调,要建设一个规范、透明、开放、有活力、有韧性的资本市场,完善资本市场基础性制度,把好市场入口和市场出口两道关,加强对交易的全程监管。[1]这从国家重大战略部署、顶层决策的高度,对资本市场进一步深化改革指明了方向。然而,通过法律规范不断完善与执法司法实践持续优化,高压打击证券市场中的内幕交易违法犯罪行为,是近年来我国反证券内幕交易立法、执法、司法实践的重点与亮点。但是,由于期货领域法律法规发展迟缓、期货内幕交易违法犯罪成本过低、期货内幕交易稽查执法与刑事司法能力受限等原因,我国期货市场内幕交易法律规制实践始终没有实现有效的突破。

应当看到,我国期货市场通过长时间的积累,业已建构起了比较丰富的商品期货交易品种系统,并且不断开发与推出全新的商品期货类型。同时,作为金融商品体系中最为重要交易品种之一的股指期货,在经过长达10年的准备之后,也已经成功推出并运行多年。尽管经历了2015年"股灾"后的交易规则限缩,但近年来股指期货市场逐步常态化运行。沪深300、上证50、中证500等指数期权产品的研发与上市筹备、ETF期权的试点推进,[2]期货、期权以及衍生品市场的交易创新引领下的一系列做空机制极大地丰富了中国期货及衍生品市场风险对冲功能。

因此,加快制定期货法,对我国期货市场的长远发展与规范监管至关重要,监管层也正在积极推进期货法的研究工作。通过出台期货法解决期货行业短板、规范监管、发展矛盾已经成为业界与监管层的共识。[3]因此,中国期货市场内幕交易法律规范,有必要充分结合当前的期货法立法工作的实际需求,调查研究《期货交易管理条例》中有关内幕交易罚则条款所存在的问题,以及对应的《刑法》中相关期货犯罪条款的局限性,以此为契机对期货市场内幕交易法律问

---

[1] 新华社电:《习近平:深化金融供给侧改革推动金融业高质量发展》,载《证券时报》2019年2月25日,第A1版。

[2] 左永刚:《股指期权铺路长期资金入市》,载《证券日报》2018年8月8日,第A2版。

[3] 祝惠春:《期市扩大开放呼唤期货法》,载《经济日报》2018年9月18日,第6版。

题进行立法完善。

第一节　期货内幕交易的行为样态

一、期货市场与期货市场内幕交易的基础构造

证券市场分为一级市场(发行市场)与二级市场(交易市场),它是作为金融商品之一的有价证券的进行发行与交易的平台。因此,证券市场的实质是发行人的融资平台、交易者的投资平台,并且,这种投资与融资行为具有中长期的特征。所以,证券市场又称为中长期资本发行与交易平台。[1]上市公司等发行主体,基于证券公司、会计师事务所、律师事务所、资产评估机构等市场中介的服务,发行股票、债权等直接融资工具,获取其所需求的中长期资本资源。

与此具有明显不同的是,期货市场是以大宗商品或各种类型的资产为标的的标准化契约的交易市场,交易对手方之间约定,达成合约之后,不对大宗商品、基础资产或者任何金融资产进行交割,而是在之后的约定时间内,对标准化契约设定的大宗商品实物或者基础资产实物进行交割,或者直接进行现金交割。故期货市场最为重要的功能并非就大宗商品、基础资产、金融商品的财产权进行交换,而是提供了一种非常重要的价格发现机制与风险转移平台。[2]所以,证券市场与期货市场之间具有非常明显的区别。期货市场中并不存在所谓的发行人,即发行股票、债权从而获取中长期资本的融资者。期货市场中交易标的的创制主体是期货交易所,其创制的内容是标准化的契约。

证券市场中的内幕交易行为,其实质特征是由证券的金融特征和证券市场的核心功能所决定的。上市公司是证券市场中股票、债券的发行人。证券市场内幕信息及其知情人员均围绕着上市公司及其相关人员展开。证券市场中的

---

〔1〕 Glenn G. Munn et al., *The St. James Encyclopedia of Banking and Finance*, 9th ed., St. James Press, 1991, p. 398.

〔2〕 John Smullen and Nicholas Hand, *Oxford Dictionary of Finance and Banking*, 3th ed., Oxford University Press, 2005, p. 37.

内幕交易行为，其核心内容就是，上市公司中参与内幕信息制造的知情人员，或者通过各种手段非法获取此类内幕信息的行为主体，在公司证券发行、交易过程中的内幕信息尚未公开前，从事相关证券交易，建议他人从事相关证券交易，或者泄露该证券内幕信息。与之进行对照分析，虽然在构成要素层面，期货市场内幕交易同样需要具备内幕信息知情人员、内幕信息非法获取人员等主体要素，内幕信息这一对象要素，相关交易以及泄露内幕信息等行为要素，然而，上述构成要素在具体内容、特征层面，相对于证券市场内幕交易而言，存在明显差异。

期货市场中交易的是交易所创制的各类标准化契约，而非上市公司等发行人发行的股票、债券。期货市场的主要功能是价格发现与风险对冲，区别于证券市场的融资、投资功能。上述金融特征与市场功能的差异，共同造成期货市场中的内幕交易行为具有符合其自身特殊性的核心内容：

其一，由于期货交易所是期货市场中标准化契约的创制主体，所以，产品发行主体本身与该产品有关的内幕信息之间并不存在实质性的联系。与期货市场特定产品内幕信息有关的主要是该标准化契约内在的大宗商品或者基础资产的内在价值或者市场上的供求关系。其二，期货市场中的内幕信息知情人员是制造、参与、接触、管理对于期货交易品种、对应的大宗商品、基础资产市场价格具有重大影响的信息的行为主体，不存在像上市公司中“内部人”的法律概念。其三，证券市场中的内幕交易行为通常就发生在股票、债券所发行与交易的现货市场，而期货市场内幕交易行为并不完全局限于与期货交易品种所在的市场，任何与特定期货交易品种市场价格挂钩的现货市场、期货市场、衍生工具市场，都可以成为期货内幕交易行为具体实施的场所。尤其是与商品期货交易品种直接对应的大宗商品现货市场或者与金融期货交易品种对应的金融商品现货市场。

证券市场价格受到基础资产内在价值、供求关系以及证券供求关系的影响。而期货市场首先是一种衍生市场，因为期货合约是基础资产交易的衍生工具。以商品期货为例，其基础资产市场就是商品现货市场。所以，商品期货合约的市场价格受到相关联的商品现货内在价值、相关合约对应时间的现货供求关系以及期货合约供求关系的影响。再以国债期货为例，其基础资产市场就是国债现货市场。因此，国债期货合约的市场价格受到相关联的国债现货内在价值、相关期货合约对应期间的国债现货供求关系以及国债期货合约供求关系的影响。这就意味着期货市场中的内幕交易在具体表现形态上,具有更加多样化、多层次、多变量的特征:

其一,行为人可以在与期货合约有关的内幕信息尚未公开之前,在期货合约交易中实施买入、卖出等行为,或者建议他人实施该期货合约的交易。其二,因为期货市场内幕信息的重大价值会影响对应的现货市场商品行情,即期货市场信息引导商品现货市场,故行为人可以在与期货合约有关的内幕信息尚未公开之前,于该期货合约对应的现货市场中实施交易行为,或者建议他人实施该商品现货的交易。其三,因为商品期货内幕信息的重大价值会影响对应的期货市场中的合约行情,即现货市场信息引导商品期货市场,故行为人可以在与商品现货市场有关的内幕信息尚未公开之前,于该现货对应的期货市场中实施交易行为,或者建议他人实施该期货合约的交易。上述复杂情况的实质原因是现货、期货合约、重大未公开信息等要素之间,随着现货市场与期货市场之间的价格关联性及其程度的不同,会产生不同的互动效果。但无论期货市场内幕交易各个构成要素之间形成怎样的结构形态,实质上都是在期货内幕信息公开之前的、提前于其他市场参与者的"抢跑""作弊"行为。

二、期货市场内幕交易的跨市场性

上述期货市场内幕交易行为的构成要素与表现形态说明,期货市场具有明显的跨市场行为,这就决定了期货市场内幕交易最为重要的行为特征就是跨市场性。而由于证券本身只是其基础资产的证券化而非衍生工具,所以不存在现货市场与期货市场之间的跨市场特征。

此外,进一步看,期货市场内幕交易行为结构中还存在一个非常重要的特征,即信息跨市场与交易跨市场。具体而言,期货市场内幕交易行为中的内幕信息可以是"现货市场中"的内幕信息,也可以是"期货市场中"的内幕信息,期货与现货市场的价格关联是由两个市场之间的信息关联所决定的。

期货内幕信息的跨市场性体现在对于期货合约交易价格具有重要影响的信息可以是期货合约的交易信息(例如,某机构决定大量卖空特定月份的黄金期货合约会引起该月份甚至关联月份的黄金期货合约价格下降。),还可以是与期货合约直接相关的现货市场价格信息(例如,特定时间段的大豆现货进口量锐减会引起关联月份的大豆期货合约价格上涨。)，甚至可以是与期货合约间接相关的现货市场政策信息。(例如，房地产调控政策会引起螺纹钢、线材等现货市场供大于求进而引发螺纹钢、线材期货合约交易价格下降。)期货内幕交易行为的跨市场性体现在：基于期货与现货市场价格交易之间的关联度，期货内幕信息知情人员或者非法获取人员既可以在期货市场建仓或者平仓获取利润或者规避损失，也可以选择在现货市场买入或者卖出现货商品或者基础资产获利或者避损。所以，期货市场内幕交易法律规制应当以期货市场、期货内幕信息、期货市场内幕交易行为的跨市场性特征为导向，设计并完善符合期货实质特征的法律规范。

第二节　期货市场内幕交易法律规范的缺陷与结构性障碍

《期货交易管理条例》第69条[1]、第81条[2]对期货内幕交易违法行为及其行政法律责任进行了规定。同时，我国《刑法》第180条对期货内幕交易犯罪也设置了相应的定罪处罚规范。然而，不管是期货行政法律，还是期货犯罪刑

---

〔1〕《期货交易管理条例》第69条规定：期货交易内幕信息的知情人或者非法获取期货交易内幕信息的人，在对期货交易价格有重大影响的信息尚未公开前，利用内幕信息从事期货交易，或者向他人泄露内幕信息，使他人利用内幕信息进行期货交易的，没收违法所得，并处违法所得1倍以上5倍以下的罚款；没有违法所得或者违法所得不满10万元的，处10万元以上50万元以下的罚款。单位从事内幕交易的，还应当对直接负责的主管人员和其他直接责任人员给予警告，并处3万元以上30万元以下的罚款。国务院期货监督管理机构、期货交易所和期货保证金安全存管监控机构的工作人员进行内幕交易的，从重处罚。

〔2〕《期货交易管理条例》第81条规定：……(11)内幕信息，是指可能对期货交易价格产生重大影响的尚未公开的信息，包括：国务院期货监督管理机构以及其他相关部门制定的对期货交易价格可能发生重大影响的政策，期货交易所作出的可能对期货交易价格发生重大影响的决定，期货交易所会员、客户的资金和交易动向以及国务院期货监督管理机构认定的对期货交易价格有显著影响的其他重要信息。(12)内幕信息的知情人员，是指由于其管理地位、监督地位或者职业地位，或者作为雇员、专业顾问履行职务，能够接触或者获得内幕信息的人员，包括：期货交易所的管理人员以及其他由于任职可获取内幕信息的从业人员，国务院期货监督管理机构和其他有关部门的工作人员以及国务院期货监督管理机构规定的其他人员。

法条文,由于其很大程度上都是机械地套用证券内幕交易法律规制的思路,甚至是直接在证券内幕交易犯罪行为类型之后简单加上期货内幕交易犯罪的规定,导致期货市场内幕交易法律规范存在明显的实质性缺陷与结构性障碍,从而造成期货市场内幕交易法律规范基本丧失了规制的针对性与有效性。

实际上监管层已经开始高度重视期货市场滥用行为的特征。例如,2019 年 2 月 15 日,证监会基于规范发展期货市场,增强期货市场服务实体经济能力,精准打击期货市场操纵行为,维护期货市场秩序,防范风险的现实考虑,根据《期货交易管理条例》授权,起草了《关于〈期货交易管理条例〉第七十条第一款第五项的规定(征求意见稿)》(以下简称《期货操纵规定》)。〔1〕《期货操纵规定》明确禁止虚假申报、蛊惑、抢帽子、挤仓 4 种操纵期货交易价格的行为,并规定了具体构成要件。其中,禁止任何单位或者个人不以成交为目的申报买卖合约,影响期货交易价格,并进行与申报方向相反的交易或者谋取其他不正当利益;禁止任何单位或者个人编造、传播虚假信息或者误导性信息,影响期货交易价格,并进行相关交易或者谋取其他不正当利益;禁止从事期货投资咨询业务的机构或其人员,或者其他具有市场影响力的主体,对合约或合约标的物作出公开评价、预测或者投资建议,影响期货交易价格,并进行与其评价、预测或者投资建议方向相反的期货交易;禁止任何单位或个人单独或者联合,在临近交割月或交割月,利用不正当手段规避持仓限制,形成持仓优势,影响期货交易价格。〔2〕

上述期货市场操纵的规则修改代表了监管层已经注意到期货市场违法犯罪行为的独立性特征。因此,反思当前期货市场内幕交易法律规则显得尤为必要。

一、期货市场内幕交易法律规范的缺陷

期货市场内幕交易法律规范缺陷主要体现在:期货内幕信息具体类型不清

〔1〕 中国证监会:《关于就〈关于《期货交易管理条例》第七十条第一款第五项的规定〉公开征求意见的通知》,载 http://www.csrc.gov.cn/zjhpublic/zjh/201902/t20190215_350976.html,最后访问日期:2019 年 11 月 5 日。

〔2〕 中国证监会:《证监会就〈关于《期货交易管理条例》第七十条第一款第五项的规定〉公开征求意见》,载 http://www.csrc.gov.cn/pub/newsite/zjhxwfb/xwdd/201902/t20190215_350975.html,最后访问日期:2019 年 11 月 5 日。

晰,期货内幕信息知情人员范围过于模糊。

根据《刑法》第 180 条的规定,期货内幕交易犯罪构成要件中的期货内幕信息、期货内幕信息知情人员的范围,依照法律、行政法规的规定确定。故期货内幕交易违法犯罪的核心要素均由期货行政法律法规进行界定。目前我国期货法律法规的最高位阶为行政法规,即《期货交易管理条例》。

根据《期货交易管理条例》第 81 条的规定,期货内幕信息,是指可能对期货交易价格产生重大影响的尚未公开的信息,包括国务院期货监督管理机构以及其他相关部门制定的对期货交易价格可能发生重大影响的政策,期货交易所做出的可能对期货交易价格发生重大影响的决定,期货交易所会员、客户的资金和交易动向以及国务院期货监督管理机构认定的对期货交易价格有显著影响的其他重要信息。内幕信息的知情人员,是指由于其管理地位、监督地位或者职业地位,或者作为雇员、专业顾问履行职务,能够接触或者获得内幕信息的人员,包括期货交易所的管理人员以及其他由于任职可获取内幕信息的从业人员,国务院期货监督管理机构和其他有关部门的工作人员以及国务院期货监督管理机构规定的其他人员。

从《期货交易管理条例》规定的期货内幕信息类型与范围进行分析,相对于《证券法》第 67 条、第 75 条对证券内幕信息范围进行极为详尽的规定而言,期货内幕信息范围界定明显粗糙且不够清晰。具体而言,国务院期货监督管理机构、期货交易所制定的对期货交易价格具有重要影响的政策、规定、决定等显然属于期货内幕信息,但是,其他相关部门制定的对期货交易价格可能发生重大影响的政策中的“其他相关部门”如何理解?期货交易所会员、客户的资金和交易动向究竟涵盖哪些数据与指标?除了期货监管机构、期货交易所、相关部门的监管信息与期货交易信息之外,是否有必要、有能力细化列举其他类型的期货内幕信息从而适当控制期货监管机构在认定期货内幕信息问题上的裁量权?这些问题实际上都需要在期货行政法律法规中予以明确,而不能直接且全部地交由期货监督管理机构进行行政裁量。

同时,《期货交易管理条例》完全从期货内幕信息来源机构的角度界定信息范围亦不尽合理。基于期货交易品种的多样性,影响期货交易价格的重大信息跨越农产品、有色金属、债券、股票指数等众多类型的商品与基础资产现货市场及其监管领域,以期货内幕信息核心内容为基础进行类型化规定实际上更符合法律规范明确性的现实要求。

同理,《期货交易管理条例》对于内幕信息知情人员范围的界定同样是相对含混的。期货监管机构、期货交易所中基于职务能够接触期货内幕信息的工作人员显然属于期货内幕信息知情人员。但是,“其他由于任职可获取内幕信息的从业人员”的含义并不明确;其他有关部门的工作人员中“有关”的范围也难以准确界定。

二、期货市场内幕交易法律规范的结构性障碍

期货市场内幕交易法律规范结构性障碍主要体现在:期货内幕交易犯罪与期货内幕交易违法之间的法律标准“倒挂”、期货内幕交易与证券内幕交易界限模糊以及反内幕交易违法犯罪法律规范基本丧失独立性与针对性。

根据《期货交易管理条例》第69条的规定,期货交易内幕信息的知情人或者非法获取期货交易内幕信息的人,在对期货交易价格有重大影响的信息尚未公开前,利用内幕信息从事期货交易,或者向他人泄露内幕信息,使他人利用内幕信息进行期货交易的,构成期货内幕交易违法。而根据《刑法》第180条的规定,期货交易内幕信息的知情人员或者非法获取期货交易内幕信息的人员,在涉及期货交易或者其他对期货交易价格有重大影响的信息尚未公开前,从事与该内幕信息有关的期货交易,或者泄露该信息,或者明示、暗示他人从事上述交易活动,情节严重的,构成期货内幕交易犯罪。

可见,《期货交易管理条例》规定的期货内幕交易违法有两种行为类型:本人在重大信息尚未公开之前,实施相关期货合约的买卖行为;在重大信息尚未公开之前,向他人泄露该内幕信息,从而导致他人从事相关期货合约的买卖行为。《刑法》规定的期货内幕交易犯罪除了规定本人利用内幕信息从事相关期货交易的犯罪行为类型之外,还规定了在期货内幕信息尚未公开之前,建议他人实施相关期货期货合约的买卖行为。但是,在后面一种期货市场内幕交易行为中,法律并不要求被建议者实际实施了相关期货交易行为。这意味着在行为模式的条件设置层面,期货内幕交易犯罪行为的法律标准相对于期货内幕交易违法而言更为宽松。这种犯罪标准与违法标准之间的“倒挂”深刻地反映了反内幕交易法律在规范结构设置上的紊乱。

2010年4月,沪深300股指期货合约作为一种全新的金融期货交易品种,

在中国金融期货交易所上市交易。金融期货重新成为我国期货市场中一项非常重要的交易品种。金融期货时代正式启航。股指期货交易在丰富金融期货交易品种的同时，对期货市场内幕交易监管提出了全新挑战。尤其是对于期货内幕交易与证券内幕交易的规范界定而言，《证券法》与《期货交易管理条例》之间并没有进行有效的协调。纳入沪深300指数期货合约的挂钩证券品种的市场行情，直接决定了沪深300指数期货合约的市场价格。对于沪深300指数期货合约的成分股而言，对于相关个股的市场价格具有重要影响的信息，构成《证券法》上的内幕信息。但是，对于沪深300指数期货合约的市场价格而言，成分股的个股或者一组股票的市场价格具有相当的影响力，尤其是权重更大的股票。诸如此类因为证券市场与股指期货市场之间的价格联动，从而对于股指期货合约市场交易价格具有重大影响的信息，其基本定位是证券市场信息，但其具有期货市场影响力——其究竟构成证券内幕信息还是期货交易信息，仅从现有的《期货交易管理条例》的相关条文进行分析难以形成有效的法律判断。其直接的后果就是股指期货等全新期货交易品种的推出导致期货内幕交易与证券内幕交易在现有的规范框架下存在界限不明问题。

实践中如果出现以下情况：上市公司股票被纳入股指期货，并且该个股属于成分股中的权重股。该上市公司内幕信息的知情人员，在与该个股有关的重大未公开信息尚未披露之前，并未针对该股票有关的内幕信息实施交易行为或者交易他人从事交易的行为，却在股指期货市场中基于该证券市场信息实施期货合约交易。这种违规交易行为在金融实践中是完全存在可能，但由于《证券法》《期货交易管理条例》均没有明确这种行为法律性质的具体归属，《刑法》又将证券与期货内幕交易犯罪行为统一规定为内幕交易罪，造成此类金融期货交易领域的基于未公开信息的违规交易的法律规制出现结构性紊乱。

此外，还应当看到，期货内幕交易与证券内幕交易的典型行为类型完全可以存在非常重大的差异。然而，《刑法》第180条不仅在一个条款中同时规定了证券市场与期货市场中的内幕交易犯罪行为，更是在构成要件层面设置了完全相同的规定（除了对象要件之外）。这就导致法律规范没有强调甚至完全没有反映期货市场、期货内幕交易行为的任何实质性特点。基于当时的证券期货犯罪立法技术与能力，有关期货内幕交易犯罪模式的设计问题，刑法实际上是直接从证券内幕交易犯罪的行为模式简单复制而来，实际上并没有针对期货市场、期货信息、期货交易、期货内幕交易的内容与结构,进行具体的规定,更没有结合期货市场创新的变动与发展,及时调整期货立法。期货内幕交易犯罪刑法规范制定时的技术性缺陷很大程度上需要司法解释进行优化。但是,从当前我国证券期货犯罪仅有的立案追诉标准而言,其对于证券内幕交易犯罪与期货内幕交易犯罪规定的定罪标准,基本上没有体现出任何针对期货内幕交易犯罪差异性特点进行制度设计的理念。

根据《追诉标准二》第35条的规定,内幕交易、泄露内幕信息涉嫌下列情形之一的,应予立案追诉:(1)证券交易成交额累计在50万元以上的;(2)期货交易占用保证金数额累计在30万元以上的;(3)获利或者避免损失数额累计在15万元以上的;(4)多次进行内幕交易、泄露内幕信息的;(5)其他情节严重的情形。同时,根据2011年最高人民法院、最高人民检察院《关于办理内幕交易、泄露内幕信息刑事案件具体应用法律若干问题的解释》(以下简称《内幕交易解释》)第6条的规定,"在内幕信息敏感期内从事或者明示、暗示他人从事或者泄露内幕信息导致他人从事与该内幕信息有关的证券、期货交易,具有下列情形之一的,应当认定为刑法第一百八十条第一款规定的'情节严重':(一)证券交易成交额在五十万元以上的;(二)期货交易占用保证金数额在三十万元以上的;(三)获利或者避免损失数额在十五万元以上的;(四)三次以上的;(五)具有其他严重情节的"。

从上述《追诉标准二》与《内幕交易解释》的规定中我们可以看出,证券内幕交易与期货内幕交易在定罪标准上只有在"期货交易占用保证金"层面体现出了差异性,这反映出司法解释认识上的局限性,即认为证券交易与期货交易机制在本质上并不不同,能够归纳出的重大差异性特征只有期货交易保证金机制。另外,"占用保证金数额累计在三十万元以上",这一数额标准在内容上的合理性仍然存在极大的疑问。其金额设置明显过低,几乎不能适应期货市场的交易实际。更为重要的是,《追诉标准二》与《内幕交易解释》完全没有进行考察期货市场内幕交易行为与证券市场的重大差异。而事实上正是期货内幕交易跨市场性的行为特征决定了,司法解释简单套用证券内幕交易的规范框架规制期货内幕交易在实践中很难起到现实效果。

第三节　期货市场内幕交易法律规范的优化路径

上述关于期货内幕交易行为特征以及现有法律规范对期货内幕交易规制缺陷的分析清晰地反映出现行《期货交易管理条例》实际上无法承担期货市场内幕交易的重任。这也是我国期货市场内幕交易执法、司法实践中至今没有查处一起期货内幕交易违法犯罪案件的法律制度根源。因此,期货法立法探索与实践有必要针对期货内幕交易的特点进行期货市场内幕交易法律规范的建构与优化,重点从以下几方面实现立法完善。

一、明确规定证券与期货的界限

现有法律规范之所以无法确认跨越证券与期货市场的内幕交易行为究竟属于证券还是期货内幕交易违法犯罪行为,最根本的原因在于我国证券期货行政法律法规对于证券与期货的界限规定不甚明确。

根据《证券法》第 2 条的规定,证券包括股票、公司债券、政府债券、证券投资基金、证券衍生品等。根据《期货交易管理条例》第 2 条的规定,期货包括商品和金融期货合约、期权合约等。由此可以看到,对于债券期货(期权)、股票期货(期权)、股指期货等金融产品而言,既可以认为其属于证券衍生品,也可以认为其属于金融期货(期权)合约,从而导致证券与期货的界限模糊。由于我国证券与期货的监管职能均由中国证券监督管理委员会承担,这种界限模糊并不会导致行政监管的紊乱,但是,对于跨越证券与期货市场的内幕交易违法犯罪行为而言,则难以在法律上界定其行为性质。解决该问题的途径显然在于通过期货法的制定明确证券与期货的规范界限。

从美国、日本等成熟资本市场的相关法律规范来看,各国基本上都将基于证券的期货、期权以及衍生品统一规定为证券。例如,美国将基于证券而创制的期货、期权、掉期等衍生品视为证券类衍生品,统一纳入证券的范畴由美国证券交易委员会进行监管,故对于利用股票现货市场的内幕信息从事相关股票期货、股票期权、债券期货等交易的行为,美国联邦法律将其规定为证券内幕交易行为。在行为人知悉尚未公开的与股票交易价格紧密相关重大信息的情况下,如果其在该信息尚未公开前在期货(期权)市场从事相关股票期货、股票期权、股指期货等交易,构成证券内幕交易,由美国证券交易委员会进行监管与起诉。[1] 再如,日本《金融商品交易法》将各类股票、债券以及证券期权、资产抵押证券等衍生品统一规定为证券。[2]因此,对于跨越证券市场与期货市场的内幕交易行为,相对合理的方式是以金融产品的属性确定行为性质与监管机构。同时,将以证券为基础的期货、期权以及其他衍生品等规定为证券,将利用与证券期货(期权)相关的重大为公开信息从事交易规定为证券内幕交易,是成熟资本市场国家法律规范的常规立法模式,我国制定期货法时可以进行合理借鉴。

二、细化规定期货内幕信息的类型

相对于证券内幕信息的具体类型具有规范明确且详细的界定而言,期货内幕信息范围的法律规定显然极为简单与粗陋。因此,在期货法的制定过程中,需要对期货市场的内幕信息具体法律类型进行更为丰富和完善的界定,对严重损害期货市场效率的内幕信息类型设置精细化的明示性规范,提升法律规定的明确化程度,从信息效率保护的角度加强对期货市场内幕交易的惩治与预防。

笔者认为,期货法有必要将下列对期货交易品种市场价格具有重大影响的未公开信息,规定为期货内幕信息:

第一,交易所、交易结算中心、期货经纪公司等期货行业机构中的未公开交易业务数据、技术数据等信息。例如,在期货交易中,期货交易所将即时行情信息、成交概况、持仓信息、期货合约交易量排名、会员交易排名等基本数据信息予以公开;但是,期货交易所、期货经纪公司等均按照严格的信息数据管理制度对于客户的持仓、建仓、仓位变动、资金流动等具体数据等进行保密。此类未公开交易业务数据中对期货交易价格有重大影响的信息,应当明确规定为期货内幕信息。

第二,证券公司、期货公司以及各类金融投资机构在从事期货自营业务、期

---

[1] Jerry W. Markham, "Front – Running – Insider Trading Under The Commodity Exchange Act", *Catholic University Law Review* 38, 1988, p. 69.

[2] 金融商品取引法(きんゆうしょうひんとりひきほう、昭和 23 年 4 月 13 日法律第 25 号)第二条　この法律において「有価証券」とは、次に掲げるものをいう。

货交易业务、资产管理业务、投资咨询业务等过程中形成的经营性信息。例如，证券公司在利用自有资金从事股指期货自营业务时，证券公司自营业务账户动态、交易席位情况、自营业务规模、资产配置决策等经营过程中形成的信息，实际上对于该信息所指向的股指期货合约供求关系具有实质性影响，此类信息按照证监会有关证券期货公司业务风险管理指引的规定必须采取信息保密措施进行信息风险控制，符合期货内幕信息价格敏感性与为公开性的特征，应当明确规定为期货内幕信息。同时，还应当看到，当前我国期货公司自营业务基于监管力度大、风险抵抗弱、交易机制不灵活等因素而长期处于停滞状态，但是，随着期货行业不断发展、期货监管有针对性放开、期货做市交易机制逐渐成型，各类商品期货、金融期货、期权等自营业务的规模会逐渐扩大，未公开的自营业务信息数据对于期货交易价格的影响程度与范围将会愈发明显，期货法律应当在期货内幕信息类型界定层面进行前瞻性的规定。

第三，商业银行、保险公司、信托公司等金融机构以及国性以及地方性社会保险基金管理机构在从事与期货投资相关的经营活动中形成的投资决策、资金动向数据、投资咨询等综合性信息。例如，商业银行中间业务包括了金融期货交易业务、期货投资分析业务、基金托管业务等与期货交易相关的业务，其中涵盖了大量影响期货交易价格的决策信息、数据信息、咨询信息等。这种处于未公开状态的综合性信息同样应当明确规定为期货内幕信息。

第四，证券业、基金业、期货业、保险业、银行业、信托业等金融监管部门以及与金融相关的政府机构、行业协会在行政执法与行业管理中形成的执法监管信息、政策信息、经济态势数据信息以及行业管理信息等。例如，中国人民银行调整利率、存款准备金率，或者国家统计局定期公布的消费物价指数（CPI）、采购经理指数（PMI）等信息，此类对于股指期货、债券期货等金融期货以及特定商品期货合约的交易价格具有极为重要影响的行政部门政策信息与数据信息在公布之前均严格按照国家保密法律规定执行信息数据保密，应当明确规定为期货内幕信息。

第五，农业、有色金属行业、能源业等大宗商品主管部门、行业协会等在行政执法与行业监管中形成的执法监管信息、政策信息、数据信息等。例如，中国有色金属工业协会、中国农产品市场协会等行业协会，其主要职责包括了根据政府主管部门的授权与委托，开展行业数据统计调查，采集、整理、加工及分析行业信息。此类行业信息准确反映了有色金属、农产品等供求基本面,对于我国期货市场中铜、锌、棉花、白糖等大宗商品期货交易价格具有重要影响。对于尚且处于未公开状态下的上述信息,应当规定为期货内幕信息。

三、准确界定期货内幕信息知情人员的范围

由于我国期货市场运行机制正处于不断完善的阶段,期货交易与期货监管体系相对复杂,导致期货从业人员与监管机构工作人员的主体的定位、辨识、认定等存在一定的模糊与凌乱。有必要通过期货法等期货法律规范明确框定期货内幕信息知情人员的主体范围,从而合理控制期货内幕信息与准确定位期货内幕交易违法犯罪的行为主体。

其一,期货交易跨越品种繁多的商品现货市场、证券现货市场、期货市场的特点决定了法律界定期货内幕信息知情人员范围原则上应当"从宽"而非"从窄"。

以美国期货内幕交易法律规制为例,期货内幕信息知情人员的范围界定实际上是相当宽泛的。美国主要以《商品交易法》为核心建构期货内幕交易法律规制体系。《商品交易法》自 1936 年施行起历经多次修改,2010 年美国金融改革法案对期货交易环节的内幕交易违法犯罪作出最新修正:(1)禁止联邦政府部门及其雇员利用职务便利获取的能够影响州际商品期货、互换交易价格的未公开信息,从事相关商品期货、期权或者互换交易;(2)禁止联邦政府部门及其雇员以协助他人获取个人利益为目的,向他人泄露其利用职务便利能够获取的影响州际商品期货、互换交易价格的未公开信息;(3)禁止在明知联邦政府部门及其雇员泄露影响州际商品期货、互换交易价格的未公开信息的情况下,从事相关商品期货、期权或者互换交易;禁止盗窃、传播、私用联邦政府部门及其雇员掌握或者制作的影响州际商品期货、互换交易价格的未公开信息。[1]

同时,根据美国《商品交易法》第 13(c)至(e)条的规定,商品期货交易委员会委员、员工或者代理人,不得使用未公开信息直接或者间接参与以下交易:(1)期货交易;(2)任何具有期货或者期权性质的交易;(3)任何以交付商品为标的的标准化合约,例如,通过保证金账户、保证金合约、杠杆操作账户等形式

---

〔1〕 7 U. S. C. § 6c(A).

出现的标准化商品交易合约;(4)经商品期货交易委员会认定的与标准化合约具有相同作用,或者以标准化合约大致相同方式销售或管理的合约、账户、安排、计划或设计等交易;(5)商品期货交易委员会规章等文件明确禁止的任何形式的商品交易。[1]禁止商品交易委员会委员、员工或者代理人,基于职务或者雇佣关系获知影响或者可能影响期货或商品交易价格且尚未公开的重大信息,并以此直接或者间接协助他人从事相关期货交易。禁止任何人利用通过上述渠道获取的信息从事相关交易。[2]禁止任何注册的期货经营机构、期货协会及其工作人员,利用职务上或者上述渠道获取的影响或可能影响期货或商品交易价格且尚未公开的重大信息,从事相关交易。[3]违反上述禁止性规定构成联邦重罪,处50万美元以下罚金,或者5年以下监禁,或者两者并处。同时,构成犯罪的,应当另行承担所有起诉费用。

可见,作为全球最发达且成熟的美国期货市场法律监管体系,其深刻地认识到,与期货交易有关的内幕信息不仅涉及期货监管,而且覆盖各类商品、证券以及其他金融领域的监管。所以,我国期货法律规范对此问题有必要予以充分关注,尽可能地将所有涉及重大且未公开的期货交易信息知情人员纳入监管的范围。

其二,期货法律规范应当对“有关”部门工作人员构成期货内幕信息知情人员的范围进行明确的界定。现行《期货交易管理条例》规定“有关”部门工作人员经国务院机构监管机构的认定可以构成期货内幕信息知情人员。但是,“有关”的含义过于模糊与随意,在制定《期货法》时应当明确“有关”所指向的具体范围。

笔者认为,“有关”部门工作人员构成期货内幕信息知情人员应当包括两方面的内容:

一是有关监管部门工作人员的界定。有关监管部门显然包括直接负责金融监管职能的机构,主要是中国人民银行、证监会、银监会、保监会及其各地派出机构。由于我国金融行业具有多头监管的特点,其他承担部分金融监管职能

---

[1] 7 USC § 13 (c) Transactions by Commissioners and Commission employees prohibited.
[2] 7 USC § 13 (d) Use of information by Commissioners and Commission employees prohibited.
[3] 7 USC § 13 (e) Insider trading prohibited.

的部委也应当属于有关监管部门。例如,财政部金融司的职责范围涵盖了:承担财政政策与货币政策、金融监管、金融体制改革协调配合相关工作。拟订国有金融资本管理规章制度,承担中央国有金融资本出资人相关工作。承担金融方面的部门预算有关工作,拟订金融类企业和金融管理部门财务制度。拟订政策性金融、普惠金融有关政策。承担政府外债有关管理工作。会同有关方面拟订全国社会保障基金投资管理等办法。拟订公共服务领域政府和社会资本合作制度。[1]上述金融监管职责不仅直接影响金融政策进而作用于期货市场(尤其是利率期货),而且涉及相关金融机构资产配置信息,相关工作人员利用此类政策信息与监管信息,可以从事相关期货交易谋取个人利益。因此,发改委、财政部、审计署及其派出机构等承担部分金融监管职能的机构及其工作人员,也应当规定为期货内幕交易违法犯罪中的"有关"监管部门及其工作人员。

根据法律法规规定不具有金融监管职能的行政机构工作人员是否当然地排除在期货内幕信息知情人员之外?对此,笔者持否定意见。因为"有关"并不是指监管机构与期货监管之间的关联性,其本质上代表的是监管机构所承担的监管职责与期货交易价格之间的相关性。没有金融监管职能的行政机构也可能通过行政监管行为直接影响证券期货产品的交易价格。例如,某个以黄金矿产开发为主业的上市公司因为环境违法行为被环境主管部门责令停产,由于该公司的黄金矿产开发量对于国内黄金现货供求关系具有重要影响,而国内黄金期货合约交易价格又与现货市场紧密挂钩。故环境保护执法机构的执法信息对于黄金期货合约交易价格也会产生重要影响。所以,不具备金融监管职责的行政机构的执法信息同样能够对期货市场价格产生重大影响,在执法信息为公开前利用此类监管信息从事期货交易,具有相当的严重社会危害性。

综上所述,对期货内幕交易违法犯罪中"有关"监管部门工作人员的范围进行规定,不能将之简单等同于与金融监管有关的行政机构,而应当以一种开放性的视角分析相关行政机构的具体监管职责与行政行为是否能够实质上影响特定期货产品的交易价格。行政机构及其工作人员行使具体监管职能对特定

[1] 中央机构编制委员会办公室:《财政部职能配置、内设机构和人员编制规定》,载 http://www.scopsr.gov.cn/jgbzdt/gg/201903/t20190318_361591.html.,最后访问日期:2019 年 11 月 5 日。

期货交易走向产生实际作用与影响效果的，应将此类主体规定为期货内幕信息知情人员。

二是有关行业协会工作人员的确定。中国证券业、期货业、保险业、银行业、信托业协会及其地区性协会等属于接受金融主管部门监督管理与业务指导的自律性金融行业协会，根据行政法规、金融主管部门的规章及规范性文件，主要负责各类金融信息的收集、管理与交流，对金融机构会员进行管理、监督、检查及服务。上述行业协会工作人员显然应当明确规定为期货内幕信息知情人员。

同时，期货法律规范不能忽略无法归类于金融领域的行业协会。虽然有的行业协会的会员均非金融机构，其主管单位亦非金融监管机构，但其在履行行业自律性监管职能过程中掌握大量与期货交易市场（特别是商品期货市场）具有密切关系的行业信息。此类行业协会中的工作人员，在决定大宗商品期货交易价格变动的行业信息处于保密阶段时，利用行业信息优势从事私利交易或者违规抢先将信息提供给他人，也应依据期货市场内幕交易条款追究其行政、刑事责任。所以，自律管理中掌握金融产品交易价格关联信息的非金融领域行业协会工作人员，应当规定为期货内幕信息知情人员。

第十一章

“去中心化”互联网金融对资本市场刑法的影响与应对

第一节 区块链、比特币的兴起与资本市场刑法规范困境

一、“去中心化”互联网金融工具与政策导向

比特币(Bitcoin)是一种点对点全球通用加密电子支付系统。与传统货币不同,比特币的发行与交易不依赖中央银行、政府、企业的支持或者信用担保以及传统金融机构的服务,也不与特定商品或者实物挂钩,而是依赖对等式网络中种子文件达成的网络协议,实现单个节点与其他节点的直接交互。

比特币地址之间的价值交换,具有“去中心化”特质与相对匿名性区块链(Blockchain)就是比特币这种“去中心化”的点对点数字现金系统的底层技术,其本质上是一串使用密码学方法相关联产生的数据块。每一个数据块中包含了一次比特币网络交易的信息,用于验证其信息的有效性(防伪)和生成下一个区块。

区块链在比特币这种数字资产应用的技术操作上,按照时间顺序将数据区块以顺序相连的方式组合成的一种链式数据结构,并以密码学方式保证的不可篡改和不可伪造的分布式账本。[1]

比特币系统使用整个网络的分布式数据库来进行交易确认,其发行总量固

[1] 除了比特币之外,基于网络、密码、算法等技术开发的系统还包括 Litecoin(“莱特币”)等多种私有市场支付工具。由于电子支付系统演进与软件技术更新非常迅速,每一种具体的技术或者系统都会被另一种版本或者项目所替代,但电子支付系统的基本经济机制与法律制度评价体系是相对稳定的。作为最早、目前最成功却远未达到最好的电子支付系统,比特币的接受度处于绝对领先地位。所以,基于论述便利性考虑,本文仅针对比特币展开法律与经济分析,但相关经济机理解释与法律制度应对均适用于采纳相同与相似机制的电子支付系统。比特币系统的“去中心化”与匿名性都是相对的。关于“去中心化”问题下文经济机理解释部分会有详细分析。就匿名性而言,下载比特币软件、使用比特币地址进行转账交易等均无须提供本人真实信息,但所有比特币交易记录都是在网络上永久性公开的,因为所有的比特币交易都必须由全网参与运算验证。任何人都能查看任何比特币账号地址内的交易数额及其流转。用户可以使用特殊的信息技术与软件工具隐藏 IP 位址,或者使用比特币网站提供的公共钱包地址将自己的交易混同于众多交易之中,但基于技术破解或者执法机构调查,比特币交易仍然是具备可追踪性的。

定,并自适应地按照设计预定的速率逐步增加且增速逐步放缓,最终在2140年达到略小于2100万个的极限值。点对点分布式的时间戳服务器生成依照时间前后排列并加以记录的电子交易证明使比特币系统能够实现无须第三方支持的数字签名加密、杜绝双重支付(伪造支付工具)。发行的比特币由完成网络运算工作量证明("挖矿")的比特币"矿工"获取,借此激励其通过利用计算机为比特币网络进行数学计算从而完成交易验证、提高比特币系统安全性。[1]

随着比特币的繁荣,各种"去中心化"虚拟货币不断推陈出新,发展至今最具影响力的"去中心化"互联网金融工具除了比特币之外,Facebook为首开发的Libra,即基于区块链且具有美元、欧元、日元等多国货币作为抵押物,但又不会随着美元波动发生"价格波动"的加密货币,也受到了全球市场与监管机构的广泛关注。

使用比特币可以购买商品或服务、以市场价格兑换各国和地区法定货币。比特币市场价格在不同阶段处于不同的发展态势——2013年比特币市场价格飙升至历史性高位1200余美元;2014年在500美元至700美元的区间震荡;2016年比特币又迎来了迅猛飙升的行情;2017年1月5日,比特币经历了过山车行情,从凌晨突破8000元人民币高位至下午3点到8895元后转而暴跌,截至1月5日晚11点半,最低价为6000元,一日内跌幅达32.5%。[2]

2017年5月,世界各地被一个叫"WannaCry"比特币勒索病毒刷爆头条后,比特币以堪称"疯狂"的价格涨势再次掀起一波全球风暴,5月25日比特币一度创下2760.86美元的历史新高,较5月1日的价格翻了近一倍。据媒体报道,2013年11月,比特币交易平台"比特币中国"的日交易量就已经超越了日本的Mt. Gox交易所(2014年2月宣布因交易平台85万个比特币"被盗"申请破产)[3]以及欧洲的Bitstamp交易所等。[4]火币网、OKCoin等国内大型比特币交易平

---

[1] 比特币基础性技术原理,见 Satoshi Nakamoto, *Bitcoin: A Peer-to-Peer Electronic Cash System*, 2008, Accessd November 5, 2019. http://bitcoin.org/bitcoin.pdf(有关比特币的详细信息汇总参见比特币百科网站 en.bitcoin.it)。

[2] 李维:《比特币暴涨或隐"汇因" 警惕短期政策"突袭"与市场风险》,载《21世纪经济报道》2017年1月5日,第13版。

[3] 张枕河:《最大比特币交易所申请破产》,载《中国证券报》2014年3月3日,第A6版。

[4] 欧昌梅、是冬冬:《比特币价格再创新高 "最大交易所已位于中国"》,载《东方早报》2013年11月8日,第A31版。

台日交易量亦在亿元人民币的级别。[1]中国实际上已经成为比特币全球集中交易量最大且最为重要的市场之一。比特币“挖矿”芯片设计与开发[2]、比特币“矿机”组装与销售[3]、各类比特币现货、期货、衍生工具等交易平台运营与比特币市场参与者的投机热潮[4]等一系列以比特币为中心的经济行为将比特币生态与利益链条进一步延伸。从实体经济发展趋势、集中交易市值、市场参与者认可度等各方面来看,比特币已经度过了初创与萌芽阶段,世界经济与金融历史正在见证“去中心化”互联网金融时代的兴起。

如果说处于互联网金融初级阶段的支付宝、余额宝、P2P网贷、众筹等新型金融市场机制已经对金融市场法律监管构成了影响,那么基于区块链底层技术的比特币等实际上已经进入了互联网金融高级阶段的互联网支付工具与技术,更是当前金融监管的重大挑战——当然,比特币经济体系中的市场参与者本身基于维护比特币生态健康发展而具有很强的接受监管、完善制度的意愿。但不容忽视的是,“去中心化”的本质特征与技术手段已经使比特币等互联网金融工具超越了既有法律框架与权力监管的传统性制约。随着区块链技术在更广的经济与金融领域内的应用,利用块链式数据结构验证与存储数据,利用分布式节点共识算法生成和更新数据,利用密码学的方式保证数据传输和访问的安全——这些区块链技术能够解决的场景将持续随着互联网金融商业模式的开发而扩张,而传统监管体系与法律制度也随之将面临更深层次的挑战。

全球各国和地区法律对比特币表现出视为合法货币、直接规定为非法货币或者宣布为自由市场行为而不进行政府介入等不同的制度反应。

2013年12月3日中国人民银行等五部委《关于防范比特币风险的通知》(以下简称《比特币风险通知》)明确强调比特币虚拟商品属性及其投资风险,禁止金融机构与支付从事与比特币有关的业务,并要求作为比特币交易平台的比特币网站履行非金融机构反洗钱义务。2017年1月6日,央行上海总部重申比特币是特定虚拟商品、无货币地位,并指出机构及个人投资者应正确看待虚

---

〔1〕 吴家明:《比特币交易平台一窝蜂》,载《证券时报》2013年11月26日,第A4版。
〔2〕 程振伟:《谁是比特币利益链上的“真正赢家”》,载《深圳特区报》2013年12月3日,第B2版。
〔3〕 梁敏:《比特币掘金,“挖矿机”商机无限》,载《电脑报》2013年12月16日,第13版。
〔4〕 张俊杰:《比特币投资险象环生》,载《南方都市报》2013年12月6日,第GC7版。

拟商品和虚拟货币，敦促“比特币中国”等网络交易平台开展自查并进行相应清理整顿。[1]2017年9月4日，中国人民银行、中央网信办、工业和信息化部、工商总局、银监会、证监会、保监会等七部委发布《关于防范代币发行融资风险的公告》，明确规定任何组织和个人不得非法从事代币发行融资活动，加强代币融资交易平台的管理，各金融机构和非银行支付机构不得开展与代币发行融资交易相关的业务。

但是，进入2019年之后，党和国家的政策实际上明确了区块链技术及其实践应用对于科技创新、金融创新的重大意义。2019年10月24日，中共中央政治局就区块链技术发展现状和趋势进行第18次集体学习。中共中央总书记习近平在主持学习时强调，区块链技术的集成应用在新的技术革新和产业变革中起着重要作用。我们要把区块链作为核心技术自主创新的重要突破口，明确主攻方向，加大投入力度，着力攻克一批关键核心技术，加快推动区块链技术和产业创新发展。[2]所以，合理评估区块链、比特币等“去中心化”互联网金融机制的风险，对于进一步发展区块链技术具有重要价值。

二、“去中心化”互联网金融工具刑事风险防控的基本定位

《比特币风险通知》对于控制比特币市场风险、遏制网络经济风险向金融体系与实体经济传导等具有非常积极的作用。但是，由于比特币具有“去中心化”、高度匿名性、全球性、主要法定货币可兑换性、交易成本低廉性等特点，比特币或比特币支付系统不仅可能成为洗钱犯罪、外汇犯罪、货币犯罪、走私犯罪等各类经济犯罪的工具或者渠道，[3]而且比特币资产持有者具有成为侵财犯罪（盗窃、普通诈骗等）、金融犯罪（非法集资、金融诈骗、市场操纵等）、网络犯罪被害人的高度风险，甚至比特币及其经济生态本身都长期受困于是否构成庞

---

〔1〕 和讯网：《央行重申比特币无货币地位》，载 http://news.hexun.com/2017-01-06/187646982.html，最后访问日期：2019年11月5日。

〔2〕 王君晖：《推动区块链技术和产业创新发展》，载《证券时报》2019年10月28日，第A1版。

〔3〕 Lars Hilse, “Threat-Assessment: Bitcoin: Danger to the United States? National Security and her Economic & Commercial Interests”, *CreateSpace Independent Publishing Platform*, 2013, pp. 24-40.

氏骗局、金字塔骗局等集资诈骗或者传销的巨大争议之中。[1]《比特币风险通知》所确立的比特币虚拟商品性与非货币性的属性判断会导致一系列经济(金融)行为的解释与认定陷入困惑与论争,加之当前法学、经济学理论与实务界对利用或者针对比特币的违规、违法、犯罪行为的机理尚且缺乏深入把握,这些因素共同导致比特币的兴起对整个金融监管框架与经济(金融)法律规范体系产生重大却潜藏未现的影响。对于刑法领域而言,影响最为显著的领域之一当属资本市场刑法。

比特币与法定货币在全球集中交易平台供市场参与者在承担风险的同时博取交易利润,市场价格剧烈波动意味着存在诱人的价差利益,比特币现货、期货、衍生交易等实质上具有与证券、期货、衍生品交易市场等同的特征、原理、机制与风险,但特定虚拟商品的属性定位造成比特币不能构成证券期货市场行为的对象,非法经营、内线交易、市场操纵等法律条款无法对未经许可运营比特币金融交易平台、侵害市场参与者合法权益等行为进行有效规制。

“去中心化”互联网金融兴起对经济法律制度形成的现实风险,从法律与经济行为实质、比特币实质属性等层面揭示了重在调整经济与金融关系的行政法律制度意图从规范形式上进行切割但事实上很难有效控制的比特币市场风险及其对整个法律制度构成的冲击。以发行与交易系统上的“去中心化”与治理结构、资源分配及经济利益实现平台上的“中心化”回归等实质特征为基础,深度解构比特币的经济机理,不仅有助于把握比特币系统固有的机制性缺陷与市场风险来源,而且能够揭示比特币所具备的实质性货币与金融投资(投机)功能,从而在法律属性上确立比特币在特定情形下的货币与金融商品定位。

比特币经济机理解构与法律实质阐释为金融监管制度微调、司法规则与执法机制完善奠定了坚实的理论与实践基础,比特币等“去中心化”互联网金融兴

[1] 张薇:《比特币淘金热:疯狂过后何去何从》,载《光明日报》2013年5月11日,第6版;王彦彬:《比特币:电子黄金还是旁氏骗局?》,载《通信产业报》2013年11月25日,第27版;贺颖彦:《比特币是个骗局吗?》,载《中华合作时报》2013年12月6日,第C2版;Nathaniel Popper, "Currency Scheme", *New York Times*, July 24, 2013, B4; Derek A. Dion, "I'll Gladly Trade You Two Bits on Tuesday for A Byte Today: Bitcoin, Regulating Fraud in the Economy of Hacker-Cash", *Journal of Law, Technology & Policy*, 2013, pp. 165, 178; Nicholas A. Plassaras, "Regulating Digital Currencies: Bringing Bitcoin within the Reach of the IMF", 14 *Chicago Journal of International Law*, 2013, pp. 377, 390.

起之后凸显的绝大部分监管障碍、规范适用性紊乱问题将得以解决。同时,新型互联网金融系统的“去中心化”机制导致传统货币与资本管制体系事实上无法继续保护既有的非竞争性货币体系。货币、外汇、资本管制失灵促使既有货币制度直面货币竞争、反思维护法定货币购买力稳定性的政策优化方向。

单纯从法律制度的全球关联性来看,中国经济与金融法律规范与德国、日本、中国台湾地区等同属大陆法系,中国经济与金融法律制度问题在一定程度上能够折射大陆法系法律制度的全局性问题。从实体经济与金融市场的全球关联性来看,中国经济与金融在世界经济中的体量决定了与中国经济有关的制度风险客观上会对全球经济与金融市场产生重要影响。所以,揭示与剖析以区块链为底层技术、以比特币为典型的“去中心化”互联网金融工具对资本市场刑法系统性冲击及其解决路径,不仅有助于互联网金融创新的维护、新型金融体系的中国参与度、中国实体经济与金融市场法律制度安排的优化,而且有益于深入推进全球经济与金融政策与法律制度的完善与反思。

第二节　区块链、比特币等“去中心化”机制及其应用对资本市场刑法的冲击

《比特币风险通知》以“正面定性与反面否定”相结合的方式对比特币属性提出了明确意见与政策定位,即比特币“应当是一种特定的虚拟商品”“不是真正意义的货币”“不具有与货币等同的法律地位”“不能且不应作为货币在市场上流通使用”。[1]可见,在中国金融市场法律制度及其监管框架下,“真正意义的货币”等同于法定货币,即人民币、美元、欧元、日元等以本国或者其他国家或者地区中央权力信用为基础的、法偿性、强制性货币。比特币不仅不具有货币

---

〔1〕《比特币风险通知》第1条“正确认识比特币的属性”:比特币具有没有集中发行方、总量有限、使用不受地域限制和匿名性4个主要特点。虽然比特币被称为“货币”,但由于其不是由货币当局发行,不具有法偿性与强制性等货币属性,并不是真正意义的货币。从性质上看,比特币应当是一种特定的虚拟商品,不具有与货币等同的法律地位,不能且不应作为货币在市场上流通使用。

属性,而且与银行、资本市场、保险市场等金融体系中的金融产品无关,只是一种商品且必须强调其具有虚拟性。

然而,作为非货币性、虚拟性“商品”的比特币,实际上能够以极低的交易成本在“商品”与人民币、美元、欧元、日元等各国“货币”之间进行快捷转换,并以集中竞价交易的方式在全球各大比特币交易平台供市场参与者进行投资或者投机,甚至可以附加杠杆、做空、融资、融币等交易机制进行各类远期、期货、期权等衍生性交易。同时,基于对金融市场及其监管秩序全面且有效保护的价值追求,我国法律规范与监管体系设置了货币、外汇、证券、期货等众多具有金融工具属性的行为对象要素。金融监管机构对比特币货币、金融属性的制度性剥离以及对其虚拟商品属性的强调,会产生一个不容忽视的经济与金融法律制度风险:大量利用比特币的货币性或者金融工具性特征的侵害行为,将因为比特币的虚拟商品属性限定而脱离法律规范与监管权力的控制范围,整个经济与金融监管制度体系会随着比特币市场以及比特币经济行为的逐步繁荣而面临前所未有的系统性冲击。

一、资本市场监管与投资者权益保护缺失风险

中国监管者对比特币应当是一种特定虚拟商品的正面定性判断,在确立比特币虚拟性与商品性基础定位的同时,亦否定了比特币的现实性(真实性)与金融性内涵。比特币交易只是一种普通民众风险自担的、具有参与自由的网络商品买卖行为。[1]

但现实情况是,比特币支付与交易系统在实践运作中不仅能够兑换真实的法定货币、购买真实的商品与服务,而且正以类似于证券、期货、金融衍生工具等投资、投机工具的形式、在类似于证券、期货交易所的比特币交易平台上进行日成交量达到亿元人民币数量级的集中交易。金融监管部门将比特币属性限定于特定虚拟商品并采取严格措施禁止金融机构与支付机构介入比特币关联

---

〔1〕 中国人民银行等五部委在印发《比特币风险通知》时指出:“比特币交易作为一种互联网上的商品买卖行为,普通民众在自担风险的前提下拥有参与的自由。”贾壮:《五部委监管比特币:不能作货币流通用》,载《证券时报》2013 年 12 月 6 日,第 A1 版。

业务，[1]能够在一定程度上切割比特币市场向传统金融市场与实体经济传导风险的管道，有助于控制比特币经济过热及比特币市场过度投机的风险。可是，否定比特币真实存在且市场参与者正在实际使用的金融工具价值，也必须承受附带性结果：无法在金融监管法律框架下对比特币市场进行特殊且严格的管制；无法以金融消费者的标准对从事比特币投资与投机的市场参与者予以针对性与强化性保护。具体到金融监管与金融消费者权益保护层面，现有的金融法对证券、期货市场管理秩序与投资者权益等法益的保护条款均面临严重的缺位风险。

二、资本市场刑法规范的冲击与困境

在证券、期货市场管制措施的法律保护方面，各类与非法经营相关的法律规定，禁止未经国务院期货监督管理部门批准组织他人参与期货交易的行为。[2] 而中国市场中的交易者在比特币及其交易平台发展过程中的早期阶段

---

〔1〕《比特币风险通知》第2条“各金融机构和支付机构不得开展与比特币相关的业务”规定：现阶段，各金融机构和支付机构不得以比特币为产品或服务定价，不得买卖或作为中央对手买卖比特币，不得承保与比特币相关的保险业务或将比特币纳入保险责任范围，不得直接或间接为客户提供其他与比特币相关的服务，包括：为客户提供比特币登记、交易、清算、结算等服务；接受比特币或以比特币作为支付结算工具；开展比特币与人民币及外币的兑换服务；开展比特币的储存、托管、抵押等业务；发行与比特币相关的金融产品；将比特币作为信托、基金等投资的投资标的等。

此外，2013年12月中旬主要财经媒体陆续披露，央行约谈银行、支付宝、财付通等银行、支付机构负责人，除了强调严格执行《比特币风险通知》的上述规定之外，进一步提出两大要求：其一，第三方支付公司不得给比特币、莱特币等交易网站提供支付和清算服务；其二，对于已经发生业务的支付机构应解除合作，存量款最迟在春节前完成提现，不得发生新的支付业务。这一举措可能造成人民币以充值方式进入比特币交易平台的资金流动模式受到实质性限制，进而遏制比特币在集中交易平台进行买卖的市场规模。岳品瑜：《渠道告急 比特币还能扛多久》，载《北京商报》2013年12月18日，第7版；严湘君：《防范比特币风险连出招 央行约谈第三方支付“釜底抽薪”?》，载《第一财经日报》2013年12月17日，第A10版。

〔2〕根据《刑法》第252条第3项的规定，违反国家规定，未经国家有关主管部门批准，非法经营证券、期货或者保险业务，扰乱市场秩序，情节严重的，处五年以下有期徒刑或者拘役，并处或者单处违法所得一倍以上五倍以下罚金；情节特别严重的、处五年以上有期徒刑，并处违法所得一倍以上五倍以下罚金或者没收财产。同时，2012年国务院修改后的《期货交易管理条例》第2条规定：任何单位和个人从事期货交易及其相关活动，应当遵守本条例。本条例所称期货交易，是指采用公开的集中交易方式或者国务院期货监督管理机构批准的其他方式进行的以期货合约或者期权合约为交易标的的交易活动。本条例所称期货合约，是指期货交易场所统一制定的、规定在将来某一特定的时间和地点交割一定数量标的物的标准化

就已经大规模地参与比特币期货交易：比特币交易平台采用一定倍数的杠杆交易模式，由用户向比特币交易平台提供的第三方资金账户汇入人民币或者向比特币账户存入比特币，既能以一定倍数的杠杆买入比特币做多，也能以杠杆卖出比特币做空。

比特币多空合约根据交易方约定的即时行情价格进行结算，现金账户金额或者比特币账户市值不足则强制平仓。[1]标准化交易、现金交割、客户能够从事双向交易、对冲操作、预付资金或者比特币具有杠杆效应、预付款处于警戒线下交易平台有权强制平仓等一系列比特币交易机制完全符合标准化合约、保证金制度、当日无负债结算制度、强制平仓制度等期货交易特征且未经国务院期货管理机构批准，应当构成组织与从事期货交易行为。但关于禁止非法从事期货交易业务的监管规定对经营比特币期货交易平台的行为没有任何实质性应对。[2]

合约。期货合约包括商品期货合约和金融期货合约及其他期货合约。本条例所称期权合约，是指期货交易场所统一制定的、规定买方有权在将来某一时间以特定价格买入或者卖出约定标的物（包括期货合约）的标准化合约。第 4 条规定：期货交易应当在依照本条例第六条第一款规定设立的期货交易所、国务院批准的或者国务院期货监督管理机构批准的其他期货交易场所进行。禁止在前款规定的期货交易场所之外进行期货交易。第 6 条规定：设立期货交易所，由国务院期货监督管理机构审批。未经国务院批准或者国务院期货监督管理机构批准，任何单位或者个人不得设立期货交易场所或者以任何形式组织期货交易及其相关活动。关于禁止、清理、整顿各类交易所的其他行政规定，参见 2012 年国务院办公厅《关于清理整顿各类交易场所的实施意见》。

[1] 简工博：《监管尚为空白，比特币交易风险大》，载《解放日报》2013 年 12 月 4 日，第 10 版。

[2] 与比特币现货交易不受非法经营罪关于禁止非法从事外汇交易条款规制的现实情况有所不同的是，非法经营的构成要件实际上是完全适用于未经许可从事比特币期货交易业务行为的。期货合约包括商品期货、金融期货以及其他期货合约。尽管根据《比特币风险通知》比特币不具有货币性、金融性且具有虚拟性，但比特币仍然被认定构成"商品"，所以非法从事比特币期货合约交易业务构成非法经营中的非法从事商品期货交易行为。目前司法机关没有根据非法经营的相关法律规定追究非法经营比特币期货交易的行为，更大程度上是因为在行政监管机构尚未确认经营比特币期货交易业务构成违法的前提下，不应当直接启动经济刑法的刑事责任追究机制。资本市场行政监管机构目前尚未关注经营比特币期货交易行为违法性判断问题，则主要源于金融监管否定比特币金融属性的关联性政策——《比特币风险通知》第 3 条"加强对比特币互联网站的管理"规定：依据《中华人民共和国电信条例》和《互联网信息服务管理办法》，提供比特币登记、交易等服务的互联网站应当在电信管理机构备案。电信管理机构根据相关管理部门的认定和处罚意见，依法对违法比特币互联网站予以关闭。可见，金融监管政策坚决否定比特币的金融属性，强调将其整体纳入网络法与网络商品监管框架。

在金融消费者法律保护方面,由操纵证券、期货市场、内幕交易、利用未公开信息交易等一系列证券期货违规违法犯罪条款构成的资本市场投资者合法权益保护性规定,完全无法适用于比特币集中交易市场中客观存在的市场操纵以及基于未公开信息优势而实施的抢先交易等市场侵害行为。

比特币市场核心交易机制、流程、环节与证券、期货市场非常接近:市场参与者选择比特币交易所(比特币交易平台)开设账户,通过银行、第三方支付[1]或者现金支付方式向账户进行人民币充值,或者通过比特币支付系统向交易平台下设的个人比特币交易账户进行比特币充值;单位比特币(1BTC)以人民币计价,交易者根据其对市场价格的判断提交买入或者卖出申报,按照"时间优先、价格优先"的集中竞价规则由交易系统匹配价格、撮合成交;买入交易生效之后相应数量的比特币计入比特币账户,交易者可提取比特币,卖出交易生效之后相应资金计入资金账户,交易者可提现。[2]

由于目前比特币流通量有限且市值规模尚未达到百亿元人民币级别的较大规模,市场操纵者使用一定规模的比特币现货或者资金数量就可以通过连续交易、相对委托、洗售等操纵性交易模式打压或者拉抬比特币市场交易价格并中获取巨额价差收益。[3]同时,比特币交易平台及其工作人员不存在证券、期货交易所、证券公司、期货公司等金融机构及其从业人员受到金融法律法规规章监管的制度约束且比特币网站内部运作技术与规则尚缺乏透明度,比特币市场参与者完全可能面对交易平台及其员工等内部人员利用尚未公开的资金、比特币流动数据等交易信息在普通投资者(投机者)之前抢先完成交易的内线交

[1] 受央行、银监会等金融监管机构管理的银行、支付机构等已经被禁止向比特币交易平台提供支付、结算服务。

[2] 与中国大陆资本市场不同的是,比特币交易所存在激烈的市场竞争,而证券、期货交易所的开设依法受到行政权力的监管。比特币市场参与者直接在在交易所开设账户,而证券、期货交易所实行会员制,普通投资者参与证券、期货市场必须通过证券公司、期货公司等经纪环节进行申报与交易。相应的,在交易费用方面,比特币交易平台存在交易手续费(由于市场竞争与市场过热等原因持续处于变动状态,出现过暂停收费、交易额0.3%左右等不同的收费标准)与提现手续费(提现额0.5% ~1%),证券、期货市场存在税务机关、证监会、交易所分别收取的印花税、证管费、经手费等。

[3] 比特币交易所并未实施证券、期货市场的涨跌停限制且交易24小时开放,日内价格波动超过50%的风险颇为常见,市场操纵行为的收益及其对比特币市场参与者带来的经济损失非常可观。

易风险。

比特币市场参与者固然应当根据风险自担原则自行判断市场风险、自行承担因市场价格波动所产生的交易损失，但自担市场风险并不应当包括自担市场操纵、内线交易等市场侵害行为风险。在交易机制与证券、期货市场基本相同但受到市场滥用行为侵害风险明显超过传统资本市场的情况下，在比特币业已成为一种金融投机工具的现实下，比特币只是特定虚拟商品的基本定位导致比特币市场参与者无法作为金融市场参与者或者金融产品消费者得到证券期货违规违法犯罪法律条款保护，一定程度上存在产权非平等性保护的疑问。

第三节 “去中心化”互联网金融工具的经济机理与法律性质

信息网络、密码技术、互联网金融创新不断发展推动比特币成为一种全新的经济与社会现象。面对比特币支付系统以及比特币集中交易市场对实体经济与金融体系客观上造成的影响，法律规范体系中与货币、外汇、证券、期货、融资、税务、财产等经济、金融秩序有关的法律条款出现保障机制不再稳定与周延的风险。法律在公私产权、实体经济、金融市场保障方面陷入不同程度的困局、被动与迟钝，其根源在于既有的监管框架针对比特币所设定的制度性限制攸强的短期风控政策与比特币复杂的经济与金融内涵赋予其的机理性去监管化能力之间的冲突。

由于监管政策最直接调整效果体现在经济、金融等行政性法律法规层面，并且此类法律制度重在调整经济与金融关系，制度性地将比特币的属性限定于网络社会中的虚拟性商品确实能够达到在法律关系上切割比特币与人们社会行为之间的货币关系或者金融关系、控制比特币市场风险传递至实体经济与金融市场的效果。但是，法律规范重点在于对经济与金融行为的实质属性及其责任做出实质判断。与比特币有关的各种经济与金融行为的实质是由比特币的内部性特征（比特币自身的实质功能）与外部性特征（使用比特币或者针对比特币实施一定作为与不作为的人的主体性认知与客观行为）所决定的，不受脱离比特币实质经济机理的比特币属性制度性限制的影响。所以，制度性限制在实现切割比特币的货币与金融属性同时，会因为其与比特币事实上所具备的金融功能之间的冲突而造成既有法律框架的规范解释紧张与制度保护不力。

解决法律制度困境的现实出路在于完成两个层进式的制度安排：步骤一，运用法律与经济分析方法对比特币进行实质解构，以功能性内涵发现为核心对比特币在网络、货币、金融、商品等不同层面的经济机理做出全面阐释，确立比特币在现有法律制度与监管框架下符合其经济实质的真实归属。步骤二，以公民产权、实体经济以及金融市场的保障效率为导向对与比特币经济实质匹配的法律属性界定及其配套法律制度运作进行评估，根据比特币市场风险控制现实需求的动态变化完善监管框架及其法律保障机制，并且进一步反思传统货币与金融监管制度的改革方向。

比特币经济机理解释与法律属性界定的价值在于完成步骤一，即通过对比特币“去中心化”、货币性功能、投机工具现状等核心经济机理的揭示与剖析，回答与比特币法律属性界定有关的3个基本性、纵身性问题：其一，比特币的法律状态是什么（合法、非法抑或其他）？其二，比特币的货币属性判断结论是什么（货币、非货币抑或其他）？其三，比特币在实体经济与金融实务中真正的法律性质是什么？

一、比特币法律地位评估

法律制度能否有效评价比特币？比特币在法律上是否具有合法地位？如果比特币及其生态关联行为属于非法究竟构成何种违法类型？如果比特币及其生态关联行为属于合法又如何准确予以界定与监管——这些都是存在极大争议的问题。尽管目前比特币在很多国家和地区能够作为商品与服务的支付工具、在比特币交易所进行集中买卖，但亦有部分司法区直接否认比特币的合法地位，并且法律与经济理论、实践中一直有观点指责比特币是庞氏骗局、金字塔骗局且构成洗钱犯罪的核心渠道。

2013年泰国央行先是以比特币不是货币为由回避了泰国比特币有限公司向其提出的比特币交易许可申请指导。2013年7月29日，泰国央行外汇管理与政策部认为，基于现行可适用法律缺失、资本项目管制、比特币跨越多重金融领域的事实等因素，下列比特币行为在泰国司法权构成违法：买卖比特币；以比特币为支付工具的商品或服务贸易；向泰国境外给付比特币；接受来自泰国境外的比特币。[1]如此宽泛的行为禁止实际上意味着与比特币在泰国不具有合法地位。财经与法治媒体普遍将泰国央行规定使用与交易比特币行为系非法等同于禁止比特币，因而泰国也就成为全球首个禁止比特币的国家。[2]同时，比特币系统发展初期，验证比特币交易的计算工作量证明的竞争强度极低，参与早期“挖矿”的极少数比特币玩家积累了大量比特币。[3]比特币经过大量推广、炒作并受到网民高度追捧之后，与法定货币之间的兑换率较早期出现巨量飙升，早期“矿工”基于续投资者的高位接盘而获得高额经济收益。这种利益链条顶端操控者利用后续参与者资金供给而获取过度经济激励的现象被评论者认定为构成庞氏骗局或者金字塔骗局。[4]

比特币法律地位评估的关键在于准确把握其基于网络密码技术实现的系统“去中心化”在经济上的实质内涵。

---

〔1〕 Bitcoin Co. Ltd. ,*Trading suspended due to Bank of Thailand advisement*,July 29,2013,Accessd November 5,2019. https://bitcoin co. th/trading – suspended – due – to – bank – of – thailand – advisement/.

〔2〕 吴家明：《泰国封杀比特币 开全球先河》，载《证券时报》2013年8月1日，第A4版；蓝洋金融研究中心：《疯狂比特币，全球围剿》，载《重庆晨报》2013年12月11日，第37版；李飞：《比特币投机浪潮》，载《法治周末》2013年第196期；Andrew Trotman, Bitcoins banned in Thailand, The Telegraph, July 29th 2013, Accessd November 5,2019 http://www. telegraph. co. uk/finance/currency/10210022/Bitcoins – banned – in – Thailand. html。

〔3〕 在比特币网络运行初期，任何人都可以通过普通CPU找到新交易链块。随着越来越多的人加入采矿队伍，寻找新交易链块的难度系数随之大幅提高。因为创建新比特币的难度系数是随着参与尝试产生新比特币的人数与运算力而变化的。产生链块的可能性是所用计算资源和所有同时在网络上生成链块计算资源的比值。目前用普通CPU平均需要几年才能找到一个有效的交易链块。有效采矿方法逐步发展为使用高端显卡、芯片、特殊软件等，并且获取比特币难度持续增大。Bitcoin. org, Frequently Asked Questions, Accessd November 5, 2019. http://bitcoin. org/en/faq.

〔4〕 Jörg Becker, Dominic Breuker, Tobias Heide, Justus Holler, Hans Peter Rauer & Rainer Böhme, Can We Afford Integrity by Proof – of – Work? Scenarios Inspired by the Bitcoin Currency, Workshop on the Economics of Information Security WEIS 2012, Berlin, Germany, p. 4.

比特币的经济生态建筑在点对点网络与密码验证技术的基础之上。[1]信息、网络、密码技术创新带来的全球性交易便捷、成本降低、隐私保护、抵御通胀等是比特币“去中心化”支付、结算及存储机制在理论上区别于中心化的国家信用与法律制度下法定货币体系的重要特点。“去中心化”意味着比特币的制造与发行不需要依赖于作为央行等金融权力机构,而是由所有使用比特币软件的用户构成点对点网络,并由该网络运算系统创建、交易比特币。

“去中心化”是互联网发展过程中形成的数字化支付系统特有的内容与结构形态,是相对于中心化的央行货币发行与流通体系而言的全新网络支付工具的生产与交易系统。支付体系不再是由权力化的监管机构排他性地掌控,而是由全体互联网用户共同参与、权利对等、平等竞争、完全开放的创制、流通与支付过程。[2]

---

〔1〕 1980年至1990年代初期,大卫·乔姆发表的一系列密码技术论文创造性地提出了电子支付机制的概念并勾勒了完全匿名性电子支付体系的基本原理。David Chaum,“Achieving Electronic Privacy”,*Scientific American*,August 1992, pp. 96 – 101; David Chaum,“Blind Signatures for Untraceable Payments”,82 *Advances in Cryptology Proceedings of Crypto* 199,1983. 1998年,解密高手邮件列表(Cypherpunks Mailing List)成员提出了数字化分布式匿名货币的构想,尝试通过这种被称为“比钱”(B – money)的基于网络密码技术的支付机制为无迹可寻的匿名实体相互之间的合作提供一种更具效率的交易中介。Wei Dai,*b – money*,1998, Accessd November 5,2019. http://www.weidai.com/bmoney.txt. 2008年,化名中本聪(Satoshi Nakamoto)的程序设计员(组)完成了执行这种支付机制的程序以及软件设计,并以信息的最小单位二进制数位(Binary Digit)的缩写比特(Bit)将这种点对点现金支付系统命名为比特币(Bitcoin)。*Satoshi Nakamoto*, *Bitcoin: A Peer – to – Peer Electronic Cash System*,2008, p. 1, Accessd November 5,2019. http://bitcoin.org/bitcoin.pdf. 应当看到,数字金融工具运作技术非常复杂,脱离信息、网络、密码等学科基础与知识背景很难进行全面与准确的理解。尽管不可能在法律与经济分析范畴与知识边界内系统性地阐释比特币等数字金融工具的技术机制,但对比特币如何通过技术性安排履行其核心经济功能这一问题进行简洁且有效的解释仍然是可以实现的。

〔2〕 新比特币是通过“采矿”这一网络运算与交易验证过程在系统中创建的。新比特币在每个网络节点解决了一定数量且难以复制的数学计算问题与工作量证明(创建新链块)后生成。因此,比特币的发行不受中央系统控制,而是由分布在网络系统中的每一个“矿工”及每秒钟重复百万次的交易链块计算决定的。每一个有效参与比特币发行的用户通过消耗计算能力去寻找有效的链块并创造新的比特币。当比特币发行量达到极值而导致比特币创建终止时,比特币系统的使用与维持仍然依赖于分布于各个网络节点的运算。在对应最后一个比特币的链块之后仍然会有新的链块产生,比特币系统通过提供验证交易手续费的方式激励用户投入运算资源确认比特币交易的有效性。创建新的交易链块所带来的交易费的实际效果类似于创建新比特币。Bitcoin.org, *Frequently Asked Questions*, Accessd November 5,2019. http://bitcoin.org/en/faq.

但是,比特币系统是相对于传统中心化货币机制与反传统制度束缚的“去中心化”,并不具有彻底性。从外部竞争的角度分析,“去中心化”的发行与交易机制能够确保比特币系统在与既有制度的竞争关系中不因中心化机制的可锁定性与可消灭性而被竞争对手直接清除。从内部竞争的实际情况来看,比特币经济生态在治理结构上受控于一个真实存在的中心化管理机构或者利益代理,在经济资源分配上存在明显的非均衡性。比特币发行与流通纵然并不受制于中心化的货币权力机构,但除此之外所有的比特币运作都是由以比特币基金会[1]为核心架构的治理机制予以主导、维护与发展。新比特币以及比特币交易验证手续费的获取固然实行全网络开放性竞争,但以比特币系统开发者为核心的早期比特币玩家掌握的先发优势与网络密码技术垄断,客观上造成原本已经存在数量稀缺性问题的有限比特币中的绝大多数被少数人持有。[2]

比特币发行与交易机制“去中心化”决定了传统法律制度没有能力对比特币这一开放的网络支付系统本身的法律地位做出是非判断。即使没有法律制度对比特币合法地位的确认,比特币依然在全球网络用户的计算资源支持下存在与发展——因为政府不可能切断网络。即使法律制度可以在形式上规定比

---

[1] 比特币基金会是致力于标准化、保护和推广比特币的最大的组织。它资助比特币软件维护人员的薪水、组织会议并提供重要资源。比特币基金会将会员席位划分为铂金、黄金、银等机构层级以及终身与年度等个人层级。目前仅比特币在线商品与服务提供商 Bitcoin Store 这一家机构具有铂金席位,比特币交易平台 Mt. Gox 以及由风投公司提供资本支持的比特币在线交易、存储、支付平台 Circle 两家机构持有黄金席位。每个会员层次均有选举相应董事会成员的权利。比特币基金会董事会目前有 5 个席位,其中两名董事由个人会员阶层选举,两名董事由机构会员阶层选举,1 名董事由比特币创始人阶层选举。比特币基金会通过资助 1 个稳定的比特币软件架构与核心开发团队,提高比特币的使用度与信用度。网络密码技术是比特币赖以生存与发展的基石,是防止多重支付、反伪造、反盗窃的核心力量。比特币基金会通过维护、促进、法律保护等多重保护措施确保比特币协议的完整性。同时,比特币基金会认为比特币在发展过程中受到大众以及现有社会人士的错误理解、错误阐释、错误陈述,为了使比特币具有持续稳定的发展目的与技术支持,其有必要以比特币社区的单一化渠道推广比特币技术并优化其声誉。Bitcoin Foundation, *Developing a More Open Economy*, Accessd November 5, 2019. https://bitcoinfoundation.org/about/.

[2] 据测算,世界上大约 28.9% 比特币集中于不到 50 人控制,除此之外的 21.5% 比特币份额由不到 900 人持有,这个极少数人构成的利益群体控制了现有比特币资源的一半。除上述一半份额外,另外 25% 的份额由 1 万人控制,只有 25% 的比特币由大约 100 万散户持有。魏一平:《比特币江湖》,载《三联生活周刊》2013 年第 52 期;Dorit Ron & Adi Shamir, "Quantitative Analysis of the Full Bitcoin Transaction Graph", in Ahmad – Reza Sadeghi eds., *Financial Cryptography and Data Security*, Springer Berlin Heidelberg, 2013, pp. 6 – 24.

特币为非法或者禁止一切与比特币有关的交易，但这种纸面上的禁止在实践中不具有执行效力。

因为全面禁止比特币无法有效地解决根植于传统中心化货币、政府信用危机、通货膨胀等经济基础与政治建制下的制度有限性而生成的私有金融工具的竞争，而且在操作层面存在诸多障碍。特定国家或者地区的政治权力显然可以轻而易举地关闭比特币集中交易市场。相应地，潜在的比特币使用者亦会逐渐放弃对其交换价值与投资（投机）价值的认可与追求。但依靠校验和密码技术而创建、发行和流通的数字货币具备强大的独立性生态与创造性理念，这种技术创新本身足以保证比特币作为挑战传统法定货币的反思性概念与批判性实践得以在特定的信息网络技术生态圈中持续运作。

同时，全球各国和地区禁止比特币的制度建构势必存在判断上的肯定与否定、时间进程上的先与后以及禁止程度上的强与弱。[1]世界上主要金融市场的比特币监管措施如果存在明显的不平衡，比特币创制与交易的无国界性意味着数字货币使用行为会自然地转向规制范围不周延、制裁措施不严厉的国家或者地区，并利用货币市场关联性将风险传递至所有法定货币。

但是，比特币经济生态中客观上无法规避的中心化治理架构与经济力量意味着比特币不彻底的“去中心化”只是与传统的经济与法律制度存在结构性差异，比特币经济本质上仍然受制于既有的经济制度与法律监管框架。无论是比特币治理架构还是掌控比特币资源的中心化经济力量，比特币经济生态中的利益实现归根到底依托于传统法定货币体系。全球比特币交易平台 24 小时不间断的比特币集中交易的经济追求是为了通过比特币与相应法定货币的兑换直

---

〔1〕 例外情况是国际条约对各个成员国关于比特币的监管设定统一的禁止性规则要求。但从目前的发展趋势分析，基于法律监管框架差异与经济利益分化等诸多原因，各国和地区达成禁止比特币国际条约完全没有形成时间表的可预期依据或者迹象。全球重要经济体表现出认可比特币的倾向。例如，德国金融监管局、央行、财政部早在 2011 年 8 月就已经将比特币认定为价值单元，同时明确了创制（发行）这种价值单元或者将其作为支付工具进行使用不需要获得法律许可。但是，当这种价值单元自身成为商业或者交易的对象时，经济意义上的价值单元便成为法律意义上的记账单元与金融工具，相关服务或者商业行为就应当接受德国银行法审查与授权。BaFin, Merkblatt – Hinweise zum Zahlungsdiensteaufsichtsgesetz（ZAG）（Stand：Dezember 2011），Hinweise zum Gesetz über die Beaufsichtigung von Zahlungsdiensten, Accessd November 5, 2019. http://www. bafin. de/SharedDocs/Veroeffentlichungen/DE/Merkblatt/mb_111222_zag. html.

接获取法定货币体系下的利益;全球接受比特币支付的商品与服务提供者在收取比特币之后仍然需要场外直接交易或者交易平台集中交易兑换为法定货币才能在一定主权国家范围内实现不受比特币经济发展规模限制的利益。可见,全球各大比特币交易平台实际上构成了比特币经济生态中利益交换与实现的中心。[1]与比特币生态系统中发行与交易环节的个体性参与者(“矿工”与交易者)全球高度分散与相对匿名不同的是,比特币交易平台是在全球各个司法区注册的公司实体,[2]必须接受相应地区法律的监管。

比特币理论上的“去中心化”与实际上具备的中心化机制说明:法律制度对比特币的地位不具有评价能力,但能够直接决定比特币交易平台以及比特币集中交易行为是否具有合法性。[3]比特币集中交易环节是法律制度监管比特币经济生态以及与比特币有关的经济与金融行为的中心环节。并且,这种交织“去中心化”与中心化的经济机理,亦可推导“比特币就是庞氏骗局”等整体否定比特币正当性论断的不合理性。

比特币事实上存在的经济利益中心化使极少数程序开发者、早期玩家等在比特币交易平台兑换法定货币所获取大量经济收益,而这些收益源于后期投资者的跟进投入。这个过程在经济上近似于庞氏骗局的正反馈循环,[4]即经济产出(原比特币存储者的增值收益)源于后参与者的经济投入(获取比特币支出的相应法定货币)。但是,经济特征上的部分重叠显然不能作为法律性质判断上比特币等于庞氏骗局的整体依据。尽管比特币存在中心化的治理机构与利益群体,这都是在比特币“去中心化”的发行与交易机制下经过技术与经济竞争形成的客观结果,至多存在分配机制不平等与早期参与者为系统创建投入大量

---

[1] 各国和地区法定货币的多样性导致比特币交易平台作为利益交换与实现中心以法定货币为基础进行相对分化。同时,各个法定货币体系下的比特币交易平台竞争进一步造成区域性交易中心的细分。

[2] 例如,Mt. Gox 曾经是全球交易系统最为成熟的比特币交易平台,由位于日本的 Mt. Gox 有限公司负责运营,Mt. Gox 有限公司的母公司为在日本东京商会注册的 Tibanne 有限公司。

[3] 从目前全球监管实践来看,除了泰国等极少数司法区实行全面禁止模式,比特币交易平台与集中交易行为经审查符合其既有监管制度的,绝大多数国家和地区均认可其合法性。

[4] Burton G. Malkiel, *A Random Walk Down Wall Street: The Time – Tested Strategy for Successful Investing (Tenth Edition)*, W. W. Norton & Company, 2012, p. 228; Lars Tvede, *The Psychology of Finance: Understanding the Behavioural Dynamics of Markets*, John Wiley & Sons, 2002, pp. 181 – 191.

计算资源而获得更多利益没有不平等这两种正反意见之间经济层面的争议,不能代替法律层面的规范评价。

庞氏骗局表现为一个中心化的推动者或者共谋者以高回报、低风险等经济激励或者投资项目为诱饵,通过欺诈性手段骗取投资者资金,而事实上根本不存在具有收益的项目或者仅有少部分资金投入项目,早期投资者收益全部或者绝大部分源于后期投资者的资金。[1]中国法律以及司法解释将这种以非法占有目的非法融资的行为纳入集资诈骗的规制范围。[2]

但比特币经济体系中既不存在能够被证明为构成犯罪主体的中心化诈骗计划推动者与共谋团队,也没有实施欺诈性行为诱骗投资者针对一个虚构的投资项目提供资金,更没有证据表明存在非法占有他人资金的诈骗目的。[3]因此,庞氏骗局等对比特币提出整体非法性(不正当性)法律判断的理论分析与实践批判并不是一个能够对比特币进行准确解释的框架。这又从经济刑法的层面再次验证了比特币技术系统本身不适合既有法律制度对其进行非此即彼的属性判断。传统法律评估不仅存在误判风险,而且会因为低估比特币经济机制上的复杂性而干扰旨在控制比特币经济系统性风险的宏观政策探索。法律制

---

〔1〕 U. S. Securities and Exchange Commission, *Ponzi Schemes*, Accessd November 5,2019. http://www. sec. gov/answers/ponzi. htm.

〔2〕 2010年最高人民法院《关于审理非法集资刑事案件具体应用法律若干问题的解释》第2条规定:实施下列行为之一,符合本解释第一条第一款规定的条件的,应当依照刑法第一百七十六条的规定,以非法吸收公众存款罪定罪处罚:(一)不具有房产销售的真实内容或者不以房产销售为主要目的,以返本销售、售后包租、约定回购、销售房产份额等方式非法吸收资金的;(二)以转让林权并代为管护等方式非法吸收资金的;(三)以代种植(养殖)、租种植(养殖)、联合种植(养殖)等方式非法吸收资金的;(四)不具有销售商品、提供服务的真实内容或者不以销售商品、提供服务为主要目的,以商品回购、寄存代售等方式非法吸收资金的;(五)不具有发行股票、债券的真实内容,以虚假转让股权、发售虚构债券等方式非法吸收资金的;(六)不具有募集基金的真实内容,以假借境外基金、发售虚构基金等方式非法吸收资金的;(七)不具有销售保险的真实内容,以假冒保险公司、伪造保险单据等方式非法吸收资金的;(八)以投资入股的方式非法吸收资金的;(九)以委托理财的方式非法吸收资金的;(十)利用民间“会”、“社”等组织非法吸收资金的;(十一)其他非法吸收资金的行为。第4条规定:以非法占有为目的,使用诈骗方法实施本解释第二条规定所列行为的,应当依照刑法第一百九十二条的规定,以集资诈骗罪定罪处罚。

〔3〕 事实上比特币基金会等承担比特币经济系统治理功能的组织反复强调比特币是一个实验性项目,作为探索性的发明与尝试,其前景未知且存在巨大风险,提示投资者应当谨慎对待。Bitocin. org, *Some Things You Need to Know*, Accessd November 5,2019. http://bitcoin. org/en/you - need - to - know.

度聚焦于比特币交易平台及其集中交易行为做出监管安排并规制相应的风险行为或者侵害行为才是更为合理的路径选择。

二、比特币金融属性辨析

监管比特币交易平台、比特币集中交易行为的前提在于确定基础法律框架,而解决比特币监管架构问题显然无法回避比特币的货币属性判断。如果比特币是货币,则应当将比特币交易纳入货币法律体系予以最为严格的监管,作为相关经济与金融违规违法犯罪行为对象的比特币也会因其货币属性的確立而能够使得法律解释与法律保护机制恢复相对稳定的原有状态。[1]但比特币是否属于货币可以说是当前全球比特币法律、经济理论与实践领域争议最大的难题。

完全否定比特币货币属性的观点认为,货币是一种制度安排,只有在既有的法律制度下才能对特定的可转移产权做出是否构成货币的判断。纵览全球货币法律体系,就当前且可以预期的未来而言,比特币既不是合法货币,也不是法定货币。[2]但反对意见认为,在比特币经济关系中,一方提供商品或者服务,交易相对方支付比特币,这与日常生活中的现金使用毫无差异。比特币事实上就是货币,将货币概念限定于法定货币与商品货币并不明智。[3]

美国德克萨斯东区联邦地区法院近期更是在判例中明确指出:比特币显然可以作为货币进行使用。比特币能够用于购买商品、服务以及其他生活性消费项目。比特币唯一的限制在于其只能在接受其作为货币的地方进行使用。同

---

〔1〕 如果比特币被认定为货币,一种监管模式是直接赋予其与法定货币等同的法律地位,在央行统一监管下形成以金融机构为主体构成的比特币货币交易市场;另一种监管模式是建构与具有货币属性的黄金相同的市场框架,专门设立类似于黄金交易所的比特币交易所或者在其他金融监管控制下的交易所开设专门的比特币交易平台。无论采取何种模式,比特币确立货币属性之后,法律解释上的障碍与困境会在很大程度上得以缓解。例如,未经许可组织比特币集中交易构成非法经营,基于非法占有目的骗取投资者比特币融资构成集资诈骗,比特币经营性收益逃避纳税构成逃税。

〔2〕 Rhys Bollen, “The Legal Status of Online Currencies: Are Bitcoins the Future?” ,*24 Journal of Banking and Finance Law and Practice* 272 (2013).

〔3〕 Jerry Brito, “Online Cash Bitcoin Could Challenge Governments, Banks” ,*Time Techland* , April 16, 2011, Accessd November 5, 2019. http://techland.time.com/2011/04/16/online-cash-bitcoin-could-challenge-governments/.

时，比特币可以兑换为美元、欧元、日元、人民币等通常意义上的货币。因此，比特币是货币或者钱的一种表现形式。[1]还有学者从商品货币、法定货币在非货币性价值、稀缺性原因等方面的差异化特征[2]切入剖析比特币货币属性，指出比特币与法定货币的相同点在于除了货币性价值之外没有任何价值，其基本属性就是货币，同时比特币的稀缺性综合了商品货币必然性稀缺与法定货币的人为性稀缺，所以比特币是一种非常特殊的人造商品货币。[3]

从货币历史解释的观点来看，货币经历了商品货币（以物易物、黄金等贵金属）、商品支持货币（黄金券、可兑换黄金纸币等）、法定货币的价值形式变迁，完成了具有内在价值、具有一定内在价值、可兑换为具有一定内在价值的商品、不能兑换商品但中央权力基于国家信用保证货币所代表的购买力的价值内容演进。[4]比特币的货币属性分析显然不应脱离货币演变的历史架构。

比特币与商品货币（黄金）在供应上均具有必然的稀缺性，但前者总量及其停止供应时间是固定的，而后者尽管存在资源枯竭耗尽的可能性，但并不存在一个特定的停止供应时间。更为重要的是，两者在供应量结构上表现出完全不同的经济机理。更具效率的采矿技术的发明不仅提升特定矿企的产量，还会造成黄金采矿行业整体生产力提高、促进行业挖矿效率提升并导致黄金总体产量增长，[5]而比特币的总产量与生产效率是事先设定的，因芯片技术、算法能力的提升而导致的挖矿效率变动只具有调整比特币分配结构的效果。历史上黄

---

[1] SEC v. Shavers, 2013 BL 208180 (E. D. Tex. Aug. 6, 2013).

[2] 商品货币（黄金）除了具有货币性价值之外还具有一定的工业价值与审美价值，其稀缺性是天然与必然的；法定货币（纸币与硬币）不具有任何非货币性价值，其稀缺性是人为性建构、制度性设计、非必然的。

[3] George Selgin, *Synthetic Commodity Money*, April 10, 2013, Accessd November 5, 2019. http://ssrn.com/abstract=2000118.

[4] 商品支持货币与基础商品之间具有对应性。商品支持货币本身不具有任何内在价值，但能够兑换成一定数量的基础商品或者基础资产，其主要的历史性优势在于这种支付体系赋予了货币的便携性、提升了大额货币交易的便捷性。法定货币是特定国家或者地区中央权力指定和发行的、在该国家或者地区必须接受的货币。法定货币与商品支持货币在形式上具有类似性，但实质上存在显著区别。法定货币不具有赎回一定数量商品的效力。支持法定货币的不再是基础商品而是国家或者地区中央权力的信用。人们愿意接受法定货币完全是基于对中央权力的信赖。中央权力信用与使用者信赖分别构成法定货币体系中非常关键的制度性要素与行为心理要素。

[5] [美]劳伦斯·H. 怀特：《货币制度理论》，李杨、周素芳、姚枝仲译，中国人民大学出版社2004年版，第33~34页。

金价格始终受到供应量波动的影响，[1]而比特币价格在供应量既定的情况下实际上受制于需求度的变化，所以比特币与商品货币存在实质性区别。

比特币与法定货币均不具有对应基础资产或者商品的可赎回性。法定货币存在政府或者法律制度的信用基础，而比特币完全不具有任何信用支持。但这并不是比特币不是货币或者法定货币的真正原因。无论是采纳强制性禁止拒收模式[2]还是适用无强制接收义务模式，[3]法定货币本质上是公权力保证履行金融义务的一种法律状态。比特币则是政府权力、既有法律制度之外的私有市场创制的私货币体系，与法定货币完全是两种截然对立的制度、针锋相对的竞争关系。法律制度永远也不可能将比特币纳入以政府权力为保证的法定货币体系。

然而，在法律与经济层面是否认可比特币的货币地位则是完全不同的问题。单纯从经济角度分析，任何主体都可以发行私货币，只是在绝大多数情况下都不会被人们接受，因为私货币缺乏强大的政府信用与经济保障。规模庞大的经济实体由于具有将私货币按照一定比例兑换为法定货币或者商品货币的承诺与经济担保能力，其发行的私货币存在被广泛接受的可能。但中心化发行、与法定货币关联的风险传递、发行系统内的违法犯罪风险、政府合法的货币监管政策权力等内在缺陷、外部法律管制因素均导致具有一定保障能力的规模化私货币无法与法定货币形成竞争。基于网络密码技术的比特币“去中心化”发行与交易机制历史性地赋予其与全球各个国家和地区的法定货币进行竞争

---

[1] 例如，16 世纪 40 年代至 17 世纪 40 年代，西班牙在南美洲殖民地里科山（Cerro Rico）发现了金银数量极其丰富的矿藏，其大量发掘金银并用以支付战争费用、贵族消费等，从而导致由供应量激增引发的贵金属自身巨幅下跌。Niall Ferguson, *The Ascent of Money: A Financial History of the World*, The Penguin Press, 2008, pp. 25 – 27.

[2] 例如，《人民币管理条例》第 3 条规定：中华人民共和国的法定货币是人民币。以人民币支付中华人民共和国境内的一切公共的和私人的债务，任何单位和个人不得拒收。

[3] 例如，美国《铸币法案》规定：美国纸币与硬币（包括联邦储备券等）是所有债务、公共收费、税费的法定货币。外国金银币等不是法定货币。See 31 USC § 5103 – Legal tender. 美国货币法律制度并没有规定必须接受法定货币的义务。交易一方可以不接受法定货币，其可以与交易对方协商其他支付方式，或者拒绝为支付法定货币的人提供商品或者服务。美国有多个私有发行货币在一定区域内流通。例如，BerkShares 是在美国马塞诸塞州伯克郡地区流通的私有货币。BerkShares 于 2006 年 9 月 29 日由同名公司发行，其网站（berkshares. org）提供数百家接受 BerkShares 作为支付工具的本地商品与服务供应机构。所以，强制性并非法定货币的必要条件。

且不被既有法律制度直接管制的经济条件。因此,释疑比特币是否属于私货币的关键在于对其是否具备货币功能进行实质性解析。

根据货币理论,交易中介、记账单元(价值尺度)与价值存储是货币的三大核心功能。[1]准确把握比特币实质的基础是货币的功能性解释,而非纠结于货币在现实经济生活或者网络空间的表现形式。

在交易中介功能方面,比特币支付工具的运营范围遍及全球,初步形成了与传统法定货币进行竞争的态势。无论是互联网公司提供的非实物性、无物流需求性数字化产品,还是传统商户提供的实物性或者有形性商品与服务,都有相应商户接受以比特币工具的支付与结算。

从 2009 年历史上首次比特币支付商品(1 万个比特币购买一个披萨且供应商不直接接受比特币而需要第三方信用卡支付中介促成)[2]之后,电子商务、网络与移动支付、比特币集中交易平台法定货币便捷兑换等互联网经济与金融迅猛发展极大地推动比特币实体经济规模增长。[3]然而,纵然比特币经济增速很快,其经济规模较之于传统电子支付系统仍然显得极其微小。全球最大零售支付网络 VISA 年度支付金额达 4.3 万亿美元、交易数量为 875 亿笔。[4]

比特币实际需求量绝大多数为投机性而非贸易性,旨在博取比特币与法定货币兑换率波动价差利润的投机交易在比特币交易总额中所占比例远超使用比特币系统进行商品与服务贸易支付量。[5]更为严重的是,违禁品交易、赌博、

---

[1] Benjamin J. Cohen, *The Future of Money*, Princeton University Press, 2002, p. 1.

[2] Benjamin Wallace, "The Rise and Fall of Bitcoin",12 *Wired Magazine* 19 (2011).

[3] 以全球规模最大的比特币电子商务网站之一 Bitpay 的商品与服务订单统计数据为例,截至 2013 年 12 月,Bitpay 网站月度比特币电子商务贸易数额接近 6 万比特币、数千万美元。在西方传统假日购物高峰感恩节"黑色星期五"当日,Bitpay 处理的订单数量高达 6296 件,明显体现出比特币电子商务与传统假日经济的高度接轨。BitPay, *BitPay Drives Explosive Growth in Bitcoin Commerce*, Accessd November 5,2019. http://blog. bitpay. com/2013/12/bitpay – drives – explosive – growth – in. html. 全球接受比特币支付的商品与服务经营者列表,参见 https://en. bitcoin. it/wiki/Trade, Accessd November 5,2019。

[4] 年度统计数据时间跨度为 2012 年 6 月 30 日至 2013 年 6 月 30 日。See VISA, *Visa Inc. at a Glance*, Accessd November 5,2019. http://corporate. visa. com/_media/visa – fact – sheet. pdf.

[5] 以比特币中国(BTC China)交易平台 2013 年 12 月交易量为例,30 个交易日的比特币投机性交易总量超过 15 亿美元。详细统计数据参见 http://bitcoincharts. com/markets/btcnCNY. html. Accessd November 5,2019。

洗钱等违法犯罪活动构成了比特币交易总量中相当重要的部分。例如，比特币是全球最大黑市交易网站之一“丝路”（Silk Road）唯一接受的结算工具。“丝路”于2013年10月因提供毒品、枪械等违禁品交易平台而被美国联邦调查局（FBI）查禁。涉嫌负责网站运营管理的创始人罗斯·乌尔旦希被捕时FBI扣押的比特币（根据案发时汇率计算）价值3360万美元，[1]“丝路”能够被查算的月平均交易额保守估计为120万美元。[2]因此，作为支付工具的比特币存在经济总量有限、经济结构上实体贸易规模相对投机交易比例过低、非法贸易黑数巨大等严重影响其履行货币交易中介功能的制约性因素。

在价值尺度功能方面，德国金融监管局明确认可比特币在自身构成商业、经济、金融服务等交易的对象时具有记账单位、金融工具的法律属性。[3]德国金融监管局在欧盟金融监管领域的影响力意味着这种观点具有发展成欧盟监管比特币蓝本的潜能。[4]在电子商务与传统交易实践中，比特币确实已经作为标准化的数值单位对多种商品、服务、资产、责任等价值与成本进行计量。

问题在于比特币本身需要以法定货币进行定价，比特币的价值尺度功能更多是形式化的表现，人们在交易中归根结底仍然采用当地法定货币定价体系。即使商品与服务贸易标注比特币价格，但由于比特币与法定货币之间的兑换率波动幅度很大，除了极少数商品与服务之外，交易项目的比特币定价几乎都需

---

〔1〕 U. S. Attorney's Office for the Southern District of New York & FBI Public Information Office, Press Release: Manhattan U. S. Attorney Announces Seizure of Additional $23 Million Worth of Bitcoins Belonging to Ross William Ulbricht, Alleged Owner and Operator of "Silk Road" Website, October 25, 2013, Accessd November 5, 2019. http://www.fbi.gov/newyork/press-releases/2013/manhattan-u.s.-attorney-announces-seizure-of-additional-28-million-worth-of-bitcoins-belonging-to-ross-william-ulbricht-alleged-owner-and-operator-of-silk-road-website.

〔2〕 兑换率为2012年2月至8月的市场平均水平。Nicolas Christin, *Traveling the Silk Road: A Measurement Analysis of a Large Anonymous Online Marketplace*, (paper represented at the The International World Wide Web Conference, Rio de Janeiro, Brazil, May 13 - 17, 2013), Accessd November 5, 2019. http://www.andrew.cmu.edu/user/nicolasc/publications/Christin-WWW13.pdf.

〔3〕 Jens Münzer, BaFin, Bitcoins: Aufsichtliche Bewertung und Risiken für Nutzer (19. Dezember, 2013), Accessd November5, 2019. http://www.bafin.de/SharedDocs/Veroeffentlichungen/DE/Fachartikel/2014/fa_bj_1401_bitcoins.html.

〔4〕 Karl-Friedrich Lenz:「新インターネット通貨Bitcoinの法的問題—EU法・ドイツ法を中心に」（『青山法務研究論集』第7号，2013年）。

要根据比特币价格波幅基于一定时间或者价格空间标准予以调整。

在价值存储功能方面,价格波幅剧烈同样制约了比特币中短期价值存储货币功能的发挥。仅2011年至2013年上半年比特币交易价格就经历了至少6次超过50%的跌幅;[1]伴随着单位比特币价格攀升至历史高位1200余美元,2013年下半年更是出现了更为密集的、数百美元价格震荡幅度的暴涨暴跌。[2]比特币中短期价格波动性导致其基本上不具备货币的价值存储功能。然而,从长期趋势来看,全球各种法定货币均呈现出不同程度的通胀水平,法定货币在长期价值存储上存在明显缺陷,而比特币基于发行总量固定、发行增量稳步下降的制度设计构成了与法定货币完全相反的通缩经济,[3]具有非常强的长期价值存储与增值潜能。

比特币在交易中介、价值尺度、价值存储上分别表现出有用性与限制性、形式功能承担与实质功能萎缩、中短期无能与长期潜能的深刻矛盾,而交易与存储这两大核心货币功能之间的冲突进一步加深了问题的复杂程度。比特币经济生态的发展趋势是逐步增长的,目前越来越多的商品与服务交易使用比特币进行结算。同时,在比特币与商品服务进行交易的经济生态中,一部分储蓄者会基于比特币长期升值的判断而选择推迟当前的比特币消费、换取远期的比特币消费能力或者购买力。比特币理论上的通缩经济模式与比特币经济生态中的商品与服务供应量增加会共同推动比特币价值长期持续上升,储蓄者因为持有比特币而得到不断增值的经济激励。以比特币交易平台规模最大的中国市

---

〔1〕 Jerry Brito, Beyond Silk Road: Potential Risks, Threats, and Promises of Virtual Currencies, Testimony on the U. S. Senate Committee on Homeland Security and Governmental Affairs, November 18, 2013, pp. 14 – 15; Derek A. Dion, "I'll Gladly Trade You Two Bits on Tuesday for A Byte Today: Bitcoin, Regulating Fraud in the Economy of Hacker – Cash", *2013 Journal of Law, Technology & Policy* 165, 189 (2013).

〔2〕 王力凝:《虚拟货币疯狂　央行紧急收缰》,载《中国经营报》2013年12月23日,第B1版;唐烨:《比特币狂跌怪谁》,载《解放日报》2013年12月20日,第7版;刘琪:《土豪抛售投资者趁机抄底　比特币价格一日回弹1390元》,载《证券日报》2013年12月20日,第C4版。

〔3〕 比特币发行量实行稳定增长且增量递减的机制,后续实际生产的比特币数量越少,待发行的比特币需求量越高,比特币在后期的价格相应越高;比特币发行总量确定,加之现实中存在比特币因电脑硬盘灭失等而丢失的情况,留存的比特币会进一步由于部分比特币灭失而增值。比特币的持续增值趋势意味着购买商品与服务所需要支出的比特币数量下降,从而形成了比特币的通缩经济。

场以及比特币实体经济规模最大的美国市场[1]进行推算——根据世界银行储蓄率统计数据,2009 年至 2012 年中国居民储蓄率平均高达约 50%,同期美国约为 11.5%。[2]即使以全球较低水平的美国储蓄率予以估计,10 年之内绝大多数已供应比特币将处于存储状态而无法流通;如果进一步考量中国市场在全球比特币交易量中的比重以及中国国民超高储蓄率水平,比特币实际上丧失货币交易中介功能的时间还将显著提前。[3]可见,比特币长期价值存储功能深刻制约其长期支付工具职能的正常履行。

通过上述分析可以看到,比特币客观上具有部分性、限制性的交易中介、记账单元、价值存储等货币功能,在货币职能履行过程中核心功能之间具有内在冲突,所以,比特币不具有全面、完整、彻底、真正的货币属性,但在具体情形中,特定经济行为与行为心理驱动下的比特币能够聚合所有货币功能从而构成实质意义上的货币、与法定货币(政府货币)进行竞争的私货币。在法律制度上机械地对比特币作出是与非的货币属性判断并不契合比特币动态且复杂的经济机理。

三、比特币法律属性实质解释

比特币“去中心化”特征延伸下的基本经济原理与比特币的货币属性辨析,不仅充分阐释了比特币支付系统法律规制的困难性、比特币集中交易平台监管的必要性与可行性以及比特币具备实质货币功能但无法直接赋予其货币地位等经济机理与法律属性问题,而且奠定了在现有制度下确立比特币法律属性实质解释基本规则的理论准备。

比特币法律属性局限于普通商品或者特定虚拟商品在制度安排上的结构

---

[1] Alyssa Botelho, “Bitcoin Value Smashes Records in China and US”, 2944 *New Scientists* 5.5 (2013).

[2] The World Bank, Gross Savings (% of GDP), Accessd November 5, 2019. http://data.world-bank.org/indicator/NY.GNS.ICTR.ZS.

[3] 比特币系统可以随时修改最小单位从而使比特币具有无限可分性。理论上比特币在灭失程度接近极端的情况下仍然能够功能性。因为即使全球流通比特币数量灭失到仅剩一个甚至不足一个时,剩余的比特币依旧可以通过进一步划分单位进而履行支付、计价、存储等货币功能。但在经济实践中,如果比特币储蓄数量(加上灭失数量)接近流通数量时,比特币商品与服务贸易体系基本上就已经崩溃了。

性瑕疵集中表现为,以法律规范对经济秩序与金融市场保护功能失控为代价,实现比特币“虚拟商品”市场与实体经济、金融市场在政策或者法律规范上的关联性与风险性切割。直接肯定或者否定比特币货币属性,又会面临制度安排上的双重困境——法律肯定比特币属于货币,既有利于快速建构与完善监管机制对比特币集中交易平台实施严格监管,又能够确保比特币在经济犯罪解释上具有确定的属性定位与数额计算规则。但是,赋予比特币货币地位,一方面,等于承认了法定货币与一种发行与支付系统完全不受政府监管的私货币之间公开且合法的竞争,这与部分法域采取的法律强制政府货币垄断模式相抵触。另一方面,比特币固有的货币功能履行性缺陷,导致其在很多情况下都不具备真正且完整的货币功能。法律否定比特币货币地位显然又与比特币在实际运作中表现出的支付功能以及潜在、巨大的价值存储能力相悖。

法律制度将比特币属性界定为商品或者货币出现结构性瑕疵、双重困境的根本原因在于:其一,在经济机理上,没有把握比特币经济生态系统中发行、支付、交易等关键环节的链式关系以及比特币在(虚拟)商品、金融工具、货币等表现形态与功能履行上的互动联系。其二,在法律解释上,坚持在法律规范的逻辑框架下抽象出比特币与之相符的法律特征并做出线性且单向的形式判断,未能结合客观行为与主观意志对比特币的现实性影响与主体性反射而形成比特币法律属性的实质解构。[1]

比特币在发行阶段仍然只是一个普通商品或者虚拟商品的生产过程,但其数量稀缺性、原始取得的成本耗费性、技术上的支付、计价、存储功能等决定了比特币具有发展为一般等价物或者特殊商品的潜能。产品与服务供应商愿意接受比特币,使其在发行并完成初始分配之后进入支付阶段并形成了以比特币为纽带的经济体系。比特币经济体中的经营者提供产品与服务并收取比特币,消费者支付比特币并获取相应商品。但接受比特币支付的产品与服务供应规模有限、市场流动性极低及其较慢的增长速度桎梏了比特币经济规模及其发展。在初始分配中获取优势性比特币资源的中心化利益通过宣传与推广,在实

---

[1] 缺乏对比特币经济机理的准确把握显然在法律上对比特币属性进行实质解释的能力。因为将客观行为与主观意志对比特币的作用与影响纳入比特币法律属性评价过程的前提是明确客观行为的经济内涵与行为主体的心理机制。

体经济层面提升比特币支付系统的接受度，从而继续增加比特币经济生态中的商品供给，同时通过外部性金融体系建构，即开设比特币与法定货币集中交易平台，直接与法定货币发生定价关系，在拥有巨大经济规模的法定货币市场实现并不断增强比特币市场流动性供给。

在比特币与法定货币交易市场，前者就是后者的资产类型，一定数量的比特币根据波动的兑换比率代表着相应数量的法定货币，比特币在被法定货币定价的同时，有效地完成了对法定货币的吸附，通过与全球核心法定货币（主要是美元）之间波动性的价格绑定，实现其全球法定货币资产类型的角色转换。由比特币集中交易平台促成的比特币捆绑法定货币的定价机制帮助比特币由普通（虚拟）商品、到小规模经济体一般等价物发展成为全球经济体中相应的法定货币资产类型。[1]

尽管定价波动造成比特币资产价值严重不稳定，但在实体经济中履行支付、存储职能的比特币客观上代表着一定数量的法定货币，货币功能的执行及其与法定货币的吸附关系使比特币在商品与服务贸易行为中褪去了普通（虚拟）商品的痕迹，成为一种具有内在缺陷的货币。但是，在帮助比特币形成货币能力的比特币与法定货币集中交易市场中，比特币只是供市场在参与者承担价格波动风险基础上寻求交易利润的金融商品或者投资（投机）工具，不具有货币的实质功能与属性。所以，商品或者虚拟商品只是比特币运动链条中的初始属性，通过实体经济交易中介等核心货币功能承担与金融商品投资（投机）市场的流动性增强，比特币绑定了法定货币并形成波动性兑换率，在实体经济与金融市场进行货币与金融商品的身份转换。

与传统商品、货币以及证券、期货等金融工具不同的是，比特币在运作流程上覆盖实体经济与金融市场中的不同内容，其履行的多种经济与金融功能之间亦互为影响。这就决定了比特币法律属性判断应当超越既有法律制度对传统商品、货币等进行单一化、形式化、封闭化、对象化界定的局限，转而聚焦于真实

---

[1] 市场流动性提升意味着比特币经济生态中的产品与服务提供者能够以较低的交易成本将比特币兑换为法定货币从而在更大规模的经济市场实现购买力，这显然会实质性地扩大比特币在实体贸易中的接受度、增加比特币经济生态中的商品供应，并在比特币集中交易市场实现法定货币长期定价的波动性、震荡性上升，从而构成了比特币实体贸易与投资（投机）市场之间的经济循环。

经济生活中的比特币行为(针对比特币展开的客观行为与行为心理),根据比特币在客观行为与主观意图控制下的实质内涵与功能进行多元化、开放性的法律解释。在比特币与商品、服务之间进行交易时,消费者的比特币行为是支付商品或者服务对价,经营者的比特币行为是直接获取比特币并最终有权获取该宗比特币所内涵的、具体数量存在波动风险的法定货币。

比特币实际承担了交易中介与价值存储[1]功能,法律应当认定其在这种特定情形下构成实质上的货币。在比特币集中交易平台进行比特币与法定货币之间的买卖时,无论是从比特币实体经济流转到比特币集中交易市场进行法定货币套现的市场参与者,还是纯粹的比特币市场投资(投机)者,其比特币行为都是在承担价格波动风险的基础上谋取法定货币利益的最大化。比特币实际承担着套利、投资(投机)、兑现法定货币的金融工具功能,法律应当认定其在这种情况下构成金融商品。

第四节 资本市场刑法的制度反应与货币体系反思

电子支付系统使消费者、经营者、金融机构等能够通过网络实施更为安全、快捷、低成本的货币流转、资金融通、投资投机等经济与金融行为。现行的制度安排已经针对电子支付系统建构了相对完善的货币、金融、网络等领域的法律监管体系。经济与金融市场法律制度的价值在于保障电子支付系统运作中的公私产权以及相关实体经济与金融市场监管制度的有效执行。

"去中心化"支付系统的技术勃兴使得比特币等全新互联网金融工具的发行及运作不再受到传统法律监管制度的中心化控制。既有的经济、金融等行政法律法规选择彻底否定"去中心化"支付工具的货币、金融属性并严格限制其与法定货币之间的流通渠道。这在一定程度上管控了比特币投机市场的规模及

〔1〕 比特币存储的就是其代表的、一定数量的法定货币。这种价值存储存在利益上的高度不确定性,在比特币与法定货币价格下跌时,会出现价值损耗,反之,则会出现因存储而带来的增值,但这并不影响比特币存储法定货币的实质功能。

其风险,同时在规范形式上将比特币以及比特币行为分别固定在(虚拟)商品与普通商品行为、网络行为的范畴之内,从而模糊了比特币经济生态的现实状况与风险累积:比特币仍然以支付工具的形式在实体经济中履行交易中介与价值存储的货币职能,仍然以金融商品的形式供比特币市场参与者从事投资或者投机交易并承担着市场操纵等各种违法犯罪被害风险。由于与比特币有关的各种侵害行为实质上的社会危害性无法在规范形式上完成风险切割,比特币商品性、非货币性、金融性的属性定位导致经济与金融领域的法律制度受到了最为直观的冲击。一系列经济与金融监管规范难以对各种比特币行为完成具有规制效果的解释,经济与金融领域的法律制度所保障的产权以及经济、金融管理秩序便相应地陷入风险境地。

通过比特币经济机理与法律属性实质解构确立比特币在特定情形下所具备的货币与金融商品属性,有助于发现既有经济、金融行政法律体系及其保障机制在管控比特币市场风险上的制度性缺失并进行针对性强且规范修改成本低的立法调整,及时恢复法律实质解释机制,从而有效控制比特币犯罪行为对公私产权以及经济、金融管制秩序造成的风险,同时反思“去中心化”电子支付技术时代政府货币与私货币之间的竞争对既有货币政策、外汇管制以及保障这种制度执行的货币、外汇法律监管体系的影响。

在政策定位上,法律规范要实现“去中心化”电子支付市场风险控制的重任,应当有效调配现有法律制度资源及时将比特币交易平台与比特币实际承担金融投资与投机功能的环节纳入系统化规制范围,促进比特币交易市场规范化与保障投资者合法权益,惩防违反金融市场进入许可制度、滥用金融市场资源配置机制的金融违规违法犯罪行为。

在持续监测数字货币市场发展的基础上,防止比特币经济生态的固有缺陷在中短期内由“去中心化”电子支付市场结构性风险扩散实体经济与传统金融市场系统性风险,合理解释比特币等新型支付系统在不同经济状态下的实质属性与功能,在法律制度下强化保护公民财产权以及既有的经济管理秩序,反思契合“去中心化”电子支付市场发展特征、对竞争性货币市场长期性风险具有制度性反应能力、有益于资产保值增值的法律监管机制及其刑事保障体系。

一、证券法与刑法的联动完善

比特币经济生态中风险最大的环节就是分布于全球且中国市场占据重要份额的比特币集中交易平台。比特币集中交易平台几乎都存在显而易见的信息不对称与管理不透明,技术原理与市场价格波动机理的复杂性使得普通比特币投资者(投机者)难以理解并形成相对直观的风险认知。在传统货币框架下的金融信用体系中,银行针对法定货币吸收存款、提供贷款,券商等非银行金融机构在证券业务范围内提供融资、融券等信用服务。相应地,在数字货币支付体系中亦存在基于比特币的存储与借贷信用机制,在比特币集中交易平台,同样可以向客户融通比特币("融币")供其卖出做空比特币。信用机制的潜在扩张为比特币经济发展与比特币市场的投资(投机)提供了重要空间,但其金融商品投机属性亦对电子支付市场的稳定性与风险控制提出了巨大挑战。不仅比特币集中交易平台运营者缺乏传统受监管市场的风险控制能力,市值规模小、金融商品资源分配不均衡、监管制度与执法机制尚未及时介入、金融衍生交易逐步开发之后加倍放大的市场风险等比特币集中交易市场固有缺陷导致市场参与者对抗市场操纵风险的能力非常有限。

对于比特币集中交易市场参与者而言,其金融行为心理上的"有限理性"[1]更是加深了这种非监管市场的过度投机性与高度风险性。比特币在集中交易市场的价格波动完全派生于其供求关系且其本身完全不具备任何非货币性价值。人们对比特币的认可仍然建筑在其能够兑换成法定货币的基础之上。在比特币集中交易市场持有或者存储比特币不可能成为长期选择。人们最终会在一定的价格、在特定的交易平台将比特币卖出并获取美元、欧元、人民币等法定货币。

比特币阶段性的交易狂热本质上就是行为金融中的博傻心理——市场参

[1] 有限理性(Bounded Rationality)是行为经济与金融理论最重要的概念之一。有限理性概念的提出起源于行为心理学,并经由诺贝尔经济学奖获得者赫伯特·西蒙解释为经济决策定义因素而延伸至经济学的概念。有限理性是对传统经济理论理性前提假设的矫正以及更符合现实情形的描述。根据有限理性的阐释,人类选择行为往往不仅不能做出效用最大化的决策,而且会基于认知限制、动机限制及其两者之间的互动关系导致选择行为偏离理性。Daniel Kahneman,"Maps of Bounded Rationality: Psychology for Behavioral Economics",93 *The American Economic Review* 1449 (2003).

与者在从事一项风险很大或者具有较大争议的投资(投机)时,并不以购入资产的价格与资产真实价值之间的关联与偏差作为决策或者评估的基础,而是预期未来能够以更高的价格将资产转让给市场中更“傻”的其他参与者。[1]正是在博傻心理的驱使下或者在相信会有更傻的投资(投机)者进入市场的心理博弈过程中,比特币交易的参与者从事电子支付工具买卖并不因为其对应的法定货币资产在价值上符合买入价,或者其相信当时的市场价格具有真实性,而是在于其认为能够获得高价卖出的机会。这种泡沫的积累、危机的潜伏、市场的非监管性对于市场参与者资产安全构成了非常严峻的风险。

与比特币整体上的“去中心化”运作不同的是,承担比特币实体经济与金融市场、比特币与法定货币之间核心纽带这一关键作用的比特币交易平台完全处于法律监管能力的控制范围之内,但由于我国现行的金融商品法律监管制度以及经济刑法中的证券期货犯罪条款规制范围受限,导致实际承担金融商品功能的比特币以及从事金融投资(投机)交易的比特币网站并不处于严格的金融监管与经济刑法的规制状态。我国并没有采取制定统一的金融商品(金融工具)交易法或者广义的证券交易法[2]并将包括狭义证券、期货、衍生品等在内的所有金融工具整合于一部法律之中进行监管,而是通过《证券法》《期货交易管理条例》《信托法》等分别对证券以及证券衍生品、期货以及期货衍生品、金融信托

---

〔1〕 Sandro C. Andrade, Jiangze Bian & Timothy R. Burch, “A Practical Anti - bubble Prescription”, 9 *Economists' Voice* 15, 17 (2012).

〔2〕 欧盟《金融工具市场指令》将证券、集合投资单元、货币市场投资工具、金融期货合约、远期利率协议、利率、外汇、股权互换等法律许可的在受监管市场交易的工具统一纳入金融工具的范畴。德国《证券交易法》将证券统称为涵盖股票、债券、期货、期权、互换等金融资产或者金融衍生品类型的金融工具。日本《金融商品取引法》将证券界定为包括国债、地方债、法人根据特别法律发行的证券、有担保的公司债券、根据特别法律设立的法人所发出和出资证券、股票或表示新股承购权的证书、证券投资信托和贷款的受益证书、外国或外国法人发行的证券、资产抵押证券、证券化产品以及金融工具交易权利证明等金融市场中交易的工具。上述法律规定分别参见 Directive 2004/39/EC of the European Parliament and of the Council of 21 April 2004 on markets in financial instruments, Article 4 Definitions 1. 17 & Section C of Annex I; Wertpapierhandelsgesetz – WpHG § 2 Begriffsbestimmungen; 金融商品取引法(きんゆうしょうひんとりひきほう、昭和23年4月13日法律第25号)第2条 この法律において「有価証券」とは、次に掲げるものをいう。

等金融商品进行监管。[1]由于比特币与法定货币之间的现货交易显然不构成商品期货、金融期货合约或者金融信托,我国法律体系内对实际承担金融商品功能的比特币公开且集中交易市场行为有调整与规制可能性的只有以《证券法》《证券投资基金》为核心的证券法律制度。然而,我国现行证券法律体系中的证券范围非常狭窄,只能覆盖至股票、公司债、政府债、证券投资基金份额等少数具有投资与投机功能的金融商品,以比特币为典型代表的正在各类网络集中交易平台作为金融商品供市场参与者进行投资、投机且承载一定法定货币价值的支付工具无法在证券法律框架下受到监管。相应地,作为证券、期货市场投资者权益以及市场管理秩序最后屏障的证券期货犯罪刑法条款,在通过实质解释将比特币集中交易认定为金融商品交易而非普通(虚拟)商品买卖之后,仍然因为比特币不属于证券、期货合约、比特币集中交易平台不是证券、期货交易所而无法将市场操纵、内线交易、未经许可的经营行为认定为证券期货违规违法犯罪行为。

证券法律规范是控制金融商品交易市场系统性风险、保障投资者合法权益的核心制度安排。在比特币发行与支付"去中心化"导致其难以受到法律制度实际监管以及比特币集中交易平台表现出明显的金融工具投资(投机)性实质特征的前提下,我国法律制度有必要适度调整证券内涵与外延,在证券法律体

[1] 《证券法》第2条规定:在中华人民共和国境内,股票、公司债券和国务院依法认定的其他证券的发行和交易,适用本法;本法未规定的,适用《中华人民共和国公司法》和其他法律、行政法规的规定。政府债券、证券投资基金份额的上市交易,适用本法;其他法律、行政法规另有规定的,适用其规定。证券衍生品种发行、交易的管理办法,由国务院依照本法的原则规定。《证券投资基金法》第2条规定:在中华人民共和国境内,公开或者非公开募集资金设立证券投资基金(以下简称基金),由基金管理人管理,基金托管人托管,为基金份额持有人的利益,进行证券投资活动,适用本法;本法未规定的,适用《中华人民共和国信托法》《中华人民共和国证券法》和其他有关法律、行政法规的规定。第45条规定:基金合同应当约定基金的运作方式。第46条规定:基金的运作方式可以采用封闭式、开放式或者其他方式。采用封闭式运作方式的基金(以下简称封闭式基金),是指基金份额总额在基金合同期限内固定不变,基金份额持有人不得申请赎回的基金;采用开放式运作方式的基金(以下简称开放式基金),是指基金份额总额不固定,基金份额可以在基金合同约定的时间和场所申购或者赎回的基金。采用其他运作方式的基金的基金份额发售、交易、申购、赎回的办法,由国务院证券监督管理机构另行规定。《信托法》第2条规定:本法所称信托,是指委托人基于对受托人的信任,将其财产权委托给受托人,由受托人按委托人的意愿以自己的名义,为受益人的利益或者特定目的,进行管理或者处分的行为。有关期货、期权以及期货衍生品的概念,参见上述《期货交易管理条例》第2条。

系的架构下对比特币交易平台及其市场行为进行集中监管。这不仅有助于严格控制比特币网络交易平台过度投机与市场操纵风险，而且能够将比特币与人民币之间的投机性交易对金融市场与实体经济的潜在风险限制于可控程度的同时最大程度地发挥比特币在支付技术变革、金融制度创新、反思既有货币体系等方面的积极因素。

从制度安排成本角度分析，立即着手制定专门的金融商品交易法规制比特币交易平台以及市场交易行为并不现实且没有必要。比特币与证券在核心交易机制上的匹配性决定了既有的证券交易所、证券公司、证券市场行为监管体系完全能够与比特币交易所、比特币金融中介服务商以及比特币金融交易行为进行对接。证券法修改已经列入十二届全国人大常委会立法规划[1]更是我国金融商品法律体系针对“去中心化”支付工具全新挑战做出及时制度应对的效果最佳且制度调整成本最低的历史性契机。

从制度安排实体正当性角度分析，扩大证券范围、拓展证券概念外延已经成为我国证券法修改意见中非常重要的内容。[2]证券范围整体覆盖金融商品或者投资（投机）工具实际上是一种典型的证券法立法例。例如，美国《证券法》规定：证券是指任何票据、股票、库藏股、证券期货、基于证券的掉期、债券、公司债券、债务凭证、权益证明、分红契约参与证明、担保信托证书、认股证书、可转让股份、投资契约、表决权信托证书，石油、天然气或者其他矿业产权的部分不可分割权益，证券、存款证明、证券组合、证券指数（包括其内涵或者基于其产生的利息）的购买权、出让权、套期、期权等权利，外汇套期、期权等，或者任何通常称为“证券”的利益或工具，或者上述任何利益或工具的证明、权利参与、临时性证明、收据、保证文件、认购权证等。[3]这种覆盖内容相对广泛的证券概念界定有助于通过证券法所建构的严格监管机制，最大限度地惩防严重损害市场效率的操纵等欺诈行为，并对处于信息不对称劣势的普通市场参与者提供更

---

〔1〕崔清新、王思北：《人大常委会公布五年立法规划》，载《人民日报》2013年10月31日，第4版。

〔2〕例如，证券法修改专家研讨中有一种代表性观点指出，证券法应当将“证券”拓展至股票、债券、证券投资基金份额等所有“实质证券”，并将证券的认定授权证券监督管理机构。参见马婧好、王宇、郭玉志：《证券法修改要做好顶层设计》，载《上海证券报》2013年11月29日，第F2版。

〔3〕15 U. S. C. 77b (a) (1).

为周延的保护。[1]

比特币集中交易市场充斥着参与者的误解与偏见，交易平台因监管缺失而导致透明度存疑，比特币交易（过度）投机与违法犯罪风险损害投资者权益并严重影响资本合理流动至其他具有优化资源配置效果的市场——将比特币等电子支付工具与法定货币之间的投资契约纳入证券范围，即可由证券监管机构对比特币交易所以及相关市场行为进行集中监管，以交易平台资金存管和监测监控制度保证投资者资金安全，以开户实名制和统一开户制度确保信息安全与有效履行反洗钱机制，以信息披露制度提升比特币市场透明度，以反内线交易、反市场操纵制度震慑市场滥用行为。

作为前置性法律规定的证券法将比特币纳入监管范围实际上意味着资本市场刑法制度的同步完善。以法定货币定价且在交易所上市交易的比特币金融商品构成作为证券期货犯罪行为对象的"证券"，意味着一系列危害金融商品管理秩序、金融商品消费者合法权益的比特币行为得以接受经济刑法的规制。未经证券监管机构许可运营比特币交易所的，构成非法经营罪中的非法经营证券业务行为；基于资金、比特币持仓、信息等优势实施连续买卖、对敲、自我交易等行为，操纵比特币市场交易价格或者交易量额，构成操纵证券市场罪。

经济刑法相关证券期货犯罪条款有效覆盖比特币投资（投机）市场，能够积极震慑比特币投资（投机）契约交易市场中的欺诈行为，提升比特币交易所的透明度管理水平。这种反欺诈、优化市场透明度、信息均衡化等经济刑法的刑事保障效果还能够在经济上促进比特币集中交易市场定价的理性化与抗操纵性，进而安全解决易于受到比特币市场参与者非理性行为触发的过度投机风险，遏制比特币市场风险向金融市场与实体经济蔓延。

证券期货犯罪刑法条款的规范价值在于为各种参与风险市场的金融商品投资（投机）者资产安全提供制度性保护，使市场参与者能够通过多元化的金融市场交易渠道实现资本配置决策收益、合理承担市场风险。简单地禁止经营者通过市场竞争设立比特币交易平台或者实际切断投资（投机）者资金安全进入比特币交易所的渠道，只会增加比特币市场现金交易的规范及其风险，影响比

[1] Donna M. Nagy, Richard W. Painter & Margaret V. Sachs, *Securities Litigation and Enforcement* (*Third Edition*), Westlaw Academic Publishing, 2012, p. 2.

特币市场参与者资金安全。所以，经济、金融行政法律以及经济刑法应当积极将比特币风险交易平台以及行为纳入制度性的证券监管范围，而非以公民产权风险为代价在规范上形式化地割裂比特币与金融投资（投机）领域的客观联系。

二、金融体系的反思

哈耶克早在《货币的非国家化》中就已经提出，政府不应当垄断货币发行的观点，私有银行应当基于其自身信用发行不计息凭证。凭证（如货币）发行应当公开竞争并以可变汇率的形式进行交易。能够确保购买力稳定的货币将在市场竞争中淘汰其他不稳定的货币。这种购买力稳定的货币生存、货币市场竞争的过程是效率最大化的货币体系。[1]从中短期的观点来看，法定货币体系总体上仍然具有相当的购买力稳定性，可控的通胀导致的购买力缩减的程度并不足以根本性撼动政府信用。

目前尚未出现一种私货币体系能够在与政府信用机制在竞争过程中形成影响后者垄断地位的任何态势。法定货币政策体系主导下的低通胀长远上有利于促进经济增长、效率与稳定性，[2]而对于比特币等“去中心化”电子支付工具坚持的持续通缩的经济生态而言，则很难提出令人确信的意见。因为经济史上从未出现过平缓、持续且长期的低通缩，没有充分的经济数据能够有效支撑低通缩前景的判断。

“去中心化”电子支付工具的固有性机制缺陷以及市场参与者的过度投机心理都是严重阻碍其继续生存与发展的重要因素。更存隐忧的是，比特币信用机制可以覆盖电子支付工具存储、借贷与抵押、信用资产交易、评级与保险、数字货币利率衍生工具交易等多重内容。经济资源与需求的不断延伸迟早势必逐步凸显数字货币信用体系价值、提升信用市场规模，从而放大电子支付市场以及实体经济与传统金融市场风险、加速积蓄泡沫与危机。所以，在货币市场竞

---

〔1〕 Friedrich A. Hayek, *Denationalisation of Money: An Analysis of the Theory and Practice of Concurrent Currencies*, Institute of Economic Affairs, 1976.

〔2〕 Ben S. Bernanke, *Inflation Expectations and Inflation Forecasting*, Speech at the Monetary Economics Workshop of the National Bureau of Economic Research Summer Institute, Cambridge, Massachusetts, July 10, 2007, Accessd November 5, 2019. http://www.federalreserve.gov/newsevents/speech/Bernanke20070710a.htm.

争中仍然处于压倒性优势的既有货币制度应当从限制货币竞争的经济法律制度部分受到“去中心化”电子支付供给冲击的现实中对传统货币政策进行反思,通过更为科学且旨在维护法定货币持有者购买力稳定性的货币制度安排巩固其竞争优势地位。

综上所述,比特币等“去中心化”互联网金融工具与法定货币在全球集中交易平台供市场参与者在承担风险的同时博取交易利润,市场价格剧烈波动意味着存在诱人的价差利益,比特币现货、期货、衍生交易等实质上具有与证券、期货、衍生品交易市场等同的特征、原理、机制与风险,但特定虚拟商品的属性定位造成比特币不能构成证券期货侵害行为的对象,非法经营、内线交易、市场操纵等法律条款无法对未经许可运营比特币金融交易平台、侵害市场参与者合法权益等行为进行有效规制。

“去中心化”互联网金融工具兴起对中国资本市场刑事法律制度构成的现实风险,从法律与经济行为实质、比特币实质属性等层面揭示了重在调整经济与金融关系的行政法律制度意图从规范形式上进行切割但事实上很难有效控制的比特币市场风险及其对整个法律制度构成的冲击。以发行与交易系统上的“去中心化”与治理结构、资源分配及经济利益实现平台上的中心化特征为基础深度解构比特币的经济机理,不仅有助于把握比特币系统固有的机制性缺陷与市场风险来源,而且能够揭示比特币所具备的实质性货币与金融投资(投机)功能,从而在法律属性上确立比特币在特定情形下的货币与金融商品定位。

比特币经济机理解构与法律实质阐释为经济与金融法律通过制度微调、司法规则与执法机制完善奠定了坚实的理论与实践基础,比特币兴起之后凸显出的绝大部分经济法律适用性紊乱问题将得以解决。适度拓展“证券”范围,可以将比特币金融市场管理秩序与投资者合法权益纳入保障体系,同时以能够量化的经济与金融侵害行为数额标准盘活财产、税务、融资等领域相关比特币侵害行为的可适用性。

“去中心化”互联网金融工具可能成为受控于金融违法犯罪行为的工具,可能被有限理性的人们疯狂投机,可能被既得利益集团操纵,但也可以是人与人之间不依赖于、不受控于权力或者其他在经济上具有优势的机构而直接进行社会互动的技术、经济、法律、文化上的多层次创新与发展。区块链、比特币等创新实际上超越了互联网金融的内涵,它的意义延伸至技术上的变革,经济、政策、法律上的反思，文化上的冲击。以严肃的态度分析区块链底层技术、“去中心化”互联网金融工具产品；以多元的视角分析比特币；以风险承担与收益追逐的目的投机比特币；以实验性的精神投资比特币或者投身比特币事业；以系统性风险控制为核心建构资本市场刑法规范各种“去中心化”互联网金融工具——这或许就是互联网金融分享与包容的实质。

图书在版编目(CIP)数据

通往规制之路：资本市场的刑法逻辑／谢杰，马宏伟著. -- 北京：法律出版社，2021
ISBN 978-7-5197-4905-7

Ⅰ. ①通… Ⅱ. ①谢… ②马… Ⅲ. ①资本市场－刑事犯罪－刑法－研究－中国 Ⅳ. ①D924.334

中国版本图书馆 CIP 数据核字(2020)第 165596 号

通往规制之路:资本市场的刑法逻辑
TONGWANG GUIZHI ZHILU:
ZIBEN SHICHANG DE XINGFA LUOJI

谢 杰 马宏伟 著

策划编辑 冯雨春
责任编辑 冯雨春 谢瑞忠
装帧设计 李 瞻

出版 法律出版社
总发行 中国法律图书有限公司
经销 新华书店
印刷 中煤(北京)印务有限公司
责任校对 杨锦华
责任印制 吕亚莉

编辑统筹 法律应用出版分社
开本 710 毫米×1000 毫米 1/16
印张 23.5
字数 369 千
版本 2021 年 1 月第 1 版
印次 2021 年 1 月第 1 次印刷

法律出版社／北京市丰台区莲花池西里 7 号(100073)
网址／www. lawpress. com. cn
投稿邮箱／info@ lawpress. com. cn
举报维权邮箱／jbwq@ lawpress. com. cn
销售热线／400-660-8393
咨询电话／010-63939796

中国法律图书有限公司／北京市丰台区莲花池西里 7 号(100073)
全国各地中法图分、子公司销售电话:
统一销售客服／400-660-8393/6393
第一法律书店／010-83938432/8433
西安分公司／029-85330678
重庆分公司／023-67453036
上海分公司／021-62071639/1636
深圳分公司／0755-83072995

书号:ISBN 978-7-5197-4905-7
定价:86.00 元
(如有缺页或倒装,中国法律图书有限公司负责退换)